U0574271

毛泽东的斗争艺术

张明仓 主编

周俊杰 李明 副主编

人民出版社

责任编辑：余　平
封面设计：汪　莹
责任校对：周　昕

图书在版编目（CIP）数据

毛泽东的斗争艺术 / 张明仓 主编；周俊杰，李明 副主编 . — 北京：
　人民出版社，2024.5
ISBN 978 - 7 - 01 - 026214 - 7

I. ①毛…　　II. ①张…②周…③李…　　III. ①毛泽东军事思想 – 研究　　IV. ① A841.65

中国国家版本馆 CIP 数据核字（2024）第 016983 号

毛泽东的斗争艺术
MAOZEDONG DE DOUZHENG YISHU

张明仓　主　编

周俊杰　李　明　副主编

人 民 出 版 社 出版发行
（100706　北京市东城区隆福寺街 99 号）

中煤（北京）印务有限公司印刷　新华书店经销

2024 年 5 月第 1 版　　2024 年 5 月北京第 1 次印刷
开本：710 毫米 ×1000 毫米 1/16　印张：27
字数：410 千字

ISBN 978 - 7 - 01 - 026214 - 7　定价：98.00 元

邮购地址 100706　北京市东城区隆福寺街 99 号
人民东方图书销售中心　电话（010）65250042　65289539

目 录

前言
"炉火纯青的斗争艺术"

——毛泽东的斗争艺术概论

习近平总书记在纪念毛泽东同志诞辰 130 周年座谈会上指出，"毛泽东同志的一生是为国家富强、民族振兴、人民幸福而不懈奋斗的一生"，展现出"炉火纯青的斗争艺术"。① 毛泽东是举世公认的伟大领袖、斗争艺术大师，在长达半个多世纪的革命斗争实践中，他以高瞻远瞩的斗争格局、坚定不移的斗争信念、无私无畏的斗争魄力、纵横捭阖的斗争智慧、杰出高超的斗争才能、担当奉献的斗争情怀，为夺取中国革命斗争胜利提供了科学指引。毛泽东的斗争艺术，是毛泽东思想的精彩篇章，是中国共产党的宝贵精神财富，是引领全党全军全国各族人民进行新的伟大斗争、续写强国复兴恢宏史诗的锐利武器，具有跨越时空的非凡魅力和巨大价值。

一、毛泽东的斗争艺术的思想渊源

毛泽东是伟大的马克思主义者，伟大的无产阶级革命家、战略家、理论家，是马克思主义中国化的伟大开拓者、中国社会主义现代化建设事业的伟大奠基者，是近代以来中国伟大的爱国者和民族英雄，是党的第一代中央领导集

---

① 习近平：《在纪念毛泽东同志诞辰 130 周年座谈会上的讲话》，《人民日报》2023 年 12 月 27 日。

体的核心，是领导中国人民彻底改变自己命运和国家面貌的一代伟人，是为世界被压迫民族的解放和人类进步事业作出重大贡献的伟大国际主义者。作为中国共产党、中国人民解放军、中华人民共和国的主要缔造者，毛泽东的斗争艺术既源自伟人终生为民族独立和人民解放而奋斗的坚强意志和革命品格，也有着深刻的时代背景、实践基础、理论来源。毛泽东的斗争艺术，是马克思列宁主义斗争学说同中国革命斗争具体实践相结合的产物，是对中华优秀传统文化斗争精神以及国外历史斗争艺术遗产的传承与弘扬，是对中国革命斗争经验的科学总结，是中国共产党斗争智慧的宝贵结晶。

（一）中国革命斗争的伟大实践

毛泽东在《人的正确思想是从哪里来的?》一文中指出："人的正确思想，只能从社会实践中来，只能从社会的生产斗争、阶级斗争和科学实验这三项实践中来。"[①]中国革命斗争的伟大实践，是毛泽东的斗争艺术的主要来源，也是推动毛泽东的斗争艺术丰富和发展的根本动力。毛泽东的斗争艺术源于中国革命斗争实践，又指导中国革命斗争实践。鲜明的实践性，是毛泽东的斗争艺术的显著特点。

中国革命斗争特别是武装斗争的伟大实践，是毛泽东的斗争艺术赖以产生和发展的源泉和基础。马克思指出："理论在一个国家实现的程度，总是取决于理论满足这个国家的需要的程度。"[②]毛泽东的斗争艺术之所以形成和发展，首先是由于中国革命斗争实践的迫切需要。1840年鸦片战争以后，由于西方列强入侵和封建统治腐败，长期走在世界文明前列的中国危机四伏，陷入半殖民地半封建社会的黑暗深渊。帝国主义和中华民族的矛盾、封建主义和人民大众的矛盾，成为近代中国社会的主要矛盾。无数志士仁人前仆后继、奋起斗争，太平天国运动、洋务运动、戊戌变法、义和团运动、辛亥革命接连而起，但农民起义、君主立宪、资产阶级共和制等种种救国方案和斗争都相继失败。

---

① 《毛泽东文集》第八卷，人民出版社1999年版，第320页。

② 《马克思恩格斯选集》第1卷，人民出版社2012年版，第11页。

究其原因，最根本的是缺少坚强领导核心和科学理论指导，不能对许多特殊而复杂的革命斗争重大问题作出科学回答。比如，革命斗争的领导权问题；革命斗争的道路问题；武装斗争的极端重要性问题；农民在革命斗争中的地位和作用问题；以农民为主要成分的革命军队的建设问题；革命斗争的战略和策略问题；统一战线问题；等等。这些问题在中国革命斗争实践中不断凸显，同时，中国革命斗争实践也为解决这些问题积累了经验、提出了要求。

毛泽东的斗争艺术，正是在立于中国革命斗争实践之基、回答实践之问中应运而生的。以毛泽东同志为主要代表的中国共产党人，领导中国人民为完成民主革命进行了波澜壮阔的伟大斗争，历经北伐战争、土地革命战争、抗日战争、解放战争，推翻了帝国主义、封建主义、官僚资本主义在中国的反动统治，夺取了新民主主义革命的胜利。中国革命战争，就其时间之长、规模之大、情况之复杂、道路之曲折、内容之丰富、形式之多样、影响之深远，在中国历史上是空前的，在世界战争史上也是罕见的。新中国成立后，党又领导人民创造了社会主义革命和建设的伟大成就。历史表明，"三座大山"的黑暗统治，是毛泽东在青年时期就投身革命斗争的主要动因。大革命的失败，使毛泽东深刻认识到革命斗争领导权事关中国革命成败，深刻认识到武装斗争和党独立掌握军队的极端重要性。土地革命战争的实践，使毛泽东形成"工农武装割据"的思想，找到农村包围城市、武装夺取政权的革命道路。土地革命战争、抗日战争、解放战争、抗美援朝战争的实践，使毛泽东不断创新发展人民战争思想，创造性地提出化劣为优、以弱胜强的战略战术。社会主义革命和建设的实践，使毛泽东创造性地提出了马克思主义执政党的斗争艺术和国际斗争艺术。1962年1月30日，毛泽东在扩大的中央工作会议上指出："在民主革命时期，经过胜利、失败，再胜利、再失败，两次比较，我们才认识了中国这个客观世界。在抗日战争前夜和抗日战争时期，我写了一些论文，例如《中国革命战争的战略问题》、《论持久战》、《新民主主义论》、《〈共产党人〉发刊词》，替中央起草过一些关于政策、策略的文件，都是革命经验的总结。那些论文和文件，只有在那个时候才能产生，在以前不可能，因为没有经过大风大浪，没有两次胜利和两次失败的比较，还没有充分的经验，还不能充分认识中国革命的规律。"①

（二）马克思列宁主义斗争学说

马克思列宁主义及其斗争学说，是毛泽东的斗争艺术的理论基础。马克思和恩格斯运用其创立的辩证唯物主义和历史唯物主义，深刻揭示了阶级、国家、革命的本质联系。《共产党宣言》第一节首句就明确指出："至今一切社会的历史都是阶级斗争的历史。"②阶级和阶级斗争的观点是马克思主义斗争学说的主要内容，其基本点是："（1）阶级的存在仅仅同生产发展的一定历史阶段相联系；（2）阶级斗争必然导致无产阶级专政；（3）这个专政不过是达到消灭一切阶级和进入无阶级社会的过渡。"③列宁在领导俄国无产阶级革命斗争中，深刻揭示了帝国主义和无产阶级革命时代战争的根源和性质问题，提出帝国主义战争引起革命的论断和变帝国主义战争为国内革命战争的策略，领导俄国十月革命取得胜利，丰富和发展了马克思主义斗争学说。

马克思列宁主义斗争学说，是全世界无产阶级和被压迫人民进行革命斗争的强大思想武器，也为中国革命斗争提供了科学的理论指导。年轻的毛泽东经过反复比较和鉴别，毅然选择了马克思列宁主义。毛泽东指出："十月革命一声炮响，给我们送来了马克思列宁主义。十月革命帮助了全世界的也帮助了中国的先进分子，用无产阶级的宇宙观作为观察国家命运的工具，重新考虑自己的问题。走俄国人的路——这就是结论。"④

毛泽东的斗争艺术，是马克思列宁主义斗争学说同中国革命斗争实践相结合的产物，是用马克思列宁主义斗争学说之"矢"去射中国革命斗争之"的"而产生的重大成果。中国共产党一经诞生，就自觉将马克思列宁主义写在自己的旗帜上。不过，党在成立之初，还不善于做好"结合"，教条主义、经验主

---

① 《毛泽东文集》第八卷，人民出版社 1999 年版，第 299 页。

② 《马克思恩格斯选集》第 1 卷，人民出版社 2012 年版，第 400 页。恩格斯在 1888 年英文版上加了一个注："这里指有文字记载的全部历史。"

③ 《马克思恩格斯选集》第 4 卷，人民出版社 2012 年版，第 426 页。

④ 《毛泽东选集》第四卷，人民出版社 1991 年版，第 1471 页。

义错误倾向一度有着很大影响，特别是王明等人把马克思主义教条化、把共产国际决议和苏联经验神圣化的错误倾向，曾使中国革命几乎陷于绝境。毛泽东深刻反思中国革命斗争的经验教训，指出"教条主义脱离具体的实践，经验主义把局部经验误认为普遍真理，这两种机会主义的思想都是违背马克思主义的"[①]。毛泽东一针见血地指出，离开中国特点来谈马克思主义，只是抽象的空洞的马克思主义。洋八股必须废止，空洞抽象的调头必须少唱，教条主义必须休息，而代之以新鲜活泼的、为中国老百姓所喜闻乐见的中国作风和中国气派。1938 年 10 月，毛泽东在党的扩大的六届六中全会上明确提出"马克思主义中国化"重大命题，指出"马克思主义的中国化，使之在其每一表现中带着中国的特性，即是说，按照中国的特点去应用它，成为全党亟待了解并亟须解决的问题"[②]。毛泽东强调："马克思主义必须和我国的具体特点相结合并通过一定的民族形式才能实现。马克思列宁主义的伟大力量，就在于它是和各个国家具体的革命实践相联系的。"[③]以毛泽东同志为主要代表的中国共产党人，坚持把马克思列宁主义同中国革命具体实践结合起来，同教条主义、经验主义进行坚决的斗争，并不断推进马克思主义中国化，创立了毛泽东思想，实现了马克思主义中国化的第一次飞跃，同时也实现了马克思主义斗争艺术的历史性升华。

（三）中外历史上的斗争艺术遗产

毛泽东的斗争艺术，不仅是马克思列宁主义斗争学说同中国革命斗争具体实践相结合的产物，还坚持了古为今用、洋为中用，传承弘扬了中华优秀传统文化特别是中华民族的斗争精神和斗争艺术，批判吸收了国外斗争艺术的思想精华，是古今中外斗争艺术的集大成者。

中华民族是一个勤劳勇敢、崇文尚武的伟大民族，斗争精神和斗争艺术是

---

① 《毛泽东选集》第三卷，人民出版社 1991 年版，第 1094 页。

② 《建党以来重要文献选编（一九二一———一九四九）》第 15 册，中央文献出版社 2011 年版，第 651 页。

③ 《毛泽东选集》第二卷，人民出版社 1991 年版，第 534 页。

中华民族长期走在世界文明前列的内在支撑。世界上最古老的原生形态文明共有六个：美索不达米亚文明、埃及文明、印度河流域文明、中国文明、中美洲文明、南安第斯文明。其中，只有中国文明从古至今一脉相承，从未中断，斗争精神和斗争艺术则是中华民族历尽劫波而绵延不绝的真正脊梁。中华上古神话，如盘古开天地、刑天舞干戚、女娲补天、后羿射日、愚公移山、精卫填海等，浸透着不屈不挠、战天斗地的斗争特质，成为中华民族斗争精神的源头。世界上很少有民族如同中华民族经历那么多磨难，更没有民族如同中华民族能在一次次磨难后顽强地勉力前行。无论是洪水、干旱、地震、瘟疫等"天灾"，还是列强野蛮侵略的"人祸"，不管经历何种磨难，中华民族就像永不低头的勇士，不懈斗争，英勇奋战，创造了一个又一个人间奇迹，也不断创造创新斗争艺术。

毛泽东的斗争艺术，科学吸取了中华传统文化特别是中华民族斗争艺术的精华。毛泽东指出，我们这个民族有数千年的历史，有它的特点，有它的许多珍贵品。"从孔夫子到孙中山，我们应当给以总结，承继这一份珍贵的遗产。这对于指导当前的伟大的运动，是有重要的帮助的。"① 毛泽东深谙中华传统文化，既深入研读《论语》《孙子兵法》等诸子经典，又熟悉《西游记》《三国演义》等古典名著，还反复阅读《史记》《汉书》等二十四史，从中汲取中华传统智慧，并予以改造和创造性发挥，赋予其新的含义。1930年5月，毛泽东在《反对本本主义》中谈到调查研究时强调，"学个孔夫子的'每事问'，任凭什么才力小也能解决问题"② 。为督促蒋介石兑现其在抗日问题上的诺言，毛泽东引用《论语·为政》指出："蒋氏如欲在抗日问题上徘徊，推迟其诺言的实践，则全国人民的革命浪潮势将席卷蒋氏以去。语曰：'人而无信，不知其可。'蒋氏及其一派必须深切注意。"③ 1941年5月，毛泽东在《改造我们的学习》报告中，赋予《汉书》中的古语"实事求是"新的内涵，成为党的思想路线的核心和毛泽东斗争艺术的精髓。毛泽东深研活用传统兵学圣典《孙子兵法》，在《中

① 《毛泽东选集》第二卷，人民出版社1991年版，第534页。

② 《毛泽东选集》第一卷，人民出版社1991年版，第110页。

③ 《毛泽东选集》第一卷，人民出版社1991年版，第247页。

国革命战争的战略问题》一文中，就提到《军争篇》的"以逸待劳，以饱待饥""避其锐气，击其惰归"，《始计篇》的"攻其不备，出其不意"，阐述了积极防御等战略思想，使传统兵法精粹升华到新的高度。毛泽东解析《谋攻篇》的"知彼知己，百战不殆"，指出"这句话，是包括学习和使用两个阶段而说的，包括从认识客观实际中的发展规律，并按照这些规律去决定自己行动克服当前敌人而说的"①，深刻阐明了在战争指导上的辩证唯物主义认识论观点。毛泽东非常重视"孙中山的战争事业"，指出在掌握军队和领导战争问题上，孙中山"是我们的先生"，强调"我们是战争消灭论者，我们是不要战争的；但是只能经过战争去消灭战争，不要枪杆子必须拿起枪杆子"。②毛泽东的斗争艺术，传承弘扬了中华民族的斗争精神，丰富和发展了传统文化中的斗争艺术。

针对中国革命斗争敌强我弱这一特点，毛泽东深刻阐述了化劣为优、以弱胜强的战略战术。他用《水浒传》中洪教头气势汹汹要打林冲，结果被退让的林冲看出破绽、一脚踢翻的故事，形象地阐述了有计划战略退却、待机破敌、后发制人思想。毛泽东系统解析了中国战争史中弱军战胜强军的多个战例，通过细析齐鲁长勺之战，指出鲁军采用曹刿"敌疲我打"的方针，打胜了齐军，成为中国战争史上弱军战胜强军的著名战例。1936年12月，毛泽东在《中国革命战争的战略问题》一文中指出："楚汉成皋之战、新汉昆阳之战、袁曹官渡之战、吴魏赤壁之战、吴蜀彝陵之战、秦晋淝水之战等等有名的大战，都是双方强弱不同，弱者先让一步，后发制人，因而战胜的。"③1938年5月，毛泽东在《论持久战》中增加了春秋时期的晋楚城濮之战、楚汉战争时期的韩信破赵之战，通过列举中国古代八个著名战例，来说明主观指导的正确与否，影响到优势劣势和主动被动的变化。毛泽东指出："中国如晋楚城濮之战，楚汉成皋之战，韩信破赵之战，新汉昆阳之战，袁曹官渡之战，吴魏赤壁之战，吴蜀彝陵之战，秦晋淝水之战等等"，都是"先以自己局部的优势和主动，向

① 《毛泽东选集》第一卷，人民出版社1991年版，第182页。
② 《毛泽东选集》第二卷，人民出版社1991年版，第547页。
③ 《毛泽东选集》第一卷，人民出版社1991年版，第204页。

着敌人局部的劣势和被动，一战而胜，再及其余，各个击破，全局因而转成了优势，转成了主动"。① 毛泽东的斗争艺术，充分汲取了中国古代以少击众、化劣为优的战争智慧，在指导中国革命战争中创造了许多震惊中外的以少胜多、以弱胜强的战争奇迹。

毛泽东的斗争艺术，还批判地吸取了外国军事斗争艺术中一些合理因素。毛泽东曾说，自己看过不少关于外国战争的书。他从《世界英杰传》里，"读到拿破仑、叶卡特琳娜女皇、彼得大帝、华盛顿、格莱斯顿、卢梭、孟德斯鸠和林肯"②，认为中国也要有这样的人，讲求富国强兵之道。1960年，毛泽东在同英国陆军元帅蒙哥马利的谈话中说："你学过克劳塞维茨，我也学过。"③实际上，毛泽东在写《论持久战》之前，就已深入研读过德国军事理论家克劳塞维茨的《战争论》，在延安还专门成立了研读小组。在毛泽东的军事著作所提出的理念中，不乏发挥《战争论》的观点。如："战争是政治通过另一种手段的继续"；战争具有"概然性"；进攻中含有防御因素，防御中含有进攻因素，进攻可以转为防御，防御也可以转为进攻，防御不能是单纯的防御，"而是由巧妙的打击组成的盾牌"；等等。在《论持久战》中，毛泽东在分析抗日战争中的决战问题时，指出急性病的速胜论鼓吹与日寇进行战略决战会使整个抗战吃大亏，避免战略的决战才是抗日战争的上策，并以"俄国以避免决战，执行了勇敢的退却，战胜了威震一时的拿破仑"为例，深刻说明"以土地换时间"、宁可勇敢地放弃土地也要力避不利决战的道理。④ 毛泽东还引用第二次世界大战时期东南亚盟军最高指挥官蒙巴顿"认为原子弹能解决战争是最大的错误"的观点⑤，来说明不能夸大个别武器的作用，强调只有原子弹而没有人民的斗争，原子弹是空的。

毛泽东对中外斗争艺术的借鉴，从来不是照抄照搬，而是运用"古今中外

---

① 《毛泽东选集》第二卷，人民出版社1991年版，第491页。

② 《毛泽东年谱（一八九三——一九四九）(修订本)》上册，中央文献出版社2013年版，第9页。

③ 《毛泽东文集》第八卷，人民出版社1999年版，第184页。

④ 《毛泽东选集》第二卷，人民出版社1991年版，第507页。

⑤ 《毛泽东选集》第四卷，人民出版社1991年版，第1134页。

法"批判地吸取。1936 年，毛泽东在《中国革命战争的战略问题》中提出"去粗取精、去伪存真、由此及彼、由表及里"的方法。1942 年，毛泽东在《如何研究中共党史》的讲话中，提出"古今中外法"。毛泽东指出："'古今中外法'，就是弄清楚所研究的问题发生的一定的时间和一定的空间，把问题当作一定历史条件下的历史过程去研究。所谓'古今'就是历史的发展，所谓'中外'就是中国和外国，就是己方和彼方。"①1964 年，毛泽东在《关于"古为今用，洋为中用"的批示》中提出"古为今用，洋为中用"。比如，毛泽东肯定了战争是政治的继续这一观点，提出"战争就是政治""战争是流血的政治"，但与克劳塞维茨把政治视为所谓"整个社会的一切利益的代表"不同，毛泽东运用马克思主义阶级斗争观点和阶级分析方法，指出"从一定意义上讲，政治就是阶级斗争"②，战争是解决"阶级和阶级、民族和民族、国家和国家、政治集团和政治集团之间，在一定发展阶段上的矛盾的一种最高的斗争形式"③。显然，毛泽东对政治和战争的本质，都作了更加深刻的揭示。毛泽东的斗争艺术，批判地吸取了中外斗争艺术的合理因素，把人类斗争艺术发展到一个新高度、新境界。

（四）中国共产党集体斗争智慧

中国共产党一经诞生，就开展了前仆后继、不怕牺牲的伟大斗争，书写了一部惊天地、泣鬼神的斗争史。毛泽东的斗争艺术，不只是毛泽东一个人智慧的产物，而是中国共产党集体智慧的结晶，是毛泽东和他的战友们的共同创造。毛泽东始终认为，毛泽东思想是全党集体智慧的产物，他只是毛泽东思想的一个代表。毛泽东在党的七大预备会议的报告中明确表示，写成代表，那还可以，如果只有我一个人，那就不成其为党了。1948 年 8 月 15 日，毛泽东复电吴玉章，不同意关于"毛泽东主义"的提法，认为"不是什么'主要的要学习毛泽东主义'，而是必须号召学生们学习马恩列斯的理论和中国革命的经验。

---

① 《毛泽东文集》第二卷，人民出版社 1993 年版，第 400 页。

② 《毛泽东文集》第三卷，人民出版社 1996 年版，第 299 页。

③ 《毛泽东选集》第一卷，人民出版社 1991 年版，第 171 页。

这里所说的'中国革命经验'是包括中国共产党人（毛泽东也在内）根据马恩列斯理论所写的某些小册子及党中央各项规定路线和政策的文件在内"①。1964年3月，他在谈到《毛泽东选集》时也说过："《毛选》，什么是我的？这是血的著作。《毛选》里的这些东西，是群众教给我们的，是付出了流血牺牲的代价的。"②这些论述，对于全面理解毛泽东的斗争艺术是全党集体智慧的结晶有着重要意义。

毛泽东的斗争艺术，凝结着全党、全军和广大人民群众的斗争经验和首创精神，凝聚着老一辈无产阶级革命家、政治家、军事家的集体智慧。它不仅表现在毛泽东本人的论著、讲话和决策中，而且表现在党的其他领导人的著作、党的历史文献和中国共产党人的革命活动中，党的许多卓越领导人对毛泽东的斗争艺术的形成和发展作出过重要贡献。全党、全军和全国人民在规模空前的中国革命斗争中发挥出来的聪明才智，是毛泽东的斗争艺术最宝贵的源泉。主要表现在以下几个方面。

一是加工发展其他领导同志的斗争思想。在党的第一代中央领导集体中，其他领导同志或参与重大决策，或与毛泽东一起起草过重要文献，或发表过自己的革命斗争卓越见解，有的被毛泽东吸收，有的则对毛泽东的斗争艺术作了深刻阐述和必要补充。毛泽东非常注意吸收其他领导同志的意见，并加以提炼概括。比如："群众路线"作为有明确含义的概念加以使用，最早见于1929年9月周恩来主持起草的《九月来信》，信中专节论述了红军与群众的关系，并就筹款工作指出，"不要由红军单独去干"，而要"经过群众路线"；还说没收地主豪绅财产，也"一定要经过群众路线"。毛泽东、周恩来、刘少奇、瞿秋白、张闻天等，都先后对群众路线有过重要论述，毛泽东总结概括其他领导的斗争思想，使之系统化、理论化，逐步形成党的马克思主义群众观点和"从群众中来，到群众中去"的领导方法和工作方法。③又如，关于抗日战争的战略

---

① 《毛泽东年谱（一八九三——一九四九）(修订本)》下册，中央文献出版社2013年版，第337页。

② 《毛泽东年谱（一九四九——一九七六)》第五卷，中央文献出版社2013年版，第329页。

③ 杨瑞森、张文儒、冉昌光编著：《毛泽东哲学思想概论》，中国人民大学出版社1985年版，第24页。

方针，早在 1935 年 12 月的瓦窑堡会议上，中共中央就号召全党"为着同敌人作持久战而准备自己的艰苦工作"①。1937 年 7 月，朱德在《实行对日抗战》一文中指出，中国的抗日战争"将是一个持久的艰苦的抗战"②。在 1937 年 8 月洛川会议上，朱德听了张闻天、毛泽东关于持久战的发言后补充指出，持久战不能单凭消耗，主要是发动群众；中心摆在支持华北的持久战，重点争取太行山及其以东地区。洛川会议后，张闻天、彭德怀、周恩来分别在《解放》周刊发表《论抗日民族革命战争的持久性》《争取持久抗战胜利的先决问题》《怎样进行持久抗战》等文章。为全面深入阐明持久战的战略总方针，毛泽东结合全民族抗战十个月的经验教训，集中全党全军的智慧，于 1938 年 5 月发表《论持久战》。他的高明之处在于根据中日双方的基本特点、力量对比及其发展趋势进行深入分析，科学预见到持久抗战将经历战略防御、战略相持、战略反攻三个阶段，深刻阐明了如何进行持久战并夺取最后胜利的问题，成为中国共产党指导抗日战争的纲领性文献。再如，1958 年 1 月，毛泽东提出的《工作方法六十条（草案）》，是由毛泽东和中央与地方的一部分领导同志在杭州会议和南宁会议上共同汇集，尔后由毛泽东加工整理而成的。毛泽东说："这几十条，大部分是会议上同志们的发言启发了我，由我想了一想写成的；一部分是直接记录同志们的意见；有一个重要条文（关于规章制度）是由刘少奇同志和地方同志商定而由他起草的；由我直接提出的只占一部分。"③

二是总结升华中国革命斗争的具体经验。中国革命走的是农村包围城市、武装夺取政权的道路，红军时期的苏区、抗战时期的各抗日民主根据地、解放战争时期的各解放区，在相当长时间都处于被敌人分割的状态。不同的斗争环境，造就了各具特色的丰富斗争经验。毛泽东认为，革命的领导者必须时刻注意总结群众的经验和创造，先当群众的学生，然后才能当群众的先生。比如，著名的"十六字诀"，即"敌进我退，敌驻我扰，敌疲我打，敌退我追"④，就

① 《中共中央文件选编》第十册，中共中央党校出版社 1991 年版，第 603 页。
② 《朱德军事文选》，解放军出版社 1997 年版，第 265 页。
③ 《毛泽东文集》第七卷，人民出版社 1999 年版，第 344—345 页。
④ 《毛泽东选集》第一卷，人民出版社 1991 年版，第 204 页。

是毛泽东总结井冈山根据地和其他各地红军游击战经验提出来的。当时，各地红军也提出了因地制宜的游击战战术原则。湘鄂西红军的战术是："你来我飞，你去我归，人多则跑，人少则搞。"鄂豫皖红军的经验是：集中作战，分散游击；作战时尽量号召群众参加；敌情不明，不与作战；敌进我退，敌退我进；对敌采取跑圈子的形式；对远距离的敌人，先动员群众扰乱敌人，次采取突击的方式；敌人如有坚固防御工事，不与作战。湘鄂赣边红军和游击队在斗争中总结出"彼集我散，彼散我集；昼伏夜出，化整为零；既要会打圈，又要会打仗""敌来我藏，敌退我追，敌左我右，敌往我截，彼合我散，彼散我合，虚张声势，避实击虚，集中围击，疲惫敌人"等游击战术。赣东北红军提出"出敌不意，攻敌不备，声东击西，避实就虚，集中兵力，争取主动，打不打操之于我，扎口子，打埋伏，打小仗，吃补药，吃得下就吃，吃不下就跑"。赣西南地区红军的对敌斗争经验是：散整为零、集零为整、扰强扑弱、坚壁清野、避实就虚、打圈子、麻雀战、钻山主义，等等。当然，对红军游击战争原则的概括，"十六字诀"最具代表性。

三是尊重并善于听取前线指挥员的意见和建议。与蒋介石独断专行、经常插手干预前线指挥员决策形成鲜明对比，毛泽东一贯遵循"从群众中来，到群众中去"的原则，从不把自己提出的方针、计划以至作战原则，强迫各级指挥员机械照办，而总是重视征询下级意见、提醒部属根据实际情况具体运用、鼓励前线指挥员酌情机断处置。善于听取其他同志意见特别是前线指挥员的意见，根据情况变化适时调整完善斗争策略，是毛泽东斗争艺术的活力所在，也是其重要的高明之处。

承认毛泽东的斗争艺术是集体智慧的结晶，并不否认毛泽东个人的独特贡献。毛泽东集革命家、战略家、军事家、理论家于一身，对马克思列宁主义有着深刻的理解，对中国国情有着深刻的洞察，对中国革命斗争规律有着深刻的把握。他的坚定政治信仰、真挚人民情怀，他的丰厚文化积淀、深湛哲学素养，他的长期艰苦磨砺、扎实斗争历练，他的非凡政治胆略、高超政治智慧，他的巨大理论勇气、可贵求实精神，都促成他能对中国革命斗争经验作出更高、更深刻的概括和总结。毛泽东领导和指挥中国革命战争长达二十多年，加上新中国成立后领导社会主义革命和建设的时间，毛泽东领导中国革命斗争长达半个世纪之久，是中国革命斗争理论的奠基人和集大成者，为毛泽东斗争艺术的创立发挥了决定性作用、作出了决定性贡献。正如刘少奇在党的七大关于修改党章的报告中所指出的，毛泽东"不但敢于率领全党和全体人民进行翻天覆地的战斗，而且具有最高的理论上的修养和最大的理论上的勇气。他在理论上敢于进行大胆的创造，抛弃马克思主义理论中某些已经过时的、不适合于中国具体环境的个别原理和个别结论，而代之以适合于中国历史环境的新原理和新结论，所以他能成功地进行马克思主义中国化这件艰巨的事业"①。总之，毛泽东的斗争艺术，是全党革命斗争集体智慧的结晶，毛泽东本人则是这一集体智慧的最杰出的代表。

二、毛泽东的斗争艺术的主要内容

毛泽东认为，武装斗争是中国革命的主要斗争形式，同时强调"没有武装斗争以外的各种形式的斗争相配合，武装斗争就不能取得胜利"②。他在党的七届二中全会上号召全党，必须学会"向帝国主义者、国民党、资产阶级作政治斗争、经济斗争和文化斗争，并向帝国主义者作外交斗争。既要学会同他们作公开的斗争，又要学会同他们作荫蔽的斗争"③。毛泽东的斗争艺术不仅涉及军事领域，而且广泛涉及政治、经济、文化、外交和党建等多个领域；不仅涉及敌我斗争，而且涉及人民内部斗争；不仅涉及党内斗争，而且涉及党际斗争、党外斗争；不仅涉及与人斗争，而且涉及与天斗争、与地斗争。毛泽东常常把多种斗争形式结合起来，使其巧妙配合、相得益彰、无往不胜。毛泽东的斗争艺术内涵极其丰富，意蕴极其深邃，这里着重对其主要内容进行分析。

---

①　《刘少奇选集》上卷，人民出版社 1981 年版，第 336—337 页。

②　《毛泽东选集》第二卷，人民出版社 1991 年版，第 636 页。

③　《毛泽东选集》第四卷，人民出版社 1991 年版，第 1427 页。

（一）政治斗争艺术

在中国革命艰难曲折的发展过程中，毛泽东以马克思主义政治家超常的政治远见，统揽全局，运筹帷幄，适时指明革命方向，科学制定政治方略，指引中国革命的航船乘风破浪、渡过急流险滩，胜利地驶向成功的彼岸。

把握政治方向。政治方向是党生存发展第一位的问题，事关党的前途命运和事业兴衰成败。毛泽东始终把坚定正确的政治方向放在第一位。1938年4月，毛泽东在延安中国人民抗日军事政治大学开学典礼上强调"首先是学一个政治方向"，并针对"有些人是只有一个'大概的'决心"指出："所谓'大概'，是说也许有点模糊，不十分坚决彻底。""他们的决心不是由坚定的政治方向出发的，是没有经过很好的考虑而来的。"①1939年5月，毛泽东在延安庆贺模范青年大会上指出："在政治上要有一个正确的方向，但是光有这个正确的政治方向是不够的，过了三年五年，就把它丢了，那还不是枉然？所以，有了正确的政治方向后，还要坚定，就是说，要有'坚定正确的政治方向'。"②毛泽东强调，这个方向是不可动摇的，要有"富贵不能淫，贫贱不能移，威武不能屈"的骨气来坚持这个方向。这样的道德，才算是真正的政治道德。有一些人嘴上道德、气节乱喊一阵，但在政治上是不坚定的，中途会变节的，这是无道无德。只有把握坚定正确的政治方向，才能坚定政治信念、站稳政治立场，不为各种错误观点所左右、不为各种诱惑干扰所迷惑、不为各种艰难困苦所吓倒，在革命斗争中始终听党话、跟党走。

强化政治领导。毛泽东指出："既要革命，就要有一个革命党。"③自从有了中国共产党，中国革命的面目就焕然一新了。毛泽东高度重视坚持中国共产党的领导，并在总结中国革命经验教训的基础上，创造性地提出"党领导一切""坚持党对军队的绝对领导"等重大思想，正确解决了中国革命斗争的领导权问题。从大革命失败后提出政权是由枪杆子中取得的，到抗日战争时期反

---

① 《毛泽东文集》第二卷，人民出版社1993年版，第116、118页。

② 《毛泽东文集》第二卷，人民出版社1993年版，第191页。

③ 《毛泽东选集》第四卷，人民出版社1991年版，第1357页。

对王明"一切经过统一战线"等错误主张，推进党的建设伟大工程，到解放战争时期建立请示报告制度，全面加强党的领导和党的建设，在中国革命各个时期，毛泽东总是能拨开云雾，及时提出正确的路线、方针、政策，加强党的政治领导。新中国成立后，毛泽东指出："中国共产党是全中国人民的领导核心。没有这样一个核心，社会主义事业就不能胜利。"①1962年1月，毛泽东在扩大的中央工作会议上指出，"我们必须准备进行同过去时代的斗争形式有着许多不同特点的伟大的斗争"，"工、农、商、学、兵、政、党这七个方面，党是领导一切的"。② 在错综复杂的斗争形势下，毛泽东始终重视坚持党的领导，充分发挥党的领导政治优势，把党的领导落实到党和国家事业各领域各方面各环节，为中国革命斗争的胜利提供了根本保证。

制定政治方略。政策和策略是党的生命，只有党的政策和策略全部走上正轨，中国革命才有胜利的可能。③ 井冈山斗争时期，毛泽东汲取大革命失败的惨痛教训，在同党内一些人的右倾悲观思想，尤其是"左"倾教条主义错误倾向的斗争中，形成了农村包围城市、武装夺取政权的思想，找到了中国革命的正确道路。遵义会议上，毛泽东高瞻远瞩、顾全大局，着力解决当时具有决定意义的军事和组织问题，创造性地制定和实施符合中国革命特点的战略策略，开辟了中国共产党独立自主解决中国革命实际问题新阶段，标志着中国共产党在政治上开始走向成熟。面对日本帝国主义全面侵华危险，毛泽东以民族大义为重，推动中国共产党从反蒋抗日转为逼蒋抗日、联蒋抗日，进而制定了党的全面抗战路线和持久战的战略总方针，成为全民族抗战的旗帜引领。解放战争时期，毛泽东确立了和平谈判与武装斗争相互配合的两手策略，始终掌握政治斗争和军事斗争的主动权，为加强党的领导、夺取新民主主义革命胜利提供了科学指导。正如毛泽东所说："这些伟大的革命任务的完成不是简单容易的，它全靠无产阶级政党的斗争策略的正确和坚决。倘若无产阶级政党的斗争策略是错误的，或者是动摇犹豫的，那末，革命就非走向暂时的失败

---

① 《毛泽东文集》第七卷，人民出版社1999年版，第303页。

② 《毛泽东文集》第八卷，人民出版社1999年版，第302、305页。

③ 《毛泽东选集》第四卷，人民出版社1991年版，第1298页。

不可。"①既反对教条主义，又反对经验主义，坚持从实际出发、实事求是地制定党的政治方略，并根据形势和任务的变化作出适时调整，以科学的政策和策略确保中国革命斗争胜利推进，是毛泽东政治斗争艺术的显著特点和优势。

（二）经济斗争艺术

在长期的革命斗争实践中，毛泽东在以主要精力抓军事斗争、政治斗争的同时，也高度重视经济斗争。毛泽东指出："战争不但是军事的和政治的竞赛，还是经济的竞赛。"②卓越的经济斗争艺术，不仅彰显了毛泽东作为一个战略家的远见卓识与气魄，也体现了他在解决经济问题上的雄才大略。

打击消耗削弱敌人的战争物质基础。早在红军时期，毛泽东就指挥我军积极进行外线作战，在敌人统治区夺取物资、打土豪、筹款子、征粮征税。抗日战争时期，毛泽东精辟分析，日本虽是强的帝国主义国家，但其国土狭小，资源匮乏，财力物力经不起长期的战争。在毛泽东提出持久战和独立自主游击战方针的指导下，人民军队在敌后战场广泛开展游击战，既牵制敌人、消灭敌人有生力量，又破坏敌人的后勤保障、毁坏敌人的战争物质基础，使日军"以战养战"、掠夺中国人力物力资源支撑大规模侵略战争的方针遭到沉重打击，击中了日寇的战略弱点，加速了其军事上的失败。解放战争第二年，毛泽东正确分析敌我政治、军事、经济情况，在敌方力量仍占有相当优势之时，就作出由战略防御转入战略进攻的伟大决策，强调"举行全国性的反攻，即以主力打到外线去，将战争引向国民党区域，在外线大量歼敌，彻底破坏国民党将战争继续引向解放区、进一步破坏和消耗解放区的人力物力、使我不能持久的反革命战略方针"③。我三支主力野战军不要后方，直插敌人的战略纵深，既在政治上、军事上极大震撼敌人，也在经济上粉碎了蒋介石耗尽解放区的人力、物力、财力的图谋，大大削弱了敌人支撑战争的物质基础。不仅如此，毛泽东还采取适合国统区情势的斗争策略，领导开展敌占区以经济斗争为先导和重要内

---

① 《毛泽东选集》第一卷，人民出版社 1991 年版，第 115 页。

② 《毛泽东选集》第三卷，人民出版社 1991 年版，第 1024 页。

③ 《毛泽东选集》第四卷，人民出版社 1991 年版，第 1230 页。

容的群众斗争，并适时把群众的经济斗争引至政治斗争，在敌后方开辟推翻国民党反动统治的第二条战线，极大地削弱了敌人的经济动员能力，动摇了蒋介石独裁统治的经济基础。

粉碎敌人对根据地的经济封锁破坏。革命战争年代，由于敌强我弱，我根据地长期处于敌人包围的恶劣环境之中。敌人在向我发动军事进攻的同时，总是竭力进行经济封锁和经济破坏，妄图枯竭我财力物力。毛泽东指出："革命战争的激烈发展，要求我们动员群众，立即开展经济战线上的运动，进行各项必要和可能的经济建设事业。"①红军时期，毛泽东把对外贸易和发展农业、工业生产、合作社运动并列为苏维埃经济建设的中心，强调打破敌人的经济封锁，发展苏区的对外贸易，以苏区多余的生产品（谷米、钨砂、木材、烟、纸等）与白区的工业品（食盐、布匹、洋油等）实行交换，是发展国民经济的枢纽。毛泽东提出把根据地的贸易"一定要管起来"，各种商业与贸易机构"必须更加健全起来"，并制定正确政策和有力措施，有针对性地开展贸易斗争。抗日战争时期，为打破敌人的经济封锁和经济掠夺，明确规定：凡是我急需的或不能制造的物资，奖励入境；凡是我多余的或历史上传统出境贸易物资，允许或限制出境；凡我不需要的奢侈品，绝对不许入境；凡敌紧缺的战略物资，绝对禁止出境。同时，积极打击伪钞活动，在内地严禁使用，在边境设卡兑换，防止伪钞扰乱我金融与贸易活动。根据地军民积极开展对外贸易活动，用根据地的产品换回了大量民生必需品和我军奇缺的军用物资，有力地打击了敌人的经济封锁阴谋。

巩固人民民主政权的经济基础。红军时期，毛泽东就极为重视巩固新生的苏维埃政权的经济基础。毛泽东指出："只有开展经济战线方面的工作，发展红色区域的经济，才能使革命战争得到相当的物质基础，才能顺利地开展我们军事上的进攻，给敌人的'围剿'以有力的打击。"②新中国成立后，由于继承的是一个极其落后的千疮百孔的烂摊子，国家财政经济面临严重困难。一些

---

① 《毛泽东选集》第一卷，人民出版社 1991 年版，第 119 页。
② 《毛泽东选集》第一卷，人民出版社 1991 年版，第 120 页。

资本家断言，"共产党军事内行，经济外行"；共产党"军事上一百分，政治上八十分，经济上零分"①。为巩固人民民主政权，党和政府在经济上采取没收官僚资本，建立国营经济，打击投机资本，统一全国财政经济工作等措施。在上海，开展"银元之战"和"米棉之战"，一举稳定了新中国成立初期的市场，取得了同资产阶级限制与反限制斗争的第一个回合的胜利。自 1950 年 3 月以后，国家财政收支接近平衡，物价趋于稳定，国家财政经济度过了最困难时期。这是新中国成立后在财经战线上取得的重大胜利，从此结束了国民党统治时期长期恶性通货膨胀和物价飞涨的局面，标志着我国财政经济状况开始好转，表明中国共产党不仅在军事上、政治上是坚强的，在经济上也是有办法的。1950 年 6 月，党的七届三中全会又把争取国家财政经济状况的基本好转确定为党在国民经济恢复时期的中心任务，领导全国人民为恢复国民经济而斗争。党的工作重心由军事向经济转移，是党的历史进程中的一次深刻转变。1953 年，党正式提出过渡时期总路线，即在一个相当长的时期内，逐步实现国家的社会主义工业化，并逐步实现国家对农业、手工业和资本主义工商业的社会主义改造。至 1956 年，我国基本完成对生产资料私有制的社会主义改造，基本实现生产资料公有制和按劳分配，建立起社会主义经济制度，为一穷二白、人口众多的东方大国大步迈进社会主义社会奠定了坚实的经济基础。

（三）军事斗争艺术

毛泽东是举世公认的军事家和军事理论家。毛泽东认为，中国革命的主要斗争形式是武装斗争，武装斗争是中国共产党战胜敌人的三大法宝之一。毛泽东军事斗争艺术的高超就在于，他统率的军队总能以弱胜强。出神入化、以弱胜强的军事斗争艺术，是毛泽东斗争艺术中最光辉、最精彩、最成功的篇章之一，在毛泽东斗争艺术中占有十分重要的地位。

创建新型的人民军队。进行军事斗争，必须掌握军队。毛泽东总结中国革

---

① 《胡乔木文集》，人民出版社 2012 年版，第 265 页。

命经验教训，鲜明提出"枪杆子里面出政权"①重要论断。毛泽东认为，旧中国内部没有民主，只能以武装斗争作为革命的主要形式，不要枪杆子必须拿起枪杆子。中国共产党要夺取中国革命的胜利，必须"非常注意军事"，独立掌握军队领导权，走以农村包围城市、武装夺取政权的革命道路。毛泽东强调的党要独立掌握的军队，并非传统意义上的军队，而是新型的人民军队。他指出："没有一个人民的军队，便没有人民的一切。"②毛泽东从中国革命战争的实际出发，系统创立了人民军队的建军原则。毛泽东领导的三湾改编，开始确立党对军队的绝对领导，从政治上、组织上奠定了建设新型人民军队的基础。古田会议确立思想建党、政治建军的原则，为我军政治工作奠基，为新型人民军队定型。毛泽东起草的古田会议决议的贯彻执行，使整个中国工农红军肃清了旧式军队的影响，把一支以农民为主要成分的军队改造成为新型的人民军队。中国共产党锻造出这支新型的人民军队，党的革命斗争任务就有了最忠实、最可靠、最强有力的执行者，中国革命斗争的面貌从此焕然一新。

采取灵活机动的战略战术。毛泽东为抗日军政大学制定的教育方针是："坚定正确的政治方向，艰苦奋斗的工作作风，灵活机动的战略战术。"③"灵活机动的战略战术"，既是抗大教育方针的重要内容，也是毛泽东领导人民军队以弱胜强、从胜利走向胜利的锐利武器。其基本精神是：一切从敌我双方的实际情况出发，你打你的，我打我的，有什么武器打什么仗，对什么敌人打什么仗，在什么时间地点打什么时间地点的仗；灵活机动，不拘一格，扬长避短，力争主动，利用矛盾，各个击破；进攻时反对冒险主义，防御时反对保守主义，退却时反对逃跑主义，有效地达到保存自己、消灭敌人的战争目的。从红军时期的"十六字诀"，到抗日战争时期的"持久战"，从解放战争时期的"十大军事原则"，到抗美援朝战争时期的"零敲牛皮糖"，毛泽东一次次神机妙算、用兵如神背后，是灵活机动战略战术的创新发展，指导我军创造了许多避实击虚、绝地反击、以少胜多、以弱胜强的战争奇迹。

① 《毛泽东选集》第二卷，人民出版社 1991 年版，第 547 页。

② 《毛泽东选集》第三卷，人民出版社 1991 年版，第 1074 页。

③ 《毛泽东文集》第二卷，人民出版社 1993 年版，第 188 页。

实行真正彻底的人民战争。以毛泽东同志为主要代表的中国共产党人把马克思列宁主义关于人民群众的历史能动作用原理，创造性地运用于中国革命战争实践，形成了一套完整的、彻底的人民战争思想。毛泽东认为，革命战争是为人民利益而战的战争，是群众的战争，只有充分动员和依靠群众，才能夺取革命战争胜利。必须建立最广泛的革命统一战线，最大限度地孤立和打击最主要的敌人。兵民是胜利之本，必须把武装斗争这种主要斗争形式同其他各种非武装斗争形式在总体上配合起来，以人民军队作为人民战争的骨干力量，实行主力兵团（野战军）和地方兵团相结合，正规军和游击队、民兵相结合，武装群众和非武装群众相结合的体制，造成陷敌于灭顶之灾的汪洋大海。淮海战役的胜利是靠老百姓用小车推出来的，渡江战役的胜利是靠老百姓用小船划出来的，这些都是人民威力的生动写照。毛泽东深刻指出："我们的战略战术是建立在人民战争这个基础上的，任何反人民的军队都不能利用我们的战略战术。在人民战争的基础上，在军队和人民团结一致、指挥员和战斗员团结一致以及瓦解敌军等项原则的基础上，人民解放军建立了自己的强有力的革命的政治工作，这是我们战胜敌人的重大因素。"[1]

（四）外交斗争艺术

毛泽东的外交斗争艺术内容丰富，不仅包括新中国成立后毛泽东的外交思想和谋略策略，而且包括他在长期革命斗争实践中处理中国共产党与苏联共产党、世界各国政府和人民的关系中产生和运用的谋略智慧。毛泽东的外交斗争艺术，结束了旧中国的屈辱外交，使中国在国际外交舞台上获得应有的尊重和地位，有效维护了国家的独立、主权、安全和尊严。

审时度势，纵横捭阖。无论是新民主主义革命时期还是新中国成立后，毛泽东都高度重视对国内外形势的准确判断和科学分析，善于利用国际矛盾合纵连横。1936年7月，毛泽东通过与美国记者埃德加·斯诺的谈话，公开向国际社会阐明了中国共产党关于建立国际抗日统一战线的主张。毛泽东指出：

---

[1] 《毛泽东选集》第四卷，人民出版社1991年版，第1248页。

"日本帝国主义不仅是中国的敌人，同时也是要求和平的世界各国人民的敌人，特别是和太平洋有利害关系的各国即美、英、法、苏等国的人民的敌人……中国苏维埃和中国人民因此要同各国、各国人民、各党派和各群众组织团结起来，组成反对日本帝国主义的统一战线。"①正是基于这样的形势研判和战略思想，毛泽东进一步提出了"抗日的外交政策"：对日绝交；"和苏联订立军事政治同盟"；"争取英、美、法同情我们抗日，在不丧失领土主权的条件下争取他们的援助"②；"联合朝鲜和日本国内的工农人民反对日本帝国主义"③。毛泽东在抗日战争时期形成的外交斗争艺术，不仅使中国共产党在全民族抗战中树立了良好的国际形象，为建立国际反日本法西斯统一战线作出了巨大贡献，而且实际上成为党在外交方面的根本遵循，为解放战争和新中国成立后的外交斗争提供了科学指导。

独立自主，不畏强权。毛泽东把在革命战争中形成的独立自主原则运用于对外关系，创立了新中国独立自主的新型外交。1949 年 6 月 15 日，毛泽东在新政治协商会议筹备会上指出："中国必须独立，中国必须解放，中国的事情必须由中国人民自己作主张，自己来处理，不容许任何帝国主义国家再有一丝一毫的干涉。"④毛泽东形象地作出"另起炉灶""打扫干净屋子再请客"的对外决策，"另起炉灶"就是"不受过去任何屈辱的外交传统的束缚"，在互相尊重主权和平等互利的基础上同世界各国建立新的外交关系；"打扫干净屋子再请客"，就是要在彻底清除帝国主义国家在中国的控制权及其影响后，再让这些国家的客人进来。坚持独立自主的外交立场，使新中国不仅顶住了帝国主义的种种压力，而且抵制了苏联对中国内部事务的干预，有效维护了国家的独立、主权和民族尊严，并在尊重他国独立自主、反对霸权主义中赢得了国际社会的广泛尊重和信赖。

和平共处，共同发展。毛泽东在确定新中国外交大政方针时，非常注意缓

---

① 《毛泽东文集》第一卷，人民出版社 1993 年版，第 390—391 页。

② 《毛泽东选集》第二卷，人民出版社 1991 年版，第 347 页。

③ 《毛泽东选集》第二卷，人民出版社 1991 年版，第 356 页。

④ 《毛泽东选集》第四卷，人民出版社 1991 年版，第 1465 页。

和国际紧张局势，把争取和维护世界和平作为外交斗争的主要目标。毛泽东一贯认为，世界和平的取得，主要依靠各国人民的斗争。为了争取和维护和平，必须坚决反对帝国主义的侵略和霸权主义、强权政治的干涉。毛泽东在多种场合提出和平、平等、互利、互相尊重主权和领土完整等思想，成为和平共处五项原则的基本内容。毛泽东和周恩来的见解互相补充，对和平共处五项原则的提出与完善起到了重要作用。1953年12月，中国政府在同印度就两国间存在的问题特别是印度与中国西藏地方关系问题的谈判中，首次提出和平共处五项原则。① 在1954年中印、中缅联合声明中，中印、中缅共同倡导和平共处五项原则。和平共处五项原则，是新中国在国际舞台上开展活动、突破美国的孤立和遏制政策、扩大对外交往的有力武器，不仅成为中国对外政策的基石，也逐渐为国际社会所普遍赞成和欢迎。不过，当时也有一些国家持怀疑观望态度，认为是中国的权宜之计。对此，1954年12月，毛泽东在会见缅甸总理吴努的谈话中指出："五项原则是一个长期方针，不是为了临时应付的。这五项原则是适合我国的情况的，我国需要长期的和平环境。"② 1955年5月，毛泽东在会见印尼总理的谈话中，明确提出"和平为上"的外交主张，强调"结论还是一个：和平为上"③。坚持中国人民与世界各国人民和平共处、共同发展，是毛泽东外交斗争艺术的一个基本原则。

（五）党内斗争艺术

毛泽东在同国内外敌人进行斗争的伟大实践中，把开展党内斗争、建设"伟大的党"作为夺取革命斗争胜利的根本保证。毛泽东认为，党内不同思想的对立和斗争是经常发生的，"积极的思想斗争"是"达到党内和革命团体内的团结使之利于战斗的武器"④。毛泽东就正确开展党内斗争提出一系列科学的

---

① 和平共处五项原则的表述，后来确定为：互相尊重主权和领土完整、互不侵犯、互不干涉内政、平等互利、和平共处。

② 《毛泽东文集》第六卷，人民出版社1999年版，第374页。

③ 《毛泽东文集》第六卷，人民出版社1999年版，第412页。

④ 《毛泽东选集》第二卷，人民出版社1991年版，第359页。

原则、方法和举措，为推进党的建设"伟大的工程"、保持党的先进性和纯洁性、不断增强党的创造力凝聚力战斗力提供了有力指导。

"批评和自我批评"是开展党内斗争的有力武器。毛泽东既反对陈独秀家长式霸道作风，又反对"残酷斗争，无情打击"的极端做法，一贯倡导批评和自我批评。毛泽东主张，批评有两种，一种是正确的批评，结果使党团结；一种是不正确的批评，结果使党分裂。在1929年的古田会议决议中，毛泽东明确提出"思想建党"的思想，并对批评的重要性、批评应采取的方式和非组织批评的危害性作了充分阐述，指出"党内批评是坚强党的组织、增加党的战斗力的武器。""批评的目的是增加党的战斗力以达到阶级斗争的胜利，不应当利用批评去做攻击个人的工具。"①到延安整风时期，毛泽东把批评和自我批评概括为中国共产党的三大作风之一，指出"有无认真的自我批评，也是我们和其他政党互相区别的显著的标志之一"。"整风运动之所以发生了很大的效力，就是因为我们在这个运动中展开了正确的而不是歪曲的、认真的而不是敷衍的批评和自我批评。"②新中国成立后，毛泽东仍然大力倡导批评和自我批评的优良传统，他在1957年3月的全国宣传工作会议上指出："我们自己来批评自己的主观主义、官僚主义和宗派主义"。"一个共产党，一个国民党，这两个党比较起来，谁怕批评呢？国民党害怕批评。它禁止批评，结果并没有能够挽救它的失败。共产党是不怕批评的，因为我们是马克思主义者，真理是在我们方面，工农基本群众是在我们方面。"③

"惩前毖后，治病救人"是开展党内斗争的基本方针。毛泽东认为，不同质的矛盾，只有用不同质的方法才能解决。毛泽东总结党内斗争的历史经验教训，于1942年所作的《整顿党的作风》演说最后，明确提出"惩前毖后，治病救人"方针。他强调："我们反对主观主义、宗派主义、党八股，有两条宗旨是必须注意的：第一是'惩前毖后'，第二是'治病救人'。""我们揭发错误、批判缺点的目的，好像医生治病一样，完全是为了救人，而不是为了把人整

---

① 《毛泽东选集》第一卷，人民出版社1991年版，第90页。
② 《毛泽东选集》第三卷，人民出版社1991年版，第1096页。
③ 《毛泽东文集》第七卷，人民出版社1999年版，第274页。

死。"① 毛泽东主张对犯错误的同志要"一看二帮",思想批判从严,组织处理从宽。在实践中,毛泽东把"惩前毖后,治病救人"方针具体化为一个带有辩证性质的公式:团结—批评—团结。他说:"就是从团结的愿望出发,经过批评或者斗争使矛盾得到解决,从而在新的基础上达到新的团结。"②

"整风"是开展党内斗争的好形式。延安整风以前的党内斗争,出现过无原则的、不合理的斗争现象,特别是"左"倾教条主义者运用"残酷斗争,无情打击"的办法,把正常的党内矛盾和党内斗争上纲上线,把持不同意见的同志当作敌人一样打击和斗争,使党内斗争走上歧途。毛泽东总结过去党内斗争经验教训,创造性地提出"整风"是正确处理党内矛盾、党内斗争的一种好形式,指出"反对主观主义以整顿学风,反对宗派主义以整顿党风,反对党八股以整顿文风,这就是我们的任务"③。新中国成立后,毛泽东根据党的建设实际,不断地充实"整风"的内容,强调整风是"普遍的马克思主义的教育运动"、通过批评与自我批评进行自我教育的运动和挽救犯错误干部的运动,指出"在整风中间,我们一定可以更多地学到一些马克思主义"④。

三、毛泽东的斗争艺术的鲜明特色

毛泽东的斗争艺术高瞻远瞩、举重若轻、睿智洒脱、纵横捭阖,达到炉火纯青、出神入化的至高境界,具有鲜明的时代特色、中国特色、实践特色和个性特色,需要从历史和现实、理论和实践、国际和国内的结合上作整体把握。

(一)斗争理论与斗争实践相统一

毛泽东指出:"理论与实践的统一,是马克思主义的一个最基本的原

① 《毛泽东选集》第三卷,人民出版社 1991 年版,第 827—828 页。
② 《毛泽东文集》第七卷,人民出版社 1999 年版,第 210 页。
③ 《毛泽东选集》第三卷,人民出版社 1991 年版,第 812 页。
④ 《毛泽东文集》第七卷,人民出版社 1999 年版,第 275 页。

则。"①在领导中国革命斗争的长期过程中，毛泽东对经验主义、教条主义给中国革命造成的严重危害深恶痛绝，与割裂理论与实践的"左"的或右的倾向作坚决斗争。他曾在读书批注中感叹："中国的斗争如此伟大丰富，却不出理论家！""书斋中不能发展理论。"②作为伟大的马克思主义者，毛泽东能够自觉坚持用马克思主义斗争学说指导中国革命斗争实践，并推进马克思主义斗争学说中国化、本土化。同时，作为集军事统帅和军事理论家于一身的伟大人物，毛泽东不仅能够从长期亲身参加和指导革命斗争的实践中总结经验，使之上升为斗争艺术，而且有条件用这些斗争艺术去指导革命斗争实践，并在革命斗争实践中反复检验这些斗争艺术。毛泽东坚持和运用马克思主义关于通过暴力革命夺取政权的基本原理，深入研究中国社会的特点，从中国革命的实际出发，指出中国革命必须走农村包围城市、武装夺取政权的道路，引领中国革命不断从胜利走向胜利。毛泽东反对将马克思列宁主义教条化，也反对将自己的思想和经验教条化。1956年9月，毛泽东在同参加中共八大的拉丁美洲一些党的代表谈话时指出："中国革命的经验，建立农村根据地，以农村包围城市，最后夺取城市的经验，对你们许多国家不一定都适用，但可供你们参考。我奉劝诸位，切记不要硬搬中国的经验。任何外国的经验，只能作参考，不能当作教条。一定要把马克思列宁主义的普遍真理和本国的具体情况这两个方面结合起来。"③毛泽东的斗争艺术，融实践的开拓性与理论的创造性于一体，这是其具有无与伦比指导力的根本所在。

（二）斗争理想与斗争现实相统一

毛泽东指出："我们马克思主义者是革命的现实主义者，绝不作空想。"④"我们应当是现实主义的，当然是革命的现实主义，有理想的现实主义。"⑤理想与

---

① 《毛泽东文集》第七卷，人民出版社1999年版，第90页。
② 《毛泽东哲学批注集》，中央文献出版社1988年版，第445、421—422页。
③ 《毛泽东文集》第七卷，人民出版社1999年版，第133页。
④ 《毛泽东选集》第四卷，人民出版社1991年版，第1132页。
⑤ 《毛泽东文集》第三卷，人民出版社1996年版，第419页。

现实是一对矛盾，事关革命斗争成败。在党的历史上，一些人在主观上消除马克思主义革命理想与中国现实实际的差异，导致所谓的"一次革命论"或"左"倾教条主义。毛泽东的斗争艺术，蕴含着理想性与现实性的双重维度。作为无产阶级革命家，毛泽东怀有崇高的理想主义情怀，立志荡涤旧社会的污泥浊水，推翻压在中国人民头上的三座大山，创造一个"万山红遍，层林尽染"、人民当家作主的新世界，进而实现共产主义"这个将来的、无限光明的、无限美妙的最高理想"[①]。另一方面，毛泽东又有着强烈的现实主义精神，即反对本本主义、教条主义，强调马克思主义的"本本"必须同中国的实际情况相结合，坚持实事求是、一切从实际出发。革命战争年代，毛泽东强调不但要有革命热忱，而且要有实际精神，把革命气概和实际精神结合起来，立足中国实际"为着一个光明的中国而斗争"。新中国成立后，毛泽东致力推动马克思列宁主义基本原理同中国具体实际的"第二次结合"，也蕴含着进一步处理好社会主义理想与中国现实实际的关系，经过艰辛探索奋斗，取得了社会主义革命和建设的伟大成就。刘少奇在《论共产党员的修养》中指出，毛泽东思想的特征，就是"把伟大而高尚的共产主义理想和切实的实际工作、实事求是的精神统一起来"[②]。这一论断，实际上也是对毛泽东斗争艺术的精辟概括。

（三）斗争原则与斗争策略相统一

毛泽东指出："原则性和灵活性的统一，是马克思列宁主义的原则，这是一种对立面的统一。"[③]毛泽东的斗争艺术，是马克思主义斗争学说同中国革命斗争实际相结合的产物，始终旗帜鲜明地坚持马克思主义的基本原则，比如党的领导的政治原则、实践第一的认识原则、唯物辩证的方法原则、人民至上的价值原则。毛泽东的斗争艺术，绝不是为斗而斗、乱斗一气，而是有鲜明的立场和原则的。它始终坚持中国共产党的全面领导，坚持实践的观点，坚持实事

---

① 《毛泽东选集》第三卷，人民出版社1991年版，第1059页。

② 中共中央文献研究室、中国延安干部学院编：《延安时期党的重要领导人著作选编》下，中央文献出版社2014年版，第401页。

③ 《毛泽东文集》第七卷，人民出版社1999年版，第332页。

求是，坚持全心全意为人民服务。同时，毛泽东的斗争艺术之所以成为"艺术"，就是因为它坚持原则但又不是死板、机械、呆滞的原则，而是与灵活相伴随，并通过灵活才能真正实现的原则，是具有极大包容性的原则。在毛泽东看来，原则性与灵活性是对立统一的，离开灵活性的任何原则性，都是没有实际内容、不能解决实际问题的空洞的抽象"原则性"，即便是表面上、口头上多么生动，但实际上是对原则的放弃。毛泽东强调："我们的原则性必须是坚定的，我们也要有为了实现原则性的一切许可的和必需的灵活性。"①斗争的灵活性，就是在贯彻执行党的革命斗争路线、方针和政策时，针对具体的问题、具体的情况，进行具体的分析、判断，采取针对性、实效性强的对策。比如，为了全国抗战大局，毛泽东推动实现第二次国共合作、建立抗日民族统一战线，同时坚持统一战线中的独立自主，坚持有理、有利、有节，多次打退和制止国民党顽固派的反共高潮；抗战胜利后，为了争取和平民主，毛泽东毅然亲赴重庆进行谈判，以和平谈判与武装斗争相互配合的两手策略，粉碎了蒋介石的假和平阴谋。毛泽东的斗争艺术，在原则问题上寸步不让，在策略问题上则灵活机动，因时、因地、因人、因事而变，不拘一格，巧妙绝伦，常使我扭转局面、转危为安，对手则疲于应付、陷入被动，堪称原则的坚定性和策略的灵活性相统一的典范。

（四）斗争胆魄与斗争智慧相统一

不屈、无畏，敢于斗争又善于斗争，是毛泽东斗争艺术的鲜亮标识。毛泽东不信邪、不怕鬼、不怕压的个性极为鲜明，他曾以一身"虎气"自喻，具有无惧危险、敢于斗争、敢于胜利的英雄气概。无论遇到何种艰难险阻，无论面对国内外多么强大的敌人，他都能从"战略上藐视"，勇于知难而进、迎难而上、战胜一切困难。在他看来，"独有英雄驱虎豹，更无豪杰怕熊罴"，"一切反动派都是纸老虎"。毛泽东既有伟大政治家、革命家的胆识魄力，又有伟大战略家、军事家的高超智慧，他敢于斗争但不是盲目斗争，更不是轻敌冒

① 《毛泽东选集》第四卷，人民出版社1991年版，第1436页。

进、草率行事，而是在"战术上重视敌人"，基于科学分析、慎重分析制定战略战术，实现敢于斗争和善于斗争有机统一。毛泽东善于灵活运用马克思主义的立场观点方法，深刻把握中国革命斗争的特点规律，审时度势，见微知著，透过现象看本质，进而制定正确的斗争策略和方法，因而总能运筹帷幄、决胜千里，常能出敌意料、出奇制胜。抗美援朝战争中，毛泽东出于"打得一拳开，免得百拳来"的战略考量，毅然作出出兵援助朝鲜、抗击美国侵略重大决策。同时，又利用美军的判断错误、轻敌骄纵，诱敌深入、迂回包围，以迅雷不及掩耳之势相继发动第一次、第二次战役，迅速把侵略军从鸭绿江边打回到三八线，很快扭转了朝鲜战局。第五次战役后，针对美军战术变化，则指示采用"零敲牛皮糖"战术，打小歼灭战积小胜为大胜。在美国提出停战谈判后，毛泽东制定边打边谈、以打促谈的停战谈判策略，终于迫使美国签订停战协定，胜利实现朝鲜停战。既有敢于斗争的大气魄，又有善于斗争的大智慧，使毛泽东的斗争艺术出类拔萃、无可匹敌。国内外仇视他的敌人都不少，但都不是他的对手，一个个貌似强大的敌人在他面前无不一败涂地，毛泽东则成为令敌胆寒、享誉世界的斗争艺术大师。

（五）斗争判断与斗争决断相统一

毛泽东指出："指挥员的正确的部署来源于正确的决心，正确的决心来源于正确的判断"[1]。毛泽东极为重视作出正确的战略判断，认为这是夺取革命斗争胜利的基本前提。他对认为"战略胜利取决于战术胜利"的观点进行剖析，指出"这种意见是错误的，因为这种意见没有看见战争的胜败的主要和首先的问题，是对于全局和各阶段的关照得好或关照得不好"[2]。毛泽东认为，有了正确的判断，就需要作出果敢细致的决断，包括斗争的策略、手段、方式，要敢于作出决定、敢于拍板。在革命斗争实践中，毛泽东总是要"将侦察得来的敌方情况的各种材料加以去粗取精、去伪存真、由此及彼、由表及里的思索，然

---

[1] 《毛泽东选集》第一卷，人民出版社 1991 年版，第 179 页。

[2] 《毛泽东选集》第一卷，人民出版社 1991 年版，第 175 页。

后将自己方面的情况加上去，研究双方的对比和相互的关系"，进而形成判断，定下决心①。从秋收起义后，毛泽东超越俄国"城市中心论"经验，率领部队上井冈山，建立农村革命根据地；到抗日战争时期，毛泽东由反蒋抗日到逼蒋抗日、联蒋抗日，倡导建立并维护抗日民族统一战线，制定持久战的战略总方针；到解放战争时期，毛泽东不等完全粉碎敌人的战略进攻，不等解放军在数量上占有优势，就果断作出由战略防御立刻转入战略进攻的重大决策；到抗美援朝战争时期，毛泽东作出"参战利益极大，不参战损害极大"的战略判断，毅然作出"抗美援朝、保家卫国"的决策；到炮击金门斗争中，为了粉碎美国武装干涉中国台湾问题的图谋，毛泽东作出"只打蒋舰、不打美舰"的决策；等等。一次次重大决策背后，无不是毛泽东以超常的胆魄和智慧，既善于作出周密、深入、准确的战略判断，又勇于作出敢负责、能担当的重大决断，以正确判断和果敢决断的有机统一，牢牢掌握了革命斗争的主动权。

（六）斗争精神与斗争本领相统一

一方面，毛泽东认为，面对凶恶的敌人和严峻挑战，不能"怕鬼""信邪"、得"软骨病"、患"恐惧症"，必须培养敢于斗争、不怕牺牲的斗争精神。1937年10月，毛泽东为陕北公学成立题词："要造就一大批人，这些人是革命的先锋队。这些人具有政治远见。这些人充满着斗争精神和牺牲精神。"②同月，他在《论鲁迅》的演讲中，也强调鲁迅具有政治远见、斗争精神和牺牲精神，这三个特点形成了伟大的"鲁迅精神"。另一方面，毛泽东特别强调练就过硬的斗争本领。1939年5月20日，毛泽东在延安在职干部教育动员大会上提出了著名的"本领恐慌"说。毛泽东指出："我们队伍里边有一种恐慌，不是经济恐慌，也不是政治恐慌，而是本领恐慌。"③在他看来，斗争精神、斗争本领都不是与生俱来的，培养途径主要有两条：一是在实践中锻炼。毛泽东认为，使

---

① 《毛泽东选集》第一卷，人民出版社1991年版，第179—180页。

② 《毛泽东年谱（一八九三——一九四九）（修订本）》中册，中央文献出版社2013年版，第34页。

③ 《毛泽东文集》第二卷，人民出版社1993年版，第178页。

用是更重要的学习，号召"从战争学习战争"①，"在艰苦的长期的战争中学出超人的本领"②。二是开展学习运动和教育训练。在残酷的战争环境中，毛泽东仍然高度重视大抓学习、办学育才。抗日战争时期，毛泽东号召开展学习运动，强调学习运动具有普遍意义和永久意义，并创办了中国人民抗日军政大学、中央党校、马列学院等学校，作为培养革命人才的熔炉。毛泽东时常挤时间亲自到学校指导、任课、演讲，甚至为它们制定培养目标、课程内容。1938年4月，毛泽东在中国人民抗日军政大学第四期第三大队开学典礼上讲话，要求大家要学到三样东西，即"坚定正确的政治方向，艰苦奋斗的工作作风，加上灵活的战略战术"③。毛泽东反复强调，掌握斗争本领，必须努力做到德才兼备、又红又专。针对一些人把政治与业务对立起来的倾向，毛泽东指出："政治和业务是对立统一的，政治是主要的，是第一位的，一定要反对不问政治的倾向；但是，专搞政治，不懂技术，不懂业务，也不行……我们各行各业的干部都要努力精通技术和业务，使自己成为内行，又红又专。"④培养造就大批既有斗争精神又有斗争本领的优秀人才，为夺取中国革命斗争胜利提供了坚实支撑。

（七）斗争动机与斗争效果相统一

毛泽东指出："唯心论者是强调动机否认效果的，机械唯物论者是强调效果否认动机的，我们和这两者相反，我们是辩证唯物主义的动机和效果的统一论者。"⑤毛泽东认为，斗争是手段而非目的，共产党人义无反顾、视死如归地投身于伟大斗争并争取胜利，一切都是为了人民大众，是为人民谋幸福。但是，仅有好的动机还不够，一些人理论脱离实际，或者不循章法、盲目蛮干，不愿、不敢、不能啃硬骨头，结果导致"欲速则不达"，甚至"事与愿违"，"好心办坏事"；有的则片面强调效果而否认动机，为了目的不择手段，以至不

---

① 《毛泽东选集》第一卷，人民出版社1991年版，第181页。
② 《毛泽东文集》第三卷，人民出版社1996年版，第46页。
③ 《毛泽东文集》第二卷，人民出版社1993年版，第117页。
④ 《毛泽东文集》第七卷，人民出版社1999年版，第309页。
⑤ 《毛泽东选集》第三卷，人民出版社1991年版，第868页。

听号令、违法违纪。唯动机论和唯效果论都陷入误区，给革命斗争造成损失。毛泽东指出："为大众的动机和被大众欢迎的效果，是分不开的，必须使二者统一起来。为个人的和狭隘集团的动机是不好的，有为大众的动机但无被大众欢迎、对大众有益的效果，也是不好的。""社会实践及其效果是检验主观愿望或动机的标准。"① 毛泽东强调，检验一个作家的主观愿望即其动机是否正确，是否善良，不是看他的宣言，而是看他的行为在社会大众中产生的效果。动机与效果的统一，往往是一个复杂的、曲折的过程，不可能一蹴而就。毛泽东的斗争艺术，注重坚持党的领导和科学理论指导，引导人们正确认识和处理目的与手段、理想与现实、能动性与规律性、主观愿望与客观实际的关系，始终坚持正确的斗争立场和方向，掌握斗争特点规律，讲求斗争方式方法，把握斗争节奏火候，不畏艰险，攻坚克难，在革命实践中实现斗争动机与斗争效果的统一。

四、毛泽东的斗争艺术的历史贡献和现实价值

中国革命斗争的艰难复杂程度在中外历史上罕见，胜利成果之大在中外历史上罕见，在这一伟大斗争实践中创造的毛泽东斗争艺术的精妙绝伦，也为中外历史上所罕见。毛泽东的斗争艺术，把马克思主义斗争学说发展到新的历史高峰，不仅在中国革命斗争历史上占有极为重要的地位，而且在世界人民斗争艺术中独树一帜，具有重要的理论意义、实践意义、历史意义、世界意义。其深邃的思想和卓绝的智慧穿越时空，至今依然闪耀着真理的光芒，在大变局、大变革中愈发凸显引领的力量，在中国和世界激发久久回响。

（一）马克思主义斗争学说发展的理论高峰

像毛泽东这样集政治领袖、军事统帅和军事理论家于一身，领导革命斗争长达半个多世纪，在长期革命斗争特别是军事斗争中始终立于不败之地的伟大

---

① 《毛泽东选集》第三卷，人民出版社1991年版，第868页。

人物，在无产阶级革命斗争史上乃至整个人类历史上都是极为罕见的。科学总结中国革命斗争历史经验、凝结着中国共产党斗争集体智慧、基于百战而不殆的斗争实践并被实践所检验的毛泽东斗争艺术，极大地丰富了马克思主义的斗争学说宝库，标志着马克思主义斗争学说发展到了新的历史高度。

毛泽东的斗争艺术是具有中国特色的马克思主义斗争艺术，涉及政治斗争、经济斗争、军事斗争、外交斗争、党内斗争等多个方面的探索创新。毛泽东没有机械地、片面地理解和运用马克思主义斗争学说，而是坚持从中国实际出发，深刻分析中国社会形态和阶级状况，提出通过新民主主义革命走向社会主义的两步走战略，制定了新民主主义革命总路线，开辟了农村包围城市、最后夺取全国胜利的革命道路，科学解决了马克思主义斗争学说同中国革命斗争实践相结合的一系列重大问题。着眼夺取中国革命斗争胜利，毛泽东创造性地提出了一系列重大思想观点，主要表现在：党要掌握革命斗争的领导权；坚持人民大众的斗争立场；分清敌友是革命的首要问题；枪杆子里面出政权；战争胜负的决定因素是人不是物；兵民是胜利之本；人民战争的战略战术；利用矛盾，争取多数，反对少数，各个击破；建立国内国际两个统一战线；力争主动，力避被动；积极开展党内斗争；推进党的建设伟大工程；培养斗争精神；提高斗争本领；等等。这些重要思想，从革命斗争的原则、立场、方法、途径、关键、依靠力量、政治保证、精神支撑等方面，对马克思主义斗争学说作了全面的创造性发展。

革命战争年代的中心任务是军事斗争，毛泽东军事斗争艺术的重大创新尤为重要，对马克思主义斗争学说的杰出贡献也尤为突出。毛泽东破天荒地提出农村包围城市、武装夺取政权的理论，创造性地解决了在中国这个农民占人口的绝大多数、半殖民地半封建的东方大国无产阶级获得解放的革命道路问题；同时，以"党指挥枪"的原则缔造了一支新型的人民军队，丰富和发展了人民战争的思想，创造了主力军、地方军和民兵"三结合"的武装力量体制，结成了最广泛的统一战线，制定出一整套符合人民战争规律的灵活机动的战略战术，首次科学地阐述了军事辩证法及其若干范畴。在国际共产主义运动史上，马克思、恩格斯创立了无产阶级暴力革命理论，论证了人民战争思想，但由于当时无产阶级武装斗争的实践还很少，尚难形成系统的人民战争战略战术。列宁、斯大林领导苏联人民进行了前所未有的人民战争实践，丰富和发展了马克思主义的战略战术，但中国与苏联的国情差别很大，不可能像十月革命那样首先占领中心城市来取得革命在全国的胜利。毛泽东立足中国国情，在敌强我弱、敌大我小的条件下，创造性地制定了一整套适合中国特点的人民战争战略战术，成功解决了经过长期战争以弱胜强的重大难题，极大地丰富和发展了马克思主义军事斗争艺术。美国前国务卿基辛格通过对比列宁、斯大林、克劳塞维茨和毛泽东的军事思想指出："值得注意的是，共产主义军事思想的最完善的理论性言论不是在苏联的著作中，而是在中国的著作中"，毛泽东的"这套军事理论表现出高度的分析能力，罕有的洞察力"。[1]日本军事评论家林克指出，毛泽东"创造性地科学地划时代地发展了马克思列宁主义的革命的军事理论，建立了与资产阶级军事学说在本质上不同的无产阶级的军事学说和军事原则"[2]。

（二）中国革命斗争获得大胜利的行动指南

毛泽东把取得新民主主义革命胜利、成立中华人民共和国，称为"中国从古未有的大胜利，也是十月革命以后一个带世界性的大胜利"[3]。1840年鸦片战争后，面对帝国主义列强的野蛮侵略和压迫，为了拯救民族危亡，中国人民进行了可歌可泣的斗争，太平天国运动、洋务运动、戊戌变法、义和团运动、辛亥革命接连而起，各种救国方案轮番出台，但都以失败告终。中国共产党领导中国人民走出半殖民地半封建社会的深渊，夺取了中国革命斗争的大胜利，一个重要原因，就是毛泽东的斗争艺术提供了科学指导。

毛泽东的斗争艺术，批判地吸取了古今中外优秀的斗争思想遗产，凝结着中国共产党革命斗争的集体智慧，是中国历史上最科学、最先进、最完整的斗争艺术。1921年7月，中国共产党成立，深刻改变了中国革命斗争的面貌。

---

① 《外国军事学术》1983年增刊，第8页。

② 廖国良、李士顺、徐焰：《毛泽东军事思想发展史》"绪论"，解放军出版社1991年版，第43页。

③ 《毛泽东文集》第六卷，人民出版社1999年版，第73页。

然而，党在幼年时期，对中国革命斗争特点规律的把握还不深入，"左"倾、右倾错误使中国革命斗争遭受了严重挫折。只是到1927年之后毛泽东探索开创农村包围城市、武装夺取政权革命道路，毛泽东的斗争艺术脱颖而出，"中国人民才找到了如何通过武装斗争夺取革命胜利的思想武器"①。特别是1935年遵义会议事实上确立了毛泽东在党中央和红军的领导地位，毛泽东的斗争艺术得到全党全军承认并得以贯彻之后，中国共产党的面貌、人民军队的面貌、中国革命的面貌才真正焕然一新了。

毛泽东的斗争艺术作为中国革命斗争实践经验的宝贵结晶，对中国革命斗争的实践起着巨大指导作用。在毛泽东斗争艺术的指引下，中国人民进行了长达22年的武装斗争，夺取了土地革命战争、抗日战争、解放战争的胜利，打败了国内外强大敌人，推翻了帝国主义、封建主义、官僚资本主义三座大山的统治，实现了几代中国人梦寐以求的民族独立和人民解放。这场持续时间长、规模宏大、对中国和世界都产生了重大深远影响的革命武装斗争，取得了极其辉煌的胜利，不仅彻底结束了旧中国半殖民地半封建社会的历史，彻底结束了中华民族百余年来的屈辱，而且实现了中国从几千年封建专制政治向人民民主的伟大飞跃，使中国人民重新站了起来，使中华民族重新屹立于世界民族之林。毛泽东的斗争艺术，是中国革命斗争智慧的结晶，是已被中国革命斗争实践检验过的真理。中国革命斗争的伟大胜利，充分证明了毛泽东斗争艺术的正确性和科学性。在党的十一届三中全会前夕，邓小平在1978年12月的中央工作会议上指出："回想在一九二七年革命失败以后，如果没有毛泽东同志的卓越领导，中国革命有极大的可能到现在还没有胜利，那样，中国各族人民就还处在帝国主义、封建主义、官僚资本主义的反动统治之下，我们党就还在黑暗中苦斗。"②

（三）推进反帝反霸反殖民斗争的思想武器

毛泽东的斗争艺术属于中国，也属于世界，是人类文明宝库中的瑰宝。这

---

① 宋时轮：《毛泽东军事思想初探》，军事科学出版社1983年版，第15页。
② 《邓小平文选》第二卷，人民出版社1994年版，第148页。

一斗争艺术不仅指导中国革命斗争取得伟大胜利，而且为中国和世界人民反对帝国主义、霸权主义、殖民主义提供了重要思想武器。随着中国革命斗争事业胜利发展，毛泽东的斗争艺术从中国传及世界，在世界革命斗争艺术中独树一帜，给全世界被压迫民族和人民争取独立、解放、自由提供了重要借鉴。

毛泽东的斗争艺术具有世界意义，给被压迫民族和人民的解放运动提供了有力武器。毛泽东的斗争艺术自形成之初就受到国外关注，中国革命战争的辉煌胜利更是促使毛泽东的斗争艺术在第三世界国家和殖民地、半殖民地国家广泛传播。20世纪六七十年代，亚洲、非洲、拉丁美洲掀起轰轰烈烈的反殖民斗争，其中有一个共同特点，就是毛泽东的斗争艺术成为其争取民族独立和解放斗争的强大思想武器。许多国家都把中国当作争取民族解放的范例，学习毛泽东的斗争艺术，并应用于本国的斗争实践。在亚洲，越南人民先后战胜拥有优势装备的法国殖民主义者和美国侵略者，时任越南国防部部长兼越南人民军总司令的武元甲大将总结说：“毛泽东军事思想对于我党领导这场抗战有着重大的贡献。自1950年以来，在中国革命胜利后，我国军民更有条件学习中国人民解放军的宝贵经验，学习毛泽东军事思想并创造性地运用到我国的武装斗争的具体实践中去。”① 在非洲，阿尔及利亚、莫桑比克、津巴布韦、安哥拉等国人民，结合本国实际运用毛泽东的游击战等战略战术，最终赢得了独立。在拉丁美洲，从古巴到委内瑞拉、哥伦比亚、智利等国，毛泽东的斗争艺术被广泛传播和运用于民族独立和人民解放的斗争。古巴有位游击队指挥官著文指出：“许多革命军官都在读毛泽东论述中国国内战争的著作。毛泽东对古巴革命的影响虽然是间接的，但是这种影响却是无法估量的。”有拉丁美洲革命者评论：“毛主席关于游击战争的战略战术思想，是弱军战胜强敌的根本保证，是亚非拉人民进行武装斗争，取得革命战争胜利的根本保证。”② 许多人把亚、非、拉民族解放斗争的胜利称为“毛泽东式”的胜利。西方侵略者和殖民者则悲叹：他们在亚洲、非洲、拉丁美洲的失败，是因为不懂得毛泽东军事思想。

① [越] 武元甲：《奠边府》，越南人民军队出版社1964年版，第153—154页。
② 贾若瑜：《毛泽东军事思想》，山东人民出版社1993年版，第625页。

毛泽东的斗争艺术深刻影响世界格局,将永载人类反帝、反霸、反殖民斗争的文明史册。毛泽东的斗争艺术,对世界战略格局产生了重大影响。新中国成立后,为了反对帝国主义侵略,支援被压迫民族和人民争取民族独立和人民解放的正义事业,中国人民胜利进行了数次援外战争和国际军事援助。特别是抗美援朝战争(朝鲜称为"祖国解放战争")的胜利,深刻塑造了第二次世界大战结束后亚洲乃至世界的战略格局,遏制了美国欲把"冷战"变为"热战"的势头。援越抗美(越南称为"抗美救国战争")的胜利,重挫美国称霸势头,导致美国出现十年经济滞胀期,促成国际形势相对"缓和"。这些战争的胜利,被誉为毛泽东军事思想的胜利,进一步扩大了毛泽东军事思想的国际影响。多国报纸、杂志竞相发表评介文章,多种文字的研究专著相继出版,毛泽东被誉为当代最伟大的军事家、战略家和著名军事理论家。有的国家成立了毛泽东思想研究会、毛泽东思想学习会,出版《毛泽东思想研究》《毛泽东思想》月刊等。有的国家曾要求,军官晋升时必须撰写毛泽东军事思想的论文。毛泽东的主要著作,成为国外许多政治家、军事家必读的经典。许多原殖民地、半殖民地国家的人民运用毛泽东斗争艺术获得解放,国外身份不同、动机各异的人们广泛研究毛泽东的论著,这些史实无不表明:毛泽东的斗争艺术早已成为一种世界性的革命斗争艺术。毛泽东的斗争艺术解决了一个根本性的重大难题:贫苦、弱小的民族怎样才能战胜贪婪、凶恶的帝国主义和国内反动派。当今世界,和平、发展、合作、共赢的历史潮流不可阻挡,同时,"恃强凌弱、巧取豪夺、零和博弈等霸权霸道霸凌行径危害深重"[1]。特别是美国在经历两次世界大战和冷战成为全球头号强国后,更加肆无忌惮,粗暴干涉别国内政,谋求霸权、维护霸权、滥用霸权,大搞颠覆渗透,动辄发动战争,贻害国际社会。[2] 毛泽东的斗争艺术,是人类政治文明、军事文明发展的重要成果。只要这个世界上还有剥削和压迫,只要霸权主义、强权政治还在横行肆虐,毛泽东的斗争艺术就不会失去其重要价值,就依然是这个世界被压迫民族和人民争取独立、解放、

---

① 习近平:《高举中国特色社会主义伟大旗帜 为全面建设社会主义现代化国家而团结奋斗——在中国共产党第二十次全国代表大会上的报告》,人民出版社 2022 年版,第 60 页。
② 《美国的霸权霸道霸凌及其危害》,《人民日报》2023 年 2 月 21 日。

自由的锐利武器。

（四）夺取新时代伟大斗争胜利的科学指引

实现伟大梦想，必须进行伟大斗争。毛泽东的斗争艺术，是中国革命斗争从胜利走向胜利的科学指南，为夺取新民主主义革命的胜利、社会主义革命和建设的胜利作出了彪炳史册的贡献，对于新时代进行新的伟大斗争、实现中华民族伟大复兴仍然具有重要指导意义。

毛泽东的斗争艺术是新时代党的斗争艺术的重要源头。新中国成立后，毛泽东曾经预言："从现在起，五十年内外到一百年内外，是世界上社会制度彻底变化的伟大时代，是一个翻天覆地的时代，是过去任何一个历史时代都不能比拟的。处在这样一个时代，我们必须准备进行同过去时代的斗争形式有着许多不同特点的伟大的斗争。"① 党的十八大以来，习近平总书记反复强调，实现中华民族伟大复兴，必须准备进行具有许多新的历史特点的伟大斗争。习近平总书记着眼实现中华民族伟大复兴的中国梦，就进行伟大斗争、发扬斗争精神、提高斗争本领等作了一系列重要论述，深刻回答了"为谁斗争""靠谁斗争""怎样斗争"等重大问题，进一步丰富和发展了马克思主义斗争学说，开辟了中国共产党斗争艺术创新发展的新境界，为新时代伟大斗争提供了科学指南。新时代的伟大斗争，是中国共产党人初心和使命的赓续，是毛泽东等老一辈革命家开创的伟大斗争事业的拓展，伟大斗争的历史逻辑、理论逻辑、价值逻辑、实践逻辑一以贯之。同样，习近平总书记的斗争艺术，与毛泽东的斗争艺术是一脉相承的。主要表现在：在斗争主题上，坚持实现中华民族伟大复兴；在斗争立场上，坚持一切为了人民；在斗争原则上，坚持有理有利有节；在斗争方法上，坚持实事求是；在斗争精神上，坚持敢于斗争、善于斗争；在斗争力量上，坚持兵民是胜利之本；在斗争策略上，坚持灵活机动、力争主动；等等。习近平总书记的斗争艺术，与毛泽东的斗争艺术异曲同工，是毛泽东的斗争艺术的继承和发展。深入理解习近平总书记关于伟大斗争重要论

---

① 《毛泽东文集》第八卷，人民出版社1999年版，第302页。

述的精髓要义，深入感悟习近平总书记关于发扬斗争精神的战略考量，深入把握习近平总书记关于讲究斗争艺术的时代要求，有助于学深悟透毛泽东的斗争艺术。同时，学习研究毛泽东的斗争艺术，也有助于深入领悟习近平总书记的斗争艺术，对于深刻认识和推进新时代伟大斗争具有重要启示。

毛泽东的斗争艺术是进行新时代伟大斗争的重要遵循。毛泽东斗争艺术的历史作用，早已为世界所公认。不过，对毛泽东斗争艺术的歪曲和攻击也从来没有消失。实际上，毛泽东的斗争艺术就是在与各种错误思想倾向斗争中形成和发展的。近年来，质疑和否定毛泽东的斗争艺术论调主要有三种：一是借口毛泽东晚年把斗争绝对化和扩大化、在"文化大革命"中犯了严重错误，攻击毛泽东"好斗""乱斗"，诬称毛泽东搞唯心主义的"斗争哲学"；二是散布历史虚无主义，诋毁中国革命，抹黑革命领袖；三是割裂中国革命、建设、改革历史，以改革以来历史否定改革前历史，借口时代背景和主要矛盾发生重大变化，妄称毛泽东的斗争艺术早已"过时"。众所周知，对毛泽东的历史功过，党的十一届六中全会作出的《关于建国以来党的若干历史问题的决议》已经做了全面评价。毛泽东的功绩是第一位的，他的错误是第二位的，他的错误在于违反了他自己正确的东西，是一个伟大的革命家、伟大的马克思主义者所犯的错误。中国特色社会主义新时代，是承前启后、继往开来、在新的历史条件下继续夺取中国特色社会主义伟大胜利的时代。诚然，新时代的社会背景、主要矛盾、历史任务发生了重大变化，但我国仍处于并将长期处于社会主义初级阶段的基本国情没有变，我国是世界最大发展中国家的国际地位没有变，实现伟大梦想必须进行伟大斗争也没有变。毛泽东的革命实践和光辉业绩已经载入中华民族史册，毛泽东的斗争艺术对新时代伟大斗争仍然具有重要指导意义，将永远指引我们奋斗前行。正如习近平总书记在纪念毛泽东同志诞辰 120 周年座谈会上的讲话中所指出的："任何时候都不能动摇高举毛泽东思想旗帜的原则，我们将永远高举毛泽东思想的旗帜前进。"①

坚持和发展毛泽东的斗争艺术是夺取新时代伟大斗争胜利的必然要求。党

---

① 习近平：《在纪念毛泽东同志诞辰 120 周年座谈会上的讲话》，人民出版社 2013 年版，第 9 页。

的二十大报告指出，新时代新征程上，我国发展进入战略机遇和风险挑战并存、不确定难预料因素增多的时期，必须准备经受风高浪急甚至惊涛骇浪的重大考验。为此，必须"坚持发扬斗争精神。增强全党全国各族人民的志气、骨气、底气，不信邪、不怕鬼、不怕压，知难而进、迎难而上，统筹发展和安全，全力战胜前进道路上各种困难和挑战，依靠顽强斗争打开事业发展新天地"。[1] 学习贯彻党的二十大精神，必须深刻认识新时代伟大斗争的长期性、复杂性、艰巨性，把握新时代伟大斗争的新特点新要求，结合新的斗争实践坚持和运用毛泽东的斗争艺术，推动党的斗争艺术创新发展，比如：如何分清敌友；如何抓住主要矛盾和矛盾的主要方面；如何做到你打你的、我打我的；如何创新发展人民战争的战略战术；如何建立最广泛的国际国内统一战线；如何强化斗争精神和斗争本领；等等。习近平总书记的斗争艺术，是马克思主义斗争学说中国化时代化的新飞跃，是党的斗争艺术创新发展的最新成果，它与毛泽东的斗争艺术既一脉相承，又与时俱进作了重大创新发展。深入学习贯彻习近平总书记的斗争艺术，就是结合新时代斗争实际更好地坚持和运用毛泽东的斗争艺术。推进新时代伟大斗争，必须坚持和发展毛泽东的斗争艺术，自觉坚持以习近平总书记的斗争艺术为指导，把准斗争方向，发扬斗争精神，提高斗争本领，创新斗争策略，牢牢把握斗争主动权，依靠顽强斗争战胜各种风险挑战，实现伟大梦想。

---

[1] 习近平：《高举中国特色社会主义伟大旗帜　为全面建设社会主义现代化国家而团结奋斗——在中国共产党第二十次全国代表大会上的报告》，人民出版社 2022 年版，第 27 页。

第一章
"毛主席用兵真如神"

—— 毛泽东在新民主主义革命时期的斗争艺术

毛泽东的斗争艺术形成于中国革命斗争实践，又能动地指导中国革命斗争实践，并在中国革命斗争实践中不断受到检验和丰富发展。新民主主义革命时期，以毛泽东同志为主要代表的中国共产党人领导开展了以武装斗争为主要内容的革命斗争，形成了统一战线、武装斗争、党的建设三大法宝，全面创新发展了马克思主义政治斗争、经济斗争、军事斗争、文化斗争和党内斗争艺术。特别是毛泽东以恢宏的斗争气魄和高超的军事指挥艺术，作出一个个令世人惊叹不已、令敌人惊慌失措的战略决策，导演了一幕幕人类历史上罕见的战争活剧，引领中国革命战争取得了辉煌胜利。

一、吾人应求之于奋斗

毛泽东的青少年时期，正值中国社会深陷半殖民地半封建社会深渊、中国革命由旧民主主义革命向新民主主义革命转变时期，进步与保守、革命与反革命两种势力的斗争异常激烈。毛泽东在政治思想上经历了由资产阶级改良主义到革命民主主义进而到共产主义的转变过程，他的反抗意识、奋斗精神也逐步升华，初步确立了马克思主义斗争观。

（一）朴素斗争意识的升华

毛泽东自少志存高远，并形成倔强个性和反抗精神。他在同父亲毛顺生"辩论的斗争"中，开始意识到反抗的作用。中国历史上人民起义的故事和家乡附近农民造反的事迹，曾给毛泽东留下深刻印象。随着阅历的增加，毛泽东进一步认识到，中国积弱不振，要独立、富强起来，必须长期奋斗。

受中西方文化的影响，毛泽东的世界观发生了剧烈转变。从 1902 年开始，毛泽东在湖南韶山 6 所私塾读书，接受传统的启蒙教育，深受中国传统文化特别是先秦诸子思想、陆王心学以及注重习行践履学风的湖湘文化熏陶。少年毛泽东喜读《水浒传》等反抗压迫和斗争的故事，潜移默化地启发着他的反抗意识。1910 年，毛泽东考入湖南湘乡县立东山高等小学堂读书，受到康有为、梁启超改良主义思想影响，此间写过《言志》。1911 年，毛泽东到长沙，考入湘乡驻省中学读书，受同盟会主办的《民立报》影响，撰文拥护孙中山及同盟会的纲领。10 月，毛泽东响应辛亥革命，在湖南新军当列兵，半年后退出。1911 年春至 1918 年夏在长沙读书期间，正值辛亥革命和五四运动前夕，新旧两种势力和新文化运动内部革新与改良两种社会思潮的斗争非常激烈，自由主义、民主主义、空想社会主义等思想对青年毛泽东都有过重要影响。毛泽东痛恨帝国主义的侵略，不满旧中国的封建腐朽制度，崇尚英雄豪杰，主张奋起抗争。毛泽东写道："大凡英雄豪杰之行其自己也，发其动力，奋发踔厉，摧陷廓清，一往无前，其强如大风之发于长谷。"① 在杨昌济等进步教师影响下，毛泽东经过独立研究思考，很快抛弃了资产阶级改良主义思想，确立了资产阶级革命民主主义的政治观念。1918 年 4 月，毛泽东同蔡和森、何叔衡等人发起成立新民学会，积极开展爱国民主斗争。

青年毛泽东无所畏惧，敢于斗争，并注重磨炼斗争意志。毛泽东在《湘江评论》创刊宣言中强调："什么不要怕？天不要怕，鬼不要怕，死人不要怕，官

---

① 中共中央文献研究室、中共湖南省委《毛泽东早期文稿》编辑组编：《毛泽东早期文稿（1912—1920）》，湖南人民出版社 2013 年版，第 193 页。

僚不要怕，军阀不要怕，资本家不要怕。"① 毛泽东非常重视"文明其精神，野蛮其体魄"，注重磨炼不屈不挠意志。他认为，"武勇之目，若猛烈，若不畏，若敢为，若耐久，皆意志之事。""夫力拔山气盖世，猛烈而已；不斩楼兰誓不还，不畏而已；化家为国，敢为而已；八年于外，三过其门而不入，耐久而已。"② 人的意志遇挫弥坚，犹如"河出潼关，因有太华抵抗，而水力益增其奔猛。风回三峡，因有巫山为隔，而风力益增其怒号"③。毛泽东喜欢搏击风浪，"自信人生二百年，会当水击三千里"。在长沙求学期间，他在日记中写下《四言诗·奋斗》："与天奋斗，其乐无穷！与地奋斗，其乐无穷！与人奋斗，其乐无穷！"青年毛泽东"书生意气，挥斥方遒。指点江山，激扬文字"，既有"问苍茫大地，谁主沉浮"的仰天长问，又有"到中流击水，浪遏飞舟"的壮志豪情。

(二) 马克思主义斗争观的确立

五四运动前后，在中国革命由旧民主主义革命向新民主主义革命转折之际，毛泽东的世界观发生根本变化，实现由资产阶级革命民主主义向共产主义的转变。

1918 年 8 月，毛泽东到李大钊主持的北京大学图书馆工作，对马克思主义有了初步认识，并用以剖析中国社会。1919 年，长沙赵女士因抗婚而自杀于花轿之中，毛泽东对这一事件进行反思，把对赵女士之死的同情、义愤及对封建家庭制度的批判，进一步引向社会批判，指出赵女士之死背后，是婚姻制度的腐败，社会制度的黑暗。毛泽东认为，赵女士的自杀对于保全人格只具有有限意义，更好的选择是奋起抗争，宁奋斗被杀而亡。他强调，反

---

① 中共中央文献研究室、中共湖南省委《毛泽东早期文稿》编辑组编：《毛泽东早期文稿（1912—1920)》，湖南人民出版社 2013 年版，第 270 页。

② 中共中央文献研究室、中共湖南省委《毛泽东早期文稿》编辑组编：《毛泽东早期文稿（1912—1920)》，湖南人民出版社 2013 年版，第 61 页。

③ 中共中央文献研究室、中共湖南省委《毛泽东早期文稿》编辑组编：《毛泽东早期文稿（1912—1920)》，湖南人民出版社 2013 年版，第 159 页。

抗强权，"吾人应求之于奋斗"①。1919年5月，毛泽东响应五四运动，发起成立湖南学生联合会，积极开展驱逐湖南军阀张敬尧和湖南自治的运动斗争，但结果都失败了，他逐步认识到旧式的资产阶级民主革命的道路是行不通的。

俄国十月革命的胜利和马克思列宁主义在中国的传播，社会上进行的马克思主义和非马克思主义的论战，特别是新民学会内部开展的关于中国革命道路的讨论和斗争，促进毛泽东划清了马克思主义和非马克思主义的界限。1919年7月，毛泽东创办《湘江评论》，大力宣传民主革命思想，歌颂十月革命的胜利。1919年12月，毛泽东第二次到北京，广泛阅读《共产党宣言》等马克思主义书籍，接受了马克思主义阶级斗争观点。1920年11月，毛泽东在给新民学会会员罗章龙的信中指出："主义譬如一面旗子，旗子立起了，大家才有所指望，才知所趋赴。"②同月，毛泽东同何叔衡等组织长沙共产主义小组。1920年12月1日，毛泽东致信给蔡和森等在法国勤工俭学的会友，表明自己接受马克思主义，走俄国十月革命的道路。1921年元旦，毛泽东在新民学会新年大会上指出，"俄式系诸路皆走不通了新发明的一条路"，"我极赞成"③。毛泽东具体分析指出，资产阶级和小资产阶级的社会政策"是补苴罅漏的政策，不成办法。社会民主主义，借议会为改造工具，但事实上议会的立法总是保护有产阶级的。无政府主义否认权力，这种主义恐怕永世都做不到"。"激烈方法的共产主义，即所谓劳农主义，用阶级专政的方法，是可以预计效果的，故最宜采用"④。

毛泽东在比较鉴别中毅然选择了马克思列宁主义，选择了为实现共产主义而奋斗的崇高理想，最终完成了向马克思主义世界观的根本转变，牢固地确立了马克思主义斗争观。在此后的革命生涯中，毛泽东始终自觉坚持、运用并创

---

① 中共中央文献研究室、中共湖南省委《毛泽东早期文稿》编辑组编：《毛泽东早期文稿（1912—1920）》，湖南人民出版社2013年版，第392页。
② 《毛泽东年谱（一八九三——一九四九）（修订本）》上册，中央文献出版社2013年版，第71页。
③ 《毛泽东文集》第一卷，人民出版社1993年版，第1页。
④ 《毛泽东文集》第一卷，人民出版社1993年版，第2页。

新发展马克思主义斗争观，用于指导中国革命斗争实践，不管是"倒海翻江卷巨澜"，还是"雄关漫道真如铁"，他都矢志不移、执着追求。

二、基本的原则是"十六字诀"

土地革命战争，是中国共产党领导中国工农红军和中国人民为反对国民党蒋介石集团的反动统治、废除封建土地制度、建立工农民主政权而进行的革命战争。土地革命战争时期，是中国共产党缔造并独立领导人民军队进行武装斗争的时期，也是毛泽东的斗争艺术初步形成的时期。毛泽东开辟了农村包围城市、武装夺取政权的革命道路，中国革命斗争迎来了从胜利走向胜利的崭新局面。

（一）大革命的失败与武装夺取政权思想的提出

1921 年 7 月，中国共产党宣告成立，中国革命从此有了坚强的领导核心。建党之初和大革命时期，党制定民主革命纲领，发动工人运动、青年运动、农民运动、妇女运动，推进并帮助国民党改组和国民革命军建立，领导全国反帝反封建伟大斗争，掀起大革命高潮。

此间，毛泽东出席中共一大，在中共三大上当选中央执行委员、中央局委员并担任中央局秘书，成为中国共产党的主要缔造者和领导人之一。毛泽东积极投身中国革命斗争，并结合斗争实践深入剖析中国社会形态和各阶级状况，指出分清敌我是革命的首要问题。1927 年 3 月，毛泽东在《湖南农民运动考察报告》中，明确提出了无产阶级领导农民、推翻地主武装、建立农民武装、推翻封建统治、建立农民政权等主张，批评了陈独秀的右倾思想，为中国共产党后来独立领导革命战争、创建人民军队奠定了一定基础。

1927 年 4 月 12 日，国民党内蒋介石集团在上海发动反革命政变，成为大革命从高潮走向失败的转折点。7 月 4 日，毛泽东在中共中央召开的会议上提出，党应注意保存武力，"不保存武力则将来一到事变我们即无办法"，并强调农民武装应"上山","上山可造成军事势力的基础"。①1927 年 7 月 15 日，汪精卫在武汉发动反革命政变，宁汉合流，残酷屠杀共产党人和革命群众。由于党内以陈独秀为代表的右倾思想发展为右倾机会主义错误并在党的领导机关中占了统治地位，党和人民不能组织有效抵抗，致使大革命在强大的敌人突然袭击下惨遭失败。一年间，共产党员被杀达 2.6 万多人，革命群众被杀近 30 万人，还有许多共产党员和工农运动积极分子被捕。共产党员由近 6 万人锐减至 1 万多人，工会会员只剩下几万人，农民协会基本上被取缔，工农自卫军绝大部分被缴械、解散。

大革命失败的惨痛教训，使中国共产党认识到军队和武装斗争的极端重要性，决心领导人民以武装的革命反对武装的反革命。1927 年 8 月 1 日，南昌起义打响了武装反抗国民党反动派的第一枪，标志着中国共产党独立领导革命战争、创建人民军队和武装夺取政权的开端。8 月 7 日，中共中央在汉口召开紧急会议，毛泽东在会上指出："以后要非常注意军事。须知政权是由枪杆子中取得的。"② 这是一个对中国革命有着极其重要意义的论断，含有"武装夺取政权"的鲜明指向。

八七会议确定了实行土地革命和武装起义的方针。会后，毛泽东以中央特派员身份到湖南传达八七会议精神、领导湘赣边界秋收起义。起义军公开打出共产党的革命旗帜，号召人民进行土地革命，在战略指导上更加注重实际。这次起义与南昌起义、广州起义等一系列武装起义，由于敌我力量悬殊，大多遭到失败。事实证明，在当时的客观条件下，中国共产党人不可能像俄国十月革命那样通过首先占领中心城市来取得革命在全国的胜利。毛泽东率先探索中国特色的革命道路，在攻打长沙受挫后，他果断改变计划，率秋收起义部队退到浏阳文家市集中，主持召开前委会议，决定到敌人统治力量薄弱的农村山区寻找落脚点。1927 年 9 月 29 日至 10 月 3 日，毛泽东领导起义军在江西省永新县三湾村进行了三湾改编，从组织上确立了党对军队的领导，这是建设无产阶

---

① 《毛泽东年谱（一八九三——一九四九）(修订本)》上册，中央文献出版社 2013 年版，第 205 页。

② 《毛泽东军事文集》第一卷，军事科学出版社、中央文献出版社 1993 年版，第 2 页。

级领导的新型人民军队的重要开端。三湾改编后，毛泽东带领起义军挺进井冈山。

湘赣边界秋收起义，不只是中国共产党独立领导人民武装斗争的一个局部，而且在战略和策略上具有全局指导意义。突出表现在，必须坚持中国共产党的领导，牢牢掌握革命斗争领导权；必须进行土地革命，充分调动农民的革命热忱；必须创建人民军队，以军队为武装斗争的骨干；必须由敌人力量强大的城市退却，向敌人力量薄弱的农村进军；必须下决心"上山"，造成革命势力更广大的基础。秋收起义部队放弃进攻中心城市转为向农村进军，成为中国共产党独立领导人民武装夺取革命胜利的伟大起点。

（二）井冈山的斗争与"十六字诀"

中国革命正确道路的起点，开始于井冈山的斗争。1928 年 2 月，毛泽东领导军民初步建立井冈山根据地，点燃了工农武装割据的星星之火。随着斗争的发展，毛泽东的武装斗争艺术逐步形成，同时，斗争艺术的涉及面更加广泛，针对性也更强。

毛泽东对把以农民为主要成分的军队建设成为无产阶级性质的新型人民军队作了开拓性探索。他要求改变过去军队只顾打仗的旧传统，担负起打仗消灭敌人、打土豪筹款子、做群众工作三项任务。1928 年 4 月，他总结部队做群众工作的经验，规定部队必须执行三大纪律、六项注意，后又将六项注意发展成八项注意。这些规定体现了人民军队的本质，对于正确处理军队内部关系、军民关系、瓦解敌军，都起了重大作用。1929 年 12 月召开的古田会议，通过了毛泽东起草的决议案，主张对红四军内单纯军事观点、流寇思想、军阀主义残余等非无产阶级思想进行斗争。古田会议确立了思想建党、政治建军原则，军队政治工作由此奠基，党对军队的绝对领导由此定型，成为党和人民军队建设史上的重要里程碑。

针对党和红军内一些人关于"红旗到底打得多久"的疑问，毛泽东从中国革命实际出发，深刻论证红色政权能够长期存在并发展的主客观条件，提出了工农武装割据的思想。1930 年 1 月，毛泽东在《星星之火，可以燎原》一文中提出，红军、游击队和红色区域的建立和发展，是促进全国革命高潮的最重要因素，形成了农村包围城市、武装夺取政权的思想。这是对大革命失败后党领导红军和根据地斗争经验的概括，是马克思列宁主义斗争学说在中国创造性的运用和发展。

针对党和红军内的教条主义，毛泽东主张"反对本本主义"，提出"中国革命斗争的胜利要靠中国同志了解中国情况"。在长征前夕，毛泽东对中央苏区一些地方苏维埃政权中的官僚主义作风进行了批评，主张关心群众生活、注意工作方法，提出要对官僚主义作风进行斗争。

井冈山时期，毛泽东的军事斗争艺术集中体现为著名的"十六字诀"。面对敌强我弱的斗争形势，红军创建阶段的主要作战形式是游击战。1928年初，毛泽东总结湘赣边界红军和农民武装的斗争经验，提出了"敌来我走，敌驻我扰，敌退我追"的游击战原则。在粉碎国民党军的"进剿""会剿"中，红四军游击战的经验进一步丰富。1929年红四军转战赣南、闽西时，前委在4月5日给中共中央的信中，对"游击的战术"进行了概要阐述，包括"分兵以发动群众，集中以应付敌人"；"固定区域的割据，用波浪式的推进政策。强敌跟追，用盘旋式的打圈子政策"；"敌进我退，敌驻我扰，敌疲我打，敌退我追"；等等。"十六字诀"充满了革命的首创精神，是红军在敌强我弱条件下克敌制胜的可靠保证，因而成为土地革命战争前期红军游击战争的基本指导原则，并成为后来形成的红军全部作战原则的基础。毛泽东后来指出："基本的原则，仍然是那个十六字诀。"它"包举了战略防御和战略进攻的两个阶段，在防御时又包举了战略退却和战略反攻的两个阶段。后来的东西只是它的发展罢了"。①

（三）四渡赤水的"得意之笔"

1960年5月，英国陆军元帅蒙哥马利在访问中国时，盛赞毛泽东指挥的辽沈、淮海、平津三大战役，可以与世界历史上任何伟大的战役相媲美。可

---

① 《毛泽东选集》第一卷，人民出版社1991年版，第204、205页。

是，在毛泽东心目中，四渡赤水是他一生中的"得意之笔"。

四渡赤水是中央红军长征途中，在贵州、四川、云南三省交界的赤水河流域同国民党军进行的运动战战役。由于王明"左"倾教条主义在党内的错误领导，中央革命根据地第五次反"围剿"失败，红军不得不进行战略转移。1935年1月，中共中央政治局在长征途中举行遵义会议，事实上确立了毛泽东在党中央和红军的领导地位，在最危急关头挽救了党、挽救了红军、挽救了中国革命，是党和红军历史上一个生死攸关的转折点。

遵义会议后，中央红军面临的形势依然十分严峻。蒋介石调集了湘军、川军、滇军和嫡系中央军部队约40万兵力进行"追剿"，而红军只有3万多人，敌我力量悬殊，红军又面临着存亡危局。中央红军在毛泽东等指挥下，声东击西，灵活机动，进行了长征途中既惊心动魄又精彩绝伦的四渡赤水战役，扭转了长征以来的被动地位，掌握了军事斗争的战略主动权。

一渡赤水，摆脱被动。中央红军最初准备北渡长江，与红四方面军会合。1935年1月19日，红军兵分三路向北开进，准备从泸州至宜宾地段渡江。国民党军加强了对长江的布防封锁，红军在川黔边的土城地区遭到川军重兵堵截。毛泽东果断决定脱离战斗，率部于1月29日从土城附近西渡赤水河。一渡赤水，显示了毛泽东善于从不利战局寻找有利因素、化被动为主动的指挥艺术。

二渡赤水，避实击虚。2月7日，中共中央、中央革命军事委员会决定暂停执行北渡长江的原计划，转向滇北扎西地区。敌各路"追剿"军扑向扎西，黔北地区的防守兵力空虚。毛泽东抓住战机，指挥红军杀了个回马枪，于2月18日至21日二渡赤水直指黔北。2月24日，发起遵义战役。取桐梓、夺娄山关、占遵义，5天内，红军歼灭和击溃敌人2个师又8个团，取得了中央红军长征以来最大的胜利。

三渡赤水，调敌西进。红军再占遵义，蒋介石震怒，称为"奇耻大辱"，急飞重庆策划新的围攻，企图围歼红军于遵义、鸭溪地区。毛泽东将计就计，指挥红军故意在遵义地区徘徊寻战，引诱更多敌军前来围攻。当各路国民党军云集而来时，3月16日至17日，红军在茅台镇及其附近地区三渡赤水，西进川南。为在运动中调动敌人，红军故意在白天渡河，并大张旗鼓地行军。

四渡赤水，跳出合围。国民党军听从"调动"，调整部署再次扑向川南。毛泽东决定乘敌新的合围将成未成之际，再杀一个回马枪。红军以一个团伪装成主力继续诱敌西进，主力却于3月21日晚至22日，以隐蔽、迅速的动作，从各路敌人间隙中穿过，四渡赤水。红军突然东渡赤水河，使蒋介石误以为红军又要攻占遵义，忙飞贵阳督战。红军却乘虚南渡乌江，佯攻贵阳，诱使蒋介石急调滇军入黔"救驾"。红军"调出滇军"后，乘虚大踏步奔袭云南，并大造进攻昆明声势。国民党军被迫调整部署，从滇北和金沙江紧急抽调兵力回防。红军乘敌金沙江南岸防御薄弱之机，突然掉头向北，于5月上旬由皎平渡顺利巧渡金沙江，摆脱了40万国民党军的围追堵截，粉碎了蒋介石围歼红军于川黔滇边境的企图，取得了战略转移中具有决定意义的胜利。

四渡赤水，是中央红军在失去根据地无后方依托、又经常面对数倍甚至十多倍的国民党军围追堵截的严峻形势下进行的，是遵义会议后毛泽东重回党和红军领导地位指挥的第一个重大战役，进一步丰富和发展了毛泽东的军事指挥艺术。突出的特点是，发挥红军徒步快速机动的能力，"走""打"结合：以"走"调动敌人，为"打"创造战机；以"打"挫败敌人，为"走"创造条件。同时，辅以"变"和"诈"，即敌变我变，兵不厌诈。在毛泽东的指挥下，红军化被动为主动，灵活变换作战方向和作战地区，在数十万敌人之间飘忽往来，主动创造和寻找战机，有效歼灭敌人，牢牢掌握了战场主动权。四渡赤水，是人民军队战史上以少胜多、化被动为主动的典型战例，是"毛主席用兵真如神"的真实写照，是毛泽东高超军事指挥艺术的生动体现。

（四）在长征时期的党内斗争艺术

长征途中，毛泽东不仅指挥红军与凶恶的敌人和险恶的环境作殊死斗争，还同党内各种错误作坚决斗争，结束了"左"倾教条主义在党中央的统治，粉碎了张国焘分裂党和红军的图谋，最终确立了党的正确领导。

遵义会议充分体现了毛泽东的斗争格局和斗争策略。为了挽救党和红军的命运，毛泽东高瞻远瞩、顾全大局，始终将革命事业摆在首位，以此作为党内斗争的出发点。同时，为了团结大多数同志，毛泽东耐心做好思想政治工作，使曾经留学苏联的王稼祥、张闻天深刻认识到"左"倾冒险主义军事路线的错误和危害，进一步理解和支持毛泽东的正确主张，为遵义会议成功召开奠定了基础。在遵义会议上，尽管毛泽东同博古的分歧实质是党的路线问题，但毛泽东充分考虑党内斗争策略，主张集中解决当时最为紧迫的军事领导上的错误问题，其他问题暂时不作争论，得到与会大多数人支持，孤立了博古、李德，从而确立了毛泽东的正确领导。周恩来评价说："先解决军事路线，这就容易通，很多人一下子就接受了。如果当时说整个都是路线问题，有很多人暂时会要保留，反而阻碍党的前进。"①张闻天回忆说："因遵义会议没有提出过去中央政治上的路线错误，而且反而肯定了它的正确"。"毛泽东同志当时做了原则上的让步，承认一个不正确的路线为正确，这在当时是完全必要，完全正确的，这个例子，可以作为党内斗争的一个示范来看。"②

同张国焘分裂主义的斗争彰显了毛泽东原则性与灵活性相结合的斗争艺术。1935年6月12日，中央红军在毛泽东的正确指挥下，先头部队在北进达维途中与红四方面军第30军会师。18日，党中央和中央红军主力到达懋功。中央红军和红四方面军的胜利会师，粉碎了国民党军将红军主力各个歼灭的企图，鼓舞了全党全军的胜利信心。不过，张国焘自恃枪多势众，个人野心逐渐膨胀，公然向党争权。为统一战略思想，6月26日，中共中央在懋功以北的两河口召开政治局会议，作出《关于一、四方面军会合后战略方针的决定》，指出"我们的战略方针是集中主力向北进攻"③。张国焘表示接受党中央的战略方针。为了团结张国焘北上抗日，两河口会议上决定增补他为中革军委副主席，徐向前、陈昌浩为中革军委委员。但张国焘并不满足，借口"统一指挥的组织问题"尚未解决，唆使他人向党中央提出由他担任军委主席的要求。

---

① 《遵义会议文献》，人民出版社2009年版，第72页。

② 《遵义会议文献》，人民出版社2009年版，第85—86页。

③ 《毛泽东年谱（一八九三——一九四九）(修订本)》上册，中央文献出版社2013年版，第460页。

党中央拒绝这一无理要求，同时为顾全大局，任命张国焘为红军总政治委员。此后，有着严重军阀主义倾向的张国焘一意孤行，企图枪指挥党，提出种种借口，不愿北上。9月9日，张国焘背着党中央电令陈昌浩，要他率领右路军并要挟党中央南下，"彻底开展党内斗争"，企图危害党中央。毛泽东得知这一情况后，为避免红军内部可能发生的冲突，果断连夜率红一、红三军和军委纵队先行北上。随后在俄界会议上，开展对张国焘的斗争，毛泽东再一次展示了高度的原则性和灵活性。他首先指出了张国焘错误问题的性质和危害，同时强调同张国焘的斗争目前还是党内的斗争，组织结论是必要的，但不一定现在就作，因为它关系到团结和争取整个四方面军干部，也关系到在他那里很多一方面军干部的安全，应尽可能地争取四方面军北上。与会者大多认为张国焘反党和分裂红军，纷纷要求开除他的党籍，毛泽东从全局和长远利益出发，耐心地进行了说服工作。后在张国焘宣布"另立中央"时，毛泽东着眼全局，请林育英以"国际代表"的特殊身份出面调解，甚至作出最大让步，在陕北组建西北局，张国焘率领的左路军组建西南局，两者都隶属中共驻共产国际代表团。后张国焘南下作战损失惨重，处境困难，毛泽东督促张国焘率军北上，在各方面的共同努力下，张国焘被迫取消第二"中央"，同意北上，红军最后完成了大会师。在处理张国焘分裂党和红军的事件上，毛泽东既对其错误作坚持斗争，同时也进行耐心的说服教育，并一再给予其改正的机会，实现了原则性和灵活性的高度统一，确保了全党全军的革命大团结，为实现长征的伟大胜利奠定了坚实基础。后来，彭德怀评价说："毛主席在同张国焘的斗争中，表现了高度的原则性和灵活性。""洛甫（指张闻天）提议把总书记交给张国焘，毛主席不同意。宁愿交出总政委，不能交总书记。""如果当时让掉总书记，他以总书记名义召集会议，成立以后的伪中央，就成为合法的了。这是原则问题。"①

---

① 彭德怀：《彭德怀自述》，人民出版社 2019 年版，第 173 页。

三、抗日战争是持久战

1931 年至 1945 年进行的抗日战争，是近代以来中国人民反抗外敌入侵持续时间最长、规模最大、牺牲最多的民族解放战争，也是第一次取得完全胜利的民族解放战争，创造了半殖民地弱国打败帝国主义强国的奇迹。在这场关系民族生死存亡的伟大斗争中，毛泽东领导制定党的全面抗战路线和持久战的战略总方针，推动形成国内国际两条统一战线，创新发展人民战争战略战术，科学运用统一战线、武装斗争、党的建设三大法宝，斗争艺术获得全面创新发展而达到成熟，成为指导中国人民抗日战争取得伟大胜利的重要力量源泉。

（一）科学制定全面抗战路线和持久抗战方针

1931 年九一八事变后，中日民族矛盾逐渐超越国内阶级矛盾上升为主要矛盾。在日本帝国主义加紧侵略中国、民族危机空前严重的关头，中国共产党以民族大义为重，率先高举武装抗日旗帜，广泛开展抗日救亡运动，促成西安事变和平解决和第二次国共合作，推动形成全国抗战的崭新局面。

由于国民党政府坚持执行单纯依靠政府和军队的片面抗战路线，不敢发动和依靠人民大众，给抗战前途蒙上阴影。毛泽东主张实行全面抗战路线，充分动员、组织和武装民众抗战，使抗日战争成为真正的人民战争。1937 年 7 月 23 日，毛泽东发表《反对日本进攻的方针、办法和前途》一文，主张实行全国军队的总动员、全国人民的总动员，筑成民族统一战线的坚固长城。1937 年 8 月，党中央在陕北洛川召开政治局扩大会议，通过《中国共产党抗日救国十大纲领》和毛泽东起草的宣传鼓动提纲《为动员一切力量争取抗战胜利而斗争》，标志着党的全面抗战路线的正式形成。

为动员并组织人民群众进行全面抗战，毛泽东适时提出由国内战争向抗日民族战争转变的政治策略和军事战略。鉴于抗日战争与过去的国内战争迥然不同，作战对象、作战环境都有了根本变化。在洛川会议上，毛泽东明确提出我军的"战略方针是独立自主的山地游击战"，所谓"独立自主"，是指在统一战线和战略方针共同商量的条件下相对独立自主的指挥;所谓"山地",是指首先在山区创造根据地、依托山地开展游击战争,并向平原发展。"游击战争的作战原则是分散以发动群众,集中以消灭敌人,打得赢就打,打不赢就走"①。

当时,党内军内不少领导同志对我军以游击战为主还是以运动战为主持有不同意见。一些同志沿袭过去革命战争经验,又为当时国共两党合作抗战的形势所鼓舞,主张我军以运动战为主配合国民党军队作战,或者独立自主地同日寇进行较正规的运动战。有关作战方针的提法也不统一,有时表述为"游击运动战",有时表述为"运动游击战"。如1937年10月8日,中共华北军分会在《对目前华北战争形势与我军任务的指示》中,要求八路军各部队运用运动游击战配合友军歼灭敌人。有的同志轻视游击战的作用,甚至将抗战的希望寄托于国民党军的正规战。

为了全面提高全党全军的认识,保证战略转变顺利实现,洛川会议后,毛泽东就战略方针多次给党和军队的一些领导人发电,进一步阐述独立自主的山地游击战原则及其重要意义。毛泽东在致八路军前方将领的电报中一再强调,游击战争才是八路军的"拿手好戏","在这种拿手戏中一定能起决定作用","整个华北工作,应以游击战争为唯一方向"。②在1937年12月召开的政治局会议上,毛泽东进一步提出,我军的"战略方针是独立自主的山地游击战,在有利条件下打运动战,集中优势兵力消灭敌人一部"③。这是毛泽东充分考虑华北抗战危局、较多消耗日寇力量、增强党和八路军抗战威信,在吸取其他军委领导和八路军将领意见基础上,对洛川会议提法的补充和完善。1938年5月,毛泽东发表《抗日游击战争的战略问题》一文,更全面更深刻地阐述了游击战争在整个抗日战争中的重要战略地位,标志着中国共产党抗日游击战争理论的全面形成。

1938年5月,毛泽东在《论持久战》中有力批驳当时流行的"亡国论"和"速胜论",系统阐明了党的抗日持久战战略总方针。毛泽东全面分析中日存在互

---

① 《毛泽东年谱(一八九三——一九四九)(修订本)》中册,中央文献出版社2013年版,第16页。

② 《毛泽东军事文集》第二卷,军事科学出版社、中央文献出版社1993年版,第53、57页。

③ 《毛泽东年谱(一八九三——一九四九)(修订本)》中册,中央文献出版社2013年版,第42页。

相矛盾的四个基本特点：日本是帝国主义强国，中国是半殖民地半封建弱国；日本的侵略战争是退步的、野蛮的，中国的反侵略战争是进步的、正义的；日本是个小国，经不起长期战争，中国是个大国，能够支持长期战争；日本的非正义战争失道寡助，中国的正义战争得道多助。第一个特点决定了日本的进攻能在中国横行一时，中国不能速胜；后三个特点决定了中国不会亡国，经过战略防御、战略相持、战略反攻三个阶段，最后胜利属于中国。

同时，《论持久战》将我军的战略方针完整、准确、简练地表述为："基本的是游击战，但不放松有利条件下的运动战。"①此前表述中的"山地"二字被删除，是因为此时八路军已成功地将游击战推进到冀鲁平原，"山地"已不足以涵盖我军的游击战争。这一战略方针，很好地解决了分散兵力进行游击战和集中兵力实行大兵团作战的关系，解决了保存自己和消灭敌人的关系，是在敌强我弱的条件下以我之长击敌之短、保存和发展自己、打击和消灭敌人的最佳战略。

游击战争古已有之，但它通常只是正规战的辅助形式，起战役战术的配合作用。毛泽东深刻把握抗日战争的特点和规律，把抗日游击战争放在战略地位来考察，极大地提高了全党全军对游击战争重要性的认识，有力地推动了全党全军由国内正规战争向抗日游击战争的战略转变。

（二）倡导维护国内国际抗日统一战线的策略

1936年7月16日，毛泽东在回答美国记者斯诺关于"在什么条件下，中国能战胜并消灭日本帝国主义的实力"的提问时指出："要有三个条件：第一是中国抗日统一战线的完成；第二是国际抗日统一战线的完成；第三是日本国内人民和日本殖民地人民的革命运动的兴起。就中国人民的立场来说，三个条件中，中国人民的大联合是主要的。"②1938年5月，毛泽东在《论持久战》中又将这三个条件作为结论加以强调。

抗日战争的胜利是统一战线的胜利。鸦片战争以后的历次反侵略战争，旧

① 《毛泽东选集》第二卷，人民出版社1991年版，第441页。
② 《毛泽东选集》第二卷，人民出版社1991年版，第443页。

15

中国军队难求一胜，一个重要原因在于，统治阶级不能充分发动广大群众一致对外，不能动员举国力量与侵略者进行殊死战斗，也不能争取国际社会的有力支持。抗日战争则显著不同，以毛泽东同志为主要代表的中国共产党人站在中国革命和世界反法西斯战争全局的高度，把国内国际形势联系起来，科学统筹，全局谋划，推动形成国内国际两条统一战线。统一战线成为我党我军战胜敌人的重要法宝。1939 年 10 月 4 日，毛泽东在《〈共产党人〉发刊词》中明确指出："统一战线，武装斗争，党的建设，是中国共产党在中国革命中战胜敌人的三个法宝，三个主要的法宝。"①

但是，作出建立统一战线决策却殊为不易，非有大情怀大担当、雄才伟略之人不可作出。自 1927 年 4 月蒋介石发动反革命政变以来，数十万共产党人和革命群众惨遭杀害。经过十年内战，国共双方仇恨愈深。革命队伍中大多数人一时都难以转过弯来。不少人受教条主义影响，连能否与民族资产阶级联合抗日都心存怀疑，又怎能与大地主大资产阶级联合抗日？中国革命向何处去？如何抗日救亡？在重大考验关头，毛泽东以民族大义为重，高瞻远瞩，把原则性与灵活性高度统一起来，以和平解决西安事变为契机，从反蒋、逼蒋抗日转为联蒋抗日，完善并实施了抗日民族统一战线的重大决策。

毛泽东积极倡导、促成、维护抗日民族统一战线，奠定了夺取抗日战争胜利的政治基础。1935 年 12 月，毛泽东出席在陕北瓦窑堡召开的中共中央政治局会议，会议确定了建立抗日民族统一战线的策略。12 月 27 日，毛泽东在党的活动分子会议上作《论反对日本帝国主义的策略》报告，阐发抗日民族统一战线的策略方针。1936 年 8 月 10 日，毛泽东在中共中央政治局会议上作关于国共两党关系和统一战线问题的报告。8 月 25 日，他起草《中国共产党致中国国民党书》，呼吁一致抗日。1936 年 12 月，张学良、杨虎城在西安实行"兵谏"，扣留蒋介石。毛泽东和中共中央以中华民族团结抗日的大局为重，促成西安事变和平解决，成为时局转换的枢纽。中国共产党捐弃前嫌，适时转变策略，经过艰巨复杂的斗争，于 1937 年 9 月正式促成以第二次国共合作为

---

① 《毛泽东选集》第二卷，人民出版社 1991 年版，第 606 页。

基础的抗日民族统一战线。毛泽东指出："用长期合作支持长期战争，就是说使阶级斗争服从于今天抗日的民族斗争，这是统一战线的根本原则。"① 同时，毛泽东主张坚持统一战线中的独立自主，反对王明"一切经过统一战线"等错误主张，强调"又联合又斗争，以斗争求团结"，指挥打退了国民党顽固派的反共高潮，有力维护了团结抗战大局。在抗日民族统一战线旗帜下，国共两党领导的军队分别担负着正面战场和敌后战场的作战任务，全体中华儿女万众一心、众志成城，各党派、各民族、各阶级、各阶层、各团体同仇敌忾、共赴国难，同凶恶的日寇进行了气壮山河的斗争。全民族团结抗战汇集成无坚不摧、不可战胜的中国力量。

毛泽东还积极倡导、促成、维护抗日国际统一战线，为夺取抗日战争胜利提供了重要保证。毛泽东敏锐把握国际形势和各国关系的变化，认为日本帝国主义悍然发动侵华战争，不仅深刻改变了中国国内的社会矛盾，而且打破了帝国主义势力在远东的平衡。毛泽东强调，中国人民抗日战争是世界反法西斯战争的重要组成部分，战胜日寇主要依靠自己的力量；但外援是不可少的，孤立政策是有利于敌人的，中国人民必须"同各国、各国人民、各党派和各群众组织团结起来，组成反对日本帝国主义的统一战线"②。中国抗日战争开始后，以斯大林为首的苏共过低估计中国共产党领导的革命力量，过高估计中国国民党的力量，把援助几乎全给了国民党，却又不切实际地要求中国共产党把有限的革命力量同日军主力硬拼。毛泽东认为，苏共领导虽有错误，但苏共毕竟是马列主义的党，苏联是社会主义国家，是最可靠最有力量最能够帮助中国抗日的国家。毛泽东确定联合苏联，"争取英、美、法同情我们抗日，在不丧失领土主权的条件下争取他们的援助"的外交方针③，积极开展抗日外交，使国内的抗日民族统一战线同国际反法西斯统一战线相结合，为建立国际反日本法西斯统一战线作出了巨大的努力和贡献。中国共产党领导人民军队开展"广泛的群众的游击战争"，使日寇深深陷入人民战争的汪洋大海之中，成为中国抗战的

① 《毛泽东选集》第二卷，人民出版社 1991 年版，第 538 页。
② 《毛泽东文集》第一卷，人民出版社 1993 年版，第 390—391 页。
③ 《毛泽东选集》第二卷，人民出版社 1991 年版，第 347 页。

中流砥柱，既使苏联避免"两线作战"，能够集中力量打击德国侵略者，也在战略上策应和支持了美国对日本的太平洋战争。苏联、美国等反法西斯盟国为中国抗战提供的宝贵人力物力支持，苏共对毛泽东在中国共产党内领导地位的肯定，美、英对我党我军抗战力量的正面认识，苏、美、英对蒋介石发动反共高潮的反对，朝鲜、越南、加拿大、印度、新西兰、波兰、丹麦等国的反法西斯战士直接参加中国抗战，都有利于中国人民抗日战争，孤立和打击了日本这个最主要的敌人。

（三）创新发展人民战争的战略战术

抗日战争的胜利归根结底是人民的胜利，是毛泽东人民战争思想的胜利。与蒋介石集团实行的片面抗战路线不同，毛泽东一开始就主张实行全面抗战路线，即人民战争路线。在抗日战争伟大实践中，毛泽东进一步丰富和发展了马克思主义人民战争思想，创造性地提出一整套人民战争的战略战术，成为人民军队在敌强我弱条件下克敌制胜的法宝。

剖析抗日战争的进步性和正义性，揭示实行人民战争的政治基础。毛泽东在《论持久战》中指出，中国的抗日战争是进步的、正义的，得道多助，"能唤起全国的团结，激起敌国人民的同情，争取世界多数国家的援助"。①敌强我弱这一特点，决定了中国要战胜日本帝国主义，必须依靠发动群众、组织民众武装，用逐渐增长人民抗日武装力量的办法来最后战胜敌人。

阐明决定战争胜负的因素是人不是物，提出"兵民是胜利之本"。针对"亡国论"者宣扬的所谓"唯武器论"，毛泽东揭露这是战争问题中的机械论，是主观地和片面地看问题。毛泽东唯物辩证地阐明了人与武器的关系，指出"武器是战争的重要的因素，但不是决定的因素，决定的因素是人不是物。力量对比不但是军力和经济力的对比，而且是人力和人心的对比。军力和经济力是要人去掌握的"②。毛泽东深刻揭示，战争的伟力之最深厚的根源，存在于民众之

---

① 《毛泽东选集》第二卷，人民出版社 1991 年版，第 449 页。

② 《毛泽东选集》第二卷，人民出版社 1991 年版，第 469 页。

中。"兵民是胜利之本"①，毛泽东在全民族抗战初期提出的这一著名论断，精辟揭示了人民群众与战争胜负的内在联系，是毛泽东强调军队要与民众结合、实行人民战争的基本依据。

以人民军队为骨干，建立"三结合"武装力量体制。毛泽东指出，夺取抗战胜利，应该努力的事情很多，最根本的两个方面是军队和人民的团结进步。毛泽东为适应战争需要，创立了以人民军队为骨干，建立野战军、地方军和民兵相结合的武装力量体制。1945年4月，毛泽东在《论联合政府》中总结指出："这个军队之所以有力量，还由于有人民自卫军和民兵这样广大的群众武装组织，和它一道配合作战……没有这些群众武装力量的配合，要战胜敌人是不可能的。"②据统计，在中国共产党领导的各抗日根据地，参战民兵超过174万人，共作战29.6万多次，共歼日伪军10.6万多人。实践证明，"三结合"的武装力量体制，充分发挥了人民各种武装力量在战争中的作用，体现了人民战争的强大威力。

开展独立自主的游击战，实行灵活机动的战略战术。毛泽东创造性地论述了抗日游击战争在整个抗日战争中的战略地位，制定了独立自主的游击战方针，并创立了一整套独具特色的人民战争的战略战术。其基本精神是：实行积极防御，反对消极防御；基本的是游击战，但不放松有利条件下的运动战；你打你的，我打我的，打得赢就打，打不赢就走；灵活机动，不拘一格，扬长避短，力争主动，利用矛盾，各个击破；以军事斗争为主，各条战线各种形式的斗争相配合；等等。以毛泽东人民战争思想为指导，敌后军民广泛运用伏击战、地道战、地雷战、麻雀战、破袭战、水上游击战等有效战法，还采取建立武装工作队等斗争形式，发展了人民战争的战略战术，创造了以弱胜强的战争奇迹。

建立和发展敌后抗日根据地，陷日军于灭顶之灾的汪洋大海。开展敌后游击战争，坚持持久抗战，建立敌后根据地，是毛泽东指导抗日战争的重要思

---

① 《毛泽东选集》第二卷，人民出版社1991年版，第509页。
② 《毛泽东选集》第三卷，人民出版社1991年版，第1040页。

想。毛泽东指出：游击战争的根据地"是游击战争赖以执行自己的战略任务，达到保存和发展自己、消灭和驱逐敌人之目的的战略基地。没有这种战略基地，一切战略任务的执行和战争目的的实现就失掉了依托"①。毛泽东将敌后抗日根据地主要分为三种类型，即山地、平地和河湖港汊地，并对建设根据地的条件、巩固发展根据地的策略作了具体分析。各抗日根据地相继实行精兵简政、统一领导、拥政爱民、"三三制"、减租减息等十大政策，对克服困难、渡过难关、巩固抗日根据地起了重要作用，为敌后游击战争提供了战略基地，敌后战场逐渐成为中国人民抗日战争的主战场。到抗战结束时，人民军队由出师时的 5 万余人发展到约 132 万人，民兵发展到 260 余万人，中国共产党领导的抗日民主根据地即解放区已有 19 块，面积达到近 100 万平方公里，人口近 1 亿，成为坚持抗战、争取抗战胜利的中坚力量。②

（四）打退国民党顽固派反共高潮的斗争艺术

抗日战争时期，中日民族矛盾是主要矛盾，但国内阶级矛盾依然存在。进入战略相持阶段后，日本对国民党由军事打击为主变为政治诱降为主，并将主力集中于敌后战场。国民党实行消极抗日、积极反共的政策，使国共合作和抗日民族统一战线出现严重危机。毛泽东以高超的斗争艺术正确处理主要矛盾和次要矛盾，既始终把团结抗战放在第一位，又同国民党顽固派作有理有利有节的斗争，打退、制止三次反共高潮，坚持和维护了抗日民族统一战线，确保全民族抗战沿着正确方向发展。

1939 年 12 月至 1940 年 3 月，国民党顽固派置抗战大局于不顾，悍然向陕甘宁边区及山西、河北的八路军发动大规模军事进攻，掀起第一次反共高潮。反对顽固派的斗争既是军事斗争，又是政治斗争；既要坚决有力，否则不能制止分裂倒退，又要把握分寸尺度，否则会影响抗战大局。毛泽东制定了"发展进步势力，争取中间势力，孤立顽固势力"的策略方针，以及"人不犯

---

① 《毛泽东选集》第二卷，人民出版社 1991 年版，第 418 页。

② 《中国共产党简史》，人民出版社、中共党史出版社 2021 年版，第 110 页。

我，我不犯人，人若犯我，我必犯人"的自卫立场和"有理、有利、有节"的原则。① 这些斗争原则和策略，保证了我党我军在政治上、军事上都能处于主动地位，立于不败之地。

1941 年 1 月，国民党顽固派制造震惊中外的皖南事变，掀起第二次反共高潮。与第一次反共高潮不同，皖南事变是由蒋介石和国民党政府发动的，其规模大得多、伤痕深得多、局面复杂得多、处理难度也大得多，抗日民族统一战线面临破裂的严重风险。面对蒋介石的军事进攻和政治高压，毛泽东始终抓住主要矛盾，相忍为国，在军事上取守势，在政治上取攻势，把以斗争求团结的策略运用得淋漓尽致。应对皖南事变是抗日战争中阶级斗争最激烈的一段，也最能体现毛泽东应对和处理重大事变的高超斗争艺术。

一是军事上坚决进行自卫。毛泽东以中央军委的名义起草发布命令，重建新四军军部，任命陈毅为代军长、刘少奇为政治委员。随后，新四军军部在苏北盐城成立，整编新四军全军为 7 个师又 1 个独立旅，达 9 万余人，并宣布继续在长江南北坚持敌后抗战。蒋介石本来幻想通过发动皖南事变，把八路军、新四军赶到黄河以北，或者把新四军一举歼灭，但在毛泽东的面前只能弄巧成拙。新四军非但没有被消灭，力量反而迅速发展壮大；八路军、新四军非但没有被赶到黄河以北，华中抗日根据地反而更加巩固，并且与华北抗日根据地逐渐连成了一片。

二是政治上展开猛烈反攻。毛泽东以中央军委发言人名义对新华社记者发表谈话，强烈谴责和抗议蒋介石的反共暴行，并提出惩办祸首、释放叶挺、废止国民党一党专政等 12 条解决皖南事变的办法，在政治上形成了对国民党顽固派的强大攻势，造成了一场大规模的反投降反内战运动。毛泽东、共产党以抗日大局为重，在军事上严守自卫，在政治上坚决反击，赢得全国人民、中间势力、国民党内正义人士以及国际舆论的普遍同情和支持。国民党蒋介石集团不仅没有达到打击共产党的目的，反而惊醒和教育了对国民党抱有幻想的人们，孤立了自己。

---

① 《毛泽东选集》第二卷，人民出版社 1991 年版，第 749—750 页。

三是拒绝出席国民参政会。第二届国民参政会原定于 1941 年 3 月 12 日召开，参政员名单是在皖南事变前公布的。蒋介石企图通过邀请中共参政员出席参政会以粉饰门面，欺骗舆论。中共参政员以 12 条办法为条件，拒绝出席国民参政会，赢得中间势力的拥护和支持，蒋介石在各方压力下陷入空前被动的困境。1941 年 3 月 6 日，蒋介石在国民参政会上被迫公开保证，"以后再亦决无剿共的军事"。击退国民党顽固派第二次反共高潮，使中国共产党在全国的地位非但没有被削弱，反而更加提高，日益成为坚持团结抗战的决定性因素和领导力量。

1943 年 3 月 10 日，蒋介石公开抛出《中国之命运》一书，竭力鼓吹"一个主义、一个政党、一个领袖"，疯狂攻击共产主义和共产党，诬蔑八路军、新四军为"新式军阀""变相割据"，暗示在两年内要消灭中国共产党和一切革命力量。接着，国民党顽固派以当年 5 月共产国际宣布解散为由，要求"解散共产党""取消陕甘宁边区"，并密令重兵驻守西北的胡宗南部准备进犯陕甘宁边区。内战危机，千钧一发。毛泽东临危不乱，在军事上部署自卫作战，在政治上开展强有力的反击措施，使波及西北、华北、华中的国民党第三次反共高潮尚未发展成为大规模武装进攻就被制止。这充分表明，中国共产党已经形成以毛泽东同志为核心的能够驾驭复杂局面、妥善应对重大危机的成熟的领导集体，党在全国的政治地位空前提高，成为团结全民族坚持抗战的柱石。

（五）加强党的建设"伟大的工程"

把党的建设作为一项"伟大的工程"[1]，是毛泽东的一大创举。艰苦卓绝的抗日战争，使中国共产党受到了前所未有的考验和锻炼。毛泽东强调，"指导伟大的革命，要有伟大的党"[2]，还把"党的建设"和"统一战线""武装斗争"并称为中国共产党在中国革命中战胜敌人的三大法宝。党的建设伟大工程的实施，为党在抗日战争中发挥中流砥柱作用提供了强有力的政治保证。

---

[1] 《毛泽东选集》第二卷，人民出版社 1991 年版，第 602 页。
[2] 《毛泽东选集》第一卷，人民出版社 1991 年版，第 277 页。

全国抗战爆发后，王明等人深受苏联和共产国际的影响，由原来的"左"倾教条主义一变而转为右倾，主张"一切经过统一战线""一切服从统一战线"，放弃党在统一战线中的独立自主原则，对洛川会议以来党在统一战线问题上的许多正确观点和政策提出批评。毛泽东等中央领导人坚决抵制这些错误观点，1938年7月，共产国际领导人也明确表示，在中共中央内部应支持毛泽东的领导地位。1938年9月至11月，党的扩大的六届六中全会在延安举行，毛泽东在全会上明确提出马克思主义中国化的命题，强调加强马克思主义理论的学习，指出"如果我们党有一百个至二百个系统地而不是零碎地、实际地而不是空洞地学会了马克思列宁主义的同志，就会大大地提高我们党的战斗力量，并加速我们战胜日本帝国主义的工作"[①]。

党的六届六中全会基本纠正了王明的右倾错误，巩固了毛泽东在全党的领导地位。毛泽东后来在党的七大上指出："六中全会是决定中国之命运的。"[②]不过，党的历史经验还没有来得及在全党范围内进行系统总结，也没有从思想根源上对党内历次"左"倾和右倾错误进行深刻的反省和清理。此前，在1935年1月的遵义会议上，由于条件尚不成熟，毛泽东明智地将解决问题的范围严格限制在军事路线上，而将认识尚不一致的政治路线和思想路线问题留待以后解决，这样做既适合了多数同志的认识水平，又维护了党内团结。随着抗日战争的发展，党和军队迅速发展壮大，党内军内又出现不少非无产阶级思想意识，一些干部马克思主义理论贫乏，不能自觉地反对经验主义、教条主义，宗派主义也存在较大影响。

为了提高全党的马克思列宁主义水平，纠正党内各种错误思想倾向，从1942年春天起，中国共产党开展了一场面向全党、历时3年的整风运动。毛泽东于1941年5月作《改造我们的学习》报告，1942年2月先后作《整顿党的作风》和《反对党八股》的报告。整风运动的主要内容是，反对主观主义以整顿学风、反对宗派主义以整顿党风、反对党八股以整顿文风，采取的方针

---

① 《毛泽东选集》第二卷，人民出版社1991年版，第533页。
② 《毛泽东文集》第三卷，人民出版社1996年版，第425页。

是"惩前毖后，治病救人"，目的是既要弄清思想又要团结同志。在深入总结历史经验的基础上，1944年5月至1945年4月召开的党的扩大的六届七中全会，原则通过了《关于若干历史问题的决议》。《决议》总结了建党以来特别是六届四中全会至遵义会议前这一段党的历史及其基本经验教训，阐述了"左"倾错误在政治、军事、组织、思想方面的表现和造成的严重危害，肯定了确立毛泽东在全党的领导地位的重大意义，使全党尤其是党的高级干部对中国民主革命基本问题的认识达到在马克思列宁主义基础上的一致。整风运动是一次深刻的马克思主义思想教育运动，实现了在以毛泽东同志为核心的党中央领导下全党新的团结和统一，为抗日战争的胜利和新民主主义革命在全国的胜利，奠定了重要的思想政治基础。

党的建设伟大工程的推进，使中国共产党形成了以毛泽东同志为核心的正确的坚强的中央领导集体，成为拥有120余万党员，思想上、政治上、组织上、军事上完全成熟和巩固的全国性大党，成为领导抗日战争取得完全胜利的核心和决定性力量，并使党的先进性特质昭示于全国人民、昭示于世界。广大人民开始更多地把新中国的希望、把中华民族复兴的希望，寄托在延安，寄托于中国共产党。

四、十大军事原则是打败蒋介石的主要方法

解放战争是中国共产党领导人民解放军为推翻国民党反动统治、解放全中国而进行的战争。在这场事关中国前途和命运的大决战中，毛泽东在政治上高瞻远瞩，把握主动；军事上运筹帷幄，决胜千里，并巧妙地将政治、军事斗争有机地结合起来，以革命的两手对付反革命的两手，将革命引向胜利的彼岸，其精湛高超的斗争艺术发挥了空前的强大威力。

（一）和平谈判与武装斗争相互配合的两手策略

抗日战争胜利后，中国人民热切希望和平、民主，建设一个新的中国。国

民党统治集团却在美国支持下倒行逆施，企图消灭中国共产党的力量，维持其一党专政。由于尚未准备好发动内战，蒋介石玩弄假和谈阴谋，连续 3 次电邀毛泽东去重庆"共定大计"，企图为内战的准备争取时间，并将未来内战的责任强加给共产党。

毛泽东对蒋介石的阴谋洞若观火，针对蒋介石的两面手法，主张以谈对谈、以打对打，强调"蒋介石对于人民是寸权必夺，寸利必得。我们呢？我们的方针是针锋相对，寸土必争"①。1945 年 8 月 28 日，毛泽东不顾个人安危，毅然率领中共代表团飞赴重庆，同国民党进行了 43 天的谈判。驻渝中外记者纷纷发出专电，盛赞毛泽东的气魄、胆识和中共谋求和平、民主、团结的诚意。诗人柳亚子赋诗，称颂毛泽东直闯虎穴是"弥天大勇"。

为争取和平民主，揭穿所谓"共产党不要和平、不要团结"的谣言，共产党作出同意撤退南方 8 个解放区的部队、大幅缩编人民军队等重大让步，国民党承认了和平建国的基本方针。国共双方正式签署《政府与中共代表会谈纪要》后，10 月 11 日，毛泽东乘飞机返回延安。10 月 17 日，毛泽东在延安干部会上指出："'针锋相对'，要看形势。""从前不去是对的，这次去也是对的，都是针锋相对。这一次我们去得好，击破了国民党说共产党不要和平、不要团结的谣言。""谈判的结果，国民党承认了和平团结的方针。这样很好。国民党再发动内战，他们就在全国和全世界面前输了理，我们就更有理由采取自卫战争，粉碎他们的进攻。"②

毛泽东在同国民党反动派进行和平谈判的同时，注重以打促和，以强有力的军事斗争配合谈判斗争。他在赴重庆谈判前两天就向党内指出："绝对不要依靠谈判，绝对不要希望国民党发善心，它是不会发善心的。必须依靠自己手里的力量"③。重庆谈判的过程，实际上是边谈边打的过程。蒋介石妄想得到谈判桌上得不到的东西，兵分三路向解放区进攻。我军有的领导担心毛泽东在重庆的安全，对是否还击心存顾虑。聂荣臻回忆说，毛泽东的回答很巧妙：你们

---

① 《毛泽东选集》第四卷，人民出版社 1991 年版，第 1126 页。

② 《毛泽东选集》第四卷，人民出版社 1991 年版，第 1159 页。

③ 《毛泽东选集》第四卷，人民出版社 1991 年版，第 1154 页。

越多打胜仗，我们在这里越安全；你们越多打胜仗，我们谈判越主动。① 重庆谈判结束后，毛泽东又在党内指出："人家打来了，我们就打，打是为了争取和平。不给敢于进攻解放区的反动派很大的打击，和平是不会来的。"② 事实正是如此，我军在上党等地给来犯之敌以迎头痛击、歼其数万后，国民党的谈判代表又不得不回到谈判桌上。实践证明，以"针锋相对，寸土必争"的方针实行坚决的胜利的自卫还击，才是在对敌谈判斗争中取得成功的最有力保障。

从 1945 年 8 月抗日战争胜利结束到 1946 年 6 月蒋介石发动全面内战，是全国解放战争的过渡阶段，是由争取和平民主逐步过渡到进行大规模自卫战争的阶段。毛泽东在实践中提出一整套和平谈判与武装斗争相互配合的策略，为全党全军粉碎美蒋反动派的"和平"欺骗和武力进攻提供了有力的思想武器，在中国革命斗争发展史上写下了新的光辉篇章。

（二）转入战略进攻的决策艺术

1946 年 6 月，国民党军队挑起全面内战。在敌强我弱的形势下，面对敌军气势汹汹大举来犯，毛泽东冷静分析，沉着应对，指出"一切反动派都是纸老虎"，要求全党全军以自卫战争形式粉碎敌人进攻，让出空间，争取时间，采用运动战的方式，集中优势兵力，各个歼灭敌人，仅用 8 个月就粉碎了敌人的全面进攻。当敌军重点进攻我陕北和山东解放区时，毛泽东采用拿一个延安换一个全中国的做法，带领中央机关转战陕北，指挥全国解放战争，大踏步前进，大踏步后退，仅用 4 个月就粉碎了敌人的重点进攻。经过一年的战略防御，人民军队在内线作战中歼敌 112 万人，全国的军事、政治形势发生了有利于我党我军的重大变化。1947 年 7 月，国民党军队总兵力已从 430 万人下降为 373 万人，其中正规军由 200 万人下降为 150 万人。人民解放军的总兵力则由 127 万人增至 195 万人，其中正规军近 100 万人，武器装备也得到

---

① 廖国良、李士顺、徐焰：《毛泽东军事思想发展史》，解放军出版社 1991 年版，第 234 页。
② 《毛泽东选集》第四卷，人民出版社 1991 年版，第 1159 页。

改善。毛泽东审时度势、当机立断，决定不等完全粉碎敌人的战略进攻，就以主力打到国民党统治区，由内线作战转入外线作战，由战略防御转入战略进攻。

实行战略进攻，在中国革命战争史上是一个全新的课题。在以往的战争史上，转入战略进攻的时机，通常要待进攻方兵力转为劣势、防御方兵力转为优势时才出现。我军自 1927 年创建以来，由于一直是由弱对强，在长达 20 年的时间里通常以战略防御来粉碎敌人的进攻。解放战争时期，毛泽东对我军战略进攻的时机选择却打破常规，即不待敌人的进攻完全被粉碎，我军的兵力与敌人仍有较大差距，便果断地以主力转入战略进攻。1947 年 5 月，毛泽东已经提出外线出击的问题，并于 9 月 1 日为中共中央起草了题为《解放战争第二年的战略方针》的党内指示，正式提出："我军第二年作战的基本任务是：举行全国性的反攻，即以主力打到外线去，将战争引向国民党区域，在外线大量歼敌，彻底破坏国民党将战争继续引向解放区、进一步破坏和消耗解放区的人力物力、使我不能持久的反革命战略方针。"[1] 同月，中国共产党发出"全国大反攻，打倒蒋介石"的号召。

毛泽东洞察全局，抓住战机，神谋妙策，在决策战略进攻时表现出的非凡气魄、远见卓识、雄才伟略，世所罕见、史所罕见。毛泽东选择地处中原的大别山区作为主要突击方向，决定晋冀鲁豫野战军采取跃进的进攻样式，不要后方，长驱直入，出其不意一举插进敌人的战略纵深地区。1947 年 6 月 30 日夜，刘伯承、邓小平率领晋冀鲁豫野战军主力 12 万人在鲁西南地区强渡黄河，揭开了战略进攻的序幕。刘邓大军千里跃进，于 8 月末进入大别山区。8 月下旬，陈赓、谢富治率领晋冀鲁豫野战军太岳兵团由晋南强渡黄河，挺进豫西；陈毅、粟裕率领华东野战军主力也在 9 月越过陇海铁路南下，进入豫皖苏平原。到 11 月，两支大军先后完成在豫陕边地区和豫皖苏边地区的战略展开。刘邓、陈粟、陈谢三路大军都打到外线，以"品"字形阵势展开于中原地区，将战线由黄河南北移到长江北岸，并在 4 个月中歼敌 19.5

---

[1] 《毛泽东选集》第四卷，人民出版社 1991 年版，第 1230 页。

万人，吸引了南线敌军主力于自己周围，取得了对战争发展具有决定意义的胜利。此间，仍在内线作战的我军，也加紧发起攻击，渐次转入战略进攻和战略反攻。彭德怀、习仲勋率领西北野战军 8 月下旬转入反攻，于 1948 年 4 月 21 日收复延安。晋察冀野战军 9 月初对平汉线北段之敌发起攻势作战。林彪、罗荣桓率东北民主联军先后发起秋季、冬季攻势作战，将国民党军压缩在沈阳、长春、锦州三个互不联系的、面积仅占东北总面积 3% 的狭小地区，从根本上改变了东北战局。所有这些攻势，都组成了我军全面进攻的总形势。

为了成功转入战略进攻，毛泽东提出一系列理论和方针政策，强调到国统区作战取胜的关键有两点："第一是在善于捕捉战机，勇敢坚决，多打胜仗；第二是在坚决执行争取群众的政策，使广大群众获得利益，站在我军方面。只要这两点做到了，我们就胜利了。"①按照毛泽东的决策部署，我军三支劲旅力捣中原，像尖刀直插敌人胸膛，打乱了蒋介石的战略布局。我军内外线配合，仅用一年就歼敌 152 万人，使战争形势发生了历史性转折。邓小平 1948 年 4 月总结评价说："事实证明，反攻是恰当其时的，迟了就要犯错误。因为蒋介石的反革命战略方针是要把战争扭在解放区打，这是他从长期反人民战争中得到的经验。""但是还有更高明的毛主席，他从确定自卫战争的方针时起早就看清这一点。他告诉我们，开始必须在内线打，打到一定时候，也就是削弱敌人到相当程度之后，就要打到外线，到蒋管区去打。这样就可以击破蒋介石反革命的毒辣的战略方针。"②

人民解放军转入战略进攻，使解放战争进入一个转折点，标志着战争形势的根本改变，具有伟大的历史意义。毛泽东指出："人民解放军的主力已经打到国民党统治区域里去了。中国人民解放军已经在中国这一块土地上扭转了美国帝国主义及其走狗蒋介石匪帮的反革命车轮，使之走向覆灭的道路，推进了自己的革命车轮，使之走向胜利的道路。这是一个历史的转折点。这是蒋介石

---

① 《毛泽东选集》第四卷，人民出版社 1991 年版，第 1231 页。
② 《邓小平文选》第一卷，人民出版社 1994 年版，第 97 页。

的二十年反革命统治由发展到消灭的转折点。这是一百多年以来帝国主义在中国的统治由发展到消灭的转折点。"①

(三)十大军事原则与战略决战指挥艺术

随着解放战争胜利推进，1947年12月，中共中央在陕北米脂县杨家沟召开扩大会议（十二月会议），毛泽东提交了《目前形势和我们的任务》书面报告，这个报告是整个打倒蒋介石反动统治集团、建立新民主主义中国的时期内，在政治、军事、经济各方面带纲领性的文件。毛泽东在报告中总结人民军队作战经验，提出著名的十大军事原则。他指出："我们的军事原则是：（1）先打分散和孤立之敌，后打集中和强大之敌。（2）先取小城市、中等城市和广大乡村，后取大城市。（3）以歼灭敌人有生力量为主要目标，不以保守或夺取城市和地方为主要目标。保守或夺取城市和地方，是歼灭敌人有生力量的结果，往往需要反复多次才能最后地保守或夺取之。（4）每战集中绝对优势兵力（两倍、三倍、四倍、有时甚至是五倍或六倍于敌之兵力），四面包围敌人，力求全歼，不使漏网。在特殊情况下，则采用给敌以歼灭性打击的方法，即集中全力打敌正面及其一翼或两翼，求达歼灭其一部、击溃其另一部的目的，以便我军能够迅速转移兵力歼击他部敌军。力求避免打那种得不偿失的、或得失相当的消耗战。这样，在全体上，我们是劣势（就数量来说），但在每一个局部上，在每一个具体战役上，我们是绝对的优势，这就保证了战役的胜利。随着时间的推移，我们就将在全体上转变为优势，直到歼灭一切敌人。（5）不打无准备之仗，不打无把握之仗，每战都应力求有准备，力求在敌我条件对比下有胜利的把握。（6）发扬勇敢战斗、不怕牺牲、不怕疲劳和连续作战（即在短期内不休息地接连打几仗）的作风。（7）力求在运动中歼灭敌人。同时，注重阵地攻击战术，夺取敌人的据点和城市。（8）在攻城问题上，一切敌人守备薄弱的据点和城市，坚决夺取之。一切敌人有中等程度的守备、而环境又许可加以夺取的据点和城市，相机夺取之。一切敌人守备强固的据点和城市，则等候条件成

---

① 《毛泽东选集》第四卷，人民出版社1991年版，第1244页。

熟时然后夺取之。（9）以俘获敌人的全部武器和大部人员，补充自己。我军人力物力的来源，主要在前线。（10）善于利用两个战役之间的间隙，休息和整训部队。休整的时间，一般地不要过长，尽可能不使敌人获得喘息的时间。"① 毛泽东指出，这些就是人民解放军打败蒋介石的主要方法。这些战略战术是建立在人民战争的基础之上的，因而是任何反人民的军队所不能利用也无法对付的。

"执行有利决战，避免不利决战"②，是毛泽东战略决战思想的重要原则。毛泽东指出："不论在何方说来，决战阶段的斗争，是全战争或全战役中最激烈、最复杂、最变化多端的，也是最困难、最艰苦的，在指挥上说来，是最不容易的时节。"③ 毛泽东对战略决战非常慎重，但一旦决战条件有利，就以超常的魄力果断决策。1948 年秋，全国战争形势进一步发生有利于我的重大变化，蒋介石集团在政治、经济、军事上都面临总崩溃的局面。就兵力对比来说，我军已由解放战争开始时的 127 万人发展到 280 万人，其中野战军 149 万人；建立起较强的炮兵和工兵部队，提高了攻坚能力，积累了打阵地战的经验。国民党军队则由发动内战时的 430 万人下降为 365 万人，可用于第一线的兵力仅 174 万人，并且被解放军分割在西北、中原、华东、华北、东北 5 个战场，已经没有完整战线。毛泽东敏锐地判断，战略决战的时机趋于成熟，当机立断，在世界上最小的指挥部里导演了一场中国战争史上空前的、世界战争史上也是罕见的大规模战略决战。

1948 年 9 月进行的济南战役，揭开了战略决战的序幕。华东野战军贯彻毛泽东"攻城打援分工协作，以达既攻占济南，又歼灭援敌之目的"指示要求，经连续 8 昼夜激战，胜利攻占济南，开创了以攻坚战夺取敌 10 万人重兵据守的大城市的先例，证明了我军的攻坚能力已发展到可以攻克国民党军据守的任何城市和据点。毛泽东运筹帷幄，抓住战机，进而以高超的军事指挥艺术连续组织辽沈、淮海、平津三大战役，以横扫千军如卷席之势赢得了大决战的辉煌

---

① 《毛泽东选集》第四卷，人民出版社 1991 年版，第 1247—1248 页。

② 《毛泽东选集》第二卷，人民出版社 1991 年版，第 509 页。

③ 《毛泽东选集》第一卷，人民出版社 1991 年版，第 215—216 页。

胜利。

　　毛泽东统筹战争全局，选择首先在东北展开战略决战。毛泽东提出出击北宁路的作战方针和"争取将卫立煌全军就地歼灭"的设想，并和东北野战军司令员林彪就先打长春还是先出击北宁线进行了长期讨论，一再强调攻克锦州是辽沈战役的关键。1948 年 9 月 12 日，东北野战军发起辽沈战役，战役首先从攻占锦州开始，使东北国民党军队向关内的退路被切断，实现"关门打狗"。10 月 17 日，被长期围困在长春的国民党第六十军起义，新编第七军也放下武器投诚。21 日，长春宣告和平解放。10 月 26 日至 28 日，合围并全歼沈阳出援锦州的国民党军廖耀湘兵团。11 月 2 日，解放沈阳、营口。辽沈战役歼敌47 万余人，解放了东北全境，使我军拥有了稳定的战略后方。人民解放军不仅在质上占了优势，在数量上也历史性地占了优势，全国的军事形势发生了根本性的变化。毛泽东审时度势，判断解放战争进程因此将大为缩短。他于1948 年 11 月明确指出："只需从现时起，再有一年左右的时间，就可能将国民党反动政府从根本上打倒了。"①这一判断，进一步为推进战略决战和解放战争指明了目标和方向。

　　济南战役结束后，毛泽东就开始筹划发起淮海战役。毛泽东充分听取华东野战军代司令员粟裕等人建议，并将原定只歼敌十几个师的"小淮海"作战方案，发展成准备歼灭江北敌军主力的"大淮海"决战计划。中共中央决定由刘伯承、陈毅、邓小平、粟裕、谭震林组成以邓小平为书记的总前委，统一指挥华东野战军和中原野战军，发起规模空前的淮海战役。淮海战役于 1948 年 11 月 6 日打响，分别于碾庄地区围歼敌黄百韬兵团，于双堆集围歼敌黄维兵团，于陈官庄围歼敌孙元良兵团。1949 年 1 月 10 日，随着歼灭杜聿明部邱清泉、李弥两个兵团，生俘杜聿明，淮海战役胜利结束。淮海战役歼敌 55 万余人，使长江以北的华东、中原基本上获得解放。淮海战役的一个显著特点，是我军投入作战的总兵力少于敌军，但通过逐个歼灭敌军和迅速转移兵力，在每个局部战场都能形成优势兵力，使敌军

① 《毛泽东选集》第四卷，人民出版社 1991 年版，第 1361 页。

重兵集团被多次分割围歼，充分显示了毛泽东"集中优势兵力，各个歼灭敌人"①的高超指挥艺术，创造了以60万人打败国民党军80万人的奇迹。

在辽沈战役结束不久、淮海战役胜利发展之际，毛泽东即筹划展开平津战役。1948年11月29日，东北野战军和华北军区第二、第三兵团以及华北、东北军区地方部队共100万人，联合发起平津战役。1948年12月11日，毛泽东在《关于平津战役的作战方针》中确定，东北野战军要在25日前完成对天津、塘沽、唐山等地的包围，对张家口、新保安采取"围而不打"和对北平、天津、通州等地采取"隔而不围"的方针。实现这一战略意图后，我军按"先打两头、后取中间"的顺序发起攻击，在12月下旬连克新保安、张家口。1949年1月15日，攻克天津。1月31日，北平和平解放。平津战役歼灭、改编国民党军队52万余人，使华北地区基本获得解放，对加速解放战争进程具有重要意义。平津战役中，毛泽东指挥我军将欲撤未撤的敌军重兵集团抑留于平津地区，首先完成对其战略包围和战役分割，再以战斗或和平改编的方式将其各个解决，创造出以天津、北平、绥远3种方式解决国民党军的范例，进一步丰富和发展了毛泽东的军事斗争艺术。

辽沈、淮海、平津三大战役，共歼敌154万余人，使国民党赖以维持其反动统治的主要军事力量基本上被摧毁，为中国革命在全国的胜利奠定了基础。三大战役无论战争规模还是战果，在中国战争史上都是空前的，在世界战争史上也十分罕见。以三大战役为代表的战略决战的胜利，不仅标志着全国解放战争取得了决定性的胜利，而且标志着中国共产党领导的长达20多年的中国革命战争取得了根本性的胜利。

三大战役的胜利，是毛泽东军事思想的伟大胜利。毛泽东和中央军委针对东北、华东、华北三个战场的不同特点制定不同的作战方针，全面运用十大军事原则，把歼灭敌人有生力量和夺取城市及地方紧密地结合起来，把集中优势兵力和全部消灭敌军的强大兵团紧密地结合起来，把大规模的运动战、阵地战和城市攻坚战紧密地结合起来，把军事打击与政治争取结合起来。这些光辉的

---

① 《毛泽东选集》第四卷，人民出版社1991年版，第1197页。

战略战术，是毛泽东军事思想的重要发展，标志着毛泽东的斗争艺术发展到新的历史高度，对于夺取中国革命战争胜利和推进新中国国防建设都具有重要指导意义。

第二章
"乱云飞渡仍从容"

——毛泽东在社会主义革命和建设时期的斗争艺术

新中国成立后，毛泽东在领导社会主义革命和建设的伟大实践中，为了捍卫国家主权、安全和领土完整，为了建设一个伟大的社会主义国家，领导开展了一系列举世瞩目、影响深远的政治斗争、经济斗争、军事斗争、外交斗争。特别是毛泽东指挥抗美援朝战争和多次边境自卫反击作战，开展独立自主、反帝反霸的国际斗争，进行了党全国执政后的最初反腐败斗争，进一步丰富和发展了马克思主义斗争艺术，为巩固新生人民政权、形成中国大国地位、维护中华民族尊严提供了有力指导，实现了一穷二白、人口众多的东方大国大步迈进社会主义社会的伟大飞跃。

一、打得一拳开，免得百拳来

抗美援朝战争，是第二次世界大战结束后第一场大规模国际性局部战争，是新中国成立后第一场反侵略战争，是一场高扬着爱国主义和国际主义精神的正义之战。毛泽东以超常的胆魄和智慧，毅然作出抗美援朝战略决策，并以灵活的战略战术指导，在与号称世界第一军事强国的美国侵略军等进行的殊死较量中赢得胜利，创造了世界战争史上以弱胜强的奇迹。

（一）抗美援朝、保家卫国的重大战略决策

新中国成立之初，百废待兴，百业待举，中国人民无比渴望和平安宁。但是，中国人民的这个愿望却受到了粗暴挑战。1950 年 6 月 25 日，朝鲜内战爆发。美国政府从其称霸全球的战略和冷战思维出发，26 日即派其驻日本的空军和海军部队侵入朝鲜。27 日，美国总统杜鲁门发表声明，宣布派兵干涉朝鲜内政，并令美国海军第 7 舰队侵入中国台湾海峡。7 月 7 日，美国操纵联合国安理会通过组成侵朝"联合国军"的决议，扩大朝鲜战争。所谓"联合国军"以美国军队为主，由 16 个国家和地区的军队组成。7 月 8 日，杜鲁门任命美国远东司令麦克阿瑟为"联合国军"总司令，把美国的侵略行动披上联合国的外衣。从 8 月 27 日起，美国侵朝飞机不断侵入中国领空，轰炸扫射中国东北边境地区，给人民生命财产造成严重损失，中国安全面临严重威胁。

1950 年 10 月初，美军不顾中国政府一再警告，悍然越过三八线，把战火烧到中朝边境。朝鲜民主主义人民共和国首相金日成和外相朴宪永，向毛泽东发出请求：请求中国人民给予特别的援助，即在敌人越过三八线以北地区的情况下，急盼中国人民解放军直接出动援助朝鲜人民作战。中国人民也纷纷要求志愿援助朝鲜人民，抗击美国侵略。

决策抗美援朝，既是毛泽东一生中最为艰难的一次战略抉择，又是毛泽东斗争艺术、国际战略乃至治国方略中的绝妙之笔。敢不敢、能不能迎战世界上经济实力最雄厚、军事力量最强大的美帝国主义，对于成立仅仅一年、经济政治军事各方面都存在严重困难的新中国来说，是一个巨大挑战。毛泽东密切关注着朝鲜战争局势，预见到美国扩大战争规模的可能性非常大，于 1950 年 7 月 13 日命令组建东北边防军，这是未雨绸缪、深谋远虑的举措，避免了"临时仓卒应战"。随着朝鲜战局急剧变化，10 月上旬和中旬，毛泽东多次主持召开中央政治局会议，全面深入研判形势，研究出兵参战问题。鉴于中美两国、两军实力相差悬殊，中央高层中许多人觉得出兵抗美援朝胜算不大，有的担心"引火烧身""惹祸上门"，使经济建设难以进行。胡乔木回忆说："1950 年派遣

志愿军入朝作战，毛主席思考了三天三夜，最后才下了决心。"①

毛泽东洞察世界战略格局，认为总的形势是两只老虎对峙，一只红老虎（苏联），一只白老虎（美国），我们可以利用这个间隙。面对美帝国主义侵略朝鲜，唇亡则齿寒，邻国被侵犯岂能坐视不管。毛泽东指出：不出兵的理由可以写百条千条，"但这百条千条的理由不能抵住六个大字，就是'不能置之不理'"。美帝"要把三把尖刀插在我们的身上，从朝鲜一把刀插在我们的头上，以台湾一把刀插在我们的腰上，把越南一把刀插在我们的脚上。天下有变，它就从三方面向我们进攻，那我们就被动了。我们抗美援朝就是不许它的如意算盘得逞"②。毛泽东强调，"打得一拳开，免得百拳来"③。中国出兵援朝，"对中国、对朝鲜、对东方、对世界都极为有利；而我们不出兵让敌人压至鸭绿江边，国内国际反动气焰增高，则对各方都不利"④。总之，"应当参战，必须参战。参战利益极大，不参战损害极大"⑤。

毛泽东经过反复慎重考量，为了挽救朝鲜危局，保卫中国的安全，维护中国领土完整，维护亚洲和世界的和平，以非凡气魄和胆略作出"抗美援朝、保家卫国"的重大战略决策，决定组成中国人民志愿军开赴朝鲜作战，支援朝鲜人民抗击美国侵略。1950年10月2日，毛泽东对派志愿军入朝参战后战局形势的变化做了几种估计，指出"既然决定出动中国军队到朝鲜和美国人作战，第一，就要能解决问题，即要准备在朝鲜境内歼灭和驱逐美国及其他国家的侵略军；第二，既然中国军队在朝鲜境内和美国军队打起来（虽然我们用的是志愿军名义），就要准备美国宣布和中国进入战争状态，就要准备美国至少可能使用其空军轰炸中国许多大城市及工业基地，使用其海军攻击沿海地带"⑥。毛泽东立足最困难的基点进行决策，充分预估了出兵抗美援朝的巨大风险，甚

---

① 《胡乔木回忆毛泽东》（增订本），人民出版社2014年版，第437页。

② 《毛泽东年谱（一九四九——一九七六）》第一卷，中央文献出版社2013年版，第230页。

③ 《毛泽东年谱（一九四九——一九七六）》第一卷，中央文献出版社2013年版，第230页。

④ 《毛泽东年谱（一九四九——一九七六）》第一卷，中央文献出版社2013年版，第212页。

⑤ 《建国以来毛泽东军事文稿》上卷，军事科学出版社、中央文献出版社2010年版，第252、253页。

⑥ 《建国以来毛泽东军事文稿》上卷，军事科学出版社、中央文献出版社2010年版，第226页。

至考虑到中美若发生战争可能导致核战争,后果非常严重。同时,毛泽东更相信正义战争必胜,强调既要看到美国强大的一面,也要看到其色厉内荏的本质和远离本土作战的短板,坚信用我方的优势必然战胜敌方的劣势。经过持久有力作战,胜利是有把握的。

1950 年 10 月 8 日,毛泽东以中国人民革命军事委员会主席的名义签署组成中国人民志愿军的命令。10 月 19 日,中国人民志愿军在司令员兼政治委员彭德怀率领下进入朝鲜战场。这是以正义之师行正义之举。以志愿军而不是国家的名义参战,从国际法的角度力求避免中美两国正式宣战,同时力争使战争限制在朝鲜境内,出兵时机又选择在美军逼近鸭绿江之际,做到了政治上有理、军事上有利、行动上有节。

抗美援朝战争取得伟大胜利,是中国人民站起来后屹立于世界东方的宣言书,是中华民族走向伟大复兴的重要里程碑,对中国和世界都有着重大而深远的意义。历史充分证明,毛泽东作出的抗美援朝决策,是一个决心正确、政策和策略水平极高明的伟大决策。

(二) 以劣胜优、以弱胜强的高超战争指导

抗美援朝战争,是在交战双方力量极其悬殊条件下进行的一场现代化战争。当时,中国与美国的军事、经济实力强弱反差极大。1950 年,美国的工农业总产值为 2800 亿美元,钢产量为 8772 万吨,拥有世界一流的陆军、海军、空军,是当时世界上唯一拥有原子弹的国家。战争中,美军先后投入陆军的 1/3、空军的 1/5、海军的近半数,使用了除原子弹以外的所有先进武器装备,掌握着整个战场的制空权和制海权。与之相比,新中国刚建立一年,财政经济异常困难,工农业总产值只有 100 亿美元,粗钢产量只有 60 万吨。[1] 我国海军和空军还处在初建阶段,整个战争期间没有海军参战,前期没有空军参战,地面部队前期也没有坦克,每个军编有火炮仅相当于美军一个师编制火炮

---

[1] 中共中央党史和文献研究院:《中国共产党的一百年》(社会主义革命和建设时期),中共党史出版社 2022 年版,第 367 页。

的 2/3，并且火炮陈旧、射程近、威力小、炮弹不足，并缺少防空武器和反坦克武器。志愿军首次出国作战，不仅武器装备严重落后，而且对朝鲜战场人地生疏，战场机动力、火力突击力和后勤补给能力都很弱，作战中的困难很多。毛泽东、党中央统揽全局，采取边打、边稳、边建的方针，实施了有力的战争动员和正确的战争指导。

针对敌强我弱的作战条件，毛泽东为志愿军确定了"从稳当的基点出发，不做办不到的事……在稳当可靠的基础上争取一切可能的胜利"的基本方针①。同时，确定志愿军第一个时期只打防御战。入朝作战以后，毛泽东根据朝鲜战场形势的变化，改变原定的防御作战计划，实行以运动战为主与部分的阵地战、游击战相结合的方针。在 7 个多月的时间内，中国人民志愿军在极不对称、极为艰难的情况下连续进行 5 次战役，依靠劣势的武器装备，同朝鲜人民军一起共歼敌 23.3 万余人，迅速将侵略军从鸭绿江打回到三八线附近，从根本上扭转了朝鲜的战局，奠定了抗美援朝战争最后胜利的基础。此后，又构筑起纵深防御阵地，实施多次进攻战役，粉碎"绞杀战"、抵御"细菌战"、血战上甘岭，将战线稳定在三八线地区。志愿军在两年零九个月的抗美援朝战争中，共毙伤俘敌 71 万余人，19.7 万名英雄儿女为了祖国、为了人民、为了和平献出了宝贵生命，最终迫使美国签订停战协定。

抗美援朝战争的伟大胜利，创造了人类战争史上以弱胜强的光辉典范。毛泽东不断深入总结我军打现代化战争、以劣势装备战胜优势装备之敌的正反两方面经验，其高超的军事斗争艺术获得淋漓尽致的鲜活运用和创新发展。突出表现在以下几个方面。

其一，出敌不意，以战役战斗的突然性争取主动。利用敌人的错觉和不意，以战役战斗的突然性争取优势和主动，是我军以劣势装备战胜优势装备之敌的优良传统。毛泽东在《论持久战》中指出："错觉和不意，可以丧失优势和主动。因而有计划地造成敌人的错觉，给以不意的攻击，是造成优势和夺取

---

① 《建国以来毛泽东军事文稿》上卷，军事科学出版社、中央文献出版社 2010 年版，第 278—279 页。

主动的方法，而且是重要的方法。"①在抗美援朝战争中，毛泽东高度重视突然发起战役和战斗，志愿军发起的第一次战役（1950年10月25日至11月8日），很好地贯彻了毛泽东敌变我变、出敌不意的要求。10月19日志愿军隐蔽入朝时，以美国为首的"联合国军"已进占平壤、元山一线，志愿军已不可能按原定计划先敌到达预定地区组织防御，但敌军对志愿军入朝也毫无察觉。毛泽东、彭德怀当机立断，果断决定改变原定计划，采取在运动中各个歼灭敌人的方针，立即发起反攻。10月21日，毛泽东指示志愿军争取战机迅速完成战役部署，强调"此次是歼灭伪军三几个师争取出国第一个胜仗，开始转变朝鲜战局的极好机会"，"现在是争取战机问题，是在几天之内完成战役部署以便几天之后开始作战的问题，而不是先有一个时期部署防御然后再谈攻击的问题"②。10月23日即入朝首战前两天，毛泽东提出"利用敌人完全没有料到的突然性全歼两个、三个甚至四个伪军师"③。同日，为了隐蔽接敌，毛泽东还提出"我各部派遣远出之侦察队均要伪装朝鲜人民军，而不要称为中国人民志愿军，借以迷惑敌人"④。10月25日，第一次战役打响。志愿军首战两水洞、激战云山城，歼灭南朝鲜第6师大部，重创美骑兵第1师，共歼敌1.5万人，粉碎了美军在感恩节前结束朝鲜战争的计划，初步稳定了朝鲜战局，为之后作战创造了有利条件。

其二，诱敌深入，在化劣为优中出奇制胜。诱敌深入，在运动中歼灭敌人，是我军在国内战争中战胜优势之敌的常用战法。从井冈山斗争开始，毛泽东就注重诱敌深入，利用敌人对我虚实不明、孤军冒进，化劣势为优势。"力求在运动中歼灭敌人"，也是毛泽东十大军事原则的重要内容。志愿军入朝参战后，毛泽东高度重视在异国发挥我军这一传统优势，强调"注意诱敌深入山地然后围歼之，敌人至今还不知道我情况"⑤。在第一次战役遭志愿军痛击

① 《毛泽东选集》第二卷，人民出版社1991年版，第491页。
② 《建国以来毛泽东军事文稿》上卷，军事科学出版社、中央文献出版社2010年版，第268、270页。
③ 《建国以来毛泽东军事文稿》上卷，军事科学出版社、中央文献出版社2010年版，第278页。
④ 《建国以来毛泽东军事文稿》上卷，军事科学出版社、中央文献出版社2010年版，第281页。
⑤ 《建国以来毛泽东军事文稿》上卷，军事科学出版社、中央文献出版社2010年版，第289页。

后，美国华盛顿当局和侵朝美军仍然错误估计中国人民反抗侵略的决心和力量，认为中国无意也不敢同美国较量，只是象征性出兵，入朝中国军队"不足为患"，"不是一个不可侮的势力"。麦克阿瑟狂妄叫嚣在12月25日圣诞节前结束朝鲜战争，继续分东西两线发动总攻势。毛泽东、彭德怀针对美军的判断错误和骄横心理，将计就计，示弱于敌，采取诱敌深入的方针，1950年11月25日至12月24日发动第二次战役，以突然性的迂回进攻，在东西两线都对敌形成分割包围之势，使敌人仓皇撤逃。1950年12月1日，第9兵团27军在新兴里全歼美第7师第31团及第32团1个营，创造了志愿军一次战斗全歼美军1个多团的范例。此次战役歼灭南朝鲜2个师大部，予美军4个师和土耳其旅以毁灭性打击，共歼敌3.6万余人，其中美军2.4万余人，把侵略军从鸭绿江边打回到三八线，打出了中国人民的士气和志愿军的威风，根本扭转了朝鲜战局，奠定了抗美援朝战争胜利的基础。美国最高军事当局认为，这次失败"是丢脸的失败"，是美军"历史上最可耻的一次失败"①。

其三，先打弱敌、后打强敌，逐步转变敌我力量对比。毛泽东提出的十大军事原则第一条，就是"先打分散和孤立之敌，后打集中和强大之敌"②。朝鲜战场上，以美军为首的所谓"联合国军"强弱不一，其中，美军虽强，但其他国家和地区的仆从军却普遍不强，占敌地面部队半数以上的南朝鲜军战斗力更弱。鉴于敌军这一特点，在志愿军入朝之前，毛泽东就指出："在第一时期可以专打伪军，我军对付伪军是有把握的。"③第一次战役，主要歼击对象锁定南朝鲜军的3个师。第二次战役，则选择西线的南朝鲜第二军为主攻对象，一举打开战役缺口。第三次战役（1950年12月31日至1951年1月8日）开始前，毛泽东指出："目前美英军集中于汉城地区，不利攻击，我应专找伪军打。就总的方面说，只要能歼灭伪军全部或大部，美军即陷于孤立，不可能长期留在朝鲜。"④

---

① ［美］奥马尔·布雷德利、克莱·布莱尔：《将军百战归》，廉怡之译，军事译文出版社1985年版，第754页。

② 《毛泽东选集》第四卷，人民出版社1991年版，第1247页。

③ 《建国以来毛泽东军事文稿》上卷，军事科学出版社、中央文献出版社2010年版，第252页。

④ 《建国以来毛泽东军事文稿》上卷，军事科学出版社、中央文献出版社2010年版，第414页。

第四次战役（1951年1月25日至4月21日）是在敌人发动大规模进攻的情况下实施的机动防御战，第五次战役（1951年4月22日至6月10日）是我军为了防止因敌登陆而陷入两面作战、在战争准备尚不充分的情况下提前发起的进攻战，志愿军也注重以南朝鲜军为目标，迅速打开缺口，使敌整个战线陷入被动。①

其四，实行近战夜战，以我之长克敌之短。在长期的革命战争中，我军经常通过近战夜战，使敌人的武器装备优势难以发挥作用，进而有效消灭敌人，保存和壮大自己。朝鲜战场上，美军长期掌握制空权，并拥有空前强大的火力优势，但其战斗意志不强，害怕近战夜战和被包围切断退路。毛泽东指出："敌人大炮比我们多，但士气低，是铁多气少。"②毛泽东从一开始就强调志愿军要扬长避短，发挥我军近战夜战的传统优势。1950年10月23日，在抗美援朝首战之前，毛泽东就提出："敌人飞机杀伤我之人员、妨碍我之活动究竟有多大。如果我能利用夜间行军作战做到很熟练的程度，敌人虽有大量飞机仍不能给我太大的杀伤和妨碍，则我军可以继续进行野战及打许多孤立的据点"③。面对强大而凶狠的作战对手，身处恶劣而残酷的战场环境，志愿军极为重视近战夜战战术的运用，无论攻防作战都力争接近敌人再交火，进攻战更注重在夜间特别是月夜进行，并尽快插入敌军阵地展开搏斗。1950年11月1日晚，志愿军第39军在云山之战中利用夜暗大胆穿插、迅速分割、勇猛突击，很快就与美军形成敌中有我、我中有敌的胶着态势，使美军强大的火力在近战夜战中无从发挥，只能依靠轻武器与志愿军作战。战至3日晨，志愿军歼灭美骑兵第1师第8团大部和第5团一部，共歼敌2000余人（其中美军1800余人），缴获敌机4架，击落3架，击毁和缴获坦克28辆、汽车170余辆、各种炮119门。云山之战作为近战夜战范例，后来被日本自卫队收入《作战理论入门》。志愿军总结作战经验，进一步将夜战发展为战役规模，摸索出一整套实

---

① 廖国良、李士顺、徐焰：《毛泽东军事思想发展史》，解放军出版社1991年版，第370—371页。

② 《建国以来毛泽东军事文稿》中卷，军事科学出版社、中央文献出版社2010年版，第50—51页。

③ 《建国以来毛泽东军事文稿》上卷，军事科学出版社、中央文献出版社2010年版，第278页。

施夜间运动进攻的作战原则，其主要内容是：战役一般要在黄昏或夜间发起，取胜的关键在于集中兵力于第一个夜间突破敌人的防御，深入敌人的纵深断其退路，动摇其布势，以利于从战术上分割包围，各个歼敌。实行近战夜战，既大大减弱了美军的空、炮等火力优势，又充分发挥了我军步兵英勇顽强的战斗精神优势，以"钢少气多"力克"钢多气少"。这种血性令敌人胆寒，有美军人员深深折服于志愿军的夜老虎精神，哀叹"月亮是中国人的！"

其五，"零敲牛皮糖"，打小歼灭战，积小胜为大胜。我军素以英勇善战著称于世，在国内革命战争中积累了许多成建制、大规模歼敌的经验。毛泽东十大军事原则的核心，就是"集中优势兵力，各个歼灭敌人"。朝鲜战场上，由于美军在武器装备、火力上占有绝对优势，特别是其掌握着制空权、制海权，使志愿军的作战空间、时间大受限制，难以成建制大量歼灭敌人。1951 年 5月 26 日，毛泽东致电彭德怀强调对美英军在几个月内只打小歼灭战，他指出："历次战役证明我军实行战略或战役性的大迂回，一次包围美军几个师，或一个整师，甚至一个整团，都难达到歼灭任务。""打美英军和打伪军不同，打伪军可以实行战略或战役的大包围，打美英军则在几个月内还不要实行这种大包围，只实行战术的小包围，即每军每次只精心选择敌军一个营或略多一点为对象而全部地包围歼灭之。"①5 月 27 日，毛泽东在约见陈赓和从前线回国的志愿军参谋长解方时强调，用"零敲牛皮糖"的办法消灭美英军 ②。"零敲牛皮糖"这一中国老百姓的口头语，生动表达了毛泽东伟大的制胜韬略。志愿军坚决贯彻"零敲牛皮糖"的打小歼灭战的原则，1953 年夏季反击战开始后，志愿军随着军力增强又确定了"稳扎狠打、由小到大"的进攻指导方针，逐步由打小歼灭战向打大歼灭战发展过渡。志愿军通过积小胜为大胜，大量杀伤削弱敌人，最后成功迫使敌人妥协。

其六，构筑坚固阵地，实现积极防御、持久作战。在国内革命战争中，我军较长时期力避在固定阵地上同强敌打堡垒战、消耗战。毛泽东在《中国革

---

① 《建国以来毛泽东军事文稿》上卷，军事科学出版社、中央文献出版社 2010 年版，第 490 页。
② 《毛泽东年谱（一九四九——一九七六）》第一卷，中央文献出版社 2013 年版，第 350 页。

命战争的战略问题》中曾认为，"阵地战对于我们是基本上无用的"①。抗美援朝战争中，阵地战的地位和作用显著提高，特别是在五次战役后，阵地战的规模逐步由局部战线发展到整个战线，对构筑坚固阵地提出前所未有的要求。毛泽东确定"零敲牛皮糖"战法后，彭德怀认为：这个办法很好，但须要有一个过渡办法，使阵地稳固起来，站不稳脚就无法去敲别人。1951 年 7 月停战谈判开始后，为了得到谈判桌上得不到的东西，美军于八九月间相继发起"夏季攻势""秋季攻势"，政治形势和谈判斗争要求我军必须坚守现有阵地，而在固定阵地上同拥有优势装备的强敌对垒，敌军现代化武器装备能够充分发挥优势，使志愿军的阵地防御和战地生存面临巨大困难。秋季作战胜利后，毛泽东确定了以阵地坚守作战来实行战略防御的决心，中央军委于 1951 年 11 月正式为志愿军确定了"采取持久的积极防御的作战方针"。这一战略决心的确定，在中国革命战争史上和毛泽东军事思想发展史上都具有重大意义，是毛泽东军事斗争艺术的灵活运用和创新发展。志愿军一面开展冷枪冷炮运动并以小分队出击不断杀伤和袭扰敌人，一面集中力量构筑以坑道为骨干的防御阵地。至 1952 年 8 月，第一线、第二线防御阵地上的坑道工事基本完成，在横贯朝鲜半岛 250 公里的战线上，形成一个有 20—30 公里纵深的以坑道工事为中心的防御体系，并创造了一整套完善的坑道防御战的战术思想和原则。这个世界战争史上前所未有的"地下长城"，为志愿军实行阵地战提供了可靠保证。1952 年 8 月 4 日，毛泽东总结志愿军作战经验时指出："能不能守，这个问题去年也解决了。办法是钻洞子。我们挖两层工事，敌人攻上来，我们就进地道。有时敌人占领了上面，但下面还是属于我们的。等敌人进入阵地，我们就反攻，给他极大的杀伤。我们就是用这种土办法捡洋炮。敌人对我们很没有办法。"②在上甘岭战役中，志愿军依托坑道工事，以寸土必争极其顽强的固守防御，共杀伤敌军 2.5 万人，赢得了上甘岭战役的胜利，上甘岭被美国人称为"攻不破的东方堡垒"。曾任美国国防部部长助理的戴维逊认为："灵活性

---

① 《毛泽东选集》第一卷，人民出版社 1991 年版，第 228 页。

② 《建国以来毛泽东军事文稿》中卷，军事科学出版社、中央文献出版社 2010 年版，第 51 页。

对于毛来说，就是根据情况正确地改变战术和手段，这一点他在朝鲜做得很出色。改变了某些既往观念和行动方法，打了他一生中竭力避免的阵地战。"他是一切战略家中最重实效、最主张批判地接受经验的一个。"①

（三）边打边谈、以打促谈的停战谈判策略

毛泽东不仅是具有雄才大略的政治家、军事家，而且是谈判高手，在军事与和谈两条战线上，都指挥若定、游刃有余。1951 年 7 月，朝鲜战场进入停战谈判后，呈现打谈结合、军事斗争与政治斗争交织的局面。毛泽东审时度势，确定边打边谈的方针，指导我方政治斗争与军事斗争双管齐下，牢牢掌握抗美援朝战争的战略主动权，终于迫使美国签订停战协定，胜利实现朝鲜停战。

1. 选择有利谈判时机

志愿军连续进行五次战役，使美国统治集团认识到，完全侵占朝鲜半岛不可能实现，战争不仅给美国带来惨重损失，而且严重影响美国以欧洲为重点的全球战略。如果继续增兵在朝鲜打下去，甚至将战争扩大到中国，将是在错误的地方，错误的时间，同错误的敌人打一场错误的战争。②英、法等国也开始担心美国深陷朝鲜战争，使西方阵营以欧洲为重点的战略受到损害。形势比人强，美国被迫转向谋求停战谈判。1951 年 5 月，美国向苏联驻法、德两国外交官表达了和平谈判的意向，并通过港英当局向中国试探，美国驻苏外交官在莫斯科也做了同样的尝试。

毛泽东密切关注抗美援朝战争的局势发展，通过总结实战经验教训，充分认识到我军给敌人以沉重打击，但要彻底打败美国侵略军，解放朝鲜半岛全境，难以在短期实现。志愿军入朝参战，目的在于阻止美国对朝鲜的侵略，能够彻底打败美国侵略军诚然最好，但受客观条件所限，把侵略军打回到三八线

---

① 廖国良、李士顺、徐焰：《毛泽东军事思想发展史》，解放军出版社 1991 年版，第 388 页。

② 1951 年 5 月美国参谋长联席会议主席奥马尔·布莱德利在参议院关于朝战政策调查会上的证言。参见［美］奥马尔·布雷德利、克莱·布莱尔：《将军百战归》，廉怡之译，军事译文出版社 1985 年版，第 79 页。

附近，也达到抗美援朝的目的。在全世界绝大多数国家和人民都希望尽快结束朝鲜战争的情况下，停战谈判渐成大势所趋。

1951年上半年，美国国家安全委员会经过讨论，决定将美国在朝鲜的政治目标与军事目标区分开来：长远的政治目标是建立所谓统一的独立的民主的朝鲜，军事上则暂时放弃占领全朝鲜的企图，在三八线地区建立一条分界线，并通过谈判求得"体面"停战。1951年5月底，美国国务院顾问、前驻苏大使凯南非正式拜会苏联驻联合国代表马立克，表达了美国政府的和谈愿望。6月2日，毛泽东得到凯南会见马立克的情况通报，立即敏锐把握时机，着手就如何做好停战谈判与盟友朝鲜、苏联的领袖进行沟通协调。6月3日，毛泽东会见从朝鲜前线专程到北京的金日成，就与美进行停战谈判达成一致意见。毛泽东派东北地区负责人陪同金日成赴苏见斯大林，商谈中朝双方"关于战争与和平问题"的想法。

毛泽东对停战谈判的时机和提法高度重视。在得知斯大林赞成停战谈判后，6月13日，毛泽东立即致电东北地区负责人和金日成，提出停战谈判提法的设想，要他们与斯大林协商。毛泽东指出："和谈如何提法，我们觉得在目前两个月内朝中军队取守势的时候，不宜由朝中两国提出，而宜用下列方式：（1）等待敌人提出；（2）由苏联根据凯南对马立克的谈话向美国有所表示。"①斯大林采纳了毛泽东的后一个建议，由苏联出面对美国的停战谈判建议作出回应。

1951年6月23日，苏联驻联合国代表马立克在联合国提出和平解决朝鲜问题的建议。6月30日，"联合国军"总司令李奇微奉美国政府之命发表声明，表示愿意同朝鲜人民军和中国人民志愿军进行停战谈判。7月1日，金日成和彭德怀复电李奇微，同意举行停战谈判。7月10日，朝鲜停战谈判在开城正式开始。

2. 确定边打边谈方针

毛泽东亲自点将志愿军副司令员邓华、参谋长解方以及精通外交、擅长

---

① 《毛泽东年谱（一九四九——一九七六）》第一卷，中央文献出版社2013年版，第359页。

谈判的李克农和乔冠华组成谈判代表团。李克农、乔冠华等即将赴朝谈判时，毛泽东召集代表团成员开会，提出了谈判的策略：当美国侵略者伤亡惨重、被迫求和的时候，我们应审时度势，把战争停下来，争取在和平的环境中进行新中国的建设。当行则行，当止则止。谈判时，我们应理直气壮地坚持原则，力争停战条件公平合理，符合国际公法，以利于朝鲜问题的最终和平解决；但从全局出发，在不损害根本原则的前提下，在具体问题上可以做一些妥协或者让步，以避免谈判破裂。应掌握这样的原则：可让的或不能不让的，看准时机让。美国蛮横无理时不能让步，虚张声势时不能让步，不起作用时不能让步，让步必须能扭转局势。

停战谈判开始后，美方表现出侵略者的狂妄傲慢，不愿意公平合理地解决朝鲜问题。朝中代表团表现了极大的克制和耐心。历经半个月舌战，才以朝中代表团所提方案为基础达成关于谈判议程的协议。谈判焦点议题主要包括：确定军事分界线以建立非军事区；实现停火与休战的具体安排；关于俘虏的安排。从 7 月 26 日开始，双方进入关于军事分界线问题的实质性谈判。美方以所谓"补偿"其海空军"优势"为借口，妄图将军事分界线划在中朝军队阵地后方，企求不战而攫取 1.2 万平方公里的土地，遭到朝中代表团严词驳斥。美方代表团理屈词穷，竟狂妄叫嚣：让炸弹、大炮和机关枪去辩论吧。

对美方在谈判期间的政治、军事讹诈，毛泽东早有预判和对策。毛泽东深知，能打方能言和，敌人谈判桌上得不到，战场就要打；战场上得不到，才会回到谈判桌上谈。1951 年 6 月，毛泽东在与金日成商谈时，就为志愿军确定了"充分准备持久作战和争取和谈达到结束战争"的指导方针 ①，即边打边谈，求得朝鲜问题公平合理解决。在军事上则确定了"持久作战、积极防御"和作战"与谈判的要求相配合、相适应"的方针，并根据作战情况，确定了对美英军实行战术的小包围，打小歼灭战，逐步向打大歼灭战过渡的作战原则。

正式谈判前夕，7 月 2 日，毛泽东指示彭德怀：必须"极力提高警惕。我第一线各军，必须准备对付在谈判前和谈判期内敌军可能对我来一次大的攻

---

① 《毛泽东年谱（一九四九——一九七六）》第一卷，中央文献出版社 2013 年版，第 359 页。

击，在后方，则举行大规模的空炸，以期迫我订立城下之盟。如遇敌军大举进攻时，我军必须大举反攻，将其打败"①。7月9日，毛泽东又在电报中指出："我前方部队，必须鼓励士气，继续英勇作战，千万不可有丝毫的松懈，不要作此次可以和下来的打算，而应作此次和不下来、还须继续打、还须给敌人以大量的消耗和歼灭，然后才能和下来的打算。只有我们作了此种打算，才于争取最后胜利有益处，否则是没有益处的。"②据此，志愿军做了持久作战和谈判的思想政治动员及各种准备。

进入实质性谈判进程后，周恩来负责具体指导谈判工作，但对谈判中的重大问题，毛泽东仍亲自过问。在停战谈判第一个月，毛泽东发给李克农等的电报就达40多封，对谈判原则、议程修改等问题予以明确指示。8月22日，美军飞机轰炸非武装区和谈判场所，毛泽东23日复电李克农并告金日成、彭德怀，提出"让会议停开一个时期，以压下敌人的气焰。在军事上应加紧准备，迎接敌人的可能进攻，在谈判上如果得不到我们认为满意的答复，就拖他一个时期，但不由我方宣布破裂"③。24日晨1时，再复电指出，暂停谈判时应保持"双方联络官的来往"。25日又指示："代表团的任务是谈判兼打文仗"，与敌人进行几次有力的文字的宣传斗争，沉着应变，主动作战，以观其变化。④针对美方打打谈谈的伎俩，我方针锋相对，经过两年零一个月的边打边谈，终于迫使美国签订停战协定。

3. 以打促谈掌握主动

谈判桌上得不到，美方遂施加军事压力，企图以武力迫使中朝方让步。8月18日至10月下旬，美方连续发动夏季、秋季局部攻势，并以空军发动大规模的"绞杀战"，企图以空中轰炸和地面进攻，迫使朝中方面接受其谈判中的无理要求。美方还在开城谈判区连续制造事端，致使停战谈判于8月23日被迫中断。

---

① 《建国以来毛泽东军事文稿》上卷，军事科学出版社、中央文献出版社2010年版，第520页。
② 《建国以来毛泽东军事文稿》上卷，军事科学出版社、中央文献出版社2010年版，第530页。
③ 《毛泽东年谱（一九四九——一九七六）》第一卷，中央文献出版社2013年版，第373页。
④ 《毛泽东年谱（一九四九——一九七六）》第一卷，中央文献出版社2013年版，第390页。

中国人民志愿军和朝鲜人民军坚决还击，相继粉碎敌人的夏季、秋季攻势，共歼敌 15.7 万余人。战场上 2 个多月飞机大炮的"辩论"付出惨重伤亡，再次证明美方在谈判桌上舌战得不到的东西，在战场上仍然得不到。美方被迫重回谈判桌，10 月 25 日停战谈判在新会址板门店复会。美方的狂傲态度有所收敛，不再提其"补偿"论主张，但仍无理要求志愿军和人民军退出包括开城在内的 1500 平方公里的地区。朝中代表团予以严词驳斥，同时，为了促进停战谈判，志愿军举行战术性反击，攻克敌阵地 21 处，歼敌 1 万多人，收复了不少土地和岛屿。1951 年 11 月 27 日，历经 4 个多月的边打边谈，谈判双方终于就军事分界线的划定达成临时协议。

在停战谈判达成关于军事分界线的协议后，志愿军能不能坚守战线，能不能在作战中夺取和巩固占领阵地，已具有战略上的意义。1951 年秋，毛泽东指示志愿军：节约兵力、物力和人力，采取持久的积极防御作战方针，坚守现在战线，大量消耗敌人，以争取战争的胜利结束。根据这一指示，志愿军在全线创造性地构筑坑道工事，至 1952 年 8 月底，基本形成了以坑道为骨干与各种野战工事相结合的支撑点式的坚固防御阵地体系。

至 1952 年 5 月，停战谈判除战俘问题外，其他议程已达成协议。由于美方顽固坚持所谓"自愿遣返"原则，企图强迫扣留朝中方面被俘人员，致使谈判陷入僵局。志愿军为了配合谈判，在全线普遍展开挤占阵地的作战活动，将斗争的焦点推向敌军阵地前沿。从 1952 年 1 月开始，志愿军展开冷枪冷炮歼敌的狙击活动，仅 5 月至 8 月，志愿军和人民军即狙击歼敌 1.3 万余人。从 9 月 18 日开始，志愿军进行全线战术反击作战，至 10 月底歼敌 2.7 万余人。美军为改变不利战局，发动所谓"金化攻势"，志愿军在上甘岭战役中歼敌 2.5 万余人，创造了坚守防御的范例。美军进攻屡屡受挫，防御往往人地两失，徒有现代化武器装备，但"铁多气少"，士气低落，陷入被动挨打的境地。

针对美国新当选总统艾森豪威尔扩大侵略的叫嚣，毛泽东指示志愿军代司令员兼代政治委员邓华，要做肯定敌人以 5 至 7 个师于 1953 年春季甚至还早些在西海岸登陆的准备。1953 年 2 月 7 日，毛泽东在全国政协一届四次会议上充满必胜信心地宣告："我们愿意立即停战，剩下的问题待将来去解决。但美帝国主义不愿意这样做，那么好罢，就打下去，美帝国主义愿意打多少年，我们也就准备跟它打多少年，一直打到美帝国主义愿意罢手的时候为止，一直打到中朝人民完全胜利的时候为止。"① 至1953年4月底，志愿军反登陆作战准备工作全部完成，美国的军事冒险计划只好胎死腹中、未敢实施。美方在单方面中断谈判6个月后，不得不转而于4月26日同朝中方面恢复了停战谈判。

为了促成朝鲜停战，并防止美国一些好战分子和南朝鲜李承晚集团节外生枝，志愿军决定举行夏季反击战役，以打促谈，采取"稳扎狠打""由小到大"的方针，"不打则已，打则必歼，攻则必克，守则必固"。由于朝中代表团的努力和志愿军作战的有力配合，美方代表团不得不转变对战俘遣返的态度，南朝鲜李承晚集团却极力反对。鉴于形势变化，志愿军将原定反击战役以打美军为重点改为以打南朝鲜军为重点，有力地促进了谈判斗争。1953年6月8日，谈判双方正式达成关于战俘遣返问题的协议。当停战谈判接近成功之时，李承晚集团极力阻挠和破坏，竟强行扣留中朝被俘人员，公然破坏协议，甚至狂妄叫嚣要"单独干"和"北进"，企图破坏停战的实现，遭到了包括美国在内的国际舆论的强烈谴责。

为了严惩李承晚的破坏行为，实现有效停战，已到达平壤准备履行停战协定签字手续的中国人民志愿军司令员彭德怀6月20日致电毛泽东，建议推迟停战签字，再给李承晚集团以打击。毛泽东同意这一建议，并指出："停战签字必须推迟，推迟至何时为适宜，要看情况发展方能作决定。再歼灭伪军万余人，极为必要。"② 根据这一指示，志愿军立即组织金城战役，歼敌7.8万余人，扩展阵地192.6平方公里，有力惩罚了李承晚集团，并加深了敌人内部矛盾。6月29日，"联合国军"总司令克拉克来信表示，"保证停战条款将被遵守"。7月10日，谈判复会后，美方代表哈利逊对有关停战协定实施的所有问题作出了明确保证。7月20日，双方再一次校订了军事分界线，同1951年11月27日的临时协议相比，志愿军和人民军队阵地向南推进了332.6平方公里，

① 《毛泽东军事文集》第六卷，人民出版社1993年版，第341页。
② 《建国以来毛泽东军事文稿》中卷，军事科学出版社、中央文献出版社2010年版，第148页。

美国拖延签订停战协定是搬起石头砸了自己的脚！1953 年 7 月 27 日，双方签订停战协定，朝鲜停战实现。抗美援朝战争以伟大胜利向世界宣告：西方侵略者几百年来只要在东方一个海岸上架起几尊大炮就可霸占一个国家的时代是一去不复返了！

毛泽东总结抗美援朝战争时指出："我们的经验是：依靠人民，再加上一个比较正确的领导，就可以用我们劣势装备战胜优势装备的敌人。"①"正确的领导"，就是党中央、毛泽东的正确领导。毛泽东高超的军事斗争和政治斗争艺术发挥了巨大威力，引领中国人民志愿军以劣势装备战胜优势装备之敌，牢牢掌握着军事与和谈两个战场的主动权，创造出震惊世界的以弱胜强的战争奇迹。

二、坚决反对外国侵略

新中国成立后，一度面临来自美国、苏联等外国的多种武力威胁。毛泽东面对强敌毫不畏惧，以高超的政治、军事斗争艺术，指挥人民解放军坚决挫败外国武装侵犯，沉重打击了侵略者，有力捍卫了国家主权、安全和领土完整，有效保卫了国家安全和发展利益。

（一）炮击金门：挫败美国武装干涉台湾问题②

从新中国成立到 20 世纪 70 年代初，美国采取敌视中国的政策，拼凑针对中国、苏联的军事同盟，企图在西太平洋构成一条围堵中国、苏联等社会主义国家的弧线，并派军机、舰艇不断入侵中国领空和领海，在国际活动中公开推行"两个中国"的政策。朝鲜战争爆发后，美国公然派第 7 舰队侵入中国台湾

---

① 《建国以来毛泽东军事文稿》中卷，军事科学出版社、中央文献出版社 2010 年版，第 174—175 页。

② 参见刘成军、刘源主编：《新中国国防和军队 60 年》，第三节"抗击外国武装侵犯的钢铁长城"，人民出版社 2009 年版，第 39—46 页。

海峡，阻止中国人民解放台湾，使原本属于中国内政的台湾问题严重复杂化。美国驻远东军总司令麦克阿瑟嚣张声称：台湾是美国太平洋前线的"总枢纽"，是"不沉的航空母舰"，美国必须控制台湾。1954 年 12 月，美国与台湾当局签订所谓《共同防御条约》。之后，在台湾派驻美军"协防台湾司令"，将美军驻台湾的军事顾问团扩充到 2600 人，美空军第 13 特种航空队进驻台湾。台湾当局挟洋自重，不时发出"反攻大陆"叫嚣，并不断加强金门防务，妄图以此作为"反攻大陆"的跳板，不断对祖国大陆进行骚扰破坏。中国政府、台湾当局、美国政府围绕金门岛进行了激烈而微妙的斗争。毛泽东巧妙运用军事手段与政治、外交斗争相结合，把支持中东人民的解放斗争与粉碎美国搞"两个中国"的阴谋相结合，始终掌握斗争的主动权。

金门炮战，意在击美。炮击金门，表面上看是中国国共两党的较量，实际上是中国共产党和中国人民同美国的博弈、同美国分裂中国阴谋的较量。为打破美蒋的军事和政治勾结，粉碎美国制造"两个中国"的阴谋，毛泽东、党中央决定突出台湾问题。1954 年 7 月 24 日，《人民日报》发表题为《一定要解放台湾》的社论。在美国政府与台湾当局阴谋签订《共同防御条约》之际，人民解放军福建前线部队按照中央军委命令，于 1954 年 9 月 3 日和 22 日两次炮击金门。中东事件的爆发，则成为 1958 年炮击金门的导火索。1958 年 7 月 15 日，美国为镇压黎巴嫩人民的爱国斗争，派军队在黎巴嫩首都贝鲁特附近登陆，制造了中东事件。美国为转移世界舆论焦点，竟在台湾海峡地区大量集结武装力量，公开威胁要把它在台湾海峡地区的侵略范围扩大到金门、马祖等沿海岛屿。美国在台湾的军事和外交人员频频与台湾当局密谋策划。鉴于台湾海峡地区局势日趋紧张，7 月 18 日，毛泽东召集军事部门各有关单位负责人，对炮击金门作战作出明确指示，强调金门炮战，意在击美。支援阿拉伯人民的反侵略斗争，不能仅限于道义上的，还要有实际行动的支援。[①]8 月 18 日，毛泽东在给国防部部长彭德怀的信中指出："准备打金门，直接对蒋，间接对

---

① 逄先知、金冲及主编：《毛泽东传（1949—1976）》上卷，中央文献出版社 2003 年版，第 849 页。

美，因此不要在广东深圳方面进行演习了，不要去惊动英国人。"①金门炮战意在击美的决策，是中国围绕台湾问题同美国的斗争，目标明确，策略灵活，体现了斗争原则的坚定性与策略的灵活性高度统一。

选择战机，猛烈炮击。炮击金门的各项准备工作就绪后，战机选择至关重要。8月20日，毛泽东在北戴河会议上作出炮击金门的最后决定，命令福建前线部队"立即集中力量，对金门国民党军予以突然猛烈的打击（不打马祖），把它封锁起来"。8月23日，毛泽东亲自下令对金门实施大规模炮击。之所以选择8月23日，是因为8月22日联合国大会紧急会议讨论通过了阿拉伯各国要求美国从中东撤军的提案，中东局势将趋于缓和，国际舆论关注焦点可能转到台湾海峡。炮击具体时间定在23日17时30分，因为此时正是国民党金门守军夏季的晚饭时间，可攻其不备；阳光夕照在大、小金门岛上，也有利于我炮兵瞄准，而岛上守军却是逆光面对大陆，不利于完成射击动作。1958年8月23日、24日，福建前线部队连续实施第一次、第二次大规模炮击，给予金门国民党军以沉重打击。美国既怕国民党失去在东南沿海仅有的金、马岛屿，导致台湾防御体系崩溃，又怕协防金、马引发中美战争，便采取战争"边缘政策"，进行战争恐吓。美国急调太平洋第7舰队和地中海第6舰队一部分，以及驻日本、菲律宾和本土的海空军一部分，加强台湾海峡地区军事防务。美国总统艾森豪威尔重申美国武力"保护"台湾的所谓"责任"。美国国务卿杜勒斯扬言，要把美国在台湾海峡的侵略范围扩大到金、马等中国沿海岛屿，甚至发出要使用原子武器的威胁，企图迫使中国政府在战争威胁面前屈服。②

转变重心，套上"绞索"。面对美国的战争威胁，中共中央、中央军委进行了针锋相对的斗争，决定将炮击金门作战的重心转到反对美国干涉中国内政上。9月4日，中华人民共和国政府宣布我领海宽度为12海里，规定一切外国飞机和军用船舶，未经中国政府许可，不得进入中国领海及其上空，进一步

---

① 《建国以来毛泽东军事文稿》中卷，军事科学出版社、中央文献出版社2010年版，第409页。

② 刘成军、刘源主编：《新中国国防和军队60年》，人民出版社2009年版，第44页。

毛泽东的
斗争艺术

封锁打击位于 12 海里之内的金门、马祖，不给美国协防金、马的借口。9 月 7 日，美国公然派军舰侵入金门海域为国民党军护航。针对美军的侵略行径，毛泽东决定以打击国民党军的方式反对美军的护航行动，明确指示：照打不误；只打蒋舰，不打美舰。[①]9 月 8 日、11 日，福建前线部队先后实施第三次、第四次大规模炮击，迫使护航的美舰仓皇逃离金门海域，美国的"战争边缘"政策破产。美国怕越陷越深，要求台湾当局从金、马撤兵，企图制造"两个中国"或"一中一台"。蒋介石则"反攻复国"野心不死，怕划峡而治，老死他乡，不愿从金、马撤兵，美台矛盾日趋尖锐。在 1958 年 9 月 5 日至 8 日的最高国务会议上，毛泽东提出著名的"绞索政策"，强调美帝国主义已被自己制造的绞索套住。10 月 3 日，毛泽东主持召开中共中央政治局常委扩大会议，指出："我们同蒋介石有共同点，都反对两个中国。蒋介石是不愿撤出金、马的，我们也不是非登陆金、马不可。可以设想，让金、马留在蒋介石手里如何？这样做的好处是：金、马离大陆很近，我们可以通过这里同国民党保持接触，什么时候需要就什么时候打炮，什么时候需要紧张一点就把绞索拉紧一点，什么时候需要缓和一下就把绞索放松一下，不死不活地吊在那里，可以作为对付美国人的一个手段。"[②]毛泽东最后强调"打而不登，断而不死"的作战方针，指出"方针已定，还是打而不登，断而不死，让蒋军留在金、马。但打也不是天天打，更不是每次都打几万发炮弹，可以打打停停"[③]。毛泽东决定暂不收复金、马，而是留下金、马当美帝国主义的绞索，意味着将过去设想的先收复金门、马祖，再解放台湾的"两步走"方针，改变为待时机成熟"一揽子解决"台、澎、金、马问题。

联蒋抗美，维护"一中"。为粉碎美国制造"两个中国"阴谋，1958 年 10 月 20 日，在美国国务卿杜勒斯访台的前一天，福建前线部队实施第五次大规模炮击，为蒋介石"送上"了拒绝从金、马撤兵的理由。10 月 21 日，毛泽东指出："我们可以在一定意义上联蒋抗美。我们不登陆金门，但又不答应美国

---

① 《毛泽东年谱（一九四九——一九七六）》第三卷，中央文献出版社 2013 年版，第 441 页。

② 《毛泽东年谱（一九四九——一九七六）》第三卷，中央文献出版社 2013 年版，第 456—457 页。

③ 《毛泽东年谱（一九四九——一九七六）》第三卷，中央文献出版社 2013 年版，第 457 页。

人的所谓'停火'，这更可以使美蒋吵起架来。我们的方针现在仍然是打而不登，断而不死，更可以宽一些，以利于支持蒋介石抗美。我们索性宣布，只是单日打炮，双日不打炮。这是政治仗，政治仗就得这样打。"①11月2日，针对美国对我《再告台湾同胞书》横加指责，胁迫台湾当局从金、马撤兵，企图隔离台湾以制造"两个中国"的阴谋，毛泽东指示："炮击金门大打一天"，"使蒋军得到拒绝撤兵的口实"②，福建前线部队于11月3日实施第六次大规模炮击。1960年6月17日、19日，福建前线部队在美国总统艾森豪威尔所谓"访问"台湾前夕和离台时，进行了两次大规模示威性炮击，给蛮横干涉中国内政的美国政府以严正警告，充分表明了中国反对美国武装干涉台湾问题的坚定意志。

炮击金门，是一场不畏强敌的军事仗，更是一场政治仗、外交仗和宣传仗。毛泽东充分运用军事手段和外交手段，牢牢把握主动权，在达到军事目的后，又适时地将其转变为政治和外交斗争，始终牵着敌人的鼻子走。炮击金门使我摸清了美国的战略意图，重估了美国的对台政策，甚至促使国共两党"默契配合"，共同维护了一个中国的局面。炮击金门，维护了中国独立自主的地位，惩罚了国民党军队对祖国大陆的骚扰，挫败了美国搞"两个中国"或"一中一台"的阴谋，也有力支援了中东人民的民族独立解放运动。

（二）打好政治军事仗：中印边境自卫反击战

1962年，印度军队越过中印边境东、西段双方实际控制线，悍然向中国边防部队发动大规模进攻，中国西藏、新疆边防部队被迫进行了自卫反击。毛泽东从政治和战略全局出发，把军事、政治、外交斗争巧妙结合起来，领导中国边防部队以较小代价赢得了这场新中国第一次自卫反击战的胜利，在国际上开创了胜利军队主动停火、主动后撤、主动交还战俘和战缴物资的先例，成为人民解放军开展边境军事斗争、实施反击作战的光辉范例。毛泽东指出，"这次是打了一个军事政治仗，或者叫政治军事仗"③。

---

① 《毛泽东年谱（一九四九——一九七六）》第三卷，中央文献出版社2013年版，第473页。

② 《建国以来毛泽东军事文稿》中卷，军事科学出版社、中央文献出版社2010年版，第453页。

③ 《建国以来毛泽东军事文稿》下卷，军事科学出版社、中央文献出版社2010年版，第163页。

着眼政治全局，注重用和平方式解决争端。中国和印度有着悠久的睦邻友好的历史。19世纪中叶，由于英国殖民主义者统治印度和侵略中国西藏、新疆，造成中印边界全线不少地区存在争议，埋下中印边境争端的祸根。中印两国边界从没有正式划定过，边界东段所谓的"麦克马洪线"，就是当年英国强加给中国的。这条线是非法的，中国历届政府都没有承认过。1950年4月，中印建交后，中国政府一直把建立和发展与印度的友好合作关系作为睦邻政策的重点。毛泽东历来认为，中印两国没有根本的利益冲突和原则分歧，中印边境争端完全能够用和平方式解决。由于印度政府奉行单边主义、扩张主义边界政策，中印边界争端逐步升级。毛泽东仍视印度为朋友，致力于用和平方式解决分歧。1954年10月，毛泽东在同印度总理尼赫鲁谈话时指出："朋友之间有时也有分歧，有时也吵架，甚至吵得面红耳赤。但是这种吵架，和我们同杜勒斯的吵架，是有性质上的不同的。"[①]1959年5月，毛泽东又推心置腹地说："总的说来，印度是中国的友好国家，一千多年来是如此，今后一千年一万年，我们相信也将是如此……我们的主要敌人是美帝国主义。印度没有参加东南亚条约，印度不是我的敌对者，而是我国的朋友。中国不会这样蠢，东方树敌于美国，西方又树敌于印度。"[②]毛泽东真诚希望中印边境能够和平。坚持以和平方式解决中印边境争端，是毛泽东指导解决中印分歧的一个基本原则。

坚持克制忍让，占领道义制高点。从1951年起，印度趁新中国进行抗美援朝战争之机，抢占中印边境东段"麦克马洪线"以南9万平方公里中国领土，尔后又陆续侵占中印边境中段的巨哇、曲惹、波林三多和西段的巴里加斯等地。从1961年起，印度大肆推行"前进政策"，蚕食中国领土，侵犯中国领空。面对印军在中印边境不断挑起武装冲突，毛泽东指示中国边防部队保持克制忍耐，坚持不打第一枪，以待谈判解决。1962年7月，毛泽东在听取中印边界西段反蚕食斗争汇报后指出：印度在我境内设点，我们完全有理由打，但是现在还要克制，不能急于打。这是要进一步暴露尼赫鲁的真面目，使国际社

① 《毛泽东文集》第六卷，人民出版社1999年版，第371页。
② 《毛泽东文集》第八卷，人民出版社1999年版，第66页。

会认清中印边界的是非，争取国际舆论对中国态度和立场的理解和支持。我们现在坚持不打第一枪，我们的方针是八个字："决不退让，避免流血"。随后，毛泽东又补充了"武装共处，犬牙交错"，形成"十六字方针"。这种斗争方针，在敌对势力挑起武装冲突但尚未发展到战争时，把政治揭露与军事准备结合起来，以军事斗争配合政治、外交斗争，既不主动惹事又不示弱，既力避冲突激化又在战争爆发时占领道义制高点、掌握斗争主动权。

抓住时机反击，打则"打狠打痛"。克制忍让不是软弱可欺，忍无可忍无须再忍。1962年9月20日，印军越过东段"麦克马洪线"侵入克节朗地区，向中国边防部队哨所发起攻击，制造了择绕桥流血事件。10月10日，印军向中国尺冬哨所发起进攻，再次制造流血事件。面对印度对我武力侵犯的嚣张气焰，毛泽东强调必须坚决有力反击，如果要打，就要"打狠打痛"。中国人民解放军总参谋部向参战部队传达了毛泽东的指示："假如印军向我进攻则要狠狠地打他一下，除东线西藏作准备外，西线也要配合。如果他进攻，不仅要打退，还要打狠打痛。"但何时自卫反击，尚须等待一个有利时机。1962年10月，"古巴导弹危机"爆发，美、苏一时剑拔弩张，美国无暇顾及中印边境争端，苏联也暂时改变了其在中印边境武装冲突上的态度。10月17日，印军在边界东、西两段猛烈炮击中国边防部队的前沿阵地，挑起中印边境的大规模武装冲突。毛泽东敏锐抓住这一有利的战略时机，决定进行中印边境自卫反击战，并签发中共中央军委关于歼灭入侵印军的作战命令。后来毛泽东说："多年来我们采取了许多办法想谋求中印边界问题的和平解决，印度都不干。蓄意挑起武装冲突，且越演越烈，真是欺人太甚。既然尼赫鲁非打不可，那我们只有奉陪了，来而不往非礼也。俗话说不打不成交，也许我们反击一下，边境才能安定下来，和平解决边界问题，才有希望实现。"[①] 自10月20日起，中国边防部队在中印边境东段、西段同时奋起自卫反击，基本战法是：集中优势兵力打歼灭战，实行大胆迂回，侧后突击，打敌之头，击敌之背，剖敌之腹，切敌

---

① 转引自雷英夫口述，陈先义执笔：《在最高统帅部当参谋——雷英夫将军回忆录》，百花洲文艺出版社1997年版，第204页。

之尾，各路向心合击，将敌分割包围，各个歼灭。至11月21日，经过历时一个月两个阶段作战，在西段，清除了印军设在中国境内的所有43个侵略据点；在东段，进至非法的"麦克马洪线"以南靠近传统习惯线地区，共毙、俘印军8700余人，俘虏印军第7旅旅长季·普·达尔维准将以下3900余人，击毙印军第62旅旅长霍希尔·辛格准将以下4800余人，缴获大量武器装备和物资。印军惨败在印度引起强烈震动，给印度当局以沉重打击，达到了"打狠打痛"的效果。

主动停火后撤，灵活有效控制战局。为了防止战争扩大和升级，毛泽东为中印边境自卫反击战确立了有限的战略目标，既不是要彻底征服对方，更不是要占领其领土，而是以军事行动惩罚和教训印度当局，为和平解决中印边界问题创造条件，使印度政府回到和平谈判的道路上来。同时，毛泽东严格限定作战范围和参战兵力，决定只派新疆和西藏军区的边防部队担任反击作战任务，并以陆军和步兵为主，空军在对方空军不参战的情况下"备而不用"，使这场自卫反击战成为规模和强度都有限的局部战争。毛泽东尤其注重把控战争进程，做到张弛有度，掌握战略主动。在自卫反击作战取得胜利的情况下，毛泽东毅然作出没有先例的重大决策：中国边防部队主动实行全线停火，并主动从实际控制线后撤20公里。根据毛泽东的指示，中国政府于1962年11月21日发表声明，决定在中印边境全线主动停火，主动后撤。中国边防部队于11月22日零时主动停火，从12月1日起主动后撤到1959年11月7日中印双方实际控制线中国一侧20公里以内地区。12月中旬，中国向印度政府交还了大批战缴印军武器、弹药和军用装备。对被俘印度军人给予了优待和尊重，并于1963年5月26日前将他们全部释放回印度。适可而止，主动撤军，再次向世界证明我国主张通过和平方式而不是武力手段解决边界问题的诚意。

中印边境自卫反击战是中国边防部队在特殊高原地区进行的一次规模较大的反侵略战争，仅用1个月就出乎世人意料胜利结束，既打狠打痛入侵印军、沉重打击印度扩张野心，又快打快收使美、苏介入战争的企图落空，维护了中国的主权和尊严，给中印边界带来了数十年的安宁，达到以战止战、以小战止大战的效果。从战前"退避三舍""武装共处"，到实施自卫反击、后发制人，到越过非法的"麦克马洪线"乘胜追击，再到世界惊叹的主动停火后撤，交还战俘和战缴物资，什么时机打，在什么范围打，打到什么程度，推进到什么地方，什么时候停，什么时候撤，无不自主灵活、收放自如，达到政治、外交和军事斗争完美结合与高度统一，体现了毛泽东炉火纯青的斗争艺术，令人叹为观止。有国外评论指出："中国在这一斗争中，完美地使用了各种斗争方式，包括军事的、政治的和外交的，其相互配合之密切，斗争策略之灵活，达到了最高水平。"①

（三）打击霸权主义：珍宝岛自卫反击战

中华人民共和国成立后，中苏两党、两国关系友好过一段时间，但由于苏联推行强权政治和霸权主义政策，使两党两国关系逐步恶化。苏联在中国边境陆续制造了一系列武装挑衅事件。中国边防部队贯彻毛泽东积极防御战略思想，坚持有理有利有节，后发制人，斗则必胜，于1969年3月赢得了珍宝岛自卫反击战的胜利。

先礼后兵，后发制人。珍宝岛自古以来就是中国领土，位于乌苏里江主航道中国一侧，面积0.74平方公里。该岛原与中国大陆相连，后因江水长年冲刷，1915年形成小岛。1949年新中国成立后，珍宝岛归虎林县管辖，后来划归饶河县管辖，这个地区一直有中国边防部队巡逻。20世纪60年代，随着中苏关系恶化，苏军在中苏边境地区不断制造事端。1964年，中苏举行边界谈判，苏方无视国际惯例，强称珍宝岛为苏联所有。苏军边防部队凭借其武器装备上的优势，不断对我军进行武装袭扰，制造流血事件，并多次打伤我边防战士，抢走枪支弹药。从1964年10月至1969年2月，苏联边防军在中苏边境地区挑起事端达4180起。鉴于苏军入侵活动不断加剧，中央军委要求边防部队严格遵守针锋相对、后发制人和有理有利有节的原则，在不同情况下可以采取不同的自卫措施，做到不斗则已、斗则必胜。中国边防部队贯彻积极防御战

---

① 转引自当代中国研究所：《中华人民共和国史稿》第2卷，人民出版社、当代中国出版社2012年版，第343页。

略方针，一再克制忍让未予还击。由于苏军变本加厉，发动更大规模的武装入侵，中国边防部队忍无可忍，才不得不奋起进行自卫反击。

英勇反击，以劣胜优。3月2日、15日、17日，中国边防部队连续进行了3次自卫反击作战。3月2日，中国边防部队派出巡逻队，分成两个组在珍宝岛执行正常巡逻。苏军悍然向中国边防巡逻第一组开枪射击，打死打伤6人。中国边防第二巡逻组听到枪声后主动增援，给入侵苏军以有力打击，击毙苏军夏米海洛夫卡边防哨所所长伊万上尉等30多人，击毁敌指挥车、装甲车各一辆，击退了苏军的进攻性挑衅。3月4日至14日，苏军又多次侵入珍宝岛地区。15日凌晨，苏军在坦克、装甲车掩护下，先后3次向守岛的中国边防部队发起猛烈进攻。中国边防部队采取集火近战的战术，发扬"一不怕苦、二不怕死"的革命英雄主义精神，顽强抗击，击伤苏军T-62坦克1辆，将苏军打回苏联境内。3月17日凌晨，苏军出动70余人，在坦克、装甲车掩护下再次入侵珍宝岛，向中国边防部队前沿阵地和纵深炮击，并在岛上广埋1000余枚地雷，企图阻止中国边防部队登岛，并强行拖走被炸坏的坦克。为粉碎登岛苏军企图，中国边防部队用炮火拦阻射击。17时，苏军撤回苏联境内。在这3次自卫反击战斗中，我军共击毁苏军坦克、装甲车17辆，击毁指挥车、卡车各1辆，打死打伤敌军230余人（苏联公布的苏军伤亡数字为152人），缴获T-62型坦克1辆及部分作战物资。缴获的T-62型坦克，后被送到中国人民革命军事博物馆展览，成为苏联侵略中国的铁证。我边防部队以劣势装备战胜优势装备的苏军，以较小代价对屡次猖狂侵犯我珍宝岛的苏联边防部队予以沉重打击，取得了重大战果，打出了我军威、国威。

加强战备，有效慑敌。苏军遭我军沉重打击后，仍不断向珍宝岛当面增兵，妄图将边境武装冲突升级，伺机报复。苏联扬言对中国实施"外科手术式核打击"，并且陈兵百万于中苏边境，叫嚣"一劳永逸地消除中国威胁"，边境局势骤然紧张。面对苏联核讹诈和苏军新威胁，毛泽东提出"深挖洞、广积粮、不称霸""要准备打仗"等战争动员口号，举国上下积极响应号召，全面开展备战工作，赢得了世界人民的同情和支持。继1967年6月17日我国成功进行空投氢弹试验后，1969年9月23日，我国又成功进行地下核试验，进一步打破了超级大国的核垄断，对苏联发动全面战争的企图起到了巨大的威慑和遏制作用。在珍宝岛地区，我军做好了随时应付苏军较大规模的进攻准备，迫使苏军不敢轻举妄动，未能挑起更大的武装冲突。

珍宝岛自卫反击战的胜利，再次书写了我军以劣势装备战胜强敌的光辉战例，沉重地打击了苏联霸权主义行径，捍卫了中国的主权、尊严和领土完整。

（四）捍卫中国海疆：西沙群岛自卫反击战

1974年1月，中国人民解放军和南海民兵对入侵中国西沙永乐群岛的南越军队进行了一场海岛自卫反击战。我军在毛泽东积极防御战略思想指导下，采取灵活机动的战略战术，战胜了具有优势装备的南越海军，粉碎了南越侵占中国西沙群岛的企图，保卫了中国的领土主权。

寸土必争，捍卫主权。西沙群岛同东沙群岛、南沙群岛、中沙群岛自古以来就是中国领土。西沙群岛位于海南岛东南约330公里的海域中，由宣德、永乐两个群岛和其他岛礁组成，总面积约10平方公里。西沙群岛地处连接印度洋与西太平洋之间的海上要冲，地理位置十分重要，自然资源非常丰富，历来为侵略者觊觎。第二次世界大战结束后，西沙群岛连同南海其他被日本侵占岛屿，重归中国。新中国成立后，中国对南海诸岛拥有无可争辩的领土主权，得到国际社会的普遍认同。印度支那战争结束后，法国别有用心地将它侵占的珊瑚岛移交南越政府。1956年5月26日，南越政府对中国提出领土要求，声称对西沙群岛、南沙群岛拥有主权。至1973年8月底，南越军队已占领中国南沙、西沙群岛的6个岛屿，并于9月宣布，将南沙群岛中的南威、太平等10余个岛屿划归其福绥省管辖。南越当局不顾中国政府多次声明和严正警告，不断扩大占领岛屿，袭扰中国渔船。1974年1月15日至18日，南越悍然派军舰侵入西沙永乐群岛海域，打死打伤中国渔民和民兵多人，并相继侵占金银岛、甘泉岛。为了维护中国领土主权不受侵犯，保护中国渔民正常生产作业，1月17日，中央军委命令海军南海舰队立即派出舰艇，驶抵西沙永乐群岛海域进行巡逻；海南军区派出民兵随海军舰艇进驻西沙永乐群岛的晋卿、琛航、广金三岛。中央军委要求，在同敌人斗争中应始终坚持说理原则，在任何情况下均不开第一枪。如果敌人首先发起攻击，我则坚决进行自卫还击。

近战歼敌，赢得海战。1974年1月17日，中国人民解放军海军南海舰队奉命派出猎潜艇271、274号组成编队，在舰队航空兵掩护下驶往西沙永乐群岛海域执行巡逻任务，保护中国渔轮安全生产。18日，扫雷舰389、396号也驰援永乐海域，加入巡逻编队；猎潜艇281、282号部署于宣德群岛之永兴岛，准备随时支援巡逻编队作战。19日5时许，南越4艘军舰分路接近中国舰艇编队，企图凭借其军舰吨位大、火力强的优势，胁迫中国海军编队就范。7时40分许，南越40多名士兵强行登上琛航、广金两岛，在广金岛首先向中国民兵开枪。中国民兵被迫还击，毙敌1人、伤3人，击退南越军队。10时20分许，南越军舰与中国海军巡逻舰艇拉开距离，凭借其火炮口径大、射程远的优势突然发起攻击。由于我军始终坚持自卫立场、"不打第一枪"，敌舰在外圈突然攻击时，中国舰艇在内圈，处于不利态势。但中国海军指战员以大无畏的英雄气概，不怕牺牲，英勇反击，在精神上压倒敌人。在战法上则扬长避短，克服舰艇吨位小、火炮口径小、射程近的不足，发挥小口径火炮射速快的威力，靠近敌舰猛打，充分发挥近战优势，以我之长击敌之短。南越4艘军舰全部中弹受创，纷纷逃窜，其中"怒涛"号舰因受创过重，在琛航岛以东海域被中国海军舰艇281号、282号追上击沉。海战之后，榆林要塞区3个步兵连、1个两栖侦察队、部分加强分队和民兵共500人，奉命向珊瑚、甘泉、金银3岛进发，迅速发起登陆作战。20日13时，收复三岛，全歼入侵的南越军队。

高度戒备，慑敌止战。南越当局不甘心失败，增派2艘驱逐舰至岘港，又派6艘军舰从岘港向西沙方向机动，试图发动新的侵略。中国外交部发表声明，严正警告南越当局必须停止对中国的一切军事挑衅和侵略活动。中央军委命令驻守南海海疆的陆、海、空军和民兵保持高度戒备，随时准备歼灭入侵之敌，迫使南越军队不敢来犯。

西沙群岛自卫还击战，是一次远离大陆以海战为主的海、陆军和渔民、民兵参加的协同作战，是人民解放军的第一次海岛反侵略作战，创造了我军海上作战以劣胜优的范例。此战共击沉南越护航舰1艘，击伤驱逐舰3艘，毙伤"怒涛"号舰长及以下官兵100余人，俘虏南越军队少校以下官兵48人和美国驻岘港领事馆联络官 1 人，收复了被南越军队侵占的珊瑚、甘泉、金银 3 岛。这次反击战的胜利，沉重打击了南越当局的扩张主义，捍卫了我国南海海疆，维护了我国领土主权，为后来我国在西沙设置三沙市、建立行政区划奠定了坚实基础。

三、反帝反霸反殖

毛泽东是享誉世界的国际战略家，一贯主张"运用马克思主义的对立统一学说，观察和处理社会主义社会阶级矛盾和阶级斗争的新问题，观察和处理国际斗争中的新问题"①。毛泽东以卓越的政治智慧、广阔的世界眼光和深厚的民族情怀，带领中国人民积极应对国际挑战，开展反帝反霸反殖国际斗争，化解各种风险危机，彻底结束了旧中国的屈辱外交，推动形成了国际社会坚持一个中国原则的格局，坚决捍卫了国家安全和发展利益，提高了新中国的国际地位和国际影响。

（一）坚定维护国家利益

毛泽东是伟大的爱国者，毕生为了国家独立和繁荣富强而奋斗。新中国成立后，毛泽东制定对外政策时始终把国家利益置于首位，把维护国家利益作为国际斗争的出发点和落脚点。无论是指挥金门炮战，粉碎美国武装干涉台湾问题、制造"两个中国"图谋；还是指挥自卫反击战，相继进行中印边境自卫反击战、珍宝岛自卫反击战、西沙群岛自卫反击战，坚决维护国家主权和领土完整；指挥抗美援朝战争，实施援越抗法、援越抗美、援老抗美等国际军事援助，把爱国主义和国际主义结合起来；抑或是拒绝苏联要在中国领陆、领海建立长波电台和联合舰队要求；等等。在各个历史阶段，毛泽东开展国际斗争的具体对象、斗争内容、方法手段、策略方针不尽相同，但始终不畏强权、敢于

---

① 《毛泽东文集》第七卷，人民出版社 1999 年版，第 201 页。

斗争，始终将国家利益置于对外政策的首位，坚决有效地捍卫了国家的独立、主权和尊严。毛泽东在国家利益问题上高度警惕、毫不妥协，但这绝不意味着他在国际上"好斗"，搞狭隘民族主义。相反，毛泽东非常注意缓和国际紧张局势，维护世界的和平与稳定，并认为这是中国人民和世界人民的最大利益。毛泽东坚决反对一切外来干涉和损害中国主权的行为，也承诺绝不干涉他国内政，支持和援助世界被压迫民族解放事业、新独立国家建设事业和各国人民正义斗争，赢得国际社会特别是广大发展中国家的尊重和赞誉。

（二）开创独立自主外交

独立自主是毛泽东思想活的灵魂的重要方面，也是毛泽东进行国际斗争始终秉持的重要原则。为了捍卫来之不易的独立和自由，毛泽东把独立自主原则运用于国际斗争，提出独立自主的和平外交政策。毛泽东和周恩来结合新中国的国际斗争实践经验，创造性地倡导和平共处五项原则，即"互相尊重主权和领土完整、互不侵犯、互不干涉内政、平等互利、和平共处"①。其根本出发点是，每个国家都是独立自主的，应当互相尊重，友好合作，和睦相处，反对以大欺小，以富压贫，以强凌弱。即使中国在与苏联结盟的情况下，毛泽东仍一再告诫要用自己的脑袋思考、用自己的腿走路，在处理对苏关系时始终把维护国家的独立、主权和领土完整放在第一位，从未在重大原则问题上让步。在美国敌视承认中国新生的人民政权，并先后在朝鲜、中国台湾、印支三个战略方向对中国施行军事威胁的时候，为了维护国家的独立、尊严、主权和领土完整，也为了维护朝鲜、越南等国的独立地位和国际和平，毛泽东毅然做出了抗美援朝、保家卫国的决策，并大力支援越南人民的抗美救国战争。毛泽东还坚决支持亚非拉广大地区和国家的人民争取和维护民族独立、捍卫国家主权、发展民族经济的正义斗争。正因为如此，1971年广大亚非拉国家大力支持中国恢复了在联合国的合法席位。这一成就，大大提高了新中国的国际威望，是新中国奉行独立自主外交政策的重大胜利。

① 《毛泽东文集》第七卷，人民出版社1999年版，第316页。

毛泽东强调独立自主，并不是闭关锁国，并不排斥各国之间相互学习，而是要把发展的立足点放在自力更生的基础上，以自力更生为主，力争外援为辅。毛泽东开创的独立自主新型外交，是新中国突破敌对势力孤立和遏制、扩大对外交往的有力武器，为我国在平等互利基础上积极开展同各国的交流合作奠定了新的基础，为推动建立公正合理的新型国际关系作出了历史性贡献。

（三）灵活选择斗争策略

毛泽东把灵活机动的战略战术运用于新中国的国际斗争，根据国际形势变化灵活选择斗争方式，及时调整斗争策略，牢牢掌握国际斗争的战略主动权。新中国成立之初，面对美国的遏制和战争威胁，毛泽东明确国际斗争的主要对象是美国，主要方向是帝国主义，适时制定"一边倒"的方针，坚定站在社会主义阵营一边，同美帝国主义的侵略政策和战争政策进行坚决斗争。1950年2月，中国和苏联正式签订《中苏友好同盟互助条约》，毛泽东指出："具有伟大历史意义的新的中苏条约，巩固了两国的友好关系，一方面使我们能够放手地和较快地进行国内的建设工作，一方面又正在推动着全世界人民争取和平和民主反对战争和压迫的伟大斗争。"[1]20世纪50年代中后期，美国依然敌视新中国，苏联企图控制中国导致中苏关系逐步恶化。毛泽东在制定斗争策略时，高度重视联合美苏两个超级大国之间的"中间地带"，提出了"两个中间地带"理论，使中国同亚非拉等"第一中间地带"国家加强团结友好合作，同处在"第二中间地带"的西方资本主义国家改善和发展了关系，为更好地反对帝国主义、霸权主义、殖民主义提供了战略指导。20世纪60年代中后期，美苏争霸呈现苏攻美守态势，中美苏三国关系发生重大变化。毛泽东提出"三个世界"划分思想，联合世界上一切可以联合的力量，反对超级大国的霸权主义特别是苏联的霸权主义，使中国摆脱了一度在国际上比较孤立的处境，国际地位不断提高。毛泽东抓住美苏矛盾时机，经乒乓外交、尼克松访华，打开了中美关系正常化的大门。通过创新调整国际斗争策略，毛泽东推动中美苏大三角关系的建

---

① 《毛泽东文集》第六卷，人民出版社1999年版，第67页。

立，平衡并制约着国际战略力量，使国际紧张局势趋向缓和，中国作为遏制霸权主义、强权政治的一支重要力量，在国际事务中发挥越来越大的作用。

（四）综合运用斗争手段

毛泽东在国际舞台上纵横捭阖，善于综合运用军事和非军事手段打开国际斗争局面，使新中国顶住了扑面而来的惊涛骇浪，有效维护了国家安全和世界和平。新中国成立后，美国政府奉行敌视新中国的政策，不仅不承认中国新生的人民政权，还在西方国家中带头孤立、封锁中国，并对中国施行军事威胁，导致中美长期对抗。毛泽东综合运用军事手段和政治、外交、舆论等非军事手段，同美国的军事威胁和经济封锁进行了长期坚决的斗争。朝鲜战争爆发后，毛泽东发表讲话，呼吁和平解决朝鲜问题，对美国侵朝威胁发出警告。在外交手段无效后，毛泽东毅然作出抗美援朝的重大决策，给侵朝美军予以沉重打击，同时坚持打谈结合，开展"舆论战"揭露美国侵略行径、赢得国际社会支持，最终迫使美国在停战协定上签字。1958年毛泽东领导开展的炮击金门斗争，既在军事上坚持打击美军武装干涉台湾问题，对金门采取"打而不登、断而不死"的策略，又亲自起草、以国防部部长彭德怀名义发布《告台湾同胞书》和《再告台湾同胞书》，用舆论宣传赢得人心。在1962年的对印自卫反击战中，毛泽东根据政治、外交斗争的需要，指挥我军通过军事的打、停、进、撤，打了一场经典的政治军事仗。中苏关系恶化后，为应对苏联霸权主义，毛泽东综合运用军事、政治、外交等手段，既在军事上打赢珍宝岛自卫反击战，掀起全国战备热潮，又在政治上、舆论上揭露苏联当局侵略行径，在外交上改善中美关系，联合第三世界国家、第二世界国家结成反霸统一战线，慑止了苏军的入侵。毛泽东还极为重视发展国防尖端科技，特别是"两弹一星"的成功研制，打破了美、苏的核垄断、核讹诈，增强了中国的战略威慑能力。邓小平后来说："如果六十年代以来中国没有原子弹、氢弹，没有发射卫星，中国就不能叫有重要影响的大国，就没有现在这样的国际地位。"[1]

---

[1] 《邓小平文选》第三卷，人民出版社1993年版，第279页。

（五）突出反帝反霸斗争

在新中国成立后的较长时期内，两极格局下美苏争霸形势十分严峻，帝国主义、霸权主义对新中国的安全、发展利益造成严重威胁，并严重影响世界的和平与稳定，反对帝国主义、霸权主义也成为新中国捍卫独立自主、维护国家利益和尊严面临的重大课题。毛泽东冷静分析国际战略格局和世界主要矛盾发展变化，把反对帝国主义、霸权主义，争取和维护世界和平作为新中国开展国际斗争的重要主题。面对美帝国主义谋求称霸世界和战争挑衅，毛泽东于1956 年 7 月 14 日在会见拉美客人时提出"美帝国主义是纸老虎"的观点，指出"说美帝国主义是纸老虎，是从战略上来说的"[1]，但美国现在还有力量，到处打人，战术上要重视它，要跟它作斗争。之后，毛泽东又多次阐述"帝国主义和一切反动派都是纸老虎"的论断。毛泽东顶住压力，作出抗美援朝、炮击金门、援越抗美等重大决策，给美帝国主义的侵略政策和战争政策以沉重打击，为中国的经济建设和各项事业的发展赢得了相对稳定的环境，并有力支持了亚非拉国家人民争取民族独立、捍卫国家主权的正义斗争。随着苏联大国沙文主义日渐显露、最终走上霸权主义道路，毛泽东坚决抵制苏联领导人有损于中国主权、干涉中国内政的做法和主张，与苏联的大国、大党的修正主义、霸权主义作坚决斗争，并坚决支持第三世界国家反对苏联霸权主义侵略和干涉的斗争。毛泽东说，我们中华民族从来就没有向人屈服过。我们现在是一个社会主义国家，当然更不能向任何外国屈服，即便对最强大的帝国主义国家美国，我们也没有低过头。对苏联也是一样，我们决不屈膝称臣。我们争的也不是居人之上，而是平等的地位。[2]毛泽东既坚决捍卫中国的国家利益与民族尊严，又注重联合第三世界国家结成最广泛的反帝反霸的统一战线，制定反帝反霸的斗争战略，促进第三世界各国的团结和斗争从政治领域扩大到经济领域，共同推进国际反帝反霸斗争，有力遏制了帝国主义、霸权主义的扩张势头。

---

① 《毛泽东文集》第七卷，人民出版社 1999 年版，第 73 页。

② 吴冷西：《十年论战：1956—1966 中苏关系回忆录》（下），中央文献出版社 1999 年版，第 853 页。

（六）和平为上以战止战

新中国长期面对帝国主义的封锁打压和战争威胁，处理好战争与和平的关系，以斗争求和平，是毛泽东进行国际斗争的重要目标。毛泽东主张"和平为上"①，积极倡导各国之间"和平共处"，团结一切和平的力量，争取和平，避免战争，为国内建设创造和平环境，促进世界和平发展。毛泽东开展国际斗争，不是要激化国际矛盾，而是致力于推动国际形势缓和。他坚决反对帝国主义的侵略政策和战争政策，公开宣布中国永不称霸、永不扩张，充分表达了中国共产党人对和平的诉求和努力。毛泽东致力和平、反对战争，但从来不怕战争。他说："我们是坚持和平反对战争的。但是，如果帝国主义一定要发动战争，我们也不要害怕。我们对待这个问题的态度，同对待一切'乱子'的态度一样，第一条，反对；第二条，不怕。"②面对帝国主义的战争威胁，毛泽东主张全力做好反侵略战争准备，敢于斗争，敢于胜利，用战争反对战争、消灭战争。在抗美援朝战争中，毛泽东强调"打得一拳开，免得百拳来"，用战争制止战争，用胜利谋求和平，志愿军打出了国威军威，粉碎了侵略者陈兵国门、进而将新中国扼杀在摇篮之中的图谋，充分展示了中国人民维护世界和平的坚定决心。决定对印度自卫还击作战，毛泽东指出："这一仗，我们不打则已，要打就要打出中国人的威风，起码要保证中印边境30年的和平。"③根据国际形势的发展变化，以及战争与和平两种力量的消长情况，毛泽东提出世界战争特别是原子战争有可能被推迟或被制止、和平可能得到维持的观点，认为整个国际形势是向好的方面发展的，争取比较长的和平时间是可能的。毛泽东的这些思想，坚定了中国人民和世界人民争取和平、制止战争的决心，同时也为中国政府继续坚持并正确实施独立自主的和平外交政策提供了重要依据。

---

① 《毛泽东文集》第六卷，人民出版社 1999 年版，第 412 页。

② 《毛泽东文集》第七卷，人民出版社 1999 年版，第 238 页。

③ 萧心力：《毛泽东与共和国重大历史事件》，人民出版社 2001 年版，第 338 页。

（七）建立国际统一战线

统一战线是中国革命取得胜利的重要法宝，也是新中国成立后毛泽东赢得国际斗争的重要法宝。毛泽东结合复杂的国内外斗争形势，高举反帝反霸旗帜，最大限度地联合世界上爱好和平的民族和各国人民，推动建立国际统一战线，敢于同威胁世界和平的主要敌人作坚决的斗争。20世纪50年代，面对美帝国主义的敌对政策和侵略行径，毛泽东作出"一边倒"的决策，以美帝国主义为主要斗争对象，联合社会主义国家组成反对帝国主义的统一战线。国际反帝统一战线团结和争取了世界广大和平力量，使新中国获得广泛的朋友，逐步打破美帝国主义对中国的遏制与封锁。20世纪60年代，随着中苏交恶，中国的国家安全同时受到美国和苏联的威胁，毛泽东明确提出在世界范围内建立反帝反修统一战线，推行以"两个拳头打人"为特征的"两条线"战略，同时与美帝国主义和苏联"修正主义"展开斗争，而主要斗争对象仍是美帝国主义。20世纪60年代末，中苏关系进一步恶化，苏联霸权主义对中国构成更大威胁，毛泽东根据美苏战略态势和中美苏三国关系的变化，于70年代初作出"一条线、一大片"的战略抉择。1973年2月，毛泽东在会见美国国务卿基辛格时，表述了"一条线"的思想，指出"要搞一条横线，就是纬度，美国、日本、中国、巴基斯坦、伊朗、土耳其、欧洲"①。之后，毛泽东又提出"一大片"②的思想。"一条线、一大片"对外战略的主旨，就是要团结这"一条线"和"一大片"中的所有国家，建立包括美国在内的反对苏联霸权主义的国际统一战线。毛泽东还提出"两个中间地带"理论和"三个世界"划分战略，把广大亚非拉等第三世界国家作为反帝反霸国际统一战线的重点依靠对象，并把西欧、日本等国与美国区别开来，归入"第二中间地带"或"第二世界"，极大充实了共同反对霸权主义的国际力量。在毛泽东推动建立国际统一战线的策略下，新中国经受住了险峻的国际形势考验，捍卫了国家

---

① 《毛泽东外交思想研究》，世界知识出版社1994年版，第179页。

② 这里指在"一条线"周围的国家和地区。

主权和民族尊严，有效地遏制了霸权主义，维护了世界和平。

四、大张旗鼓反对腐败

毛泽东对党在全国执政面临的新挑战有着非常清醒的认识，高度警惕并着力防范党员干部腐化变质，从党和国家全局的高度推进反腐败斗争，纯洁了党的组织，巩固了人民政权，使党风政风社风为之一新。邓小平指出："新中国成立以后，只花了三年时间，这些东西就一扫而光。吸鸦片烟、吃白面，世界上谁能消灭得了？国民党办不到，资本主义办不到。事实证明，共产党能够消灭丑恶的东西。"① 这体现了毛泽东反腐败斗争的巨大魄力和历史性成就。

（一）加强教育，增强反腐思想自觉

革命战争年代，毛泽东强调："掌握思想领导是掌握一切领导的第一位"②，"掌握思想教育，是团结全党进行伟大政治斗争的中心环节"③。对于全国胜利后党内可能出现的腐化现象，毛泽东有着超乎寻常的政治警醒，并从教育入手增强全党的反腐意识，从源头上预防腐败。毛泽东在党的七届二中全会上告诫全党："可能有这样一些共产党人，他们是不曾被拿枪的敌人征服过的，他们在这些敌人面前不愧英雄的称号；但是经不起人们用糖衣裹着的炮弹的攻击，他们在糖弹面前要打败仗。我们必须预防这种情况。"④ 毛泽东以伟大的政治家的高瞻远瞩，提出了著名的"两个务必"，号召全党在胜利面前保持清醒头脑，"务必使同志们继续地保持谦虚、谨慎、不骄、不躁的作风，务必使同志们继续地保持艰苦奋斗的作风"⑤。当中央机关要进驻北京时，毛泽东再次警示，不

① 《邓小平文选》第三卷，人民出版社 1993 年版，第 379 页。
② 《毛泽东文集》第二卷，人民出版社 1993 年版，第 435 页。
③ 《毛泽东选集》第三卷，人民出版社 1991 年版，第 1094 页。
④ 《毛泽东选集》第四卷，人民出版社 1991 年版，第 1438 页。
⑤ 《毛泽东选集》第四卷，人民出版社 1991 年版，第 1438—1439 页。

要搞腐化，不许贪图享乐，要继续革命，以"赶考"意识考出好成绩。新中国成立初期，毛泽东及时发现党内存在的贪污、浪费、官僚主义的严重问题。1951年12月，毛泽东在修改党中央《关于实行精兵简政、增产节约、反对贪污、反对浪费和反对官僚主义的决定》时指出：现在已到紧要时机了，再不进行大规模的反腐败斗争，我们就会犯大错误。毛泽东把党内的腐败分子看作帝国主义实现和平演变的社会基础，号召全党把反腐败问题提高到防止党变质、国变色的战略高度来认识，不但要求党员干部平时加强理论学习、思想修养，而且经常通过整风学习提高全党的马克思主义水平和思想觉悟，自觉抵制资产阶级腐朽思想和各种不良倾向的侵蚀。毛泽东的谆谆教诲，强化了党员干部全心全意为人民服务的宗旨意识和反对腐败的思想自觉。

（二）发扬民主，强化反腐群众监督

充分发扬民主，善于发挥群众力量，是毛泽东领导反腐败斗争的一大特点和优势。在1945年与民主人士黄炎培著名的"窑洞对"中，毛泽东创造性地提出通过民主新路摆脱腐败、跳出政治兴衰治乱的"历史周期率"。新中国成立后，针对一些党员干部脱离群众，以权谋私，贪污腐化，在群众中造成极坏影响的问题，毛泽东在1952年元旦讲话中号召："全体人民和一切工作人员一致起来，大张旗鼓地，雷厉风行地，开展一个大规模的反对贪污、反对浪费、反对官僚主义的斗争"①。在1962年七千人大会上，毛泽东指出：不论党内党外，都要有充分的民主生活，要让群众讲话。领导不接受群众的批评，最后要垮台，演出"霸王别姬"式的悲剧。他强调："如果不充分发扬人民民主和党内民主，不充分实行无产阶级的民主制，就不可能有真正的无产阶级的集中制。""没有民主，没有把群众发动起来，没有群众的监督，就不可能对反动分子和坏分子实行有效的专政，也不可能对他们进行有效的改造，他们就会继续捣乱，还有复辟的可能。"②毛泽东十分重视民主党派的作用，认为发挥民

---

① 《毛泽东文集》第六卷，人民出版社1999年版，第221页。
② 《毛泽东文集》第八卷，人民出版社1999年版，第296、298页。

主党派的监督作用，能使共产党听到多方面的声音，有利于共产党端正党风。1956年毛泽东在《论十大关系》中指出："为什么要让民主党派监督共产党呢？这是因为一个党同一个人一样，耳边很需要听到不同的声音。大家知道，主要监督共产党的是劳动人民和党员群众。但是有了民主党派，对我们更为有益。"①坚持群众路线，充分发扬民主，使毛泽东反腐败斗争具有坚实广泛的群众基础。

（三）大张旗鼓，形成反腐强大震慑

毛泽东对腐败深恶痛绝，惩治腐败从不手软。1951年12月8日，毛泽东亲自起草并签发《中共中央关于"三反"斗争必须大张旗鼓进行的指示》，要求各级党委"应把反贪污、反浪费、反官僚主义的斗争看作如同镇压反革命的斗争一样的重要，一样的发动广大群众包括民主党派及社会各界人士去进行，一样的大张旗鼓去进行，一样的首长负责，亲自动手，号召坦白和检举，轻者批评教育，重者撤职、惩办，判处徒刑（劳动改造），直到枪毙一大批最严重的贪污犯，才能解决问题"②。毛泽东认为，坚决惩治腐败分子不仅能够教育党员和群众，还可挽救一些犯错误的干部。毛泽东重视抓反面典型，惩治了一批"大老虎""小老虎"。对沦为大贪污犯的刘青山、张子善，毛泽东明确支持中共河北省委作出执行死刑的建议，并且指出：正因为他们两人的地位高，功劳大，影响大，所以才要下决心处决他们。只有处决他们，才可能挽救20个、200个、2000个、20000个犯有各种不同程度错误的干部。③经最高人民法院核准，刘青山、张子善被执行死刑。公判大会震动全国，引起强烈反响，起到了极大的震慑作用。在以后的历次整党整风和反对腐败斗争中，毛泽东始终站在人民群众的立场上，主张坚决清除腐败现象，对腐败分子一律严惩不贷，引导我们党有效地抵制了各种消极腐败现象。

---

① 《毛泽东文集》第七卷，人民出版社1999年版，第235页。
② 《建国以来重要文献选编》第2册，中央文献出版社1992年版，第500—501页。
③ 中共中央党史和文献研究院：《中国共产党的一百年》（社会主义革命和建设时期），中共党史出版社2022年版，第402页。

（四）宽严相济，抓住反腐工作主线

毛泽东在领导反腐败斗争中，坚持宽严相济，注重抓住"惩前毖后、治病救人"工作主线，既坚决严惩罪大恶极的腐败分子，又最大限度争取和挽救一些罪行较轻、愿意改过自新的党员干部，力求做到实事求是、合情合理。在"三反"运动处理定案阶段，各级政府依据《中华人民共和国惩治贪污条例》，本着严厉与宽大相结合、改造与惩治相结合的方针，对贪污分子按照情节轻重分别进行处理。在"三反"运动高潮时，一度出现扩大化和过火斗争的苗头，但很快被发现并及时纠正。1952年5月，毛泽东为此在党中央转发的一个文件中写了如下重要批语："现当'三反'运动进至法庭审判、追赃定案的阶段，必须认真负责，实事求是，不怕麻烦，坚持到底，是者定之，错者改之，应降者降之，应升者升之，嫌疑难定者暂不处理，总之，必须做到如实地解决问题，主观主义的思想和怕麻烦的情绪，必须克服。这是共产党人统治国家的一次很好的学习，对全党和全国人民都具有很大的意义。"①同年10月，"三反"运动胜利结束。全国共查出被贪污的赃款赃物6亿元，有38402名贪污分子受到刑事处理②，清除了党员干部队伍里的蛀虫，教育了党员干部的大多数，挽救了犯错误的人员，赢得了中国共产党全国执政后惩治腐败初战的胜利。

（五）完善法规，构建反腐长效机制

新中国成立之初，百废待举，百业待兴，党和国家法规制度尚不健全，由于反腐倡廉制度缺位，导致出现主观臆断等现象。毛泽东把完善法规制度作为反腐败的治本之策，在领导探索建立监察机构、健全反腐制度方面作了较大努力。1949年11月，随着全国革命胜利的到来，党中央为了适应形势发展和党的建设要求，作出《关于成立中央及各级党的纪律检查委员会的决定》。随

---

① 《毛泽东文集》第六卷，人民出版社1999年版，第204页。

② 中共中央党史和文献研究院：《中国共产党的一百年》（社会主义革命和建设时期），中共党史出版社2022年版，第403页。

着"三反""五反"运动的推进,毛泽东高度重视完善相关法规,对彭真关于《中华人民共和国惩治贪污条例》草案的说明稿作了数次修改,并强调:"继续和一切贪污与盗窃行为进行坚持不懈的斗争,制定一个法律就是完全必要的了。"①1952年4月21日,《中华人民共和国惩治贪污条例》正式颁布,明确规定有关贪污问题的处理方针、办法、步骤及批准权限,使有关处理工作进入法律程序。当时,在制定的行政处分条例中只有撤职、降级、调职、记过四大项处分,后来在毛泽东指示下又增加了警告一项,规定给予情节不严重者警告处分以示严肃。一系列法规制度的出台,为新中国成立初期反腐败斗争的有效开展奠定了坚实基础,并为推进反腐倡廉规范化常态化长效化提供了有力保障。

(六)以身作则,培育反腐倡廉风尚

毛泽东高度重视自律对于反腐倡廉的重要性,强调反腐败要从自己做起,从领导干部严起。毛泽东反复告诫"己不正,焉能正人",上行下效,只有自己做好了、开好头,才会避免"楚王好细腰,宫中多饿死"的现象发生。毛泽东要求党员干部以身作则、模范带头,他本人则是艰苦朴素、严格自律的典范。无论在战争年代,还是全国执政之后,毛泽东都严于律己,反对搞特殊。全国胜利后,毛泽东工作上日理万机,生活上仍始终保持艰苦朴素的作风,穿的是有补丁的衣服,吃的多是两菜一汤,一碗大米和小米蒸在一起的二米饭,有时一碗面条,或者烤上几块芋头。在三年困难时期,毛泽东立下规矩:不吃肉,不吃蛋,吃粮不超定量。他7个月不吃肉,营养不良,身患水肿病。毛泽东对未征得他同意而为他专修游泳池一事很不满意,为此专门给中央有关领导同志写信,提出从他的稿费中支出建造费,游泳池封闭不用。毛泽东的稿费丰厚,但一生俭朴节约,稿费除了买书,大部分支付别人帮他搞调查研究时的路费、资助解决身边工作人员中发生的天灾人祸困难、资助家乡亲友中的一些贫困户等。毛泽东要求身边的人勤俭节约,反对贪污,不要被"糖衣炮

---

① 《建国以来毛泽东文稿》第3册,中央文献出版社1998年版,第415页。

弹"打中。毛泽东不许亲属做特殊公民，一些亲属朋友想求他谋求工作和照顾，都被一一谢绝或自费给予解决。毛泽东对子女也不搞特殊，连警卫员给毛泽东在校读书的女儿送过一次饼干，都进行了严厉批评，并要求下不为例。毛泽东不仅是廉洁奉公的倡导者，更是践行者，为党的反腐倡廉建设树立了光辉的榜样。

第三章
"不斗争就不能进步"

——关于斗争观

毛泽东把马克思主义斗争学说创造性地运用于中国革命斗争的具体实践，成功分析和解决了中国革命斗争带根本性的矛盾和问题，同时又总结中国革命斗争独特而丰富的宝贵经验，从哲学角度系统深入地阐述了斗争的本质、动力、目的、特点、规律、原则、方法、策略等基本问题，形成了独具特色的毛泽东的斗争观。毛泽东的斗争观是革命斗争理论与实践双向互动、双重自觉的产物，实现了马克思主义斗争观的重大创新，奠定了毛泽东斗争艺术的思想基础。

一、矛盾和斗争是普遍的、绝对的

毛泽东在领导中国革命过程中，运用唯物辩证法深刻揭示内部矛盾是事物发展的根本原因，并用矛盾的普遍性和特殊性原理分析中国社会阶级状况，深刻阐明了矛盾和斗争的客观性、普遍性和进行伟大革命斗争的历史必然性。

（一）矛盾的斗争无所不在

毛泽东坚持唯物辩证法的宇宙观，指出"矛盾的斗争无所不在"[1]。他指出，

---

[1] 《毛泽东选集》第一卷，人民出版社1991年版，第333页。

在人类的认识史中，存在两种宇宙观，即形而上学的宇宙观和唯物辩证法的宇宙观。形而上学的宇宙观，就是用孤立的、静止的和片面的观点去看世界。与之相反，唯物辩证法的宇宙观主张从事物的内部、从一事物对他事物的关系去研究事物的发展。一切事物中包含的矛盾方面的相互依赖和相互斗争，决定一切事物的生命，推动一切事物的发展。毛泽东强调："没有什么事物是不包含矛盾的，没有矛盾就没有世界。"①

毛泽东不仅肯定矛盾具有普遍性，而且指出矛盾的普遍性有两方面含义："其一是说，矛盾存在于一切事物的发展过程中；其二是说，每一事物的发展过程中存在着自始至终的矛盾运动。"②毛泽东指出，世界是由矛盾组成的，事物内部的矛盾性是事物发展的根本原因，一事物和他事物的互相联系和互相影响则是事物发展的第二位的原因。这样，唯物辩证法就有力地反对了形而上学的机械唯物论和庸俗进化论的外因论或被动论。

毛泽东从内部矛盾是事物发展的根本原因这一观点出发，指出"矛盾的斗争贯串于过程的始终"③。没有矛盾就没有运动，不论是简单的运动形式，或复杂的运动形式，不论是客观现象，或思想现象，矛盾是普遍地存在的，矛盾存在于一切过程中。在任何时间、任何地方、任何人身上，总是有矛盾存在的。无论什么世界，特别是阶级社会，都充满着矛盾。

毛泽东对党内和社会主义社会的矛盾和斗争作了客观的、辩证的分析。毛泽东认为，中国革命的过程，就是不断进行伟大斗争的过程。他强调："党内不同思想的对立和斗争是经常发生的，这是社会的阶级矛盾和新旧事物的矛盾在党内的反映。党内如果没有矛盾和解决矛盾的思想斗争，党的生命也就停止了。"④社会主义社会实现了空前的团结和统一，"但是，这并不是说在我们的社会里已经没有任何的矛盾了。没有矛盾的想法是不符合客观实际的天真的想法"⑤。

---

① 《毛泽东选集》第一卷，人民出版社 1991 年版，第 305 页。

② 《毛泽东选集》第一卷，人民出版社 1991 年版，第 305 页。

③ 《毛泽东选集》第一卷，人民出版社 1991 年版，第 333 页。

④ 《毛泽东选集》第一卷，人民出版社 1991 年版，第 306 页。

⑤ 《毛泽东文集》第七卷，人民出版社 1999 年版，第 204 页。

1956 年 12 月，毛泽东在写给黄炎培的信中指出："社会总是充满着矛盾。即使社会主义和共产主义社会也是如此，不过矛盾的性质和阶级社会有所不同罢了。"[1] 毛泽东强调，无论在党内，还是在社会主义社会，矛盾和斗争都是长期存在的，我们的任务在于尽可能正确地反映它和解决它。

（二）对立的互相排除的斗争是绝对的

矛盾作为事物发展的根本原因，在于矛盾双方是既对立又统一的。毛泽东结合中国革命斗争实践，科学阐明了矛盾的同一性和斗争性及其相互关系，着重论述了矛盾同一性的相对性和斗争性的绝对性。

毛泽东认为矛盾的斗争性是无条件的、绝对的。矛盾的同一性是对立面之间的相互联结和转化，矛盾的斗争性是矛盾双方互相排斥、互相对立的倾向。毛泽东指出，无论什么事物的运动都采取两种状态，相对地静止的状态和显著地变动的状态。两种状态的运动都是由事物内部包含的两个矛盾着的因素互相斗争所引起的。我们在日常生活中所看见的统一、团结、联合、调和、均势、相持、僵局、静止、有常、平衡、凝聚、吸引等，都是事物处在量变状态中所显现的面貌。而统一物的分解、团结、联合、调和、均势、相持、僵局、静止、有常、平衡、凝聚、吸引等状态的破坏，变到相反的状态，便都是事物在质变状态中、在一种过程过渡到他种过程的变化中所显现的面貌。事物总是不断地由第一种状态转化为第二种状态，而矛盾的斗争则存在于两种状态中，并经过第二种状态而达到矛盾的解决。所以说，对立的统一是有条件的、暂时的、相对的，而对立的互相排除的斗争则是绝对的。毛泽东强调，由于一定的条件才构成了矛盾的同一性，所以说同一性是有条件的、相对的。"矛盾的斗争贯串于过程的始终，并使一过程向着他过程转化，矛盾的斗争无所不在，所以说矛盾的斗争性是无条件的、绝对的。"[2] 有条件的相对的同一性和无条件的绝对的斗争性相结合，构成了一切事物的矛盾运动。

---

① 《毛泽东文集》第七卷，人民出版社 1999 年版，第 164 页。
② 《毛泽东选集》第一卷，人民出版社 1991 年版，第 333 页。

毛泽东主张矛盾的同一要依靠斗争来建立、维持和发展。在事物发展过程中，矛盾的斗争贯串于过程的始终。如果没有斗争性，同一只是不变的、僵死的同一。当一定的同一建立之后，只有通过矛盾双方的斗争性，才能维持同一状态、打破旧的同一、建立新的同一。比如，我国民主革命时期无产阶级和资产阶级的统一战线，就经历建立、巩固、发展、破裂，又建立、又巩固、又发展、再破裂的过程。在此过程中，国共两党的斗争始终存在，但统一战线的内容却因条件不同而几经变化。毛泽东指出，党的抗日民族统一战线政策，既不是一切联合否认斗争，又不是一切斗争否认联合，而是又团结又斗争、以斗争求团结。中国共产党倡导建立统一战线的经验说明，同一性依靠斗争性建立和维持，也由斗争打破。可见，"斗争性即寓于同一性之中，没有斗争性就没有同一性"①。

（三）矛盾的普遍性和特殊性相互联结

毛泽东认为，事物的矛盾是普遍性和特殊性的统一，要认识事物，就必须分析具体事物的矛盾，分析在具体事物中体现的矛盾普遍性和特殊性及其相互联结。矛盾问题特别是矛盾特殊性问题，是中国革命必须解决好的突出理论问题和实践问题。

毛泽东科学总结中国革命经验，对矛盾特殊性问题作了全面、系统阐述。他认为，任何运动形式，其内部都包含着特殊的矛盾，这种特殊的矛盾就构成一事物区别于他事物的特殊的本质。毛泽东论述了矛盾特殊性的 5 种情形，即"各个物质运动形式的矛盾，各个运动形式在各个发展过程中的矛盾，各个发展过程的矛盾的各方面，各个发展过程在其各个发展阶段上的矛盾以及各个发展阶段上的矛盾的各方面"②，指出中国的特殊国情是解决中国一切革命问题的最基本的根据。毛泽东对中国革命的特殊性，特别是战争的特殊性作了深刻分析，指出基于战争的特殊性，就有战争的一套特殊组织、一套特殊方法、一种

---

① 《毛泽东选集》第一卷，人民出版社 1991 年版，第 333 页。
② 《毛泽东选集》第一卷，人民出版社 1991 年版，第 317 页。

特殊过程。"这组织，就是军队及其附随的一切东西。这方法，就是指导战争的战略战术。这过程，就是敌对的军队互相使用有利于己不利于敌的战略战术从事攻击或防御的一种特殊的社会活动形态。因此，战争的经验是特殊的。一切参加战争的人们，必须脱出寻常习惯，而习惯于战争，方能争取战争的胜利"①。毛泽东创造性地从战略上考察抗日游击战争，同时指出不能将抗日战争的一般战略问题中的东西用之于游击战争，"游击战争又区别于正规战争，它本身有其特殊性，因而游击战争的战略问题颇有许多特殊的东西；抗日战争的一般战略问题中的东西，决不能照样用之于特殊情形的游击战争"②。毛泽东强调，分析矛盾特殊性是正确认识矛盾和解决矛盾的基础。研究所有这些矛盾的特性，都不能带主观随意性，必须对它们实行具体的分析。离开具体的分析，就不能认识任何矛盾的特性。

毛泽东辩证地分析矛盾普遍性和特殊性的关系，提出共性个性、绝对相对的关系是矛盾问题的精髓重要论断。毛泽东认为，矛盾的普遍性和矛盾的特殊性的关系，就是矛盾的共性和个性的关系。其共性是矛盾存在于一切过程中，并贯串于一切过程的始终。这是共通的道理，古今中外，概莫能外。所以它是共性，是绝对性。然而这种共性，即包含于一切个性之中，无个性即无共性。一切个性都是有条件地暂时地存在的，所以是相对的。矛盾的共性和个性、绝对性和相对性既互相联结，又互相转化，二者的统一是具体的、历史的，随条件的变化而变化。毛泽东指出："这一共性个性、绝对相对的道理，是关于事物矛盾的问题的精髓，不懂得它，就等于抛弃了辩证法。"③毛泽东强调，共性个性关系的原理，决定了我们不能搬用别国的模式，而必须把马克思主义基本原理同中国革命具体实际结合起来，走自己的路。中国革命中出现的"左"、右倾错误，特别是"左"倾教条主义，之所以陷入误区，根本原因就在于不了解矛盾普遍性和特殊性的关系，不了解分析矛盾特殊性对于中国革命的意义。

---

① 《毛泽东选集》第二卷，人民出版社 1991 年版，第 480 页。
② 《毛泽东选集》第二卷，人民出版社 1991 年版，第 406 页。
③ 《毛泽东选集》第一卷，人民出版社 1991 年版，第 320 页。

二、斗争的形式因矛盾的性质不同而不同

毛泽东总结革命斗争经验，不仅论述了同一性的相对性和斗争性的绝对性，而且阐明了矛盾斗争性同斗争形式的关系，指出矛盾和斗争是普遍的、绝对的，斗争形式却是多样的、相对的，对抗只是矛盾斗争的一种形式，进一步丰富和发展了马克思主义关于矛盾斗争性的原理。

（一）斗争形式是多样的、相对的

在《矛盾论》的第六部分，毛泽东专门研究了矛盾斗争的形式问题。毛泽东指出："矛盾和斗争是普遍的、绝对的，但是解决矛盾的方法，即斗争的形式，则因矛盾的性质不同而不相同。"① 斗争的具体形式是多样的、相对的，不能把斗争形式单一化、绝对化。

毛泽东认为，斗争的形式由矛盾的性质和它所处的历史条件决定。一方面，不同性质的矛盾决定着矛盾斗争的不同形式。对抗性矛盾与非对抗性矛盾、敌我矛盾与人民内部矛盾，其斗争形式是不同的。另一方面，矛盾所处的历史条件也影响着矛盾斗争的形式。同一性质的矛盾，所处的历史条件不同，斗争形式也会有所区别。比如，中国共产党同国民党顽固派的矛盾是对抗性的矛盾，但是，在抗日战争时期，由于日本帝国主义入侵这个条件，其斗争形式就不同于土地革命战争时期那种内战的形式，而是在抗日民族统一战线内部的斗争，采取"有理、有利、有节"的斗争形式。

（二）对抗只是矛盾斗争的一种形式

关于对抗在矛盾中的地位问题，毛泽东明确指出："对抗是矛盾斗争的一种形式，而不是矛盾斗争的一切形式。"② 毛泽东区分矛盾斗争的对抗性和非对

---

① 《毛泽东选集》第一卷，人民出版社 1991 年版，第 335 页。
② 《毛泽东选集》第一卷，人民出版社 1991 年版，第 334 页。

抗性，用以说明敌我矛盾和人民内部矛盾的原则区别。

毛泽东指出，阶级的对抗是矛盾斗争的一种特殊的表现。在他看来，即使是对立阶级的对抗性矛盾，也不是在任何时候都采取对抗的形式，只有到了斗争激化的阶段，才会采取对抗的形式。毛泽东指出："剥削阶级和被剥削阶级之间的矛盾，无论在奴隶社会也好，封建社会也好，资本主义社会也好，互相矛盾着的两阶级，长期地并存于一个社会中，它们互相斗争着，但要待两阶级的矛盾发展到了一定的阶段的时候，双方才取外部对抗的形式，发展为革命。阶级社会中，由和平向战争的转化，也是如此。"① 毛泽东强调，认识这种情形极为重要。"在阶级社会中，革命和革命战争是不可避免的，舍此不能完成社会发展的飞跃，不能推翻反动的统治阶级，而使人民获得政权。共产党人必须揭露反动派所谓社会革命是不必要的和不可能的等等欺骗的宣传，坚持马克思列宁主义的社会革命论，使人民懂得，这不但是完全必要的，而且是完全可能的"②。

毛泽东同时指出，必须具体地研究各种矛盾斗争的情况，不应当将上面所说的公式不适当地套在一切事物的身上。在他看来，矛盾有对抗性和非对抗性之分。在社会主义社会存在着两类不同性质的社会矛盾，即敌我矛盾和人民内部矛盾。毛泽东指出，社会主义社会"有两类社会矛盾，这就是敌我之间的矛盾和人民内部的矛盾。这是性质完全不同的两类矛盾"③。不仅如此，矛盾的对抗性和非对抗性在一定条件下是可以相互转化的。根据事物的具体发展，有些矛盾是由原来是非对抗性的，而发展成为对抗性的；也有些矛盾则由原来是对抗性的，而发展成为非对抗性的。毛泽东的结论是："对抗只是矛盾斗争的一种形式，而不是它的一切形式，不能到处套用这个公式。"④

(三) 不同质的矛盾只有用不同质的方法才能解决

毛泽东指出，一切运动形式的每一个实在的非臆造的发展过程内，都是不

① 《毛泽东选集》第一卷，人民出版社 1991 年版，第 334 页。
② 《毛泽东选集》第一卷，人民出版社 1991 年版，第 334 页。
③ 《毛泽东文集》第七卷，人民出版社 1999 年版，第 204—205 页。
④ 《毛泽东选集》第一卷，人民出版社 1991 年版，第 336 页。

同质的，"不同质的矛盾，只有用不同质的方法才能解决"①。

在《矛盾论》中，毛泽东指出，无产阶级和资产阶级的矛盾，用社会主义革命的方法去解决；人民大众和封建制度的矛盾，用民主革命的方法去解决；殖民地和帝国主义的矛盾，用民族革命战争的方法去解决；共产党内的矛盾，用批评和自我批评的方法去解决；社会和自然的矛盾，用发展生产力的方法去解决。过程变化，旧过程和旧矛盾消灭，新过程和新矛盾发生，解决矛盾的方法也因之而不同。在《关于正确处理人民内部矛盾的问题》中，毛泽东进一步指出："敌我之间和人民内部这两类矛盾的性质不同，解决的方法也不同。""我们历来就主张，在人民民主专政下面，解决敌我之间的和人民内部的这两类不同性质的矛盾，采用专政和民主这样两种不同的方法。"② 土地革命战争时期，"左"倾教条主义者在处理党内不同意见的问题上，混淆矛盾性质，把斗争形式绝对化，一概采取"残酷斗争，无情打击"的过火斗争，伤害了许多同志，给革命事业造成严重损失。毛泽东强调："用不同的方法去解决不同的矛盾，这是马克思列宁主义者必须严格地遵守的一个原则。"③

（四）要善于抓住主要矛盾

毛泽东认为，在事物发展过程中，由于矛盾斗争和条件的作用，矛盾双方力量对比不断改变，形成矛盾发展的不平衡性，由此产生主要矛盾和主要矛盾方面。毛泽东把研究主要矛盾和非主要矛盾、主要矛盾方面和非主要矛盾方面，作为革命政党"正确地决定其政治上和军事上的战略战术方针的重要方法之一"④。

毛泽东指出不平衡是矛盾发展的基本形态，主要矛盾和主要矛盾方面是矛盾不平衡性的主要表现。毛泽东高度重视把握矛盾发展的不平衡性，认为无论什么矛盾，矛盾的诸方面，其发展是不平衡的。有时候似乎势均力敌，然而这只是暂时的和相对的情形，基本的形态则是不平衡。他指出，中国革命战争的

---

① 《毛泽东选集》第一卷，人民出版社 1991 年版，第 311 页。
② 《毛泽东文集》第七卷，人民出版社 1999 年版，第 206、211—212 页。
③ 《毛泽东选集》第一卷，人民出版社 1991 年版，第 311 页。
④ 《毛泽东选集》第一卷，人民出版社 1991 年版，第 326—327 页。

第一个特点在于，"中国是一个政治经济发展不平衡的半殖民地的大国"①，中国政治经济的不平衡导致了革命发展的不平衡。毛泽东根据不同时期各种矛盾的变化，特别是抗日战争爆发后中日矛盾突出并引起中国国内矛盾变化，揭示主要矛盾和主要矛盾方面是矛盾特殊性的两种重要情形，都是矛盾力量不平衡性的重要表现。毛泽东指出：在复杂事物的发展过程中，有许多矛盾存在，其中必有一种是主要的矛盾，由于它的存在和发展规定或影响着其他矛盾的存在和发展。不仅在众多的矛盾中有主要矛盾和非主要矛盾之分，在每一对矛盾中也有主要方面和非主要方面之别，事物的性质，主要地是由取得支配地位的矛盾的主要方面所规定的。

毛泽东反对平衡论或均衡论，强调捉住主要矛盾问题就迎刃而解。毛泽东认为，世界上没有绝对地平衡发展的东西，如果不研究过程中主要矛盾和非主要矛盾以及矛盾的主要方面和非主要方面，也就是说不研究这两种矛盾情况的差别性，那就将陷入抽象的研究，就不能找出解决矛盾的正确方法。毛泽东指出："不能把过程中所有的矛盾平均看待，必须把它们区别为主要的和次要的两类，着重于捉住主要的矛盾"，"捉住了这个主要矛盾，一切问题就迎刃而解了。"②针对一些同志不懂得把握主要矛盾和矛盾的主要方面，不能随着主要矛盾的变化适时转变斗争策略，导致"左"的或右的错误，毛泽东强调："对于矛盾的各种不平衡情况的研究，对于主要的矛盾和非主要的矛盾、主要的矛盾方面和非主要的矛盾方面的研究，成为革命政党正确地决定其政治上和军事上的战略战术方针的重要方法之一，是一切共产党人都应当注意的。"③

三、斗争的结果无不在一定条件下互相转化

毛泽东高度重视斗争的条件和转化，指出矛盾双方在一定条件下相互依存

---

① 《毛泽东选集》第一卷，人民出版社1991年版，第188页。

② 《毛泽东选集》第一卷，人民出版社1991年版，第322页。

③ 《毛泽东选集》第一卷，人民出版社1991年版，第326—327页。

和相互转化，条件是矛盾转化的关键，要积极创造有利条件，努力促成强弱力量转化，争取革命斗争胜利，进一步丰富和发展了马克思主义的条件论和矛盾转化原理。

（一）没有一定的条件斗争着的双方都不会转化

毛泽东认为矛盾双方互为存在的条件。他指出，"一切对立的成分都是这样，因一定的条件，一面互相对立，一面又互相联结、互相贯通、互相渗透、互相依赖，这种性质，叫做同一性"[①]。对立面假如没有和它作对的矛盾的一方，它自己这一方就失去了存在的条件。一切矛盾着的方面都因一定条件具备着不同一性，所以称为矛盾。然而又具备着同一性，所以互相联结。列宁所谓辩证法研究"对立怎样能够是同一的"，就是说的这种情形。

毛泽东特别强调"条件"和"转化"的重要意义。在他看来，矛盾双方不仅互为存在的条件，能够共处于一个统一体中，更重要的，还在于矛盾着的事物的互相转化。毛泽东指出，我们所说的矛盾乃是现实的矛盾，具体的矛盾，而矛盾的互相转化也是现实的、具体的，而矛盾转化的关键则在于条件。他指出："矛盾着的对立的双方互相斗争的结果，无不在一定条件下互相转化。在这里，条件是重要的。没有一定的条件，斗争着的双方都不会转化。"[②]为什么鸡蛋能够转化为鸡，而石头不能够转化为鸡呢？为什么战争与和平有同一性，而战争与石头却没有同一性呢？就是因为矛盾的同一性要在一定的必要的条件之下。为什么俄国在1917年2月的资产阶级民主革命和同年10月的无产阶级社会主义革命直接地联系着，而法国资产阶级革命没有直接地联系于社会主义的革命，1871年的巴黎公社终于失败了呢？为什么中国的革命可以避免资本主义的前途，可以和社会主义直接联系起来，不要再走西方国家的历史老路，不要经过一个资产阶级专政的时期呢？没有别的，都是由于当时的具体条件。毛泽东预言，中国的穷国地位和在国际上无权的地位也会起变化，穷国将变为

---

① 《毛泽东选集》第一卷，人民出版社1991年版，第328页。
② 《毛泽东文集》第七卷，人民出版社1999年版，第239页。

富国，无权将变为有权——向相反的方向转化。在这里，决定的条件就是社会主义制度和人民团结一致的奋斗。毛泽东总结强调："中国和俄国的历史经验证明：要取得革命的胜利，就要有一个成熟的党，这是一个很重要的条件。"①

（二）决不可举行无计划无准备无把握的斗争

毛泽东反对不分场合、不看条件、不讲分寸的胡斗、乱斗。作为伟大的战略家，毛泽东历来强调掌握战略主动，力避战略被动，决不可举行无计划无准备无把握的斗争。

鉴于中国革命战争长期处于敌强我弱的环境，毛泽东强调弱军要战胜强军，尤其要增强主动性、灵活性、计划性。有些人基于战争的流动性，就从根本上否认战争计划或战争方针之相对的固定性，说这样的计划或方针是"机械的"东西。毛泽东指出，这种意见是错误的。战争没有绝对的确实性，但不是没有某种程度的相对的确实性。"在绝对流动的整个战争长河中有其各个特定阶段上的相对的固定性——这就是我们对于战争计划或战争方针的根本性质的意见。"②同时，战争计划即战略战术的具体运用，要带灵活性，使之能适应战争的情况。

毛泽东强调"每战都应力求有准备"。没有事先准备，就不能获得战争胜利。全无准备，一旦遇到敌人严重进攻的形势，就会惊慌失措，被敌击破。毛泽东总结革命战争经验，提出的十大军事原则之一，就是"不打无准备之仗，不打无把握之仗，每战都应力求有准备，力求在敌我条件对比下有胜利的把握"③。1949 年 10 月 29 日，毛泽东要求全军"严重注意攻击金门岛失利的教训"，指出"其主要原因，为轻敌与急躁所致"，必须"引为深戒"，"力戒轻敌急躁，稳步有计划地消灭残敌，解放全国"④。

---

① 《建国以来毛泽东军事文稿》下卷，军事科学出版社、中央文献出版社 2010 年版，第 67 页。

② 《毛泽东选集》第二卷，人民出版社 1991 年版，第 496 页。

③ 《毛泽东选集》第四卷，人民出版社 1991 年版，第 1247 页。

④ 《建国以来毛泽东军事文稿》上卷，军事科学出版社、中央文献出版社 2010 年版，第 57 页。

（三）创造有利条件，促成强弱转化

1936 年 12 月，毛泽东为总结第二次国内革命战争的经验，撰写了著名的《中国革命战争的战略问题》，指出"经过了一次大革命的政治经济不平衡的半殖民地的大国，强大的敌人，弱小的红军，土地革命——这是中国革命战争四个主要的特点"①。第一个特点和第四个特点，规定了中国红军的可能发展和可能战胜其敌人。第二个特点和第三个特点，规定了中国红军的不可能很快发展和不可能很快战胜其敌人。毛泽东从敌强我弱的中国革命战争实际出发，主张积极创造有利条件，努力促成敌我力量强弱转化，实现以弱胜强。

毛泽东指出，"形势是由条件造成的"②，"弱军要战胜强军"必须积极创造有利条件。他在分析由战略退却转入反攻的条件时指出："准备反攻，须选择和造成有利于我不利于敌的若干条件，使敌我力量对比发生变化，然后进入反攻阶段。"③他列举了下列 6 种条件：积极援助红军的人民；有利作战的阵地；红军主力的全部集中；发现敌人的薄弱部分；使敌人疲劳沮丧；使敌人发生过失。毛泽东认为，至少取得上述条件中的两种以上，才算是有利我不利于敌，才好使自己转入反攻。其中，人民这个条件，对于红军是最重要的条件，并且由于这个条件，第四、第五、第六种条件也容易造成或发现。毛泽东强调，"弱军要战胜强军，是不能不讲求阵地这个条件的。但是单有这个条件还不够，还要求别的条件和它配合。首先是人民的条件"④。再则还要求好打的敌人，例如敌人疲劳了，或者发生了过失，或者该路前进的敌人比较缺乏战斗力。这些条件不具备时，虽有优良阵地，也只得置之不顾，继续退却，以造就自己所欲的条件。

毛泽东重视条件又反对唯条件论，强调"我们就是做这些转化工作的"⑤。

① 《毛泽东选集》第一卷，人民出版社 1991 年版，第 191 页。
② 《毛泽东选集》第一卷，人民出版社 1991 年版，第 210 页。
③ 《毛泽东选集》第一卷，人民出版社 1991 年版，第 206 页。
④ 《毛泽东选集》第一卷，人民出版社 1991 年版，第 207 页。
⑤ 《毛泽东文集》第七卷，人民出版社 1999 年版，第 457 页。

毛泽东认为，中国革命是在敌我力量极其悬殊的情况下发生的，只有经过革命和反革命的长期斗争，才使革命力量由小到大、由弱到强；反革命力量则由大到小、由强到弱，最后被消灭。中国革命力量由小到大到胜利的曲折发展过程，正是矛盾双方在一定条件下的统一和转化的生动体现。因此，进行革命斗争，既不能不顾条件盲目胡干，又不能把条件绝对化，防止追求所谓"条件完全具备"而消极等待。毛泽东指出："要同时具备这些条件是不可能的，而且也不必要。但依据敌人当前情势，争取若干必要条件，是以弱敌强的内线作战军队所应该注意的，在这上面的反对的意见是不正确的。"[1] 毛泽东强调，要积极创造若干有利条件，促成敌我力量强弱转化，实现我对于敌的主动权，压倒敌人而击破之。"要处处照顾化劣势为优势，化被动为主动，以便改变敌我之间的形势。而一切这些，都表现于战役和战斗上的外线的速决的进攻战，同时也就表现于战略上的内线的持久的防御战之中"[2]。

四、研究实际的阶级斗争

1941 年 9 月，毛泽东在对一个工作调查团的讲话中说："记得我在一九二〇年，第一次看了考茨基著的《阶级斗争》，陈望道翻译的《共产党宣言》，和一个英国人作的《社会主义史》，我才知道人类自有史以来就有阶级斗争，阶级斗争是社会发展的原动力，初步地得到认识问题的方法论。可是这些书上，并没有中国的湖南、湖北，也没有中国的蒋介石和陈独秀。我只取了它四个字：'阶级斗争'，老老实实地来开始研究实际的阶级斗争。"[3]"研究实际的阶级斗争"，是毛泽东毕生的事业，也是马克思主义斗争学说中国化、本土化的关键所在。

---

[1]《毛泽东选集》第一卷，人民出版社 1991 年版，第 209 页。

[2]《毛泽东选集》第二卷，人民出版社 1991 年版，第 497 页。

[3]《毛泽东文集》第二卷，人民出版社 1993 年版，第 378—379 页。

（一）调查工作的主要方法是解剖各种社会阶级

在阶级斗争中突出敌我斗争，是毛泽东"研究实际的阶级斗争"的一个重要环节。马克思主义认为，阶级是生产发展到一定阶段的产物，阶级斗争是阶级社会发展的直接动力，阶级斗争必然导致无产阶级革命和无产阶级专政，无产阶级专政是消灭阶级的必由之路。毛泽东坚持运用马克思主义阶级分析方法指导中国革命，深刻揭示中国过去一切革命斗争成效甚少，其基本原因就是不能团结真正的朋友，以攻击真正的敌人。他指出，我们要分辨真正的敌友，不可不将中国社会各阶级的经济地位及其对于革命的态度，作一个大概的分析。在他看来，"从一定意义上讲，政治就是阶级斗争"①，敌人便是阶级敌人，阶级分析方法也可以说是分清敌友的敌我分析方法。

下马看花深入调查，是毛泽东"研究实际的阶级斗争"的鲜明特色。毛泽东提出："没有调查，没有发言权。"②他批评一些人"走马不看花"，强调下马看花是更仔细，那叫做调查研究。毛泽东认为，对于中国各个社会阶级的实际情况，没有真正具体的了解，真正好的领导是不会有的。要了解情况，唯一的方法是向社会作调查，调查社会各阶级的生动情况。他指出，"调查工作的主要方法是解剖各种社会阶级"③。只有通过实实在在的调查研究，才能深入把握中国社会各阶级状况，才能制定正确的斗争策略。毛泽东基于调查研究，对当时中国社会各阶级作了具体深入的分析，指出一切勾结帝国主义的军阀、官僚、买办阶级、大地主阶级以及附属于他们的一部分反动知识界，是我们的敌人。工业无产阶级是我们革命的领导力量。一切半无产阶级、小资产阶级，是我们最接近的朋友。

把农民当作无产阶级革命的主力军，是毛泽东"研究实际的阶级斗争"的一大创造。毛泽东通过调查研究认为，与马克思和恩格斯着重分析无产阶级和资产阶级的阶级斗争不同，与俄国十月革命也不同，中国是个半殖民地半封建

---

① 《毛泽东文集》第三卷，人民出版社 1996 年版，第 299 页。

② 《毛泽东选集》第一卷，人民出版社 1991 年版，第 109 页。

③ 《毛泽东选集》第一卷，人民出版社 1991 年版，第 113 页。

的东方大国，农民占中国民众的绝大多数，是中国革命的主力军。党内一度出现的"左"倾和右倾机会主义都忽视农民，虽感觉力量不足，却不知道到何处去取得广大的同盟军，导致"无产阶级也孤立了，变成了无军司令、空军司令"[①]。毛泽东强调，农民是"革命中最广大最坚决的同盟军"[②]，占人口70%的贫农"最革命"，"没有贫农，便没有革命。若否认他们，便是否认革命。若打击他们，便是打击革命"[③]。毛泽东指出，中国无产阶级的最广大和最忠实的同盟军是农民，这样就解决了中国革命中最主要的同盟军问题。

（二）民族斗争和阶级斗争的一致性

20世纪30年代，日本帝国主义的野蛮侵略，使中华民族面临亡国灭种的巨大危机。毛泽东敏锐把握国际国内矛盾斗争的巨大变化，指出中日民族矛盾超越国内阶级矛盾上升为主要矛盾，力主建立抗日民族统一战线。毛泽东认为，在抗日战争中，民族斗争就是一种阶级斗争，二者具有一致性；一切必须服从抗日的利益，这是确定的原则。他指出，使阶级斗争服从于抗日的民族斗争，这是统一战线的根本原则。在此原则下，保存党派和阶级的独立性，保存统一战线中的独立自主。毛泽东强调："在民族斗争中，阶级斗争是以民族斗争的形式出现的，这种形式，表现了两者的一致性。一方面，阶级的政治经济要求在一定的历史时期内以不破裂合作为条件；又一方面，一切阶级斗争的要求都应以民族斗争的需要（为着抗日）为出发点。这样便把统一战线中的统一性和独立性、民族斗争和阶级斗争，一致起来了。"[④]

毛泽东反对关门主义，主张以广泛的统一战线赢得民族斗争。他认为，统一战线策略才是马克思列宁主义的策略，关门主义的策略则是孤家寡人的策略。关门主义"为渊驱鱼，为丛驱雀"，把"千千万万"和"浩浩荡荡"都赶到敌人那一边去，只博得敌人的喝彩。由于敌强我弱，只有充分地动员和

---

① 《毛泽东文集》第三卷，人民出版社1996年版，第308页。

② 《毛泽东选集》第三卷，人民出版社1991年版，第855页。

③ 《毛泽东选集》第一卷，人民出版社1991年版，第21页。

④ 《毛泽东选集》第二卷，人民出版社1991年版，第538—539页。

依靠群众，才能坚持抗战和争取抗战的胜利，并使抗战的胜利成为人民的胜利。因此，抗日民族统一战线不能只是共产党和国民党的统一战线，而是要团结一切可以团结的力量。毛泽东强调用好中国古老的政治谋略——纵横捭阖之术，敌人"能够用纵横捭阖的手段来对付革命队伍，共产党也能够用纵横捭阖的手段对付反革命队伍。他们能够拉了我们队伍中的坏分子跑出去，我们当然也能够拉了他们队伍中的'坏分子'（对于我们是好分子）跑过来。假如我们能够从他们队伍中多拉一些人出来，那敌人的队伍就减少了，我们的队伍就扩大了"[1]。只要我们的策略不是关门主义，这个目的是能够达到的。

（三）武装斗争是中国革命的主要斗争形式

毛泽东总结中国革命战争的经验教训，指出武装斗争是中国革命的主要斗争形式，是夺取中国革命胜利的三大法宝之一。毛泽东认为，武装的革命反对武装的反革命，是中国革命的特点和优点之一。1939年10月，毛泽东在《〈共产党人〉发刊词》中，对中国共产党领导的武装斗争历史进行了总结和反思，指出北伐战争时期党虽已开始懂得武装斗争的重要性，但还没有彻底了解其重要性，还没有了解武装斗争是中国革命的主要斗争形式。土地革命战争时期，党已经建立了独立的武装队伍，已经学会了独立的战争艺术，已经建立了人民政权和根据地，党已经能够把武装斗争这个主要斗争形式同其他许多的必要的斗争形式直接或间接地配合起来。抗日战争时期，党能够运用过去第一阶段中尤其是第二阶段中的武装斗争的经验，能够运用武装斗争形式和其他各种必要的斗争形式互相配合的经验。[2]毛泽东强调："没有武装斗争，就不会有今天的共产党。这个拿血换来的经验，全党同志都不要忘记。"[3]

毛泽东深刻把握武装斗争特点规律，丰富和发展了马克思主义的军事斗争艺术。他科学总结大革命失败的教训，提出"枪杆子里面出政权"，开创了农

---

① 《毛泽东选集》第一卷，人民出版社1991年版，第158页。

② 《毛泽东选集》第二卷，人民出版社1991年版，第609页。

③ 《毛泽东选集》第二卷，人民出版社1991年版，第610页。

村包围城市、武装夺取政权的革命道路；他充分把握革命战争这个中国革命的特点和优点，就如何认识和指导战争提出许多具有普遍意义的重要原则，创立了完整的、系统的战争观理论和战争认识论方法论；他深刻揭示"没有一个人民的军队，便没有人民的一切"，创造性地解决了缔造一个在党的绝对领导下的人民武装力量的一系列重大问题，创立了富有中国特色和时代特色的人民军队思想；他坚持人民群众是历史的创造者原理，提出"革命战争是群众的战争"，创立了系统完整的人民战争思想；他着眼以弱胜强、克敌制胜，注重灵活机动、掌握主动，创新发展了人民战争的战略战术；他探索总结巩固国防和建设国防特点规律，在抵御外来侵略、维护国家独立和统一的斗争中，创立了国防建设思想；等等。这些重大创新，实现了马克思主义军事理论中国化的伟大飞跃，是毛泽东研究实际的武装斗争的巨大成功，为夺取中国革命战争胜利提供了科学指导。

（四）正确认识和处理社会主义社会的阶级斗争

怎样认识和处理社会主义社会的阶级斗争问题，是马克思主义发展史上十分重要的课题。毛泽东强调，"要运用马克思主义的对立统一学说，观察和处理社会主义社会阶级矛盾和阶级斗争的新问题"[1]，对正确认识和处理社会主义社会的阶级斗争作了初步探索。

毛泽东认为，在私有制改造完成后，大规模的狂风暴雨式的群众阶级斗争已基本结束，阶级斗争不再是整个社会的主要矛盾。在他看来，在 1956 年基本上完成对生产资料私有制的社会主义改造后，中国几千年来的剥削制度已被消灭，资产阶级和其他剥削阶级已不复存在，无产阶级和资产阶级的矛盾已基本解决。在社会主义社会，阶级斗争已不再是主要矛盾，过去那种敌对阶级之间大规模的阶级斗争已不可能再发生。在私有制社会主义改造基本完成不久，1957 年 2 月，毛泽东在《关于正确处理人民内部矛盾的问题》中指出："革命时期的大规模的急风暴雨式的群众阶级斗争基本结束"，"还有反革命，但是不

---

[1] 《毛泽东文集》第七卷，人民出版社 1999 年版，第 201 页。

多了"。① 毛泽东提出划分敌我和人民内部两类矛盾的界限，正确处理人民内部矛盾，以便团结全国各族人民进行一场新的战争——向自然界开战，发展我们的经济，发展我们的文化，巩固我们的新制度，建设我们的新国家。全国人民的主要任务是集中力量发展社会生产力，逐步满足人民日益增长的物质和文化需要。遗憾的是，后来毛泽东离开他的正确思想，对当时中国阶级形势以及党和国家政治状况作出完全错误的估计，提出"以阶级斗争为纲"，发动和领导了"文化大革命"，阶级斗争扩大化造成了严重后果。1981 年 6 月，党的十一届六中全会通过的《关于建国以来党的若干历史问题的决议》明确指出："在剥削阶级作为阶级消灭以后，阶级斗争已经不是主要矛盾。由于国内的因素和国际的影响，阶级斗争还将在一定范围内长期存在，在某种条件下还有可能激化。既要反对把阶级斗争扩大化的观点，又要反对认为阶级斗争已经熄灭的观点。"这是中国共产党总结历史经验得出的关于中国社会主义社会阶级斗争问题的一个基本的科学结论。

五、开展真正人民革命的伟大斗争

毛泽东认为，中国革命斗争是一场极其伟大的斗争。进行这场伟大的斗争，必须坚持中国共产党的正确领导，全国军民团结一致，敢于斗争，善于斗争，最终胜利一定属于中国人民。

（一）中国共产党是领导伟大革命斗争的党

毛泽东指出："指导伟大的革命，要有伟大的党。"② 作为中国共产党第一代中央领导集体的核心，毛泽东亲自领导了新民主主义革命、社会主义革命和建设，对丰富完善党的领导艺术作出了杰出贡献。

---

① 《毛泽东文集》第七卷，人民出版社 1999 年版，第 216、219 页。
② 《毛泽东选集》第一卷，人民出版社 1991 年版，第 277 页。

毛泽东强调党要掌握中国革命斗争的领导权，使中国共产党成为全中国人民的领导核心。他总结中国革命特别是大革命失败的惨痛教训，指出没有革命政党的正确领导是近代以来中国人民反抗帝国主义及其走狗遭受失败的原因。领导中国民主主义革命和中国社会主义革命这样两个伟大的革命达到彻底的完成，除了中国共产党之外，是没有任何一个别的政党能够担负的。毛泽东指出，"中国共产党是在一个几万万人的大民族中领导伟大革命斗争的党"①，夺取中国伟大革命斗争的胜利，中国共产党必须掌握革命斗争的领导权，特别是军队的领导权。革命战争年代，毛泽东始终保持高度的政治敏锐性，在中国共产党同国民党反动集团争夺领导权、保持党在统一战线中独立自主的领导地位、同党内机会主义斗争中坚持领导权时，进行了坚决彻底、毫不妥协的斗争。为了加强党的领导，毛泽东强调推进党的建设，并称之为"伟大的工程"和战胜敌人的三大法宝之一。毛泽东主张建设一个全国范围的、广大群众性的、思想上政治上组织上完全巩固的布尔什维克化的中国共产党，全面加强党的政治领导、思想领导和组织领导。革命战争年代，毛泽东反复指出，中国共产党是"中国人民抗日救国的重心""中国人民解放的重心""打败侵略者、建设新中国的重心"。新中国成立后，毛泽东多次强调，"领导我们事业的核心力量是中国共产党"，"领导我们革命事业的核心是我们的党"，"我们的党已经成了团结全国人民进行社会主义建设的核心力量"。这些表述，都深刻阐明了中国共产党是中国革命和建设的领导核心。

毛泽东高度重视改进领导方法，提高领导艺术。他指出："领导方法很重要。要不犯错误，就要注意领导方法，加强领导。"②毛泽东在革命斗争实践中，深入总结党的领导经验，撰写《关于领导方法的若干问题》《党委会的工作方法》《反对官僚主义、命令主义和违法乱纪》《工作方法六十条》等文稿，对领导方法作了许多专门论述。毛泽东提出了一整套科学的、被实践证明是行之有效的领导方法，主要包括：从群众中来、到群众中去；一般号召和个别指

---

① 《毛泽东选集》第二卷，人民出版社 1991 年版，第 526 页。
② 《毛泽东文集》第六卷，人民出版社 1999 年版，第 478 页。

导相结合；领导骨干和广大群众相结合；抓中心环节和主要矛盾；没有调查就
没有发言权；反对形式主义、官僚主义的领导方式与工作方法；等等。这些领
导方法，是党的领导经验的总结和升华，也是毛泽东领导艺术的结晶。

（二）进行从古未有的极其伟大的斗争

毛泽东反复强调，中国革命斗争是"伟大的斗争"。在他看来，这场伟大
斗争的目标远大、难度巨大、规模宏大，在广度上、深度上、影响上都是空前
的，具有许多重要的历史特点。

"伟大斗争"着眼实现中华民族伟大复兴的历史使命，目标极其远大。面
对当时中国深处半殖民地半封建社会深渊的境遇，毛泽东强调"为着一个光明
的中国而斗争"，推翻帝国主义、封建主义、官僚资本主义的黑暗统治，努力
实现民族独立、人民解放。在新中国成立后，毛泽东为实现国家繁荣富强，号
召"必须准备进行同过去时代的斗争形式有着许多不同特点的伟大的斗争"①。
毛泽东把善于破坏一个旧世界和善于建设一个新世界结合起来，为开展伟大斗
争指明了目标方向。

"伟大斗争"是在敌我力量极其悬殊的环境中进行的，难度极其巨大。
毛泽东对中国革命战争的特点进行具体深入分析，指出敌强我弱是中国革命战
争的显著特点。中国革命斗争要战胜国内外强大的反动势力，不可能短期速
胜，而是要经过长期艰苦、反复的斗争。"斗争，失败，再斗争，再失败，再
斗争，直至胜利——这就是人民的逻辑"②。

"伟大斗争"是武装斗争和其他斗争形式的有机结合，内涵极其丰富。在
毛泽东看来，"伟大斗争"既是具体斗争，也是总体斗争；既是中国共产党成
立以来的斗争，也是鸦片战争以来中国人民的革命斗争；既有国内革命战争，
又有民族解放战争；既以武装斗争为主要形式，又涉及政治斗争、经济斗争、
外交斗争、党内斗争等多种形式。在《大量吸收知识分子》中，毛泽东分析建

---

① 《毛泽东文集》第八卷，人民出版社 1999 年版，第 302 页。
② 《毛泽东选集》第四卷，人民出版社 1991 年版，第 1487 页。

立新中国的斗争、抗日斗争、民主斗争、反帝反封建的斗争等斗争形式。在《论联合政府》中，毛泽东系统总结北伐战争、土地革命战争、抗日战争三个时期的"伟大斗争"。在《纠正土地改革宣传中的"左"倾错误》中，毛泽东则着重分析"战争、土地改革、整党、生产、支援前线这些伟大斗争"①。

"伟大斗争"是中国共产党领导几万万人口的大民族的斗争，规模极其宏大，胜利成果也极其伟大。毛泽东指出，中国革命斗争，是中国共产党"领导一个几万万人口的大民族，进行空前的伟大的斗争"②。中国的长期战争，使中国人民付出了并且还将再付出重大的牺牲；但是同时，正是这个战争，锻炼了中国人民。"这个战争促进中国人民的觉悟和团结的程度，是近百年来中国人民的一切伟大的斗争没有一次比得上的"③。毛泽东强调，我们党领导的新民主主义革命在全国范围内取得胜利，成立了中华人民共和国。这是一个伟大的胜利，是中国从古未有的大胜利，也是十月革命以后一个带有世界性的大胜利。新中国成立后，"全国人民正在蓬蓬勃勃地在各个战线上开展真正人民革命的伟大斗争，在军事战线上，在经济战线上，在思想战线上，在土地改革的战线上都是从古未有的极其伟大的斗争"④。只要我们能够团结全国人民，努力奋斗，并给予适当的指导，就能够胜利。

（三）团结起来进行伟大的斗争

毛泽东认为，中国革命斗争的主体力量是中国人民。中国共产党领导进行伟大斗争，必须团结带领全党全军全国各族人民，同心同德，众志成城，才能不断夺取中国革命斗争的伟大胜利。

在不同历史时期，毛泽东都强调团结一切可以团结的力量，团结的对象和内涵则随着革命斗争的发展而相应变化。大革命时期，毛泽东积极推动国共合作，建立革命统一战线，进行北伐战争。土地革命战争时期，毛泽东批评"左"

---

① 《毛泽东选集》第四卷，人民出版社1991年版，第1281页。
② 《毛泽东选集》第二卷，人民出版社1991年版，第533页。
③ 《毛泽东选集》第三卷，人民出版社1991年版，第1032页。
④ 《毛泽东文集》第六卷，人民出版社1999年版，第79页。

倾、右倾机会主义者忽视农民，失去了最广大的同盟军，力主把最具革命性的农民发动、组织起来进行革命。抗日战争时期，毛泽东积极倡导并维护抗日民族统一战线，与破坏全民族抗战的现象作坚决斗争。解放战争时期，毛泽东倡导建立最广泛的统一战线，在国民党统治区形成了配合人民解放战争的第二条战线，加速了中国革命战争的胜利。新中国成立后，毛泽东倡导建立最广泛的爱国统一战线和国际反霸统一战线。他强调："我们一定要努力把党内党外、国内国外的一切积极的因素，直接的、间接的积极因素，全部调动起来，把我国建设成为一个强大的社会主义国家。"①

（四）斗争是实现革命目的的手段

毛泽东讲的斗争，是有立场、有目的的。这个立场，就是人民大众的立场；这个目的，就是一切为了人民利益。要实现革命目的，就必须进行伟大斗争。不斗争，实现国家独立、民族复兴、人民幸福只能是空想。但斗争终究只是手段，斗争本身不是目的，不能盲目地胡斗、乱斗。

毛泽东认为，革命目的是明确的、坚定不移的，斗争作为手段则需要灵活变化。革命战争年代，毛泽东指出："中国现阶段革命的目的，是在推翻帝国主义、封建主义、官僚资本主义的统治，建立一个以劳动者为主体的、人民大众的新民主主义共和国"②。为了实现革命目的，必须根据形势任务的变化，及时调整斗争策略。为了实现全民族抗战，毛泽东捐弃前嫌，促成联蒋抗日，建立了抗日民族统一战线。但一些同志对统一战线存在误解，或者认为斗争会破裂统一战线，或者认为斗争可以无限制地使用，或者对于中间势力采取不正确的策略，或者对顽固势力有错误的认识。对此，毛泽东指出，抗日战争胜利的基本条件，是抗日统一战线的扩大和巩固。要达此目的，必须采取发展进步势力、争取中间势力、反对顽固势力的策略，在统一战线中，以斗争求团结则团结存，以退让求团结则团结亡。1945 年 8 月赴重庆谈判的前两天，毛泽东指

---

① 《毛泽东文集》第七卷，人民出版社 1999 年版，第 44 页。

② 《毛泽东选集》第四卷，人民出版社 1991 年版，第 1287—1288 页。

出:"不论何时,又团结,又斗争,以斗争之手段,达团结之目的;有理有利有节;利用矛盾,争取多数,反对少数,各个击破等项原则,必须坚持,不可忘记。"① 对于党内犯过错误的同志,毛泽东反对"残酷斗争,无情打击",提倡惩前毖后、治病救人,强调积极的党内斗争不是为了把人整死,而是要帮助同志,经过批评或斗争使矛盾得到解决,从而在新的基础上达到新的团结。

(五)正义的革命斗争必胜

保持必胜的信念,是毛泽东斗争艺术的鲜明风格。无论革命斗争遇到多大困难和挫折,毛泽东始终坚信,"我们的事业是正义的。正义的事业是任何敌人也攻不破的"②。在必胜信念的支撑下,毛泽东总是积极主动地迎接一切挑战,即使"风吹浪打",也"胜似闲庭信步";即使"乱云飞渡",也"仍从容"。

毛泽东的必胜信念基于坚定信仰和科学的理性分析。毛泽东认为,战争的伟力之最深厚的根源,存在于民众之中。抗日战争时期,面对一度盛行的亡国论和速胜论,毛泽东具体分析当时的中国大而弱、日本帝国主义小而强等特点,指出"日本必败,中国必胜"。"中国会亡吗?答复:不会亡,最后胜利是中国的。中国能够速胜吗?答复:不能速胜,抗日战争是持久战。"③解放战争初期,尽管敌我力量悬殊,毛泽东却指出"我必胜蒋必败",并剖析具体原因:"除了政治上经济上的基本矛盾,蒋介石无法克服,为我必胜蒋必败的基本原因之外,在军事上,蒋军战线太广与其兵力不足之间,业已发生了尖锐的矛盾。此种矛盾,必然要成为我胜蒋败的直接原因。"④

毛泽东的必胜信念也源于正确领导和高超的战略战术。毛泽东历来主张,战略上貌视敌人,战术上重视敌人,实行灵活机动的战略战术。早在红军时期,毛泽东就强调:"利用正确的战术,不战则已,战则必胜"⑤。抗日战争时

---

① 《毛泽东选集》第四卷,人民出版社 1991 年版,第 1154 页。
② 《毛泽东文集》第六卷,人民出版社 1999 年版,第 350 页。
③ 《毛泽东选集》第二卷,人民出版社 1991 年版,第 442—443 页。
④ 《毛泽东选集》第四卷,人民出版社 1991 年版,第 1205 页。
⑤ 《毛泽东选集》第一卷,人民出版社 1991 年版,第 81 页。

期，毛泽东主张以有理有利有节原则粉碎国民党顽固派的进攻，"不斗则已，斗则必胜"①。赴重庆谈判的前两天，毛泽东在为党中央起草的对党内的通知中指出，"有来犯者，只要好打，我党必定站在自卫立场上坚决彻底干净全部消灭之（不要轻易打，打则必胜）"，为粉碎蒋介石假和谈阴谋提供了正确指导。从红军时期的"十六字诀"到抗日战争时期的"持久战"，从解放战争时期的"十大军事原则"再到抗美援朝战争时期的"零敲牛皮糖"、对印自卫反击作战的"政治军事仗"，毛泽东不断创新发展人民战争的战略战术，引领人民军队不断从胜利走向胜利。

六、工作就是斗争

毛泽东讲斗争，不只是阶级斗争、对敌斗争，而是涉及广泛的与天斗争、与地斗争、与人斗争，内涵丰富，包容性很强。毛泽东还鲜明指出："什么叫工作，工作就是斗争。"②斗争，是毛泽东提倡的人生态度、革命精神、工作方法。

（一）为着解决困难去工作、去斗争

毛泽东提倡不怕困难、勇挑重担的工作态度。在亲赴重庆与国民党进行43天和平谈判返回延安后不久，1945年10月17日，毛泽东在延安干部会上明确提出"工作就是斗争"这一论断，并强调"我们是为着解决困难去工作、去斗争的。越是困难的地方越是要去，这才是好同志"③。

毛泽东指出，许多同志满腔热忱，争着出去工作，这种积极性和热情，是很可贵的。但是也有个别同志抱着错误的想法，不是想到那里有许多困难需要解决，而是认为那里的一切都很顺利，比延安舒服。这些同志应该改正自己的

---

① 《毛泽东选集》第二卷，人民出版社1991年版，第749页。

② 《毛泽东选集》第四卷，人民出版社1991年版，第1161页。

③ 《毛泽东选集》第四卷，人民出版社1991年版，第1161页。

想法。我们宁肯把困难想得更多一些，有些同志不愿意多想困难。但是困难是事实，有多少就得承认多少，不能采取"不承认主义"。我们要承认困难，分析困难，向困难作斗争。毛泽东指出，艰苦的工作就像担子，摆在我们的面前，看我们敢不敢承担。担子有轻有重。有的人拈轻怕重，把重担子推给人家，自己拣轻的挑。这就不是好的态度。有的同志不是这样，享受让给人家，担子拣重的挑，吃苦在别人前头，享受在别人后头。这样的同志就是好同志。这种共产主义者的精神，我们都要学习。毛泽东强调："前途是光明的，道路是曲折的。我们面前困难还多，不可忽视。我们和全体人民团结起来，共同努力，一定能够排除万难，达到胜利的目的。"①

（二）发扬斗争精神

毛泽东认为，进行伟大斗争必须发扬斗争精神。1949年8月，毛泽东在《丢掉幻想，准备斗争》一文中指出，坚持不懈、百折不挠的伟大斗争精神是革命胜利的精神条件。"斗争，失败，再斗争，再失败，再斗争……这就是精神条件，没有这个精神条件，革命是不能胜利的。"②

毛泽东提倡敢于斗争、善于斗争，发扬坚决斗争精神。在他看来，斗争是一种客观存在，害怕是没有用的，逃避斗争只能自取其败。他多次强调不信邪、不怕鬼、不怕压，敢于同貌似强大的敌人作坚决斗争。毛泽东在《论鲁迅》中指出："鲁迅的第二个特点，就是他的斗争精神。"③鲁迅在黑暗与暴力的进袭中，是一株独立支持的大树，不是向两旁偏倒的小草。他看清了政治的方向，就向着一个目标奋勇地斗争下去，决不中途投降妥协。针对革命队伍中出现的不敢斗争、不想斗争、不愿斗争的现象，毛泽东强调："希望劝说帝国主义者和中国反动派发出善心，回头是岸，是不可能的。唯一的办法是组织力量和他们斗争。"④心存侥幸或者畏缩不前，注定是要失败的。在蒋介石挑起全面

---

① 《毛泽东选集》第四卷，人民出版社1991年版，第1163页。
② 《毛泽东选集》第四卷，人民出版社1991年版，第1484页。
③ 《毛泽东文集》第二卷，人民出版社1996年版，第43页。
④ 《毛泽东选集》第四卷，人民出版社1991年版，第1487页。

内战后，面对国民党军的疯狂进攻，毛泽东明确指出，对付美蒋的主要政策不是让步而是斗争，如无坚决斗争精神，则结果将极坏。在毛泽东领导下，人民解放军发扬将革命进行到底的伟大斗争精神，坚决、彻底、干净地消灭敌人，推翻了蒋家王朝的反动统治。新中国成立后，毛泽东一如既往地强调发扬斗争精神。他指出："社会主义这样一个新事物，它的出生，是要经过同旧事物的严重斗争才能实现的。"①

毛泽东倡导为人民甘于奉献、发扬牺牲精神。他在党的七大闭幕词中号召："下定决心，不怕牺牲，排除万难，去争取胜利。"②这一名言，正是毛泽东为中国革命事业毕生奋斗精神的真实写照，也是中国共产党百年斗争精神的精辟概括。

（三）讲究斗争艺术

毛泽东认为，进行伟大斗争必须讲究斗争艺术。他指出："不讲究斗争艺术……我们就要犯'左'倾机会主义错误。"③在斗争实践中，毛泽东从"领导艺术""战争艺术""军事艺术""指挥艺术"等角度，对斗争艺术进行了许多精彩论述。他指出："善于把党的政策变为群众的行动，善于使我们的每一个运动，每一个斗争，不但领导干部懂得，而且广大的群众都能懂得，都能掌握，这是一项马克思列宁主义的领导艺术。"④毛泽东认为，土地革命战争时期，我们党已经建立独立的武装队伍，已经学会独立的战争艺术。为了夺取抗日战争胜利，毛泽东要求人民军队更加努力提高"军事艺术与政治工作艺术，以便配合正面战场上的作战，驱逐敌人出中国"⑤。进行部队整训时，培养团级干部应"以提高干部的指挥艺术为中心"⑥。毛泽东起草的《中国人民解放军宣

---

① 《毛泽东文集》第六卷，人民出版社1999年版，第448页。
② 《毛泽东选集》第三卷，人民出版社1991年版，第1101页。
③ 《毛泽东选集》第四卷，人民出版社1991年版，第1268页。
④ 《毛泽东选集》第四卷，人民出版社1991年版，第1319页。
⑤ 《毛泽东文集》第三卷，人民出版社1996年版，第45页。
⑥ 《毛泽东文集》第三卷，人民出版社1996年版，第204页。

言》强调，为了打倒蒋介石、解放全中国，我全军将士必须提高军事艺术，在必胜的战争中勇猛前进，坚决彻底干净全部地歼灭一切敌人。

毛泽东强调，开展伟大斗争必须实行灵活多样的斗争策略。他指出："无产阶级要取得胜利，就完全要靠他的政党——共产党的斗争策略的正确和坚决。"① 在他看来，进行伟大斗争，不能意气用事，不能一味地逞强斗狠，而要坚持有理有利有节，把握斗争的时机、节奏、火候、力度。抗日战争时期，面对国民党顽固派多次挑起的军事摩擦，毛泽东从抗战大局出发，把斗争的原则性和灵活性结合起来，提出"又联合又斗争""发展进步势力，争取中间势力，孤立顽固派"等斗争策略，形象地提出"人不犯我，我不犯人，人若犯我，我必犯人""不斗则已，斗则必胜"等经典论断。解放战争时期，为了粉碎蒋军的重点进攻，毛泽东提出转战陕北的斗争策略，并强调"不在一城一池的得失，而在于消灭敌人的有生力量"的斗争重点，精辟揭示了"存人失地，人地皆存；存地失人，人地皆失"的战争规律②。在粉碎蒋军的全面进攻和重点进攻后，毛泽东把握战机，指挥人民军队迅速由战略防御转入战略进攻。新中国成立后，毛泽东提出正确区分敌我矛盾和人民内部矛盾，强调思想斗争不能采取粗暴的强制的方法，只能用细致的讲理的方法，对人民内部矛盾应采取团结—批评—团结的方法、说服教育的方法。毛泽东注重创新斗争策略，因势利导，纵横捭阖，使有利因素得到充分发挥、不利因素降到最低，从而加速了伟大斗争的胜利进程。

毛泽东还郑重提出"本领恐慌"问题，要求广大党员干部加强理论学习和实践历练，提高革命斗争本领，实现斗争精神、斗争艺术与斗争本领的有机统一。

总体上看，毛泽东的斗争观是毛泽东哲学的重要组成部分，具有深刻的哲学意蕴。有论者以毛泽东曾讲过"共产党的哲学就是斗争哲学"为据，把毛泽东哲学简化为"斗争哲学"，断言"斗争哲学"是毛泽东哲学的实质和核心，

---

① 《毛泽东选集》第一卷，人民出版社 1991 年版，第 115 页。

② 《毛泽东年谱（一八九三——一九四九）(修订本)》下册，中央文献出版社 2013 年版，第 176 页。

又把"斗争哲学"理解成"唯斗争论",进而指责其违反唯物辩证法予以否定。这种观点以偏概全,是对毛泽东斗争观和毛泽东哲学的曲解。

事实上,"斗争哲学"曾是国民党对共产党的攻击,诬称共产党只讲斗争、胡斗乱斗、把一切斗坏。针对国民党将领邓宝珊说共产党的哲学是斗争哲学,毛泽东在党的七大的口头报告中指出:"有人说我们党的哲学叫'斗争哲学',榆林有一个总司令叫邓宝珊的就是这样说的。我说'你讲对了'。自从有了奴隶主、封建主、资本家,他们就向被压迫的人民进行斗争,'斗争哲学'是他们先发明的。被压迫人民的'斗争哲学'出来得比较晚,那是斗争了几千年,才有了马克思主义。"[1]1959年在庐山会议上,毛泽东再次提到斗争哲学。他说:"按照唯物辩证法,矛盾和斗争是永远的,否则不成其为世界。资产阶级的政治家说,共产党的哲学就是斗争哲学,一点也不错。不过,斗争形式,依时代不同而有所不同罢了。"[2] 显然,毛泽东讲的"斗争哲学"不是某个阶级专有的,奴隶主、封建主、资本家先发明了"斗争哲学"。毛泽东用资产阶级政治家这个说辞,着重强调共产党领导人民反抗压迫、争取民族独立和人民解放,必须敢于斗争、善于斗争,发扬斗争精神。毛泽东讲的斗争,是有目的、有条件、有原则的,斗争本身是手段而不是目的。毛泽东的斗争观绝不是只讲斗争不讲同一,也不是盲目斗争不讲条件,不是为了斗争而斗争,这与唯斗争论、唯意志论有着本质区别。毛泽东晚年犯了阶级斗争扩大化的错误,但这并不能说明毛泽东的斗争观是唯斗争论,而恰恰是毛泽东晚年违背了自己的正确的斗争观,其中有许多历史教训需要吸取。只要世界上还存在矛盾斗争,只要伟大斗争的历史任务尚未最终完成,毛泽东斗争观的真理性就不会失去,就仍然是中国人民进行伟大斗争的科学指引。

---

[1] 《毛泽东文集》第三卷,人民出版社1996年版,第316页。

[2] 《建国以来毛泽东文稿》第8册,中央文献出版社1998年版,第451页。

第四章
"一切为了人民利益"

——关于斗争立场

斗争立场说到底就是解决革命为了谁的问题。毛泽东指出:"为什么人的问题,是一个根本的问题,原则的问题。"①全心全意地为中国人民服务,是中国共产党及其领导的人民军队的唯一宗旨。"一切为了人民利益"②,既是中国共产党和人民军队的根本价值原则,也是毛泽东毕生的价值追求。毛泽东的斗争立场,体现了人民历史观、价值观和方法论的统一,本质上就是人民立场。

一、人民是历史的创造者

历史是谁创造的,是历史观的重大问题,是唯物史观与唯心史观对立和斗争的焦点之一。在马克思主义产生之前,唯心史观一直占据统治地位。唯心史观贬低人民群众的作用,认为历史是由上帝、神仙、帝王或英雄豪杰创造的。马克思和恩格斯创立的唯物史观,坚持从社会存在决定社会意识的前提出发,深刻揭示物质资料的生产方式是人类社会发展的决定力量,以广大劳动者为主体的人民群众是历史的创造者,在人类思想史上第一次科学回答了谁是历史的

---

① 《毛泽东选集》第三卷,人民出版社 1991 年版,第 857 页。
② 《毛泽东文集》第八卷,人民出版社 1999 年版,第 70 页。

创造者。毛泽东运用唯物史观基本原理，指出"人民，只有人民，才是创造世界历史的动力"①。他说："对于人民，这个人类世界历史的创造者，为什么不应该歌颂呢？"②毛泽东关于人民群众是历史创造者的经典论述，深刻阐明人民群众既是社会物质财富和精神财富的创造者，又是社会变革的主力军，科学揭示了人民群众在社会历史发展中的主体地位和决定性作用。

（一）真正强大的力量属于人民

延安时期，毛泽东在和美国记者安娜·路易斯·斯特朗谈话时提出了一个著名论断：一切反动派都是纸老虎。他指出："从长远的观点看问题，真正强大的力量不是属于反动派，而是属于人民。"③联系中外斗争历史和实践，毛泽东断定一切反动派都不是真正强大。例如，关于俄国反动派，在1917年俄国二月革命以前，俄国国内究竟哪一方面拥有真正的力量？从表面上看，当时的沙皇是有力量的，但是二月革命的一阵风就把沙皇吹走了！沙皇不过是一只纸老虎。又如，关于法西斯，希特勒曾经被人们看作很有力量，但是历史证明了他是一只纸老虎，墨索里尼也是如此，日本帝国主义也是如此。反之，苏联以及各国爱好民主自由的人民的力量，却是比人们所预料的强大得多。再如，关于中国的反动派，蒋介石和他的支持者美国反动派也都是纸老虎。中国的反动派拿美国的"强大"来吓唬中国人民，但是美国反动派也将同一切历史上的反动派一样，被证明为并没有什么力量，在美国真正有力量的是美国人民。当时，中国革命所依靠的不过是小米加步枪，但是历史最后证明了，这小米加步枪比蒋介石的飞机加坦克还要强些。虽然我们存在许多困难，中国人民在美国帝国主义和中国反动派的联合进攻之下，受到了长时间的苦难，但是这些反动派总有一天要失败，我们总有一天要胜利。原因不是别的，就在于反动派代表反动，而我们代表进步。"一切反动派都是纸老虎"的著名论断，武装了中国人民的思想，增强了中国人民的胜利信心，在人民解放战争中起了巨大作用。同

---

① 《毛泽东选集》第三卷，人民出版社1991年版，第1031页。
② 《毛泽东选集》第三卷，人民出版社1991年版，第873页。
③ 《毛泽东选集》第四卷，人民出版社1991年版，第1195页。

列宁把帝国主义看作"泥足巨人"一样，毛泽东把帝国主义和一切反动派看作纸老虎，都是从它们的本质上说的。

群众才是真正的铜墙铁壁。1934年1月，在江西瑞金召开的第二次全国工农兵代表大会的讲话中，毛泽东分析当时的革命形势，讥讽国民党实行的堡垒政策，大筑其乌龟壳，以为这是他们的铜墙铁壁。毛泽东指出："真正的铜墙铁壁是什么？是群众，是千百万真心实意地拥护革命的群众。这是真正的铜墙铁壁，什么力量也打不破的，完全打不破的。"①毛泽东号召大家，反革命打不破我们，我们却要打破反革命。在革命政府的周围团结起千百万群众来，发展我们的革命战争，我们就能消灭一切反革命，我们就能夺取全中国。

1956年7月，毛泽东在谈到解放战争经验时说，清朝，早被推翻了。是什么人推？孙中山领导的党和人民一起推。孙中山力量很小，清朝的官员看不起他。他多次起义总是失败。最后，还是孙中山推翻了清朝。"大，不可怕。大的要被小的推翻。小的要变大。"②推翻清朝以后，孙中山又失败了，这是因为他没有满足人民的要求，比如没有满足人民对土地的要求，对反帝的要求。后来他失败于北洋军阀首领袁世凯之手，袁世凯的力量比孙中山的大。蒋介石统治中国，得到全世界各国政府的承认，统治了22年，力量最大。我们党力量小，原先有5万多党员，经过反革命的镇压只剩下1万多党员。但还是照这个规律：强大的失败，因为它脱离人民；弱小的胜利，因为它同人民联系在一起，为人民工作。毛泽东关于人民强大的论断，展现出了深邃的真理洞察力。

（二）人民是创造历史的动力

唯物史观是关于人类社会发展的一般规律的科学。"正像达尔文发现有机界的发展规律一样，马克思发现了人类历史的发展规律"③。在研究马克思主义的过程中，毛泽东的社会历史观发生了根本的变化和迅速的进步。1919年7月14日，毛泽东在《湘江评论》"创刊宣言"中提出了两个十分尖锐的问题：

---

① 《毛泽东选集》第一卷，人民出版社1991年版，第139页。

② 《毛泽东文集》第七卷，人民出版社1999年版，第71页。

③ 《马克思恩格斯全集》第25卷，人民出版社2001年版，第594页。

"世界什么问题最大？""什么力量最强？"对于这两个在社会历史观中带根本性的问题，毛泽东都作了唯物史观的回答："吃饭问题最大。""民众联合力量最强。"①1919年底，毛泽东来到北京，在拜访李大钊和与北大马克思学说研究会成员交流中，接触到《共产党宣言》等书籍，这进一步对他的世界观转变产生深刻影响，促使他把马克思主义视为对历史的正确阐释。1921年1月21日在给蔡和森的信中，毛泽东第一次明确提出"唯物史观是吾党哲学的根据"②。对于人民是历史的创造者和主人，毛泽东有着深切而独到的认识。他深入安源开展工人运动，在夜校讲课时生动地说，"工"字上边一横代表天，下边一横代表地，中间一竖代表我们工人，我们工人可以顶天立地！工人们立即掌声四起。他在长沙给人力车夫讲课时说："工人就是做工的人，咱们把'工'字放在'人'字上面，大家看看是个什么字？"大家异口同声回答："天"！毛泽东则意味深长地说："我们工人就是'天'！我们工人联合起来就可以顶天立地！"③

　　毛泽东的著述多次阐明了人民是创造历史的动力。1945年4月，他在党的七大报告中指出，只有人民才是创造世界历史的动力。1949年9月，他在《唯心历史观的破产》一文中说道："世间一切事物中，人是第一个可宝贵的。在共产党领导下，只要有了人，什么人间奇迹也可以造出来。"④1955年，他在《中国农村的社会主义高潮》一文中再次指出，人民群众有无限的创造力。人民是创造历史的动力，主要包括两个方面的思想内涵。一个是，充分肯定人民在社会历史发展中的伟大作用，即强调广大人民群众的生产、生活实践以及革命斗争是社会发展的力量源泉，广大人民群众是物质财富的创造者、精神财富的创造者，是历史发展的动力。毛泽东指出，中国历史上的许多伟人或属于或

---

① 《"一大"前后——中国共产党第一次代表大会前后资料选编》（一），人民出版社1985年版，第58页。
② 《中国共产党重要文献汇编》第一卷（一九二一年七月——一九二一年十二月），人民出版社2022年版，第432页。
③ 《江山：百年中国史补白（寻路）》，人民出版社2013年版，第128页。
④ 《毛泽东选集》第四卷，人民出版社1991年版，第1512页。

出身于劳动人民，他们是创造中华民族光辉灿烂文化的主体力量。强调人在很多情况下处于主导地位、具有决定性的力量，只要有了人，什么奇迹都可以造出来。另一个是，肯定人民群众在社会历史变革中的巨大作用。毛泽东指出："在中国封建社会里，只有这种农民的阶级斗争、农民的起义和农民的战争，才是历史发展的真正动力。"①从封建社会直到近现代，我国革命的主体力量始终是人民群众。"革命的主体是什么呢？就是中国的老百姓……但是这许多人中间，什么人是根本的力量，是革命的骨干呢？就是占全国人口百分之九十的工人农民。"②尊重人民的主体地位，我们党就拥有了取之不竭的力量之源。由于毛泽东从千百万劳苦大众中看到了中国革命的希望，因此发出了惊天动地的呐喊："问苍茫大地，谁主沉浮？"③正是这种人民创造历史的正确历史观，支撑着他在艰难困苦、曲折复杂的斗争环境中，出生入死，百折不挠，勇往直前，带领中国人民取得了一个又一个伟大的胜利。

（三）得人心者得天下

毛泽东极为重视人心所向、民心向背，反复要求做好"得人心"的工作。国共内战之初，无论国民党有多腐败，很少有人想到共产党能迅速取得胜利。共产党能够很快发展壮大，最终夺取全国政权，至今仍是一个令人深思的问题。究其根源，最根本的就是中国共产党赢得了人心，获得了最广大人民群众的拥护支持。1949 年 5 月 25 日清晨，那是上海解放前两天。早起的市民惊讶地发现，街道两旁的屋檐下，一排排解放军战士正在酣睡。露宿街头，不入民宅，这在古今中外军事史上都极为罕见。"就睡在南京路上"，成为当时解放军战士进入上海的第一印象，也成为一个震惊世界的举动。一时之间，香港、西欧、北美等地的报纸上，醒目地出现了人民解放军在十里洋场露宿街头的照片，还配发了各种评论。英国将军蒙哥马利在看到中国人民解放军露宿上海街头的照片之后，不禁由衷地感到敬佩，他说："我这才明白了，你们这支军队

---

① 《毛泽东选集》第二卷，人民出版社 1991 年版，第 625 页。

② 《毛泽东选集》第二卷，人民出版社 1991 年版，第 562 页。

③ 《毛泽东文集》第八卷，人民出版社 1999 年版，第 364 页。

为什么能够打败美国武装起来的蒋介石数百万大军。"①上海解放前夕，民族资本家荣毅仁犹豫是否要举家从上海迁往香港，他在目睹睡在南京路上的人民解放军之后，就下定决心留在上海。他看着眼前熟睡的人民解放军，由衷地感叹："国民党回不来了。"为什么国民党回不来了呢？那是因为共产党领导的人民解放军不仅赢得了战争的胜利，而且赢得了民心。

在党的八届二中全会上，毛泽东曾经讲了一个"酸菜里有政治"的故事。毛泽东说，我是历来主张军队要艰苦奋斗，要成为模范的。1949年在一次开会时，有一位将军主张军队要增加薪水，有许多同志赞成，我就反对。他举的例子是资本家吃饭五个碗，解放军吃饭是盐水加一点酸菜，他说这不行。我说这恰恰是好事。你是五个碗，我们吃酸菜。"这个酸菜里面就出政治，就出模范。解放军得人心就是这个酸菜，当然，还有别的。"②"吃酸菜"，鲜活体现了我军全心全意为人民服务的根本宗旨和艰苦奋斗的政治本色，这是人民军队赢得广大群众衷心拥护支持的重要根源。现在部队的伙食改善了，已经比专吃酸菜有所不同了。但根本的是要提倡艰苦奋斗，这是我党我军的政治本色。紧接着，毛泽东又讲了一个关于苹果的故事。他说，锦州那个地方出苹果，辽西战役的时候，正是秋天，老百姓家里有很多苹果，我们战士一个都不去拿。在这个问题上，战士们自觉地认为：不吃是很高尚的，而吃了是很卑鄙的，因为这是人民的苹果。我们的纪律就建筑在这个自觉性上边。这是我们党领导和教育的结果。人是要有一点精神的，无产阶级的革命精神就是由这里头出来的。一个苹果不吃，饿死人没有呢？没有饿死，还有小米加酸菜。

得人心者得天下，是中国的古训，也是历史发展的客观规律。在战争以及各种斗争中，集中体现为得民心者得胜利。因为战争不仅是军力和经济力的对抗，更是民心的对抗。民心是事关战争胜负的决定性因素。得民心就得到人民对战争的支持和拥护，即使一时失利，最终也会取得胜利；失民心就失去人民对战争的支持和拥护，即使靠武器装备一时得胜，最终也会失败。因此，古今

---

① 崔耀中：《不忘初心 走向复兴》，人民出版社2018年版，第274页。

② 《毛泽东文集》第七卷，人民出版社1999年版，第162页。

中外的军事家，都把争取民心看作战争的重要组成部分。孙子说："道者，令民与上同意也。故可以与之死，可以与之生，而不畏危。"① 克劳塞维茨也认为，民心和民意是国家、军事和作战力量中一个极为重要的因素。毛泽东坚持把马克思主义唯物史观运用到军事斗争实践中，他始终坚信："革命战争是群众的战争，只有动员群众才能进行战争，只有依靠群众才能进行战争。"② 纵观战争史，凡是革命战争、民族战争和一切正义的战争，无不是依靠人民的力量才最终取得胜利的。中国共产党在 20 多年的革命战争中，打败了日本帝国主义，打败了蒋介石，打败了强大凶恶的国内外敌人，根本法宝就是依靠人民，得到人民的支持和拥护。

（四）人民群众有无限的创造力

马克思、恩格斯指出："历史活动是群众的事业，随着历史活动的深入，必将是群众队伍的扩大。"③ 列宁曾热情地称赞："千百万创造者的智慧却会创造出一种比最伟大的天才预见还要高明得多的东西。"④ 以毛泽东同志为主要代表的中国共产党人把马克思主义人民理论与中国革命实际相结合，提出了人民创造历史的科学理论。毛泽东指出："群众有伟大的创造力。中国人民中间，实在有成千成万的'诸葛亮'，每个乡村，每个市镇，都有那里的'诸葛亮'"，"只要我们依靠人民，坚决地相信人民群众的创造力是无穷无尽的，因而信任人民，和人民打成一片，那就任何困难也能克服。"⑤

1938 年 5 月，当全面抗战将近一年的时候，在黄土高原的窑洞里，毛泽东以伟大的战略家的气魄，挥笔写下了《论持久战》，提出了"兵民是胜利之本"的著名论断。抗日战争的伟大实践，证实了毛泽东这一论断的英明正确。抗日战争是一场典型的力量不对称的战争，日本侵略者无论在军力还是

---

① 扈光珉：《孙子兵法新解》，人民出版社 2019 年版，第 28 页。

② 《毛泽东选集》第一卷，人民出版社 1991 年版，第 136 页。

③ 《马克思恩格斯全集》第 2 卷，人民出版社 1995 年版，第 191 页。

④ 《列宁全集》第 33 卷，人民出版社 1985 年版，第 281 页。

⑤ 《毛泽东选集》第三卷，人民出版社 1991 年版，第 933、1096 页。

在经济力上都绝对优于中国。面对这样的力量对比，毛泽东以战略家的深邃眼光，高瞻远瞩地看到，"战争的伟力之最深厚的根源，存在于民众之中"①。日本敢于欺负我们，主要原因在于中国民众的无组织状态。抗日战争正是循着毛泽东的预言发展的：中国的军力不是不足吗？一盘散沙的中国人民一旦觉醒，就把日本侵略者置于我们数万万站起来了的人民之前，使它像一匹野牛冲入火阵，我们一声唤也要把它吓一大跳，这匹野牛就非烧死不可。我们方面军队须有源源不绝的补充，下面胡干的"捉兵法""买兵法"亟须禁止，改为广泛的热烈的政治动员，这样要几百万人当兵都是容易的。中国的武器不是处于劣势吗？人民一旦动员起来，便产生了无穷的战争智慧，地雷战、地道战、麻雀战、破袭战等应运而生，这些巧妙战法，在抗战中发挥了巨大威力，给敌人以大量消灭。中国抗日的财源不是十分困难吗？群众一旦动员起来，你一分钱，我一分钱，聚沙成塔，集腋成裘，岂有如此广土众民的国家而患财穷之理？由此，毛泽东得出一条重要历史结论："军队须和民众打成一片，使军队在民众眼睛中看成是自己的军队，这个军队便无敌于天下，个把日本帝国主义是不够打的。"②

二、一切从人民的利益出发

1945 年 4 月 24 日，毛泽东在党的七大所作的政治报告中指出："全心全意地为人民服务，一刻也不脱离群众；一切从人民的利益出发，而不是从个人或小集团的利益出发；向人民负责和向党的领导机关负责的一致性；这些就是我们的出发点。"③一切从人民的利益出发，始终是毛泽东革命斗争实践的逻辑起点和价值归宿。

---

① 《毛泽东选集》第二卷，人民出版社 1991 年版，第 511 页。
② 《毛泽东选集》第二卷，人民出版社 1991 年版，第 512 页。
③ 《毛泽东选集》第三卷，人民出版社 1991 年版，第 1094—1095 页。

（一）中国共产党的宗旨是全心全意为人民服务

共产党是为民族、为人民谋利益的政党。1943 年 7 月 2 日，毛泽东亲笔起草了《中共中央为抗战六周年纪念宣言》，回顾抗战历程，分析当时的敌我形势，阐明中国共产党和人民军队的主张。毛泽东指出，中国共产党在其诞生之时，即在中国历史上破天荒第一次向中国人民提出了反帝反封建的纲领，并根据此种纲领在各个时期规定了各种具体实施的政策。抗战以来，全体党员和全国广大的人民群众在一道，为着实现此种纲领与政策，为着反对帝国主义及其在中国的走狗，为着民族解放与社会解放，流血牺牲，前仆后继，举行了轰轰烈烈英勇顽强的斗争。不管敌人如何强大，道路如何艰难，中国共产党总是坚决前进，绝不徘徊，绝不畏缩，终于使全国人民从黑暗中找到光明，从绝路中找到生路。中国共产党成立以来的历史实践已经证明，党奋斗的方向，是使中华民族起死回生的完全正确的方向，并将在今后的历史实践中继续坚持下去，直到完全胜利。他强调指出："共产党员是一种特别的人，他们完全不谋私利，而只为民族与人民求福利。他们生根于人民之中，他们是人民的儿子，又是人民的教师，他们每时每刻地总是警戒着不要脱离群众，他们不论遇着何事，总是以群众的利益为考虑问题的出发点，因此他们就能获得广大人民群众的衷心拥护，这就是他们的事业必然获得胜利的根据。"①

共产党完全是为着解放人民的，是彻底地为人民的利益工作的。1945 年 4 月，毛泽东在党的七大指出："应该使每个同志明了，共产党人的一切言论行动，必须以合乎最广大人民群众的最大利益，为最广大人民群众所拥护为最高标准。"②党的七大正式把"为人民服务"的思想写进党章，第一次明确了"全心全意为人民服务"是中国共产党的根本宗旨，并使之成为党一切行动的指南。

毛泽东是为人民解放而起来革命的。青年毛泽东在韶山、湘潭和长沙见到群众生活痛苦不堪，分析其原因，认为是"由于有人压迫人、人剥削人的社会

---

① 《毛泽东文集》第三卷，人民出版社 1996 年版，第 47 页。
② 《毛泽东选集》第三卷，人民出版社 1991 年版，第 1096 页。

制度的缘故"，因而下定决心"以一生的力量为痛苦的人民服务，将革命事业奋斗到底"①。从那时起，为人民谋幸福就成为毛泽东毕生的追求。把为人民服务作为无产阶级政党的宗旨，则是毛泽东的一个重大贡献。夺取全国政权后，毛泽东坚持把这一对共产党人的根本的规定性要求，进一步确立为人民政权及其工作人员的根本宗旨。1957年3月，毛泽东在济南党员干部会议上的讲话中指出："共产党就是要奋斗，就是要全心全意为人民服务，不要半心半意或者三分之二的心三分之二的意为人民服务。"②把全心全意为人民服务作为共产党人的根本宗旨，体现了马克思主义的必然要求。从本质上看，中国共产党以全心全意为人民服务为宗旨，是建立在历史唯物主义基本原理基础上的，是因为笃定人民群众是历史的创造者，坚持人民群众的主体地位，相信人民群众的力量和智慧。正因为如此，中国共产党总是在历史发展的关键时刻，顺应历史潮流，把握历史主动，能够动员起千百万人民群众起而斗争，形成气势磅礴的革命力量和洪流。

（二）我们的军队是真正人民的军队

马克思主义认为，无产阶级专政的首要条件就是掌握一支属于自己的人民军队。建党之初，我们党是从血的教训中认识到这个真理的，在党内是毛泽东率先提出了"须知政权是由枪杆子中取得的"光辉论断。作为中国人民解放军的主要缔造者，毛泽东在领导这支军队为人民谋幸福、求解放的战斗岁月中，对人民军队的性质、宗旨作出许多重要论述，引领人民军队从胜利走向新胜利。毛泽东深刻指出："军队和其他武装力量，是新民主主义的国家权力机关的重要部分，没有它们，就不能保卫国家。新民主主义国家的一切武装力量，如同其他权力机关一样，是属于人民和保护人民的，它们和一切属于少数人、压迫人民的旧式军队、旧式警察等等，完全不同。"③他认为，共产党领导的人民军队，按其实际乃是中国人民在战争中自愿组织起来而仅仅服务于保卫祖国的军队，

---

① 《毛泽东年谱（一九四九——一九七六）》第一卷，中央文献出版社2013年版，第383页。

② 《毛泽东文集》第七卷，人民出版社1999年版，第285页。

③ 《毛泽东选集》第三卷，人民出版社1991年版，第1057页。

这是一种新型的军队，与过去中国一切属于个人的旧式军队完全不同。毛泽东强调："我们的军队是真正人民的军队，我们的每一个指战员以至每一个炊事员、饲养员，都是为人民服务的。"①

党的七大报告中，毛泽东在剖析国民党军队的反人民性和失败原因时有一段深刻论述。1924年，孙中山先生说："今日以后，当划一国民革命之新时代……第一步使武力与国民相结合；第二步使武力为国民之武力。"②国民党军队在北伐战争的前期，做到了孙先生所说的"第一步"，所以打了胜仗。从北伐战争后期直至现在，连"第一步"也丢了，站在反人民的立场上，所以一天一天腐败堕落，除了"内战内行"之外，对于"外战"，就不能不是一个"外行"。毛泽东认为，国民党军队中一切爱国的有良心的军官们，应该起来恢复孙先生的精神，改造自己的军队。在改造旧军队的工作中，对于一切可以教育的军官，应当给予适当的教育，帮助他们学得正确观点，清除陈旧观点，为人民的军队而继续服务。毛泽东最后强调："为创造中国人民的军队而奋斗，是全国人民的责任。没有一个人民的军队，便没有人民的一切。"③

全心全意为人民服务，是人民军队的力量源泉所在。毛泽东指出："这个军队之所以有力量，是因为所有参加这个军队的人，都具有自觉的纪律；他们不是为着少数人的或狭隘集团的私利，而是为着广大人民群众的利益，为着全民族的利益，而结合，而战斗的。紧紧地和中国人民站在一起，全心全意地为中国人民服务，就是这个军队的唯一的宗旨。"④在这个宗旨下面，我军具有一往无前的精神，压倒一切敌人而决不被敌人所屈服，不论在任何艰难困苦的场合，哪怕只有一个人也要继续战斗下去。在这个宗旨下面，我军有一个很好的内部和外部的团结，官兵之间、上下级之间，军事工作、政治工作和后勤工作之间，军民之间、军政之间、我友之间，都是团结一致的。在这个宗旨下面，我军有一个正确的争取敌军官兵和处理俘虏的政策，对于敌方投诚的、反正

① 《毛泽东文集》第三卷，人民出版社1996年版，第210页。
② 《孙中山全集》第十一卷，中华书局1986年版，第296—297页。
③ 《毛泽东选集》第三卷，人民出版社1991年版，第1074页。
④ 《毛泽东选集》第三卷，人民出版社1991年版，第1039页。

的、或在放下武器后愿意参加反对共同敌人的人一概表示欢迎，并给予适当的教育；对于一切俘虏，不许杀害、虐待和侮辱。在这个宗旨下面，我军形成了为人民战争所必需的一系列战略战术，善于按照变化着的具体条件从事机动灵活的游击战争，也善于作运动战。在这个宗旨下面，我军形成了为人民战争所必需的一系列政治工作，其任务是为团结我军、团结友军、团结人民，瓦解敌军和保证战斗胜利而斗争。在这个宗旨下面，在游击战争的条件下，我军利用战斗和训练的间隙，从事粮食和日用必需品的生产，达到军队自给、半自给或部分自给之目的，借以克服经济困难，改善军队生活和减轻人民负担。

人民军队的宗旨规定了我军要从各方面为人民服务，为中国人民的利益而奋斗。人民军队是一个执行革命的政治任务的武装集团，担负着打仗、做群众工作和生产三大任务。在土地革命战争时期，红军担负着打仗、做群众工作和筹款三位一体的任务。红军的打仗，不是单纯地为打仗而打仗，而是为了宣传群众、组织群众、武装群众，并帮助群众建设革命政权。到了抗日战争时期，筹款的任务改为生产，掀起了大规模生产运动，英勇善战的八路军、新四军，人人会打仗，会做群众工作，又会生产。解放战争胜利前后，需要大批干部去开展新解放区的工作，按照党中央的指示，210万野战军担负起了工作队的任务。这时，我军的三大任务便通俗地被概括为战斗队、工作队和生产队。新中国成立后，我军作为人民民主专政的工具，它的根本任务是战斗队，肩负着保卫祖国的使命，除此之外还担负着做群众工作和支援国家经济建设的任务，既是社会主义的保卫者，又是社会主义的建设者。在中国特色社会主义事业建设中，我军不仅要成为保卫和平的钢铁长城，而且要成为实现中华民族伟大复兴的战略支撑。

（三）真心实意地为群众谋利益

以百姓心为心，群众利益无小事。毛泽东要求对于广大群众的切身利益问题、群众的生活问题，一点也不能疏忽、一点也不能看轻。1934年1月，在江西瑞金召开的第二次全国工农兵代表大会上，毛泽东专门就关心群众生活进行强调。他郑重提出："我们应该深刻地注意群众生活的问题，从土地、劳动问题，到柴米油盐问题。"① 这些问题很细小。例如，妇女群众要学习用犁耙，找什么人去教她们呢？小孩子要求读书，小学办起了没有呢？对面的木桥太小会跌倒行人，要不要修理一下呢？许多人生疮害病，想个什么办法呢？一切这些群众生活上的问题，都应该提到这次大会议事日程上。毛泽东赞扬苏区长冈乡工作人员是做群众工作的模范，因为他们得到广大群众真心实意的爱戴，他们的战争动员号召得到广大群众拥护。长冈乡群众说："共产党真正好，什么事情都替我们想到了。"② 毛泽东分析道，要得到群众的拥护，就得和群众在一起，就得去发动群众的积极性，就得关心群众的痛痒，解决群众的一切问题。毛泽东最后指出："我们是这样做了么，广大群众就必定拥护我们，把革命当作他们的生命，把革命当作他们无上光荣的旗帜。"③

　　一切空话都是无用的，必须给人民以看得见的物质福利。1942 年 12 月，毛泽东在陕甘宁边区高级干部会议上强调："我们的第一个方面的工作并不是向人民要东西，而是给人民以东西。我们有什么东西可以给予人民呢？就目前陕甘宁边区的条件说来，就是组织人民、领导人民、帮助人民发展生产，增加他们的物质福利，并在这个基础上一步一步地提高他们的政治觉悟与文化程度。"④ 对此，毛泽东要求延安的党政军机关，应该不惜风霜劳苦，夜以继日，勤勤恳恳，切切实实地去研究人民中间的生活问题、生产问题，诸如耕牛、农具、种子、肥料、水利、牧草、农贷、移民、开荒、改良农作法、妇女劳动、二流子劳动、按家计划、合作社、变工队、运输队、纺织业、畜牧业、盐业等等重要问题，并帮助人民具体地而不是讲空话地去解决这些问题。毛泽东认为，这一方面的工作是每个在农村工作的共产党员的第一位工作。"只有在做了这一方面的工作，并确实生了成效之后，我们去做第二方面的工作——向人民要东西的工作时，我们才能取得人民的拥护，他们才会说我们要东西是应该的，是正当的……这就是我们党的根本路线，根本政策，每个同志（军队的同

① 《毛泽东选集》第一卷，人民出版社 1991 年版，第 138 页。
② 《毛泽东选集》第一卷，人民出版社 1991 年版，第 138 页。
③ 《毛泽东选集》第一卷，人民出版社 1991 年版，第 139 页。
④ 《毛泽东文集》第二卷，人民出版社 1993 年版，第 467 页。

志也在内）都要好好去研究"①。

　　毛泽东是真正为广大人民谋利益的典范。革命战争年代，无论是在稳定环境还是艰苦转战中，毛泽东都时刻惦记着群众，全身心地为群众解难题办实事。延安时期，毛泽东在抓好党中央工作的同时，倾注了大量心血和精力关注陕北百姓的生产和生活。凡是有关群众生产与生活的问题困难，他总是立即组织人员进行调查研究，采取措施及时解决。农忙时节，组织机关干部下乡帮助抢种抢收；群众遭灾，立即送去救灾物资。新中国成立后，毛泽东身居高位，但他热爱人民、关心群众利益的赤子之心更加火热。1957 年 12 月，一个卫士探亲归队，带回了掺着粗糙糠皮的黑窝头，对毛主席说："我们家乡的农民生活还很苦，乡亲们就是吃这种窝窝头。我讲的是实话。"毛泽东接过窝头放进嘴里后，眼圈就红了起来。他一边流泪一边将窝头分给身边的卫士说："大家都吃……这就是我们农民的口粮，这就是种田人吃的口粮啊……"②当天晚上，毛泽东怎么也睡不着，一边反思一边自言自语：我们是社会主义么，不该是这个样子。要想个办法，必须想个办法。怎么才能加速实现社会主义？后来，他专门在全国财贸书记会议上关于粮食问题的报告上批注："无产阶级专政的国家，一定可以做到有菜吃，有油吃，有猪吃，有鱼吃，有菜牛吃，有羊吃，有鸡鸭鹅兔吃，有蛋吃。我们应当有志气、有决心做到这一项在政治上经济上都有伟大意义的社会主义事业，也应当有信心做到这一项事情。一切为了人民利益，望各级党委接到这个指示以后，精心筹划，立即动手办起来。"③纵观毛泽东一生，人们深深地感到他忠实地践行着全心全意为人民服务的宗旨。《中共中央关于党的百年奋斗重大成就和历史经验的决议》中，把"坚持人民至上"作为党百年奋斗的十条历史经验之一，这从本质上揭示了我们这个百年大党立于不败之地的根本所在。

---

① 《毛泽东文集》第二卷，人民出版社 1993 年版，第 467—468 页。

② 高路主编：《共和国元勋风范记事》，人民出版社 1990 年版，第 93 页。

③ 《毛泽东文集》第八卷，人民出版社 1999 年版，第 70 页。

（四）为人民利益而死比泰山还重

生死问题是人类的一个永恒话题，是一个哲学思考的终极问题。自古以来，不同阶级的人们对生死有着不同的价值判断。1944年9月8日，毛泽东出席张思德的追悼会，发表了讲演，对共产党人生死的价值和意义进行了深刻而富有启发意义的阐述："人总是要死的，但死的意义有不同……为人民利益而死，就比泰山还重；替法西斯卖力，替剥削人民和压迫人民的人去死，就比鸿毛还轻。张思德同志是为人民利益而死的，他的死是比泰山还要重的。"[①]张思德是中央警备团的战士，在平凡工作岗位上默默奉献、以身殉职，用自己短暂的一生，生动诠释了全心全意为人民服务的宗旨。毛泽东对张思德的褒扬，体现了对为中国革命事业、为人民解放和幸福作出贡献的无数英烈们的敬重，对全心全意为人民服务精神的大力倡导。

在张思德同志追悼会上的讲演，是毛泽东对"为人民服务"的首次系统阐述，当时的报纸标题为《警备团追悼战士张思德同志　毛主席亲致哀悼》。在选入《毛泽东选集》时，为了突出讲话的核心精髓，毛泽东将其改为更加精辟凝练的五个字——《为人民服务》。在这里，毛泽东站在无产阶级和人民大众的立场上，把衡量生与死的意义和价值标准，确定在为人民利益而生、为人民利益而死。这种生死观，把马克思主义与中国传统文化结合起来，把为人民服务的重要性提到生与死的终极评价高度，这是前所未有的。这也从根本上体现了中国共产党人全心全意为人民服务、一切为了人民利益的高尚的人生观、价值观。这是一种革命的彻底的马克思主义生死观，是一种忘我、无我的高尚境界，具有无穷的精神价值。全心全意为人民服务，为人民利益舍生忘死，激励了一代代中国共产党人和人民军队官兵，为着中华民族站起来、富起来、强起来一往无前、流血牺牲。在今天我们进行的伟大斗争中，仍然要激扬斗争精神、有我无敌的强大信念，它仍然是中国共产党人不可或缺的精神支柱。

---

① 《毛泽东选集》第三卷，人民出版社1991年版，第1004页。

三、从群众中来，到群众中去

坚持群众路线，是毛泽东倡导的工作方法和领导艺术，是毛泽东思想的活的灵魂之一。这种工作路线，本质上就是一条人民的路线，是我们党获取无穷力量、进行伟大斗争的正确路线。1943年，毛泽东在《关于领导方法的若干问题》中指出："在我党的一切实际工作中，凡属正确的领导，必须是从群众中来，到群众中去。这就是说，将群众的意见（分散的无系统的意见）集中起来（经过研究，化为集中的系统的意见），又到群众中去作宣传解释，化为群众的意见，使群众坚持下去，见之于行动，并在群众行动中考验这些意见是否正确。然后再从群众中集中起来，再到群众中坚持下去。如此无限循环，一次比一次地更正确、更生动、更丰富。这就是马克思主义的认识论。"①这些论述深刻阐明了相信人民、依靠人民的方法论，与坚持人民主体的历史观、价值观一道，构成了毛泽东斗争艺术的重要篇章。

（一）同人民群众保持密切联系

共产党的正确而不动摇的斗争策略，绝不是少数人坐在房子里能够产生的，而是要在群众的斗争过程中才能产生的。在长期领导革命和建设的实践中，毛泽东高度重视人民群众的力量，多次系统阐述密切联系群众、从群众中来到群众中去等观点。1943年11月29日，毛泽东在中共中央招待陕甘宁边区劳动英雄大会上发表《组织起来》的重要讲话，集中论述了密切联系群众的问题。毛泽东强调："把群众力量组织起来，这是一种方针。还有什么与此相反的方针没有呢？有的。那就是缺乏群众观点，不依靠群众，不组织群众"，"我们应该走到群众中间去，向群众学习，把他们的经验综合起来，成为更好的有条理的道理和办法，然后再告诉群众（宣传），并号召群众实行起来，解

---

① 《毛泽东选集》第三卷，人民出版社1991年版，第899页。

决群众的问题，使群众得到解放和幸福"。^① 这些论述，意味着我们党对群众路线的认识，已经非常成熟。美国著名学者斯图尔特·施拉姆认为，毛泽东思想中充分阐释了领导者和群众之间诸如此类的各种关系，总的来说群众路线是贯穿此类关系的核心概念。

毛泽东对历史上王朝"其兴也勃焉，其亡也忽焉"现象非常重视，探索出通过民主跳出历史周期率的道路。毛泽东认为，党的最大政治优势是密切联系群众，党执政后的最大危险是脱离群众。他总是告诫全党要和群众同呼吸共命运，同甘苦共患难，要尽可能地利用各种机会去接近群众。在党的七大上，毛泽东总结革命斗争经验时指出："凡属正确的任务、政策和工作作风，都是和当时当地的群众要求相适合，都是联系群众的；凡属错误的任务、政策和工作作风，都是和当时当地的群众要求不相适合，都是脱离群众的。"^②

毛泽东非常反对领导干部的官僚主义和军队存在的军阀主义，指出这些作风就是"国民党的作风"。他说："如果我们共产党员也是这样，那末，这种党员的作风就是国民党的作风，这种党员的脸上就堆上了一层官僚主义的灰尘，就得用一盆热水好好洗干净。""在无论哪一个抗日根据地的地方工作中，都存在有这种官僚主义的作风，都有一部分缺乏群众观点因而脱离群众的工作同志。我们必须坚决地克服这种作风，才能和群众亲密地结合起来。"^③关于军队中存在的军阀主义作风，毛泽东指出："这也是一种国民党的作风，因为国民党军队是脱离群众的。我们的军队必须在军民关系上、军政关系上、军党关系上、官兵关系上、军事工作和政治工作关系上、干部相互关系上，遵守正确的原则，决不可犯军阀主义的毛病。"^④无论在地方还是军队工作中，无论是官僚主义倾向或军阀主义倾向，其毛病的性质都是一样，就是脱离群众。毛泽东对人民群众的深厚感情是发自内心的。新中国成立后，毛泽东搬进了中南海，感觉到很不习惯这里，主要是与群众离得远了。他在中南海没住几天，就有点憋

---

① 《毛泽东选集》第三卷，人民出版社 1991 年版，第 930、933 页。

② 《毛泽东选集》第三卷，人民出版社 1991 年版，第 1095 页。

③ 《毛泽东选集》第三卷，人民出版社 1991 年版，第 933、934 页。

④ 《毛泽东选集》第三卷，人民出版社 1991 年版，第 934 页。

不住了，希望卫士不要看得太严，把他与群众隔离开来。但他又非常理解和尊重有关纪律规定，感慨地说道："这个规定没有错，但把我和群众分隔开不行啊！我见不到群众就憋得发慌。我是共产党的主席，人民的领袖，见不到人民还算什么主席、领袖呢？我们共产党人，各级领导是鱼，人民群众是水，鱼离不开水，离开水，鱼就渴死了。"①

（二）拜人民群众为师

虚心向群众学习，是毛泽东一贯提倡的工作作风。土地革命战争时期，毛泽东就深刻认识到向群众学习、了解革命一手情况的极端重要性。他指出："没有满腔的热忱，没有眼睛向下的决心，没有求知的渴望，没有放下臭架子、甘当小学生的精神，是一定不能做，也一定做不好的。必须明白：群众是真正的英雄，而我们自己则往往是幼稚可笑的，不了解这一点，就不能得到起码的知识。"②"和全党同志共同一起向群众学习，继续当一个小学生，这就是我的志愿。"③在与群众的接触中，毛泽东态度诚恳，把配合他的干部、农民、秀才、狱吏、商人和钱粮师爷，当作"可敬爱的先生"。他谦虚地认为自己对中国社会的了解还远远不够，"还痛感有周密研究中国事情和国际事情的必要，这是和我自己对于中国事情和国际事情依然还只是一知半解这种事实相关联的，并非说我是什么都懂得了"④。

毛泽东非常注重家风教育，教育孩子不忘本色，向人民群众学习。1946年1月7日，毛岸英从苏联留学后回到延安。虽然时隔多年不见，但父子重逢后不久，毛泽东就对毛岸英说："你在苏联长大，住的是洋学堂，对国内生活你还不了解，中国还有个学堂，就是农业大学、劳动大学。"⑤毛岸英理解父亲的想法，回答说很想到农村去参加劳动、搞调查。毛泽东非常高兴地说，要以

---

① 《领袖身边十三年：毛泽东卫士李家骥访谈录》上，中央文献出版社 2007 年版，第 64 页。

② 《毛泽东选集》第三卷，人民出版社 1991 年版，第 790 页。

③ 《毛泽东选集》第三卷，人民出版社 1991 年版，第 791—792 页。

④ 《毛泽东选集》第三卷，人民出版社 1991 年版，第 791 页。

⑤ 宋一秀、杨梅叶：《毛泽东的人际世界》，红旗出版社 1992 年版，第 97 页。

劳动为主，要向群众学习……老百姓家里有虱子，不要怕，有水就多洗一洗，没水就用手多捉它几个。后来，毛泽东安排毛岸英到延安的吴家枣园去参加劳动，临走时毛泽东还交代：你要和乡亲们同吃、同住、同劳动，要从开荒干起，一直到收获，这样你就会切身感受到劳作的艰辛，懂得劳动人民的伟大。正是在陕北黄土高原这个广阔的农业大学里，毛岸英学会了开荒、翻地、点种、放羊等基本农活，由此也感受到农民劳动的辛苦，感受到粮食的珍贵、劳动的价值，也感受到劳动人民的智慧和伟大，进一步增强了对人民群众的深厚感情，树立起马克思主义群众观点。

毛泽东虚心向人民学习的一个重要方面，是重视向人民群众学习语言，向现实生活学习接烟火气的语言。1940 年 1 月 9 日，毛泽东在陕甘宁边区文化协会第一次代表大会作《新民主主义论》的著名讲演。他指出："一切进步的文化工作者，在抗日战争中，应有自己的文化军队，这个军队就是人民大众。革命的文化人而不接近民众，就是'无兵司令'，他的火力就打不倒敌人。为达此目的，文字必须在一定条件下加以改革，言语必须接近民众，须知民众就是革命文化的无限丰富的源泉。"① 毛泽东非常反对党八股那种脱离群众的官样文章，认为这些文章"没有什么内容，真是'懒婆娘的裹脚，又长又臭'。为什么一定要写得那么长，又那么空空洞洞的呢? 只有一种解释，就是下决心不要群众看""我们是革命党，是为群众办事的，如果也不学群众的语言，那就办不好"②。他要求党员干部必须学会用群众语言与群众沟通，要向群众学习语言，因为群众的语汇是很丰富的、生动活泼的，表现实际生活的。1942 年 5 月，他在《在延安文艺座谈会上的讲话》中指出："许多文艺工作者由于自己脱离群众、生活空虚，当然也就不熟悉人民的语言，因此他们的作品不但显得语言无味，而且里面常常夹着一些生造出来的和人民的语言相对立的不三不四的词句。"③作为语言大师，毛泽东一生中写文章、作报告乃至填词写诗大量地运用群众语言、生活语言，生动彰显出人民领袖拜群众为师、向人民学习的本色。

---

① 《毛泽东选集》第二卷，人民出版社 1991 年版，第 708 页。

② 《毛泽东选集》第三卷，人民出版社 1991 年版，第 834、837 页。

③ 《毛泽东选集》第三卷，人民出版社 1991 年版，第 850—851 页。

（三）一切实际工作者必须向下作调查

调查研究是马克思主义的一项基本工作方法，也是我们党的优良传统和作风。坚持从群众中来、到群众中去，把党的群众路线落到实处，必然要深入群众进行调查研究。这是把马克思主义理论与中国具体实际相结合的必然途径，也是拜群众为师、向人民学习的必然要求。毛泽东指出："我们的调查工作要面向下层，而不是幻想。同时，我们又相信事物是运动的，变化着的，进步着的。因此，我们的调查，也是长期的。"[1]毛泽东谈到，中国幼稚的资产阶级还没有来得及也永远不可能替我们预备关于社会情况的较完备的甚至起码的材料，如同欧美日本的资产阶级那样，所以我们自己非做搜集材料的工作不可；实际工作者须随时去了解变化着的情况，这是任何国家的共产党也不能依靠别人预备的。所以"一切实际工作者必须向下作调查"，这对于只懂得理论不懂得实际情况的人，调查工作尤有必要，否则他们就不能将理论和实际相联系。毛泽东举例说，有许多人"下车伊始"，就哇喇哇喇地发议论，提意见，这也批评，那也指责，其实这种人十个有十个要失败。因为这种议论或批评，没有经过周密调查，不过是无知妄说。我们党吃所谓"钦差大臣"的亏，是不可胜数的。而这种"钦差大臣"则是满天飞，几乎到处都有。

在老一辈革命家中，毛泽东是注重和坚持调查研究的典范。毛泽东曾对湖南长沙等五县进行考察，加深了对当时中国国情的了解，之后又在中央苏区对江西的兴国、井冈山等地进行调查。先后完成了《中国社会各阶级的分析》《中国佃农生活举例》《湖南农民运动考察报告》《反对本本主义》《寻乌调查》《兴国调查》《木口村调查》《长冈乡调查》《才溪乡调查》等多篇有影响的调查报告，形成了对当时中国基层社会以及革命苏区农民和农村较全面深入的认识。

调查的目的就是解决问题。一切结论产生于调查情况的末尾，而不是在它的先头。毛泽东风趣地说："调查就像'十月怀胎'，解决问题就像'一朝分娩'"[2]。

---

① 《毛泽东文集》第二卷，人民出版社 1993 年版，第 378 页。
② 《毛泽东选集》第一卷，人民出版社 1991 年版，第 110 页。

第四章 「一切为了人民利益」——关于斗争立场

新中国成立后，为了探索在中国怎样建设社会主义，毛泽东仍然坚持调查研究，他的足迹遍布农村、城市、矿山、企业和军营各个角落。自1956年2月14日起，他先后听取国务院34个部门的工作汇报和国家计委关于第二个五年计划的汇报。其间一边听汇报，一边不断提出问题，发表意见。这次调查共历时43天，成为他一生中所作的规模最大、时间最长、周密系统的经济工作调查。正是通过这次调查研究，毛泽东初步形成了关于中国社会主义建设道路比较系统的思路。这次调研的重要成果，就是1956年5月25日毛泽东在中共中央政治局扩大会议上发表的著名的《论十大关系》。调查研究是谋事之基、成事之道。进入新时代，习近平总书记多次强调要在全党大兴调查研究之风。中央八项规定的第一条，便是改进调查研究。新时代新征程，我们推进各项事业建设发展，必须坚持问题导向，认真开展调查研究。切实把调查研究与履职尽责、完成党中央部署的任务和当前正在做的事情结合起来。通过深入扎实的调查研究，更好地了解民情、掌握实情，避免形式主义、官僚主义，从而使调研的过程成为加深对党的创新理论领悟的过程，成为研究提出问题、改进工作思路的过程，成为保持同人民群众血肉联系的过程。

（四）从群众中集中起来又到群众中坚持下去

相信群众、依靠群众，从群众中来、到群众中去，不仅反映中国共产党对待人民群众的根本态度，而且是基本的领导方法。1943年6月1日，毛泽东在为中共中央所写的《关于领导方法的若干问题》中指出，我们共产党人无论进行何项工作，有两个方法是必须采用的，一是一般和个别相结合，二是领导和群众相结合。

毛泽东强调，任何工作任务，如果没有一般的普遍的号召，就不能动员广大群众行动起来。但如果只限于一般号召，而领导人员没有具体地直接地从若干组织将所号召的工作深入实施，突破一点，取得经验，然后利用这种经验去指导其他单位，就无法考验自己提出的一般号召是否正确，也无法充实一般号召的内容，就有使一般号召归于落空的危险。坚持一般和个别相结合，是进行任何工作都应普遍采用的科学方法，"任何领导人员，凡不从下级个别单位的

123

个别人员、个别事件取得具体经验者，必不能向一切单位作普遍的指导。这一方法必须普遍地提倡，使各级领导干部都能学会使用"。① 毛泽东同时指出，一项任务必须在工作过程中形成一个以该单位首要负责人为核心的少数积极分子的领导骨干，并使这一领导骨干和广大群众密切结合，才能使这项任务完成。只有领导骨干的积极性，而无广大群众的积极性相结合，便将成为少数人的空忙。但如果只有广大群众的积极性，而无有力的领导骨干去恰当地组织群众的积极性，则群众积极性既不可能持久，也不可能走向正确的方向和提到高级的程度。在这个文件中，毛泽东还谈到其他的原则及工作方法。这些方法，本质上就是坚持群众路线所必然要求的具体的领导方法和工作方法。

---

① 《毛泽东选集》第三卷，人民出版社 1991 年版，第 898 页。

第五章
"有理、有利、有节"

——关于斗争原则

毛泽东在领导中国革命斗争的伟大实践中，不仅始终坚持马克思主义基本原理不动摇，而且提出了以"有理、有利、有节"为代表的行之有效的具体斗争原则，强调"领导人民对敌斗争的策略，必须……从有理、有利、有节的观点出发，一步一步地和稳扎稳打地去进行"[①]。"有理、有利、有节"原则，不仅为夺取中国革命战争胜利提供了科学指导，而且被广泛运用于新中国的国际斗争实践，沉重打击了帝国主义、霸权主义的嚣张气焰，有效捍卫了国家的主权、安全和领土完整，有力维护了世界的和平与发展。

一、丢掉幻想，准备斗争

"丢掉幻想，准备斗争"[②]，是 1949 年 8 月 14 日毛泽东在为新华社写的一篇评论中提出的著名论断。在这篇评论中，毛泽东揭露了当时美国对华政策的帝国主义本质，批评了国内一部分资产阶级知识分子对美帝国主义的幻想，对准备斗争的重要性和必然性作了深入分析。"丢掉幻想，准备斗争"，是毛泽东

---

① 《毛泽东选集》第二卷，人民出版社 1991 年版，第 636 页。

② 《毛泽东选集》第四卷，人民出版社 1991 年版，第 1483 页。

的一贯思想，是进行革命斗争的思想基础和自觉原则，体现了毛泽东指导中国革命斗争的自觉性和坚定性。

（一）希望反动派发善心是不可能的

1949年8月5日，美国国务院发表《美国与中国的关系》白皮书，一起发表的还有美国国务卿艾奇逊致杜鲁门总统的信，公开地表示美帝国主义对于中国的干涉。对此，毛泽东陆续发表《丢掉幻想，准备斗争》《别了，司徒雷登》《为什么要讨论白皮书?》《"友谊"，还是侵略?》《唯心历史观的破产》五篇评论文章，一针见血地揭露了美帝国主义的反动本性，深刻揭示了对美帝国主义和一切反动派的幻想是不切实际的。

毛泽东指出，反动派的凶恶本性不会改变。在他看来，中国革命的敌人是异常强大的，也是极其凶恶的，这就决定了"中国革命的长期性和残酷性"①。针对当时中国某些知识分子的"放下屠刀，立地成佛""强盗收心做好人"等想法或说法，毛泽东指出，这是思想糊涂。帝国主义是很凶恶的，就是说它的本性是不能改变的，帝国主义分子决不肯放下屠刀，他们也决不能成佛，直至他们的灭亡。毛泽东精辟地指出："捣乱，失败，再捣乱，再失败，直至灭亡——这就是帝国主义和世界上一切反对派对待人民事业的逻辑，他们决不会违背这个逻辑的。"②毛泽东同时强调："斗争，失败，再斗争，再失败，再斗争，直至胜利——这就是人民的逻辑，他们也是决不会违背这个逻辑的。这是马克思主义的又一条定律。"③在他看来，俄国人民的革命曾经是依照了这条定律，中国人民的革命也是依照这条定律。

毛泽东对美帝国主义和国民党反动派的反人民性做了具体剖析。1949年8月28日，他在《为什么要讨论白皮书?》中指出："白皮书是一部反革命的书，它公开地表示美帝国主义对于中国的干涉。就这一点来说，表现了帝国主义已

---

① 《毛泽东选集》第二卷，人民出版社1991年版，第634页。

② 《毛泽东选集》第四卷，人民出版社1991年版，第1486页。

③ 《毛泽东选集》第四卷，人民出版社1991年版，第1487页。

经脱出了常轨。"①毛泽东后来进一步指出："美帝国主义者很傲慢，凡是可以不讲理的地方就一定不讲理，要讲一点理的话，那是被逼得不得已了。"②至于国民党反动派，看它的过去，就可以知道它的现在；看它的过去和现在，就可以知道它的将来。他说，"以蒋介石为代表的大地主大资产阶级对于人民革命力量的仇恨和残忍"，不但为过去十年的反共战争所证明，更由抗日战争中的两次反共高潮特别是第二次反共高潮中的皖南事变所完全地证明了。③

毛泽东总结历史经验，指出希望劝说帝国主义者和中国反动派发出善心，回头是岸，是不可能的，"唯一的办法是组织力量和他们斗争"④。例如，人民解放战争，土地革命，揭露帝国主义，"刺激"他们，把他们打倒，制裁他们的犯法行为，只许他们规规矩矩，不许他们乱说乱动。然后，才有希望在平等和互利的条件下和外国帝国主义国家打交道。然后，才有希望把已经缴械了和投降了的地主阶级分子、官僚资产阶级分子和国民党反动集团的成员及其帮凶们给予由坏人变好人的教育，并尽可能地把他们变成好人。毛泽东强调，在国民党第二次反共高潮中项英同志的机会主义的失败，全党应该引为深戒。同时，"斗争必须是有理、有利、有节的，三者缺一，就要吃亏"。⑤

（二）不能在精神上解除自己的武装

毛泽东认为，没有精神条件，革命就不能胜利。当时，受国内外反动派蛊惑欺骗，一些人忘记帝国主义列强对中国侵略和压迫的历史，对美帝国主义盲目迷信，患了"亲美、崇美、恐美"病。毛泽东回顾帝国主义侵华历史，指出帝国主义列强侵入中国的目的，绝不是要把封建的中国变成资本主义的中国，而是要把中国变成它们的半殖民地和殖民地。但与帝国主义的初衷相反，它也给自己准备了灭亡的条件，殖民地半殖民地的人民大众和帝国主义自己国家内

---

① 《毛泽东选集》第四卷，人民出版社 1991 年版，第 1500 页。

② 《毛泽东年谱（一九四九──一九七六）》第二卷，中央文献出版社 2013 年版，第 163 页。

③ 《毛泽东选集》第二卷，人民出版社 1991 年版，第 782 页。

④ 《毛泽东选集》第四卷，人民出版社 1991 年版，第 1487 页。

⑤ 《毛泽东选集》第二卷，人民出版社 1991 年版，第 783 页。

的人民大众的觉悟，就是这样的条件。毛泽东辩证、深刻地指出："帝国主义替这些人民大众准备了物质条件，也准备了精神条件。"①工厂、铁道、枪炮等等，这些是物质条件。中国人民解放军的物质装备，大部分是从美国帝国主义得来的，一部分是从日本帝国主义得来的，一部分是自己制造的。自 1840 年鸦片战争以来，帝国主义对中国的侵略战争，加上政治上、经济上、文化上的侵略和压迫，造成了中国人对于帝国主义的仇恨，迫使中国人的革命精神发扬起来，从斗争中团结起来。斗争，失败，再斗争，再失败，再斗争，积 100 多年的经验，积几百次大小斗争的经验，军事的和政治的、经济的和文化的、流血的和不流血的经验，方才获得今天这样的基本上的成功。毛泽东强调："这就是精神条件，没有这个精神条件，革命是不能胜利的。"②

　　毛泽东警示全党全军，决不可因为胜利而放松警惕。他认为，思想上、政治上解除武装，甚至比在行动上放下武器更加危险。他对帝国主义麻醉、愚弄中国人民的精神作了深刻揭露，指出帝国主义列强"对于麻醉中国人民的精神的一个方面，也不放松，这就是它们的文化侵略政策……其目的，在于造就服从它们的知识干部和愚弄广大的中国人民。"③毛泽东引用艾奇逊致杜鲁门的信中公开的图谋："中国悠久的文明和她的民主个人主义终于会再显身手，中国终于会摆脱外国的羁绊。对于中国目前和将来一切朝着这个目标的发展，我认为都应当得到我们的鼓励。"④ 他指出，美帝国主义对中国革命的干涉已由"公开暴露代替了遮藏掩盖"，而那些深受美帝国主义荼毒的"民主个人主义"者，仍对美国存在不切实际的幻想。"准备斗争"的口号，是对于在中国和帝国主义国家的关系的问题上，特别是在中国和美国的关系的问题上，还抱有某些幻想的人们说的。他们在这个问题上还是被动的，还没有下决心，还没有和美国帝国主义（以及英国帝国主义）作长期斗争的决心，因为他们对美国还有幻想。不要以为胜利了，就不要做工作了。还要做工作，还要做很多的耐心的工作，

---

① 《毛泽东选集》第四卷，人民出版社 1991 年版，第 1483 页。

② 《毛泽东选集》第四卷，人民出版社 1991 年版，第 1484 页。

③ 《毛泽东选集》第二卷，人民出版社 1991 年版，第 629—630 页。

④ 《毛泽东选集》第四卷，人民出版社 1991 年版，第 1486 页。

才能真正地争取这些人。争取了他们，帝国主义就被完全孤立了，艾奇逊的一套就无所施其伎了。毛泽东强调："我们决不可因为胜利，而放松对于帝国主义分子及其走狗们的疯狂的报复阴谋的警惕性，谁要是放松这一项警惕性，谁就将在政治上解除武装，而使自己处于被动的地位。"①

（三）必须做好物质上和精神上的斗争准备

毛泽东历来重视未雨绸缪，扎实做好应对一切来犯之敌的准备工作。早在1931年3月17日，在第一次反"围剿"胜利后，毛泽东就和朱德发布《为争取第二期作战胜利军事上应准备的工作》训令，对更好地准备第二次反"围剿"作出部署。1936年12月，在《中国革命战争的战略问题》中，毛泽东强调："在和敌人准备'围剿'同时，进行我们的反'围剿'的准备，实有完全的必要。我们队伍中曾经发生过的反对准备的意见是幼稚可笑的。"②之后，无论是抗日战争，还是解放战争，毛泽东都反复强调做好战争准备工作，不打无准备之仗。

新中国成立后，毛泽东多次指出，帝国主义亡我之心不死，必须加强战备维护和平。他强调，我们爱好和平，但以斗争求和平则和平存，以妥协求和平则和平亡。和平不是求来的，也不是喊来的，没有维护和平的能力，特别是不做好足够准备，就不可能维持和平。我们准备反侵略的战争，"问题要放在最坏的基点上来考虑"③，"应当以有可能挨打为出发点来部署我们的工作"④。他告诫人们，做好准备，最后是有可能战争并没有来；但是如果战争真的来了，而我们没做好准备，那就后悔莫及了。我们争取不打，但是应该设想最坏的情况，立足于打来做准备，才能有备无患，争取主动。

毛泽东强调要讲物质上的准备，"而主要的是要有精神上的准备"。他指出："精神上的准备，就是要有准备打仗的精神。不仅是我们中央委员会，要

---

① 《毛泽东选集》第四卷，人民出版社1991年版，第1465页。
② 《毛泽东选集》第一卷，人民出版社1991年版，第200页。
③ 《毛泽东文集》第七卷，人民出版社1999年版，第326页。
④ 《毛泽东文集》第八卷，人民出版社1999年版，第341页。

使全体人民中间的大多数有这个精神准备。"①只有做好精神上的准备，才可能充分做好物质上的准备。只要我们做好准备，帝国主义和一切反动派试图把战争强加给中国人民，就一定会失败。他自信地说："小小寰球，有几个苍蝇碰壁。嗡嗡叫，几声凄厉，几声抽泣。蚂蚁缘槐夸大国，蚍蜉撼树谈何易。"②

二、人不犯我，我不犯人；人若犯我，我必犯人

在具体对敌斗争中，毛泽东强调第一位的是"有理"原则，即自卫原则。他指出："第一是自卫原则。人不犯我，我不犯人，人若犯我，我必犯人。这就是说，决不可无故进攻人家，也决不可在被人家攻击时不予还击。这就是斗争的防御性。"③坚持"有理"原则，既使我方占据道义上的优势和政治上的主动，也保证我方对来犯之敌给予及时有力回击，做到后发制人。

（一）战略上采取自卫立场

"有理"原则，注重自卫立场和后发制人，其精髓在于战略上自卫防御和战役战术上进攻反击的作战形式的相互配合。对于自卫与反击，毛泽东在党的七大上曾用三句古语来说明：一是"不为天下先"，即"我们不打第一枪"；二是"退避三舍"，"就是你来了，我们让一下的意思"；三是"礼尚往来"，对敌人的侵犯坚决反击。④

毛泽东强调："自卫就是有理"，"基本是自卫的立场，有了这样的立场，就不会犯错误"。⑤坚持有理原则进行自卫反击，一方面要争取以和平方式解决争端；另一方面要积极做好充分的准备工作，一旦敌人发动挑衅和侵

---

① 《毛泽东年谱（一九四九——一九七六）》第六卷，中央文献出版社 2013 年版，第 248 页。
② 吴正裕主编：《毛泽东诗词全编鉴赏》，人民文学出版社 2017 年版，第 278 页。
③ 《毛泽东选集》第二卷，人民出版社 1991 年版，第 749 页。
④ 《毛泽东文集》第三卷，人民出版社 1996 年版，第 326 页。
⑤ 《毛泽东文集》第三卷，人民出版社 1996 年版，第 327 页。

略，我方能迅速发起强有力的反击，实现后发制人。抗日战争时期，九一八事变后，毛泽东就号召"用民族自卫战争反抗日本侵略者"①；全民族抗战后，毛泽东在维护抗日民族统一战线的同时，强调对于国民党顽固派的进犯"必须站在自卫立场上坚决地打退之"②。解放战争时期，蒋介石挑起全面内战后，毛泽东为中共中央起草对党内的指示，号召"以自卫战争粉碎蒋介石的进攻"③，强调"站在自卫立场上，尽一切努力粉碎国民党的进攻"④。新中国成立后，毛泽东作出"抗美援朝，保家卫国"战略决策，以正义之师行正义之举；指挥赢得中印边境自卫反击战、珍宝岛自卫反击战、西沙群岛自卫反击战。实践证明，坚持"有理"原则，在战略上采取自卫立场，一直都是我党我军夺取战略主动权、赢得革命斗争胜利、有效维护国家安全和发展利益的重要保证。

（二）决不可无故进攻人家

"有理"原则强调先"理"后兵，不主动挑起战争，不打第一枪。在战争爆发之前，还有政治的、经济的、外交的等多种手段可供选择，战争是解决问题的最后手段，是被迫的行为。

毛泽东多次指出，我们坚决反对别人侵略我们，我们自己也决不去侵略别人。他经常列举1840年鸦片战争后100多年间西方列强对中国的侵略和欺凌，强调饱受侵略和战乱之苦的中国人民，决不会把自己经受过的战争和灾难强加给其他国家，也决不允许任何国家再侵略我们的国家和欺凌我们的人民。毛泽东在1960年会见当时已退役的英国陆军元帅蒙哥马利时态度鲜明地讲道：中国深受外国的侵略和欺凌，我们只要求外国不要干涉中国的事情，新中国绝不会越出边界去侵略别人。他强调："我们是马克思列宁主义者，我们的国家是社会主义国家，不是资本主义国家，因此，一百年，一万年，我们也不会侵

---

① 《毛泽东选集》第二卷，人民出版社1991年版，第521页。

② 《毛泽东选集》第二卷，人民出版社1991年版，第760页。

③ 《毛泽东选集》第四卷，人民出版社1991年版，第1186页。

④ 《毛泽东选集》第四卷，人民出版社1991年版，第1174页。

略别人。"①

毛泽东主张，我们绝不先打第一枪。在敌方不断挑衅、企图制造战争借口时，我们在做好战争准备的前提下，决不挑起战端，而是坚守自卫立场，坚持后发制人，尽最大努力维护和平。毛泽东用兵如神，当然深知"先下手为强"、抢占先机优势的道理。他谋划打仗考虑更多的是政治的意义和必要性，始终从政治高度思考和处理战争问题，从政治上、全局上、长远上强调不打第一枪。1945年5月31日，毛泽东在党的七大的结论中强调："不打第一枪这个原则我们要谨记，从一个时期来看好像不一定有利，但从长远来看则是很有利的。"②1956年1月，毛泽东在会见南斯拉夫新闻工作者代表团时说，我们没有原子弹，不想打，苏联有，也不想打，但如果帝国主义丢下原子弹来了，我们准备打。我们不是艾森豪威尔的参谋长，要准备突然事变，但我们绝不先打第一枪。毛泽东所说的"枪"，并非具体的"枪"，而是用枪来比喻"侵犯"，如果敌人侵犯我国主权和领土，危害我国核心利益，就是开了"第一枪"，我们就必须坚决还击。我们不打第一枪，但要防范敌人打第一枪，做好"犯人"的准备，如果没有准备，"不打第一枪"就失去了任何意义。毛泽东"不打第一枪"的主张，在1962年对印自卫反击战中表现得非常鲜明突出。毛泽东从中印两国人民的传统友谊和根本利益出发，一贯主张通过友好协商、和平解决边界问题，并为此做出了巨大努力。在中方缓和边境紧张局势的建议遭到印度当局拒绝后，中国边防部队单方面作了后撤，并规定在双方实际控制线中国一侧30公里以内不开枪，不巡逻，不平叛，不打猎；在20公里以内不打靶，不演习，不爆破。只是在印度军队不断升级武力挑衅、企图以武力实现其领土要求、我忍无可忍的情况下，毛泽东和中央军委才作出实施自卫反击的决定，给入侵印军以迎头痛击。

实际上，毛泽东领导的历次自卫反击战，无不贯彻了"不打第一枪"原则，使我们牢牢掌握着政治和道义的制高点，掌握了军事斗争的战略主动权，并获

① 《毛泽东文集》第八卷，人民出版社1999年版，第301页。
② 《毛泽东文集》第三卷，人民出版社1996年版，第389页。

得一切爱好和平、正义的世界人民的广泛支持。

（三）决不可在被人家攻击时不予还击

"有理"原则强调当和平手段已经失效、敌人挑起战争时，我们就不能退让避战，必须给来犯之敌以坚决反击。在毛泽东看来，不打第一枪，绝不是软弱畏战、自缚手脚、任人欺负。无论敌人有多强大，只要胆敢进犯，中国人民必将不畏强暴，坚决予以还击，直到胜利。同时，中国也绝不以大欺小、以强凌弱，而是尊重各国主权，提倡平等互利，和平共处。毛泽东指出，不要战争，持久和平，是我们的良好愿望。但是，只要帝国主义存在，就无法改变其侵略他国、互相争霸的本性，战争也就不可避免。他认为，我们的努力，只能做到在一个时期，或是一个相当时期内避免战争。既然世界上还存在战争，我们就得正确应对。怕战争，以妥协退让来避免战争，是无用的。"人若犯我，我必犯人"，当敌人进犯时，我们必须有"犯人"的意志和能力，做到"犯人"必胜。毛泽东多次就战争的自卫性表明态度，指出："我们有两条：第一，我们不要战争；第二，如果有人来侵略我们，我们就予以坚决回击。"[1] "任何地方我们都不去侵略。但是，人家侵略来了，我们就一定要打，而且要打到底。"[2] 在对印自卫反击战前，毛泽东一直强调克制忍让，注重以和平方式解决中印边境争端。同时，他又强调克制忍让不是软弱可欺，对敌人侵犯我主权和领土完整的行动必须坚决予以还击。在印度军队大规模武装入侵、严重侵犯中国领土主权时，毛泽东果断决定进行自卫反击，签发歼灭入侵印军作战命令，赢得中印边境自卫反击战重大胜利，有效捍卫了国家主权和领土完整，维护了世界和平。

毛泽东认为，自卫还击是一种战略目标明确、战略手段有限的还击，最终目的还是着眼于捍卫国家主权和领土完整的核心利益。对侵犯我国核心利益之敌，必须展现出捍卫原则底线的决心和能力并给予强而有力的回击。新中国成

---

① 《毛泽东年谱（一九四九——一九七六）》第二卷，中央文献出版社 2013 年版，第 340 页。

② 《毛泽东军事文集》第六卷，军事科学出版社、中央文献出版社 1993 年版，第 356 页。

立后，我国已有统一的、巩固的全国政权，经济建设也已经形成基本布局。此时，延续革命战争年代不计"一城一池之得失"的作战方式，只会让敌人"长驱直入"，国家"将遭受很大困难"。因此，新中国成立后，我军高度重视战略后方的重要意义，在战略防御中尽可能地保卫重点设防和要塞地区。毛泽东坚决维护新生人民政权安全、捍卫国家主权和领土完整。在国家主权及领土问题上，毛泽东的基本观点就是："我国人民不需要也不应当侵占外国任何领土主权，但是我国人民必须保卫自己的领土主权不受侵犯。"[1]他强调："中国的事情必须由中国人民自己作主张，自己来处理，不容许任何帝国主义国家再有一丝一毫的干涉。"[2]他在新政协第一届全体会议宣告中华人民共和国成立的会议宣言中指出，新中国"将加强人民的陆海空军，巩固国防，保卫领土主权完整，反对任何帝国主义国家的侵略"[3]。

三、不斗则已，斗则必胜

毛泽东主张，对敌斗争重在坚持"有利"原则，即胜利原则，"应在稳当可靠的基础上争取一切可能的胜利"[4]。他强调："不斗则已，斗则必胜，决不可举行无计划无准备无把握的斗争。"[5]只有未雨绸缪、充分准备，敢于斗争、敢于胜利，才能打得一拳开，免得百拳来，一直打到我们完全胜利。

（一）决不可举行无计划无准备无把握的斗争

毛泽东强调，为了确保胜利，必须做好各项准备，不打无计划无准备无把

---

① 《中共中央文件选集（一九四九年十月——一九六六年五月）》第28册，人民出版社2013年版，第460页。

② 《毛泽东选集》第四卷，人民出版社1991年版，第1465页。

③ 《毛泽东文集》第五卷，人民出版社1996年版，第348页。

④ 《建国以来毛泽东军事文稿》上卷，军事科学出版社、中央文献出版社2010年版，第358页。

⑤ 《毛泽东选集》第二卷，人民出版社1991年版，第749页。

握之仗。对于长期处于敌强我弱、敌大我小、敌优我劣的中国革命战争来说，不打无计划无准备无把握之仗尤为重要。

毛泽东在批评不重视作战准备的观点时指出，没有必要的和充分的准备，必然陷入被动地位。临时仓促应战，胜利的把握是没有的。革命战争年代，毛泽东多次强调，每战均须精心计划，充分准备，并将"不打无准备无把握之仗"概括为"十大军事原则"之一。新中国成立后，毛泽东强调："我们历来不打无准备无把握之仗，也不打只有准备但无把握之仗。"① 在决策炮击金门的紧张时刻，毛泽东彻夜难眠。1958 年 7 月 27 日上午，毛泽东就打金门时机给彭德怀、黄克诚写信，提出"目前不打，看一看形势"，要求"等几天，考虑明白，再作攻击……不打无把握之仗这个原则，必须坚持"。② 按照毛泽东这个指导思想，炮击金门的时间向后推延近一个月，国际形势的发展更加有利、战机成熟了，我军的准备工作也更加充分，为取得炮击金门的全胜奠定了坚实基础。

（二）打则"打狠打痛"

毛泽东在党的七大结论中指出，我们要谨记"不打第一枪"这个原则，"当然到了该打的时候，就要坚决、彻底、干净、全部消灭之"③。不打则已，打则打狠打痛，务求全胜，是毛泽东指导对敌斗争"胜利原则"的基本要求。

新中国成立后，毛泽东在领导我国人民进行社会主义建设的同时，始终坚持保卫国家主权、领土完整和维护世界和平。1950 年 10 月，抗美援朝战争爆发后，毛泽东多次强调，要给敌人沉重打击，以改变战局。1950 年 11 月 18 日，毛泽东在给志愿军司令员彭德怀等人的电报中指出："只要我军多打几个胜仗，歼灭几万敌军，整个国际局势就会改观。"④ 在志愿军连续进行四次战役、给敌军以沉重打击后，1951 年 4 月 28 日，毛泽东要求志愿军注意在第五次战役中

---

① 《毛泽东文集》第六卷，人民出版社 1999 年版，第 280 页。

② 《建国以来毛泽东文稿》第七册，中央文献出版社 1998 年版，第 326 页。

③ 《毛泽东文集》第三卷，人民出版社 1996 年版，第 389 页。

④ 《建国以来毛泽东军事文稿》上卷，军事科学出版社、中央文献出版社 2010 年版，第 358 页。

给敌以尽可能大的打击，强调"如能在此战中歼灭敌军一万五千至二万人，则于今后作战很有利"①。在朝鲜战场进入停战谈判后，毛泽东审时度势，确定边打边谈的方针，志愿军以打促谈，使美方在谈判桌上舌战得不到的东西在战场上仍然得不到，被迫重回谈判桌。1953年2月7日，毛泽东在全国政协一届四次会议闭幕会上，就打败美帝国主义、赢得抗美援朝战争时指出："他们要打多久，我们就打多久，一直打到我们完全胜利！"②志愿军将士面对强大而凶狠的敌人，身处恶劣而残酷的战场环境，抛头颅，洒热血，以"钢少气多"力克"钢多气少"，给侵略者以沉重打击。从1950年6月朝鲜战争爆发算起，在三年零一个月的朝鲜战争期间，中国人民志愿军和朝鲜人民军共毙伤俘敌109万余人（美国和韩国官方公布的各自作战减员之和为113万余人）。其中，中国人民志愿军在两年零九个月的抗美援朝战争中共毙伤俘敌71万余人，共击毁和缴获飞机4268架、坦克1492辆、装甲车92辆、汽车7949辆，缴获（不含击毁）各种炮4037门、各种枪73262支。美国开支战费400亿美元，消耗作战物资7300余万吨。美国在遭受沉重打击和巨大损失后，被迫签订朝鲜停战协定。抗美援朝战争，有力地打击了美国的侵略气焰，保卫了中国的安全，援助了朝鲜人民，极大地提高了新中国的国际地位和国际威望。抗美援朝战争的伟大胜利，粉碎了侵略者陈兵国门、进而将新中国扼杀在摇篮之中的图谋，成为中国人民站起来后屹立于世界东方的宣言书，成为中华民族走向伟大复兴的重要里程碑。从此，数十年来帝国主义再也不敢作出武力进犯新中国的尝试。

由于历史原因，一些与我国存在领陆或领海纠纷的邻国一再挑起事端，我国始终表示愿意在公平原则下和平解决历史争端，但在谈判无效且对方一再武力挑衅的情况下，则坚决对侵犯我国主权的行为进行反击，赢得了历次自卫反击作战的胜利，有效维护了国家安全和世界和平。20世纪50年代末60年代初，印度无视中国和平解决领土争端主张，视中国长期忍让为软弱可欺，不断升级

---

① 《建国以来毛泽东军事文稿》上卷，军事科学出版社、中央文献出版社2010年版，第477页。
② 《毛泽东文集》第六卷，人民出版社1999年版，第263页。

军事挑衅，严重侵犯中国主权和领土完整。1962 年 10 月，在忍无可忍的情况下，毛泽东果断决策自卫反击，指示既然要打就要"打狠打痛"。我国边防部队奋起反击，在 1 个月内给入侵印军以沉重打击，挫败了印度的扩张野心，维护了中国的主权和尊严，给中印边界带来了数十年的稳定。在珍宝岛自卫反击战、西沙群岛自卫反击战中，我军以弱胜强，给入侵之敌以沉重打击，有效捍卫了国家主权、尊严和领土完整，彰显了人民军队击败一切来犯之敌的决心和能力。

（三）适时调整策略争取胜利

毛泽东坚持斗争原则的坚定性，同时为了争取胜利，又强调策略的灵活性。毛泽东指出："当着革命的形势已经改变的时候，革命的策略，革命的领导方式，也必须跟着改变"，"当某一客观过程已经从某一发展阶段向另一发展阶段推移转变的时候，须得善于使自己和参加革命的一切人员在主观认识上也跟着推移转变，即是要使新的革命任务和新的工作方案的提出，适合于新的情况的变化"。[1]

毛泽东主张讲求斗争实际效果，适时调整斗争策略。在他看来，斗争策略一旦制定出来，就要坚定地执行，但世间并没有完美的策略可以一劳永逸地解决所有问题。倘若违背实事求是的思想路线，主观主义、形式主义地将斗争策略抽象为绝对的"真理"方案，结果便只可能是主客观相分离，甚至会给我们的事业造成重大损失。在我们党的历史上就有过这样的错误和教训。1933 年 9 月，国民党调集约 50 万兵力，围攻中央革命根据地，展开第五次"围剿"。由于王明"左"倾冒险主义的错误领导，红军不顾损失惨重而固执于堡垒战、阵地战，苦战一年也未能打破敌人的"围剿"。1934 年 10 月，中央红军主力部队被迫撤出根据地，开始长征。毛泽东反复告诫，这样的错误，决不能再犯。在革命斗争实践中，要不断打破教条主义、经验主义的束缚，根据斗争实效不断发展完善各项斗争策略，使斗争策略和斗争实效统一起来，争取革命斗争的完全胜利。

---

[1] 《毛泽东选集》第一卷，人民出版社 1991 年版，第 152、294 页。

四、每一斗争适可而止

"有节"原则，即休战原则。毛泽东主张，军事服从政治，战略服从政略。坚持有节原则，就是坚持服从服务斗争大局，不要冲动盲目扩大斗争强度烈度，不要被胜利冲昏头脑，而要把握斗争的节奏和尺度，做到有张有弛，适可而止。

（一）斗争要照顾全局

毛泽东坚持唯物辩证法，主张进行革命斗争必须抓住主要矛盾和矛盾的主要方面，正确认识和处理全局和局部的关系，局部要服从全局。毛泽东指出："共产党员在领导群众同敌人作斗争的时候，必须有照顾全局，照顾多数及和同盟者一道工作的观点。共产党员必须懂得以局部需要服从全局需要这一个道理。如果某项意见在局部的情形看来是可行的，而在全局的情形看来是不可行的，就应以局部服从全局。反之也是一样，在局部的情形看来是不可行的，而在全局的情形看来是可行的，也应以局部服从全局。这就是照顾全局的观点。"①毛泽东强调："我们历来的原则，就是提倡顾全大局。"②每一个党员，每一种局部工作，每一项言论或行动，都必须以全党利益为出发点，绝对不可违反这个原则。

抗日战争时期，毛泽东坚决维护抗日大局。他说："如果没有共产党、八路军、新四军、陕甘宁边区和各抗日民主根据地真心实意地出来维持抗日的大局，反对投降、分裂、倒退的危险倾向，那就会弄得一团糟。"③在国民党顽固派制造震惊中外的皖南事变后，毛泽东仍然以抗日大局为重，主张在军事上严守自卫，在政治上坚决反击。他指出，我党在这次反共高潮开始时采取顾全大局委曲求全的退让政策，取得了广大人民的同情，在皖南事变后转入猛烈的反

---

① 《毛泽东选集》第二卷，人民出版社 1991 年版，第 525 页。
② 《毛泽东文集》第七卷，人民出版社 1999 年版，第 33 页。
③ 《毛泽东选集》第二卷，人民出版社 1991 年版，第 718 页。

攻，也为全国人民所赞助。"我们这种有理、有利、有节的政策，对于打退这次反共高潮，是完全必要的，且已收得成效。"①

事实证明，中国共产党采取政治上攻势的斗争策略是完全正确的，蒋介石在这种政治攻势下陷入前所未有的孤立地位。国民党左派中的宋庆龄、何香凝、柳亚子等在香港发起抗议运动，并三次致电蒋介石，要求他"悬崖勒马""撤销剿共部署"，连阎锡山、胡宗南等在此次反共高潮中也表示中立。海外侨胞陈嘉庚等痛斥国民党倒行逆施，呼吁"消弭内战，加强团结"。苏联驻华大使潘友新和武官崔可夫相继向国民党正副参谋总长何应钦、白崇禧提出质问；美国总统代表居里当着蒋介石的面批评其对内政策；英国驻华大使卡尔劝蒋介石终止国内冲突。经过此次较量，国共两党的地位发生了有利于中国共产党的变化，中国共产党的声望显著提高，更加成为坚持团结抗战的中流砥柱。

（二）斗争要适可而止

毛泽东高度重视"每一斗争的暂时性"，强调把握斗争的分寸、火候，每一斗争要张弛有度、收放自如。当斗争取得预期效果后，就要适时转入休战。毛泽东在阐明同顽固派斗争的原则时指出："在一个时期内把顽固派的进攻打退之后，在他们没有举行新的进攻之前，我们应该适可而止，使这一斗争告一段落。决不可无止境地每日每时地斗下去，决不可被胜利冲昏自己的头脑，这就是每一斗争的暂时性。"② 毛泽东认为，每一斗争应以达成新的团结为目的，在取得预期的斗争效果之后，要收放适度并转入休战。若被胜利冲昏头脑，无止境地斗下去，甚至为斗而斗，就可能把原本能够团结争取的力量推向反面，这不利于斗争目标的最终实现。毛泽东指出："在他们举行新的进攻之时，我们才又用新的斗争对待之。"③ 斗争有理有利又有节，就能发展进步势力，争取中间势力，孤立顽固派，并使顽固派尔后不敢轻易向我们进攻，这样就有争取时局走向好转的可能。

①　《毛泽东选集》第二卷，人民出版社 1991 年版，第 779 页。
②　《毛泽东选集》第二卷，人民出版社 1991 年版，第 749 页。
③　《毛泽东选集》第二卷，人民出版社 1991 年版，第 749—750 页。

新中国成立后，毛泽东将"有节"原则运用于国际斗争，牢牢掌握国际斗争的战略主动权。抗美援朝战争期间，毛泽东统揽全局，运筹帷幄，一方面，展示了美帝国主义要打多久，我们就打多久，直到夺取完全胜利的坚强决心和意志，指挥中国人民志愿军连续发起五次战役，给敌军以大量杀伤，打破了美军不可战胜的神话；另一方面，毛泽东始终注意把握斗争形势变化和节奏力度，有效控制战局，使抗美援朝战争的战场范围始终在朝鲜境内，既未因此引发世界大战，也未将战争扩大到朝鲜以外，实现了战争局部化。毛泽东作出以志愿军名义而不是以解放军名义出兵到朝鲜作战，目的就是不给美国对中国宣战以口实。在五次战役后，毛泽东指挥志愿军适时由运动战转变为阵地战，以"钻洞子"的办法即坑道战坚守防御，积小胜为大胜，并在美国政府显露和谈意向后确定"充分准备持久作战和争取和谈达到结束战争"①的指导方针，指挥打谈结合、以打促谈，使美国在不断挫败中彻底丧失了取胜的希望和信心。在 1953 年朝鲜停战实现之前，尽管志愿军在政治上、军事上占据有利形势，但当时战争总体形势是"停"，而不是继续打，所以志愿军只给破坏停战的李承晚集团以沉重打击，夺回金城以南向己方突出的阵地，而未继续向汉城和"三七"线发展，从而实现了有利的朝鲜停战。

1958 年 8 月，毛泽东指挥炮击金门，并不是要立即收复金门、马祖，也不是要天天炮击、完全封死，而是强调"金门炮战，意在击美"。为了粉碎美国分裂中国的图谋，同时考虑到蒋介石集团也反对美国制造"两个中国"，毛泽东审时度势，决定把金门、马祖暂留台湾当局手中，确定"打而不登，断而不死"②的作战方针，既沉重打击了蒋介石集团叫嚣"反攻大陆"的气焰和美国搞"两个中国"的企图，也使美蒋之间的矛盾比较充分地暴露出来，有力展示了中国人民反对美国干涉中国内政、维护国家统一的立场、决心和力量。

在 1962 年对印自卫反击战中，毛泽东指挥中国边防部队在"打狠打痛"入侵印度军队、取得重大胜利后，即在全线主动停火、主动后撤，并遣还全部

---

① 《毛泽东年谱（一九四九——一九七六）》第一卷，中央文献出版社 2013 年版，第 359 页。
② 《毛泽东年谱（一九四九——一九七六）》第三卷，中央文献出版社 2013 年版，第 473 页。

印军战俘、归还缴获的印军武器及军用物资，以力求控制并平息边界冲突的实际行动，既有力维护了国家主权，沉重打击印度扩张野心，又再次向全世界宣告中国人民是爱好和平的，充分展示了中国主张通过和平方式而不是武力手段解决边界问题的诚意。

五、将革命进行到底

毛泽东既坚持斗争适可而止的"适度原则"，也注重争取斗争完全胜利的"彻底原则"。1936 年 9 月，毛泽东在同美国记者斯诺谈话时指出："必须将反帝运动进行到底，这是共产党目前的而且也是历来一贯的原则。"[①]1948 年 12 月 30 日，毛泽东在为新华社写的 1949 年新年献词中，发出"将革命进行到底"的伟大号召。由此，"将革命进行到底"成为中国共产党领导中国人民不懈斗争的行动口号。

（一）决不容许革命半途而废

1948 年底，随着辽沈、淮海、平津三大战役节节胜利，中国革命即将迎来全面胜利。面对惨重的军事失败，蒋介石集团为争取喘息时间，搞起了"缓兵计"。蒋介石争取美国增加援助和美、英、法、苏"调解"未果，在各方面压力下，被迫于 1949 年元旦发表"求和"声明。1949 年 1 月 21 日，蒋介石宣告"引退"，李宗仁任所谓代总统。李宗仁政府口头上声称愿意以中共所提条件为基础进行和平谈判，实则玩弄"和平"阴谋，以求获得喘息机会，部署长江防线，图谋"划江而治"。一些冒充人民朋友的"自由主义人士"，散布妥协思想。国际上有的朋友也担心美国干涉，引发世界大战。

是将革命进行到底，还是使革命半途而废？毛泽东指出，敌人是不会自行消灭的。无论是中国的反动派，或是美国帝国主义在中国的侵略势力，都不会

---

① 《毛泽东文集》第一卷，人民出版社 1993 年版，第 410 页。

自行退出历史舞台。如果要使革命半途而废，那就是违背人民的意志，接受外国侵略者和中国反动派的意志，使国民党赢得养好创伤的机会，然后在一个早上猛扑过来，将革命扼死，使全国回到黑暗世界。毛泽东揭露，根据确实的情报，美国政府已经决定了这样一项阴谋计划，并且已经开始在中国进行这项工作。美国政府的政策，已经由单纯地支持国民党的反革命战争转变为两种方式的斗争：第一种，组织国民党残余军事力量和所谓地方势力在长江以南和边远省份继续抵抗人民解放军。第二种，在革命阵营内部组织反对派，极力使革命就此止步；如果再要前进，则应带上温和的色彩，务必不要太多地侵犯帝国主义及其走狗的利益。英国和法国的帝国主义者，则是美国这一政策的拥护者。这种情形，现在许多人还没有看清楚。毛泽东强调，要用革命的方法将革命进行到底，坚决彻底干净全部地消灭一切反动势力，不动摇地坚持打倒"三座大山"，在全国范围内推翻国民党的反动统治，在全国范围内建立无产阶级领导的以工农联盟为主体的人民民主专政的共和国，并由此向社会主义社会发展。这样，"就可以使中华民族来一个大翻身，由半殖民地变为真正的独立国，使中国人民来一个大解放"①。

（二）决不怜惜蛇一样的恶人

毛泽东指出，中国革命的怒潮正在迫使各社会阶层决定自己的态度。随着解放战争不断取得伟大胜利，中国阶级力量的对比正在发生着新的变化。大群大群的人民正在脱离国民党的影响和控制而站到革命阵营一方面来，中国反动派完全陷入孤立无援的绝境。人民解放战争愈接近于最后胜利，一切革命的人民和一切人民的朋友将愈加巩固地团结一致，在中国共产党的领导之下，坚决地主张彻底消灭反动势力，彻底发展革命势力，一直达到在全中国范围内建立人民民主共和国，实现统一的民主的和平。

在高歌猛进的革命斗争形势下，毛泽东始终保持清醒的头脑。他提醒人们注意，现在中国人民的敌人忽然竭力装作无害而且可怜的样子，大谈所谓"光

---

① 《毛泽东选集》第四卷，人民出版社1991年版，第1375页。

荣的和平",使不少人被蒙骗。他引用古代希腊农夫与蛇的寓言,作了生动而深刻的说理:"一个农夫在冬天看见一条蛇冻僵着。他很可怜它,便拿来放在自己的胸口上。那蛇受了暖气就苏醒了,等到回复了它的天性,便把它的恩人咬了一口,使他受了致命的伤。农夫临死的时候说:我怜惜恶人,应该受这个恶报!"①毛泽东指出,外国和中国的毒蛇们希望中国人民还像这个农夫一样地死去,希望中国共产党,中国的一切革命民主派,都像这个农夫一样地怀有对于毒蛇的好心肠。但是中国人民、中国共产党和中国真正的革命民主派,却听见了并且记住了这个劳动者的遗嘱。况且盘踞在大部分中国土地上的大蛇和小蛇,黑蛇和白蛇,露出毒牙的蛇和化成美女的蛇,虽然它们已经感觉到冬天的威胁,但是还没有冻僵呢!

毛泽东揭露,凡是劝说人民怜惜敌人、保存反动势力的人们,就不是人民的朋友,而是敌人的朋友了。他强调:"中国人民决不怜惜蛇一样的恶人,而且老老实实地认为:凡是耍着花腔,说什么要怜惜一下这类恶人呀,不然就不合国情、也不够伟大呀等等的人们,决不是中国人民的忠实朋友。"②当时,一些"国民党的自由主义人士"或非国民党的"自由主义人士",劝告中国人民应该接受美国和国民党的"和平"。毛泽东一针见血地讽刺道,他们这是要把帝国主义、封建主义和官僚资本主义的残余当作神物供养起来,以免这几种宝贝在世界上绝了种。毛泽东指出,他们决不是工人、农民、兵士,也不是工人、农民、兵士的朋友。

(三)宜将剩勇追穷寇,不可沽名学霸王

毛泽东指出,只有彻底地消灭了中国反动派,驱逐美国帝国主义的侵略势力出中国,中国才能有独立,才能有民主,才能有和平。1949 年 4 月 21 日,在国民党反动政府拒绝签订国内和平协定以后,毛泽东和朱德发布向全国进军的命令。毛泽东亲自起草的这个命令,指出拒绝这个协定,就是表示国民党反

---

① 《毛泽东选集》第四卷,人民出版社 1991 年版,第 1377 页。
② 《毛泽东选集》第四卷,人民出版社 1991 年版,第 1377 页。

动派决心将他们发动的反革命战争打到底。拒绝这个协定，就是表示国民党反动派在 1949 年 1 月 1 日所提议的和平谈判，不过是企图阻止人民解放军向前推进，以便反动派获得喘息时间，然后卷土重来，扑灭革命势力。拒绝这个协定，就是表示南京李宗仁政府所谓承认中国共产党八个和平条件以为谈判基础是完全虚伪的。这个命令要求人民解放军，"奋勇前进，坚决、彻底、干净、全部地歼灭中国境内一切敢于抵抗的国民党反动派，解放全国人民，保卫中国领土主权的独立和完整"①。

　　遵照毛泽东和朱德的这个命令，人民解放军向尚未解放的广大地区，举行了规模空前的全面大进军。1949 年 4 月 20 日夜至 21 日，由以邓小平为书记的渡江战役总前委统一指挥，第二、第三野战军在第四野战军先遣兵团和中原军区部队配合下，发起渡江战役。在西起湖口、东至江阴的千里战线上，百万雄师分三路强渡长江，彻底摧毁国民党军苦心经营三个半月的长江防线。4 月 23 日，国民党 22 年来的反革命统治中心南京获得解放，宣告了国民党反动统治的覆灭。捷报传来，毛泽东挥毫写下《七律·人民解放军占领南京》："钟山风雨起苍黄，百万雄师过大江。虎踞龙盘今胜昔，天翻地覆慨而慷。宜将剩勇追穷寇，不可沽名学霸王。天若有情天亦老，人间正道是沧桑。"

　　毛泽东用"宜将剩勇追穷寇，不可沽名学霸王"，生动形象地表达了将革命进行到底的坚定决心；用"天若有情天亦老，人间正道是沧桑"，深刻揭示了人类社会进步的客观规律。美国教授施拉姆在其所著的《毛泽东》中分析：毛泽东虽然钦佩孙武，却与《孙子兵法》"围师必阙，穷寇勿迫"反其道而行之。② 毛泽东提醒中国共产党不应重犯楚汉之争时楚霸王项羽的错误，事实证明毛泽东这个与孙子相反的方针是正确的。

　　为了鼓舞全军将士，中央军委曾用电报将毛泽东的这首诗发到各路南下大军前线。"宜将剩勇追穷寇，不可沽名学霸王"等诗句，为前线官兵广为传颂，在以后的解放战争中发挥了很大的引领和激励作用。人民解放军在攻占南

① 《毛泽东选集》第四卷，人民出版社 1991 年版，第 1451 页。

② ［美］斯图尔特·施拉姆：《毛泽东》，中共中央文献研究室《国外研究毛泽东思想资料选辑》编辑组编译，红旗出版社 1995 年版，第 239—240 页。

京之后，以横扫千军如卷席之势胜利前进。第四野战军先遣兵团于 5 月 16 日解放汉口，17 日解放武昌和汉阳。第二野战军一部于 5 月 17 日解放九江，5 月 22 日解放南昌。第三野战军 5 月 27 日解放中国最大的城市上海，6 月 2 日解放长江口外的崇明岛。至此，渡江战役胜利结束。之后，人民解放军继续向中南、西北、西南各省举行胜利大进军，分别以战斗方式或和平方式，迅速解决残余敌人，解放广大国土。毛泽东的《七律·人民解放军占领南京》，敲响了国民党蒋家王朝的丧钟。蒋介石在南京被人民解放军占领后，即慌忙离开老家浙江奉化溪口，从浙江沿海逃到台湾，从此命泊孤岛，再也没有回到祖国大陆，直到 1975 年病逝。

　　将革命进行到底，遇到的风险和困难也可能更大。人民解放军的渡江战役，就曾受到帝国主义者的干扰破坏。1949 年 4 月 20 日 9 时左右，英国"紫石英"号军舰由东向西，闯进长江人民解放军防线，不顾解放军警告，强行溯江上驶，双方发生军事冲突，英舰开炮打死打伤人民解放军 252 人，"紫石英"号也被人民解放军击伤被迫停于镇江附近江中。4 月 20 日 13 时，停泊在南京的英舰"伴侣"号下驶接应"紫石英"号，被击伤后东逃。4 月 21 日，英国远东舰队副总司令梅登中将率旗舰"伦敦"号和快速舰"黑天鹅"号溯江西上，被解放军击伤后东逃。三次炮战，我军毙伤英军 111 人，包括舰长、副舰长 4 人（1 毙 3 伤）。① 长江炮战事件，震惊世界。英国议会反对党领袖、后任工党政府首相的麦克米伦在议会辩论此事时哀叹，英国政府的"炮舰观念"似乎是"太过时了"。4 月 26 日，英国保守党领袖丘吉尔在下院发言，诬称中国人民解放军炮击驶入人民解放军防区的英舰是"暴行"，并且要英国政府派一两艘航空母舰到中国海上去"实行武力的报复"。同日，英国首相艾德礼在议会中宣称："英国军舰有合法权利在长江行驶，执行和平使命，因为它们得到国民党政府的许可。"② 4 月 30 日，毛泽东亲自起草《中国人民解放军总部发言人为英国军舰暴行发表的声明》，首先斥责了战争贩子丘吉尔的狂妄声明，指

① 中共中央党史研究室：《中国共产党历史》第 1 卷（下册），中共党史出版社 2011 年版，第 802 页。

② 《毛泽东选集》第四卷，人民出版社 1991 年版，第 1462 页。

出艾德礼首相的话也是错误的。声明指出：中国的领土主权，中国人民必须保卫，绝对不允许外国政府来侵犯。长江是中国的内河，英国人有什么权利将军舰开进来？没有这种权利。声明强调："中国人民革命军事委员会和人民政府不愿意接受任何外国政府所给予的任何带威胁性的行动。外国政府如果愿意考虑同我们建立外交关系，它就必须断绝同国民党残余力量的关系，并且把它在中国的武装力量撤回去。"①毛泽东起草的这个声明，表明了中国人民不怕任何威胁、坚决反对帝国主义侵略的严正立场，使长期以来饱受帝国主义欺压的中国人民感到扬眉吐气。它表明，鸦片战争以来，帝国主义者依仗坚船利炮在中国领土上横行霸道的时代，已经一去不复返了。

毛泽东倡导将革命进行到底，不仅指"把伟大的人民解放战争进行到底"，彻底摧毁国民党反动统治，而且指在夺取全国胜利后，由新民主主义革命转变到深入推进社会主义革命和建设，实现国家富强、民族复兴。党的十八大以来，习近平总书记多次强调要有彻底的革命精神。2021年2月20日，习近平总书记在党史学习教育动员大会上的讲话中指出："我反复强调要发扬将革命进行到底的精神，强调要发扬老一辈革命家'宜将剩勇追穷寇，不可沽名学霸王'的革命精神……这是有很深考虑的"②。在新时代伟大斗争实践中，"将革命进行到底"正日益彰显出巨大的指导意义。

---

① 《毛泽东选集》第四卷，人民出版社1991年版，第1460—1461页。

② 习近平：《在党史学习教育动员大会上的讲话》，人民出版社2021年版，第20页。

第六章
"领导我们事业的核心力量是中国共产党"

——关于斗争领导权

掌握斗争领导权是中国共产党实施领导的关键，是夺取中国革命斗争胜利的核心问题。毛泽东指出："领导我们事业的核心力量是中国共产党。"①中国共产党一经诞生，就把自己的使命同国家命运和民族复兴联系在一起，牢牢掌握着中国革命的领导权，同各种反动势力作坚决斗争，打败了国内外强敌，战胜了一切艰难险阻，始终是风雨来袭时全体人民最可靠的主心骨。

一、党要为人民掌握领导权

党的领导权既是无产阶级的领导权，也是为人民奋斗的领导权。毛泽东深知领导权的极端重要性，他亲眼目睹过历史上围绕领导权斗争的异常激烈场景，强调党是领导我们事业的核心力量，必须把领导权牢牢掌握在中国共产党手里。

（一）争人民的兵权

兵权问题，是新民主主义革命时期革命领导权中最重要的问题。没有兵

---

① 《毛泽东文集》第六卷，人民出版社 1999 年版，第 350 页。

权，就谈不上我们党对革命的领导。但这个兵权是党的兵权，是人民的兵权，不是个人的兵权。针对张国焘在长征途中依仗人多枪多向党争权的行径，毛泽东指出："共产党员不争个人的兵权（决不能争，再也不要学张国焘），但要争党的兵权，要争人民的兵权。"①强调要为人民掌握武装力量，在兵权问题上不能患幼稚病，否则一无所有。

毛泽东认为，革命战争年代革命斗争的中心任务和最高形式是武装夺取政权，因此，军队是革命斗争最重要的组织形式，为人民争军队的领导权就是为人民争夺革命斗争的领导权。北伐战争期间，我们党一度忽视了对兵权的争取，片面地着重于民众运动，其结果是，国民党一旦走向反动开始镇压革命力量，一切民众运动都失败了。毛泽东总结指出："经验告诉我们，中国的问题离开武装就不能解决。"②以武装的革命反抗武装的反革命，这是中国革命的特点和根本路径，只有掌握武装力量的领导权才能掌握团结人民的领导权。毛泽东强调，共产党应该成为战争最自觉的领导者，"每个共产党员都应懂得这个真理：'枪杆子里面出政权'"③。这一论断，深刻吸取了大革命失败血的教训，反映了对中国革命特点和斗争方式的清醒认识。毛泽东曾讲到，俄国共产党的枪杆子造就了一个社会主义，我们也要靠枪杆子造一个民主共和国，谁想夺取国家政权，并想保持它，谁就应有强大的军队。在革命实践中，中国共产党人逐渐认识到，没有革命的军队，不掌握军队领导权，就无法战胜武装的反革命，就不能赢得革命斗争的胜利。

全民族抗战初期，中国共产党从民族大义出发，与国民党形成抗日民族统一战线。国民党将我军编入国民革命军序列，取消了政治委员制度，将政治部改为政训处，只管联系无权指挥，企图通过改编来控制和吞并我军。党内也出现了王明的"一切经过统一战线""一切服从统一战线"等错误观点，不注重坚持党对军队的领导权。为此，毛泽东反复告诫全党全军，要注意汲取第一次国共合作期间不重视掌握军队领导权的教训，在统一战线中一定要

① 《毛泽东选集》第二卷，人民出版社 1991 年版，第 546 页。
② 《毛泽东选集》第二卷，人民出版社 1991 年版，第 544 页。
③ 《毛泽东选集》第二卷，人民出版社 1991 年版，第 547 页。

有独立性。很快我军就恢复了政治委员制度和政治部，拒绝了国民党派人来当八路军干部的要求，保证了兵权始终掌握在党和人民手中。历史证明，掌握枪杆子，夺取武装力量的领导权，是革命事业前进的重要因素。毛泽东曾说，党领导八路军在华北造就了一个大党，还可以造干部，造学校，造文化，造民众运动。延安的一切都是枪杆子造出来的。抗日战争胜利后，国民党在所谓"政令军令统一"的借口下，执意逼迫共产党"交出解放区""交出军队""放弃地盘"。在中国面临两种前途、两种命运决战的历史背景下，毛泽东深刻指出，"人民的武装，一枝枪、一粒子弹，都要保存，不能交出去"①。人民的利益要坚决保护，人民军队的兵权要坚决捍卫，这是我们确定不变的原则。在毛泽东的领导下，我党我军顶住了国民党反动派的欺骗和威胁，始终坚持中国共产党对人民军队的绝对领导，稳稳当当地捍卫了人民的兵权。

（二）掌握革命领导权

毛泽东认为，掌握革命领导权事关中国革命斗争成败。大革命时期，处于幼年的中国共产党没有充分认识到领导权的重要性，尤其忽视掌握军队领导权。当蒋介石、汪精卫背叛革命、屠杀共产党人时，我们党陷入被动，损失严重。大革命失败的惨痛教训使我们党认识到，掌握革命领导权是领导革命斗争的核心问题。

1927 年的八七会议上，毛泽东提出，我们党要非常注意军事，党的工作重心是军事斗争，要独立领导革命武装力量，掌握革命领导权。1935 年 12 月召开的瓦窑堡会议，提出民族统一战线中的"革命领导权"问题。抗日战争时期，毛泽东指出："在中国，事情非常明白，谁能领导人民推翻帝国主义和封建势力，谁就能取得人民的信仰，因为人民的死敌是帝国主义和封建势力、而特别是帝国主义的缘故。在今日，谁能领导人民驱逐日本帝国主义，并实施民主政治，谁就是人民的救星。历史已经证明：中国资产阶级是不能尽此责任

---

① 《毛泽东选集》第四卷，人民出版社 1991 年版，第 1161 页。

的，这个责任就不得不落在无产阶级的肩上了。"①毛泽东强调，新民主主义革命只能是和必须是无产阶级领导的，人民大众的，反对帝国主义、封建主义和官僚资本主义的革命。"这就是说，这个革命不能由任何别的阶级和任何别的政党充当领导者，只能和必须由无产阶级和中国共产党充当领导者"②。新民主主义革命不同于一般意义上的民主主义革命，它只能是由体现先进性的无产阶级和中国共产党来领导。

中国共产党不仅要在同其他阶级的联盟中成为领导者，成为最重要的政治力量，而且要在无产阶级和人民群众运动中掌握领导权。毛泽东指出："共产党要实现领导需要两个条件：第一要率领被领导者坚决同敌人作斗争，第二要给被领导者以物质福利和政治教育。共产党的领导权问题现在要公开讲，不公开讲容易模糊党员干部和群众的思想，坏处多于好处。"③毛泽东认为，人民群众不能自发地走向革命道路，必须要有先进的党员干部引领他们前进。毛泽东始终强调党的领导权问题，1945 年党的七大通过的党章明确，中国共产党在革命斗争中，必须努力使自己成为一切革命的群众组织及革命的国家组织的中坚力量，党要成为群众的核心领导力量。新中国成立以后，在各级人民政权建立和巩固的同时，各级各类党组织也逐步建立起来，党的领导得以在全国普遍实现。

（三）造就好干部

指导伟大的革命，要有伟大的党，要有最好的干部。在 1937 年，毛泽东就指出："我们党的组织要向全国发展，要自觉地造就成万数的干部，要有几百个最好的群众领袖。这些干部和领袖懂得马克思列宁主义，有政治远见，有工作能力，富于牺牲精神，能独立解决问题，在困难中不动摇，忠心耿耿地为民族、为阶级、为党而工作。"④党要依靠党员干部联系、领导人民群众打倒敌

---

① 《毛泽东选集》第二卷，人民出版社 1991 年版，第 674 页。
② 《毛泽东选集》第四卷，人民出版社 1991 年版，第 1313 页。
③ 《毛泽东文集》第四卷，人民出版社 1996 年版，第 332—333 页。
④ 《毛泽东选集》第一卷，人民出版社 1991 年版，第 277 页。

人。一个政党、一个国家能不能培养出优秀干部，事关政党、国家和人民的兴衰存亡。

　　培养造就优秀干部，是治国理政的关键，是为人民掌握领导权的根本所在。毛泽东在波澜壮阔的革命实践中感受到，培养德才兼备、品学兼优的干部队伍，是团结领导群众开辟和推进事业的重要因素。他强调，政治路线确定之后，干部就是决定因素。在中国进行历史上空前的大革命，现有的骨干还不足以支撑斗争的大厦，"中国共产党是在一个几万万人的大民族中领导伟大革命斗争的党，没有多数才德兼备的领导干部，是不能完成其历史任务的"①。在延安时期，毛泽东指出，有计划地培养大批新干部，就是我们的战斗任务。他强调："我们要造就大批的民族革命干部，他们是有革命理论的，他们是富于牺牲精神的，他们是革命的先锋队。只有依靠成千成万的好干部，革命的方针与办法才能执行，全面的全民族的革命战争才能出现于中国，才能最后战胜敌人。"②

　　毛泽东强调，在长期的革命斗争中，我们要注重识别和考察干部，挑选和培养接班人。无论是红军初期的随营学校、井冈山时期的教导队，还是延安时期的抗大等学校，为党和国家培养出军事、政治、通讯、医务、艺术等领域需要的干部。新中国成立后，毛泽东提出要使领导干部成为精通政治工作和经济工作的专家，既懂政治又懂业务，又红又专。在这里所说的"红"和"政治"，实际就是对干部"德"的要求；"专"和"业务"，则是对干部"才"的要求。这一系列对干部的政治和素质要求，都是为了培养为人民服务的好公仆、好党员。在新中国成立之初的"多事之秋"，我们党和国家各级干部沉着应对，保持了稳定，始终掌握革命领导权，为社会主义改造和建设提供了坚强的政治保证。正如毛泽东所言："我们有这么一套干部：有建党时期的，有北伐战争时期的，有土地革命战争时期的，有抗日战争时期的，有解放战争时期的，有全国解放以后的，他们都是我们国家的宝贵财产。"③

---

① 《毛泽东选集》第二卷，人民出版社 1991 年版，第 526 页。

② 《毛泽东文集》第二卷，人民出版社 1993 年版，第 63—64 页。

③ 《毛泽东著作专题摘编》下卷，中央文献出版社 2003 年版，第 2043—2044 页。

毛泽东十分反对干部中的官僚主义现象。新中国成立后，毛泽东语重心长地告诫，县委以上的干部有几十万，国家的命运就掌握在他们手里，如果不搞好，脱离群众，不是艰苦奋斗，那么工人、农民、学生就有理由不赞成他们。我们一定要警惕，不要滋长官僚主义作风，不要形成一个脱离人民的贵族阶层。毛泽东反官僚主义的态度十分坚决，强调"谁犯了官僚主义，不去解决群众的问题，骂群众，压群众，总是不改，群众就有理由把他革掉。我说革掉很好，应当革掉"①。为了中国革命事业，毛泽东指出，我们不但锻炼出来了一条坚强的马克思主义的政治路线，而且锻炼出来一条坚强的马克思主义的军事路线。我们不但会运用马克思主义去解决政治问题，而且会运用马克思主义去解决战争问题，"不但造就了一大批会治党会治国的有力的骨干，而且造就了一大批会治军的有力的骨干"②。

二、坚持政治、思想和组织的领导

党对革命斗争的领导，主要是政治、思想和组织的领导。坚持党的政治、思想和组织领导，是毛泽东关于斗争领导权思想的重要内容，也是中国共产党的最大优势和最大胜势。建党 100 多年来，我们党始终把政治领导、思想领导和组织领导放在重要位置，创造性提出科学领导方法，不断丰富发展党的领导艺术。

（一）政治领导

党的政治领导主要表现为，用党的纲领、路线、方针和政策统一思想和行动，坚持正确的政治方向，同党中央保持高度一致，团结领导全国人民不断奋斗前进。

---

① 《毛泽东年谱（一九四九——一九七六）》第三卷，中央文献出版社 2013 年版，第 34 页。
② 《毛泽东选集》第二卷，人民出版社 1991 年版，第 548 页。

毛泽东在实践中丰富发展了党的政治领导的丰富内涵。1954 年 9 月，毛泽东在第一届全国人民代表大会上庄严宣告："我们的事业是正义的。正义的事业是任何敌人也攻不破的。领导我们事业的核心力量是中国共产党……我们有充分的信心，克服一切艰难困苦，将我国建设成为一个伟大的社会主义共和国。"[①]1957 年 5 月，他又强调，"中国共产党是全中国人民的领导核心。没有这样一个核心，社会主义事业就不能胜利。"[②] 这些重大科学论断反映出毛泽东和中国共产党领导中国人民为实现民族解放、国家富强和人民幸福而不懈奋斗的理论逻辑和政治引领。

党是领导一切的，这是中国共产党的成功经验和优良传统。党的政治领导是全面领导、方向领导。1942 年 9 月，中共中央政治局通过的《中共中央关于统一抗日根据地党的领导及调整各组织间关系的决定》指出，党是无产阶级的先锋队和无产阶级组织的最高形式，它应该领导一切其他组织，如军队、政府与民众团体，每个根据地都应有一个统一的、领导一切的党的委员会。新中国成立后，毛泽东强调："工、农、商、学、兵、政、党这七个方面，党是领导一切的。党要领导工业、农业、商业、文化教育、军队和政府。"[③]在这一思想指导下，党的政治领导在国家政治体系中处于统领地位，涵盖国家机关、政党组织和各政治主体以及社会群体的方方面面，最广泛地动员和组织人民群众依法管理国家事务和社会事务。中华民族之所以能够迎来从站起来、富起来到强起来的伟大飞跃，推动中华民族伟大复兴进入不可逆转的历史进程，就是因为有了中国共产党的坚强领导。中国共产党的领导，是历史的选择、人民的选择！中国共产党始终是中国人民最可靠、最坚强的主心骨！

（二）思想领导

毛泽东强调："掌握思想领导是掌握一切领导的第一位。"[④] 历史证明，一

---

① 《毛泽东年谱（一九四九——一九七六）》第二卷，中央文献出版社 2013 年版，第 283—284 页。

② 《毛泽东文集》第七卷，人民出版社 1999 年版，第 303 页。

③ 《毛泽东文集》第八卷，人民出版社 1999 年版，第 305 页。

④ 《毛泽东文集》第二卷，人民出版社 1993 年版，第 435 页。

个政权的瓦解崩溃往往首先是从思想领导开始的，思想防线出现问题，其他防线很难再守得住。思想领导是党的政治领导和组织领导的基础，"掌握思想教育，是团结全党进行伟大政治斗争的中心环节。如果这个任务不解决，党的一切政治任务是不能完成的"①。毛泽东高度重视思想领导工作，开辟井冈山革命根据地不久，他就指出："我们感觉无产阶级思想领导的问题，是一个非常重要的问题。边界各县的党，几乎完全是农民成分的党，若不给以无产阶级的思想领导，其趋向是会要错误的。"②在1929年12月红军第四军第九次代表大会的决议中，毛泽东严肃指出："共产党内存在着各种非无产阶级的思想，这对于执行党的正确路线，妨碍极大。若不彻底纠正，则中国伟大革命斗争给予红军第四军的任务，是必然担负不起来的。"③毛泽东认为，必须对党员干部、人民群众进行正确路线的教育，否则就不能纠正错误思想，就会影响革命任务的完成。

毛泽东把思想领导同政治领导、政治任务和党的性质宗旨紧密联系在一起，视其为党全部工作的基础。毛泽东对思想领导高度重视，着重思想建党、政治建军，用马克思主义武装全党全军，树立无产阶级世界观，克服各种非无产阶级思想，掌握科学的世界观和方法论。大革命失败后，在创建人民军队的历程中，毛泽东回答了在中国共产党领导下加强思想政治工作、建设新型人民军队等一系列重大问题，提出要从思想上政治上掌握和领导军队。延安时期，毛泽东通过整风运动，开展马克思主义意识形态教育，解决思想认识问题，消除党内各种非无产阶级思想，确保思想上真正入党，增强党的纯洁性和战斗力。毛泽东指出，现实中，很多党员在组织上已经入党，但是思想上并没有完全入党。他们有的甚至根本不知道什么是无产阶级思想，什么是共产主义，什么是党。针对此类情况，毛泽东指出，要从组织上整顿教育，"首先需要在思想上整顿，需要展开一个无产阶级对非无产阶级的思想斗争"④。毛泽东把普遍

---

① 《毛泽东选集》第三卷，人民出版社1991年版，第1094页。

② 《毛泽东选集》第一卷，人民出版社1991年版，第77页。

③ 《毛泽东选集》第一卷，人民出版社1991年版，第85页。

④ 《毛泽东选集》第三卷，人民出版社1991年版，第875页。

开展马克思列宁主义教育作为整风运动的主要内容，有针对性地批驳教条主义、主观主义、宗派主义、自由主义，用马克思主义理论武装全党，学会用马克思主义立场、观点和方法分析解决中国的实际问题。

思想上的巩固是首要的，也是重中之重。而思想上的巩固与提纯取决于共同的理想信念追求。掌握思想领导，是统一全党思想和行动，凝聚全党力量的前提，也是我们党发展壮大、不断创造历史伟业的根本保障。新中国成立后，毛泽东在《工作方法六十条（草案）》中指出："思想和政治又是统帅，是灵魂。只要我们的思想工作和政治工作稍为一放松，经济工作和技术工作就一定会走到邪路上去。"[①]他强调，我们一定要明白，思想工作和政治工作，是完成经济工作和技术工作的保证。在社会主义建设时期，毛泽东指出，要努力把党内党外、国内国外一切积极的因素，直接的、间接的积极因素全部调动起来，把我国建设成为一个强大的社会主义国家，掌握思想领导，能够凝聚万众一心，发挥巨大的团结、感召和动员作用。

（三）组织领导

组织领导，是党的领导的重要方法。在实践中，我们党主要通过党的各级组织以及组织原则贯彻执行党的路线、方针和政策。

毛泽东创造性地发展了党的组织领导的原则和制度。其中，民主集中制是毛泽东提出的党的重要组织原则，这一制度凝练了民主和集中两个方面的核心内容。毛泽东历来强调，我们的集中制是建立在民主基础上的集中制，它既是民主的又是集中的，两者辩证统一，决不可偏废。毛泽东认为，我们党之所以有力量，就是因为实行了民主集中制，充分调动和保证了全党的积极性主动性。

毛泽东曾作比喻指出，民主集中制的优势是把党员团结得如同一个和睦的家庭一样，如同一块坚固的钢铁一样。革命战争年代，由于革命形势的严峻复杂，以及受到"左"倾、右倾错误路线的影响，党的民主集中制实践并非一帆

[①] 《毛泽东文集》第七卷，人民出版社 1999 年版，第 351 页。

风顺。1935 年 1 月召开的遵义会议，堪称党史上贯彻民主集中制的典范。在极端危急的历史关头，该会议依据批评和自我批评、少数服从多数、"既弄清思想、分清是非，又团结同志"和"民主票决"等组织原则，集体讨论和决定党的重大事务、重大原则、重大路线方针与政策等。遵义会议后，毛泽东推动民主集中制在实践中成为全党遵循的原则，把批评和自我批评作为解决党内矛盾的有力武器，形成我们党内独特的组织领导模式。1937 年，毛泽东在同英国记者贝特兰的谈话中谈到，民主集中制是民主的，又是集中的，将民主和集中两个似乎相冲突的东西，在一定形式上统一起来。1945 年，毛泽东将民主集中制阐释为"在民主基础上的集中，在集中指导下的民主"①。党的七大、八大都把这一概括写入了党章，从而把党内民主与集中的关系确立下来，把党的组织纪律性与党员的创造性结合起来。

毛泽东在战争实践中不断创新军队党的组织领导方式，建立健全军队党委制和政治委员、政治机关、支部建在连上、共青团、军人委员会等制度，充分发挥党委的领导作用、党支部的战斗堡垒作用、党员的先锋模范作用，确保党的政治领导和思想领导的实现。支部建在连上，是毛泽东的伟大创举，是党掌握部队的重要政治设计和组织方式。毛泽东强调："红军所以艰难奋战而不溃散，'支部建在连上'是一个重要原因。"② 连队是我军生活、工作、训练、作战的基层单位，党支部在组织关系上直接领导和管理党员，团结带领官兵完成上级赋予的一切任务，具体领导连队全面工作。支部建在连上，党的组织领导就有了保证，党就有了联系广大官兵的桥梁和纽带，就能汇聚起贯彻党的意志主张、完成党的任务的强大力量。

党的领导包括了政治领导、思想领导和组织领导三个主要方面。这三者构成了一个系统整体。政治领导是思想领导和组织领导的根本目的，没有正确的政治领导，思想领导和组织领导都毫无意义。思想领导是政治领导和组织领导的前提，没有坚强的思想领导，政治领导和组织领导就不能巩固。组织领导是

---

① 《毛泽东选集》第三卷，人民出版社 1991 年版，第 1057 页。

② 《毛泽东选集》第一卷，人民出版社 1991 年版，第 65—66 页。

政治领导和思想领导的行政保证，没有科学高效的组织领导，政治领导和思想领导就得不到真正的落实。这三者相辅相成，缺一不可。只有坚持政治、思想、组织领导的有机统一，才能从最根本上确保党的领导行稳致远，不断取得斗争的伟大胜利。

三、集体领导同个人负责相结合

集体领导同个人负责相结合，是毛泽东对党委会领导方法的重要创新，对于切实掌握斗争领导权具有重要意义。毛泽东指出："一长制不好，集体领导同个人负责相结合的制度好。"①"集体领导和个人负责，二者不可偏废。"②实践证明，党委会必须实行集体领导同个人负责相结合的制度，这是中国共产党独特的领导方式，蕴含着高明的领导艺术和工作方法，对于提高各级党委领导斗争的能力和水平具有重要指导意义。

（一）集体领导防止个人专断

集体领导是党的领导的重要组织原则。毛泽东强调，党委是执行集中领导的机关，"党委的领导，是集体领导，不是第一书记个人独断"③，"只要是大事，就得集体讨论，认真地听取不同的意见，认真地对于复杂的情况和不同的意见加以分析"④。

党委制是保证集体领导、防止个人包办的重要制度。革命战争年代，我们党已经在实践中形成优良传统和领导方式，由党的集体而不是由个人决定重大问题。在党的历史上，曾出现过重要问题的解决不是由党委会做决定，而是由个人做决定，党委委员如同虚设的问题，如张国焘在红四方面军的错误领导，

---

① 《毛泽东文集》第七卷，人民出版社 1999 年版，第 102 页。
② 《毛泽东选集》第四卷，人民出版社 1991 年版，第 1341 页。
③ 《毛泽东文集》第八卷，人民出版社 1999 年版，第 294 页。
④ 《毛泽东文集》第八卷，人民出版社 1999 年版，第 295 页。

个人家长制作风很严重，造成了极坏的影响。鉴于此，毛泽东十分注意坚持集体领导原则。解放战争后期，全国各根据地的相对独立性被打破，革命形势要求我们党加强集中统一性。毛泽东特别指出，不请示不报告、独立王国、个人包办、无组织无纪律，这几种情况对于夺取全国解放战争的最后胜利危害极大。为了从根本上加强党委的集体领导，毛泽东于 1948 年 9 月 20 日撰写《关于健全党委制》，1949 年 3 月 13 日又专门撰写《党委会的工作方法》，严肃强调党委会必须形成制度和原则，深刻阐述了集体领导同个人负责相结合的领导方法。

毛泽东在《关于健全党委制》中明确提出党内实行集体领导的范围，要求从中央局至地委，从前委至旅委以及军区、政府党组、民众团体党组、通讯社和报社党组，都必须建立健全的党委会议制度。毛泽东为党中央起草的这个决定，总结了党内实行集体领导的成功经验，促使那些把集体领导变为有名无实的组织纠正自己的错误，并且扩大了实行集体领导的范围，从而正式从领导机关以及工作机构组织等方面，明确规定了党委实行集体领导的具体范围，有利于避免实践中的个人随意性和自由裁量。

集体领导的一个根本目的，就是防止个人说了算。毛泽东尖锐批评党委领导中的个人独断现象。1962 年初，他在扩大的中央工作会议上指出，我们现在有些第一书记，集体领导原则坚持得不好，连封建时代的刘邦都不如，倒有点像项羽，当的是霸王而不是党委"班长"。毛泽东在强调集体领导的同时，指出"军队在作战时和情况需要时，首长有临机处置之权"①。淮海战役期间，毛泽东不仅 4 次听取粟裕的意见，而且让前委"临机处理一切"。在包围黄百韬兵团后，毛泽东电示粟裕，"由你们机断专行，不要事事请示"②。这些都充分体现毛泽东对前线指挥员、对同志们的高度信任，体现了集体领导与个人负责的完美结合，体现出高度的民主作风。

---

① 《毛泽东选集》第四卷，人民出版社 1991 年版，第 1341 页。

② 《毛泽东军事文集》第五卷，军事科学出版社、中央文献出版社 1993 年版，第 177 页。

（二）个人分工各司其职

从制度上讲，党委集体领导，主要表现为重大问题由党委领导集体讨论决定，部署任务按职责分工执行，凡属于个人分工负责范围内的事情，除极其重大问题需提请党委集体讨论外，对于具体问题个人应积极大胆负责处理。唯其如此，才能做到事事有人管，人人有专责，形成集体领导强大优势。毛泽东把党委会的书记比喻成"班长"，委员比喻成"战士"，大家分工不同，各司其职，协调运转。

在党委会中，书记要善于当"班长"，必须处理好与其他委员的关系，既要反对家长制、一言堂、个人专断，又要反对自由主义、各自为政。在政治上，书记和委员是平等的，都有权发表意见看法，共同商议研究问题，坚持少数服从多数，遵守政治纪律和政治规矩。同时，毛泽东强调："党委书记要善于当'班长'。党的委员会有一二十个人，像军队的一个班，书记好比是'班长'。要把这个班带好，的确不容易。"[1]从政治上讲，党委书记承载着厚重的政治责任和领导使命，必须掌握科学领导方法，善于决策、善于统筹。同时，委员要增强"班子意识"，高度自觉遵守集体领导制度。书记和委员还要相互谅解，"书记和委员，中央和各中央局，各中央局和区党委之间的谅解、支援和友谊，比什么都重要"[2]。毛泽东指出："党委要完成自己的领导任务，就必须依靠党委这'一班人'，充分发挥他们的作用……如果这'一班人'动作不整齐，就休想带领千百万人去作战，去建设。"[3]西柏坡时期，中央领导层是一个和谐而富有活力的战斗集体，党委会中民主氛围浓厚。毛泽东、朱德、刘少奇、周恩来、任弼时五大书记，彼此信任，相互真诚，其他人有不同意见总是向毛泽东直言相陈，毛泽东也总能虚心听取并采取其他同志的正确意见。在中央领导集体的指挥下，革命战争不断从胜利走向胜利。

---

① 《毛泽东选集》第四卷，人民出版社 1991 年版，第 1440 页。

② 《毛泽东选集》第四卷，人民出版社 1991 年版，第 1441 页。

③ 《毛泽东选集》第四卷，人民出版社 1991 年版，第 1440 页。

（三）处理好团结问题

在党委会中，书记和委员要团结开展工作，做好团结是落实好集体领导和个人负责的重要因素。要善于批判和自我批判，这是最好的团结，它确保了人人讲话、人人民主。书记作为个体要承认自己的不足和缺点，在自我反思中团结同志，开展工作。1962 年 1 月，毛泽东在扩大的中央工作会议上曾拿自己举例："在中央北京工作会议的最后一天，我讲了自己的缺点和错误。我说，请同志们传达到各省、各地方去。事后知道，许多地方没有传达。似乎我的错误就可以隐瞒，而且应当隐瞒。同志们，不能隐瞒。"① 毛泽东还警示，不负责任，怕负责，不许人讲话，采取这种态度的人，十个就有十个要失败。

毛泽东强调，要善于在团结中增强领导力。党的团结是党的生命。不仅要团结党内同志，而且要团结党外同志；不仅要团结与自己意见相同的同志，而且要团结与自己意见不同的同志，甚至还要团结犯过很大错误的人一道工作。毛泽东倡导谦虚的态度，他指出："力戒骄傲。这对领导者是一个原则问题，也是保持团结的一个重要条件。"② 即使有了很大成绩的人，也不要骄傲，要保持艰苦奋斗，制止歌功颂德现象。

注重吸纳他人意见，共同商议大事要事。1948 年初，为打破蒋介石对挺进中原的刘邓、陈粟、陈谢三路大军的进攻，中央有意派粟裕率领三个纵队渡江南进，深入国统区后方执行机动作战任务。为了慎重起见，毛泽东特意致电粟裕征求意见。粟裕根据自己对战局的判断，建议暂不渡江，并赶赴阜平县城南庄面见毛泽东，再次提出部队暂不渡江、集中兵力在中原黄淮地区大量歼敌的意见。毛泽东经过慎重思考，同意了粟裕的意见，这才有了后来淮海战役的发展。

---

① 《毛泽东文集》第八卷，人民出版社 1999 年版，第 296 页。
② 《毛泽东选集》第四卷，人民出版社 1991 年版，第 1443 页。

四、一般号召和个别指导相结合

"一般号召和个别指导相结合的方法"①，是毛泽东提倡的重要领导方法。毛泽东指出，我们共产党人无论进行任何工作，必须学会掌握这一重要领导方法。

（一）一般号召要有普遍性

善于提出号召（路线、方针、政策、口号、榜样等），是一种高超的领导艺术。一个正确科学而激动人心的号召，犹如树起一面旗帜，指引光明未来。在毛泽东的领导下，中国革命的历史就是不断提出号召和不断实现号召的伟大历史。毛泽东极为善于提出伟大号召，无论是土地革命战争时期提出"枪杆子里面出政权""打土豪，分田地""工农武装割据""没有调查就没有发言权""十六字诀"，还是抗日战争时期提出"联合抗日""中国人不打中国人""自己动手、丰衣足食"，无论是解放战争时期提出"将革命进行到底""打倒蒋介石，解放全中国"，还是新中国成立后提出"抗美援朝、保家卫国""向雷锋同志学习""备战、备荒、为人民"等经典号召，都在历史上起到巨大影响，展示出高超的领导运筹魅力。

毛泽东在不同历史时期，针对不同敌人，灵活运用号召在战略上的普遍指导价值，争夺主动权，征服民心、左右舆情，指引前进方向。毛泽东提出的号召极具普遍性，既深得民意，又占据道义制高点，对开展工作极为有利，表现出高超的领导力。譬如，日本帝国主义侵入中国东北后，民族危机愈发严重。在这个历史关键点，毛泽东提出"中国人不打中国人"的号召，呼吁全民族团结抗战，一致对外。这个号召妙就妙在：打人的人和被打的人都是中国人，但又是两类极不相同的中国人，前者指国民党，后者指共产党。该口号避而不谈国民党不要打共产党、蒋介石不打毛泽东，而说中国人不打中国人，自己人不

---

① 《毛泽东选集》第三卷，人民出版社 1991 年版，第 899 页。

打自己人。大敌当前，毛泽东"中国人不打中国人"的号召实实在在将了蒋介石一军，赢得了舆论，赢得共鸣。这一号召，让中国共产党人的主张更得民心，赢得了主动。

（二）善于抓典型树榜样

个别指导的范本是抓典型，抓典型是一种重要的领导方法。没有典型，就不能有效实施领导，没有典型的高度，就很难有领导工作的高度。毛泽东多次强调，领导干部要学会注重抓好典型，善于发现典型，树立榜样，发挥典型的示范带动作用和榜样力量。

毛泽东认为，典型本身就是一种政治力量。他形象地说，树典型就是插旗子，其秘诀就是把加以提倡的精神、推崇的价值观、实现的原则、推广的经验，具体到一个或几个看得见摸得着的具体人物或事件上，使之成为一面鲜艳的旗帜，成为指示人们前进的榜样、标兵。注重运用先进典型榜样尤其是身边的标兵去指导和推动工作，是我们党重要的工作经验，是高效科学的领导方法。在毛泽东领导人民进行革命、建设的各个时期，先进典型都承载着时代的主流精神诉求和价值取向。好的典型能起到带动示范作用，温暖人鼓舞人启迪人，而坏的典型能起到警示惩戒作用，时刻提醒引以为戒。"生的伟大，死的光荣"的刘胡兰，"为人民利益而死"的张思德，"毫不利己，专门利人"的白求恩，等等，在艰苦卓绝的革命战争岁月中，榜样是漫长黑夜里点燃中华民族奋发图强的希望之火。一个个英雄典型对广大官兵的激励作用不可估量。毛泽东亲自推动开展向雷锋同志学习，时至今日，雷锋仍是永恒的丰碑，产生了广泛而深远的社会影响。雷锋既是一个时代的标志，也是一种精神的传承。典型是看得到的哲理，是具体的、生动的、形象的，一个典型胜过无数的教导，其示范作用是无穷的。

新中国成立后，毛泽东善于抓住基层工作中创造的一些典型案例，发现、总结、推广了一系列鲜活的基层工作经验。1950 年至 1951 年间，毛泽东向全党推广了大城市接收和管理工作的上海经验，即调整公私关系，改善劳资关系，开展自我批评等做法，要求全国其他地方党委研究上海经验，参考学习上海经验。20世纪60年代初，浙江诸暨枫桥的干部群众在社会主义教育运动中，创造了"发动和依靠群众，坚持矛盾不上交，就地解决，实现捕人少、治安好"的"枫桥经验"。1963年11月20日，毛泽东批示学习推广"枫桥经验"。数十年来，"枫桥经验"历久弥新，成为我国政法战线和基层社会治理的一面光辉旗帜。党的十八大以来，习近平总书记多次就坚持和发展好新时代"枫桥经验"作出指示批示。概而言之，抓典型，是一种高超的领导方法，必须从典型的先进性、导向性、群众性和时效性等综合因素加以考察分析，充分发挥良好声誉、示范效应和社会影响。

（三）一般号召寓于个别指导

一般号召寓于个别指导，从特殊性中把握普遍性，体现出高超的领导思维。毛泽东认为，一般号召和个别指导如果相脱节、相割裂，会造成两种片面性、错误的和有害的倾向。只重视一般而忽视个别，必然导致教条主义倾向；只注重个别而忽略一般，则会造成狭隘的经验主义倾向。在实践中，要贯通一般号召和个别指导，把一般号召寓于个别指导之中，在个别指导中彰显一般号召，让一般号召和个别指导在相互结合中创造性转化，丰富发展推动工作。一般号召必须符合客观情况，符合具体实际，充分反映人民群众的愿望和利益诉求。个别指导必须是真正的指导，必须是明确的、具体的指导，不能是空洞的概念和抽象的说辞。毛泽东强调，不能把一般号召和个别指导混为一谈，抓工作不能毫无章法。革命战争年代，延安有幅漫画叫《1939年延安植的树》。对此，毛泽东讲到，延安植树植得不好，大家应该批判。但是，要分清一般和个别。比方说王家坪植树不好，就应该就王家坪植树问题进行批评。你不写具体指向，光画一棵树，就好像说整个延河植树都不好，这不准确。你要分清这个是个别，还是一般的，是局部的，还是全局的。毛泽东不但提倡一般号召和个别指导相结合的领导方法，为全党确立一般的基本原则，而且亲自示范亲自推广运用。历史证明，毛泽东很好地将一般号召和个别指导的方法结合起来，为其领导取得一个个斗争的伟大胜利提供了巨大助力。

五、领导骨干和广大群众相结合

"领导骨干和广大群众相结合的方法"①，是毛泽东倡导的又一重要领导方法。领导骨干和广大群众是辩证统一的关系，在实际工作中，既要有强有力的领导骨干，也要有富有积极性的广大群众。整个领导过程的开展和完成，只有在领导骨干和广大群众积极的互动下才能真正实施。

（一）正确的领导来源于广大群众

毛泽东指出："从群众中集中起来又到群众中坚持下去，以形成正确的领导意见，这是基本的领导方法。"②他强调，在我们党的一切实际工作中，凡属正确的领导，必须是从群众中来，到群众中去。这是马克思主义的认识论，也是马克思主义的基本领导方法。

正确的领导必须在群众斗争中逐渐形成，脱离群众斗争则形不成正确的领导。正确的领导通常是从群众中来，形成科学判断，然后再到群众中坚持下去，如此循环，一次比一次更科学、更生动、更丰富。正确的领导在群众的实践中不断验证、修正提升，再验证、再优化完善，不断指导群众行动，推动事业发展。正确的领导必须掌握群众，来源于群众，在群众实践中不断向前推进。

（二）领导者要善于同群众相结合

领导骨干和广大群众相结合的关键是，"领导者必须善于团结少数积极分子作为领导的骨干，并凭借这批骨干去提高中间分子，争取落后分子"③。毛泽东指出，不注重不善于团结积极分子组成领导核心，不注重和不善于使领导核心同广大群众密切地结合起来，都会使自己的领导成为脱离群众的官僚主

---

① 《毛泽东选集》第三卷，人民出版社 1991 年版，第 899 页。

② 《毛泽东选集》第三卷，人民出版社 1991 年版，第 900 页。

③ 《毛泽东选集》第三卷，人民出版社 1991 年版，第 898 页。

义的领导。促使领导骨干和广大群众相结合，首要需要领导者在领导与群众的关系中发挥积极主动、引领指导的作用。这主要体现为，领导者要善于思想引领，针对的不是琐碎的具体事务，解决的也不是暂时性的任务，而是提出明确的目标和普遍有效的规律指导，帮助群众完成既定时间内的重大历史任务，能够为群众提供远大目标和权威科学的行动指南。

在旧中国，农民占人口的绝大多数，农民问题就是中国革命斗争的主要问题，领导骨干和广大群众结合，主要是和广大农民群众相结合。毛泽东曾指出，谁赢得农民，谁就赢得中国，而谁能解决土地问题，谁就能赢得农民。革命战争年代，毛泽东通过土地改革密切联系群众，同群众走在一起，激起群众干革命的热情。通过不断调整土地改革政策，使广大农民获得土地，中国共产党由此获得农民的支持和拥护，建立起革命根据地。毛泽东强调，只有信任农民群众，才能把他们真正激励起来，党和政府要帮助农民群众恢复做人的尊严，把本该享有的权利还之于民。新中国成立后，领导骨干和广大群众相结合，主要是同最广泛的人民群众紧密结合，把全国各族人民群众建设社会主义的热情激发出来，共同奋斗，开天拓地搞建设，凝聚磅礴力量开展生产活动，发展社会经济，不断提高人民的生活水平。实践证明，领导骨干带头，组织和发动群众，这是中国共产党领导取得斗争胜利的重要秘诀之一。

（三）一切为了群众、一切依靠群众

坚持群众的观点是领导者开展工作的根本出发点。毛泽东认为，领导者要想让被领导者跟着前进，必须给以物质福利，否则，就不能实现领导。马克思说过，思想一旦离开"利益"，就会使自己出丑。毛泽东深刻地领会了这一点，提出全心全意为人民服务的宗旨，把服务群众和依靠群众作为重要工作方法。1934 年，毛泽东在《关心群众生活，注意工作方法》中指出："我们应该深刻地注意群众生活的问题，从土地、劳动问题，到柴米油盐问题……要使广大群众认识我们是代表他们的利益的，是和他们呼吸相通的。"[①] 要和人民群众永

---

① 《毛泽东选集》第一卷，人民出版社 1991 年版，第 138 页。

远站在一起，关心他们的痛痒，真心实意为群众谋利益，解决群众的生产和生活问题，要让人民群众了解我们提出的目标，革命战争的任务，拥护革命，把革命推到全国去，接受中国共产党的政治号召，为革命的胜利斗争到底。1945年，毛泽东指出："我们共产党人区别于其他任何政党的又一个显著的标志，就是和最广大的人民群众取得最密切的联系。"①他强调，要注意每一个工作环节上的每一个同志，都不要脱离群众，教育每一个同志热爱人民群众，细心地倾听群众的呼声。每到一地，就和那里的群众打成一片，不是高居于群众之上，而是深入于群众之中。

毛泽东指出，领导骨干和广大群众结合，必须把服务群众放在首位，把提高群众生活放置到重要议事日程，"就得真心实意地为群众谋利益，解决群众的生产和生活的问题，盐的问题，米的问题，房子的问题，衣的问题，生小孩子的问题，解决群众的一切问题"②。领导者要是在实践中真正解决了上述问题，广大群众必定拥护我们党，把革命当作自己的生命。与此同时，领导者在为人民群众服务的过程中，也依靠人民群众干革命、干事业。群众是真正的英雄，我们党必须依靠群众。但是，群众的力量只有通过领导才能组织起来、动员起来、凝聚起来。从某种意义上讲，群众是"沙"，领导是"泥"，有了领导，有了干部，群众才能凝聚起来，才知道往哪里走。在革命战争年代，毛泽东指出，我们既是革命战争的领导者、组织者，又是群众生活的领导者、组织者，组织革命战争和改善群众生活，是中国共产党人的两大任务。人民是历史的创造者，相对于人民群众这个主体的历史创造活动，领导者的力量，无论多么巨大，也是次要的。只有动员和组织起群众，依靠群众，才能发挥出无穷力量和强大智慧。毛泽东强调，我们革命事业的真正铜墙铁壁是群众，是千百万真心实意地拥护革命的群众，"这是真正的铜墙铁壁，什么力量也打不破的，完全打不破的。反革命打不破我们，我们却要打破反革命"③，夺取斗争的最后胜利。

① 《毛泽东选集》第三卷，人民出版社 1991 年版，第 1094—1095 页。

② 《毛泽东选集》第一卷，人民出版社 1991 年版，第 138—139 页。

③ 《毛泽东选集》第一卷，人民出版社 1991 年版，第 139 页。

六、抓中心工作和主要矛盾

正确处理中心工作与一般工作、工作中的主要矛盾和次要矛盾，是领导工作的基本方法。毛泽东认为，繁杂工作中，必有一个是中心工作，复杂矛盾中必有一个是主要矛盾，善于把握重点就是善于抓住中心工作和主要矛盾。作为领导者不能不分轻重缓急同时部署安排很多"中心工作"，而要"依照每一具体地区的历史条件和环境条件，统筹全局，正确地决定每一时期的工作重心和工作秩序，并把这种决定坚持地贯彻下去，务必得到一定的结果，这是一种领导艺术"①。

（一）抓住根本、突出重点

抓中心工作和主要矛盾，就是抓住了事物的根本，就能主导事物的发展方向。任何事物，如果有众多矛盾存在的话，其中必定有一种矛盾是主要的，起着领导的、决定的作用，其他矛盾则处于次要和服从地位。正是因为主要矛盾在事物发展过程中起着重要作用，所以，在工作方法上，就需要找出事物的主要矛盾，以抓住事物发展的关键。

开展工作，首先要抓中心工作，抓住工作中的主要矛盾以协调带动其他工作。任何人不能同时有许多中心工作，在一定时间内只能有一个中心工作，辅以别的第二位、第三位的工作。毛泽东强调，抓住了主要矛盾，一切问题就迎刃而解了，相反，如果抓不住主要矛盾，就抓不住根本，就会在行动中分不出主次、先后、轻重、缓急，就不可能做好领导。"万千的学问家和实行家，不懂得这种方法，结果如堕烟海，找不到中心，也就找不到解决矛盾的方法。"②能否正确地认识和掌握中心工作和主要矛盾，是领导者作出科学决策的基础。因此毛泽东强调，任何一级首长应当把自己注意的重心放在最重要最有决定意

---

① 《毛泽东选集》第三卷，人民出版社 1991 年版，第 901 页。
② 《毛泽东选集》第一卷，人民出版社 1991 年版，第 322 页。

义的问题或动作上，而不是其他问题或动作上。

毛泽东是抓中心工作和主要矛盾的艺术大师，他善于运用唯物辩证法的望远镜和显微镜观察分析中国革命，精准把握中国社会矛盾的发展变化，不仅能够对中国革命变化作出正确的估量分析，而且能够形成科学的判断，从而制定出正确的路线、方针和政策，确定特定时期的中心工作和主要矛盾，在错综复杂的社会矛盾中抓住处于主导地位、起着关键和决定作用的矛盾，指引全党全军全国人民不失时机掌握斗争的中心环节，夺取一个又一个胜利。

（二）抓中心工作是一项领导艺术

毛泽东指出："党委要抓紧中心工作，又要围绕中心工作而同时开展其他方面的工作。"① 抓中心工作是党委工作的重要方法，以中心工作带动其他工作，要根据情况适时调整中心工作，确保中心工作紧跟实践发展的需要，进而推动革命事业不断前进。

比如，在土地革命战争时期，中心工作是与国民党反动派的革命战争，其他如经济建设等工作必须服从这个中心工作。西安事变发生后，中共中央作出决定：采取和平解决西安事变的方针。一直遭蒋介石屠杀的共产党居然不杀蒋介石，反而主张释放蒋介石，联合蒋介石共同抗日。这重大决策皆源于毛泽东对抗日战争矛盾关系的冷静分析。当时日本帝国主义已经侵占了中国东北地区，并步步紧逼妄图吞并全中国，中华民族面临亡国灭种重大危机。此时此刻，中华民族同日本侵略者之间的民族矛盾，关系到国家和民族存亡，关系到中国革命的前途。如果单凭革命义愤杀了蒋介石，也不可能制止内战的持续，还为日本帝国主义侵华提供了有利条件，后果更为严重。毛泽东应时而变，把握民族矛盾上升为主要矛盾、国内矛盾下降为次要矛盾的形势转换，教育全党全军适时调整对敌斗争的中心工作和主要矛盾，力主和平解决西安事变，顺势营造国共合作氛围，迎来全国抗日的新阶段，牢牢把握引领了中国革命的前进方向。

---

① 《毛泽东选集》第四卷，人民出版社 1991 年版，第 1442 页。

(三) 统筹兼顾、协调各方

统筹兼顾、协调各方，必须"学会'弹钢琴'"①，这是毛泽东高超处理矛盾问题的重要方法。毛泽东主张，把"重点论"和"两点论"结合起来，抓中心工作不能忽视非中心工作，抓主要矛盾不能忽视次要矛盾，抓全局不能忽视局部，事物的发展是一个系统过程，需要统筹兼顾、整体推进、协调发展。

毛泽东认为，领导者一定要学会顾全大局，协调各方。他说："我们现在管的方面很多，各地、各军、各部门的工作，都要照顾到，不能只注意一部分问题而把别的丢掉。凡是有问题的地方都要点一下，这个方法我们一定要学会。"②学会"弹钢琴"，既要有重点节奏，也要相互配合。革命战争年代，毛泽东一方面强调中心工作是军事和打仗，另一方面又号召做好其他一切革命工作。打仗是红军的中心工作，但是红军不是为了打仗而打仗，离开了对群众的宣传、组织、武装和建设革命政权等项目标，就失去了打仗的意义，也就失去了红军存在的意义。统筹兼顾、协调各方，才能推动革命事业不断前进，各个历史时期都是如此。新中国成立后，"十大关系"的处理是毛泽东"弹钢琴"艺术的又一集中体现，通过处理好经济建设和国防建设等矛盾关系，推动国家事业协调有序开展。毛泽东在《论十大关系》中，既重点探讨经济建设问题，也深入探讨政治、文化建设等问题，充分体现了系统思维，也充分表明中国共产党治国理政的战略：政治以经济为基础，同时政治建设保障和推动经济建设；强调科学处理重工业、轻工业和农业的关系，平衡发展国防建设和经济建设；在处理国家、生产单位和生产者个人需求上，要利益兼顾不能只顾一头；在处理中央和地方的关系上，强调在巩固党中央统一领导的前提下，给地方更多独立性自主权；在对待外国经验上，坚持批判地学，不可盲目学。这样，就兼顾了各个方面的利益，调动了各个方面的积极性，汇聚起最大的合力，共同为赢得社会主义建设时期新的伟大斗争胜利贡献智慧和力量。

---

① 《毛泽东选集》第四卷，人民出版社 1991 年版，第 1442 页。

② 《毛泽东选集》第四卷，人民出版社 1991 年版，第 1442 页。

第七章
"兵民是胜利之本"

——关于斗争依靠力量

在领导中国人民打败国内外强大敌人的历史过程中，毛泽东从革命战争的实际情况出发，在对敌我情况进行科学分析的基础上，深刻地揭示了革命战争的实践主体、力量源泉以及人民战争的伟大历史作用，全面系统地解决了人民战争的重大理论和实践问题。"兵民是胜利之本"，是毛泽东在抗战初期提出的著名论断。它深刻揭示了人民群众与战争胜负之间密不可分的内在联系，揭示了以毛泽东同志为主要代表的中国共产党人领导革命斗争的基本规律和制胜之道，对中国革命的胜利起到了十分重要的指导作用。

一、战争的伟力之最深厚的根源，存在于民众之中

唯物史观认为，人民群众是历史的真正创造者，历史活动是群众自己的事业，人民群众的解放只能靠自己起来斗争，自己解放自己。毛泽东依据唯物史观的基本原理，在探索中国革命规律和道路过程中，科学地解决了中国革命战争的依靠力量问题。同时，还恰当地分析了各种阶级力量的作用，为中国革命战争胜利找到了最深厚的力量源泉。

（一）农民问题是国民革命的中心问题

在半殖民地半封建的旧中国，农民占全国人口的 90% 以上，他们深受帝国主义、封建势力及各种军阀的残酷剥削和压迫，强烈要求摆脱贫困地位，谋求自身解放，他们是无产阶级最可靠的同盟者，是中国革命的主力军。早在五四运动时期，毛泽东就受到李大钊等人的影响，初步接受了唯物史观的群众观点。例如，1919 年夏，毛泽东在其主办的《湘江评论》上发表了《民众的大联合》等文章，热情讴歌了民众的伟大作用。中国共产党诞生后，我们党大力开展工农运动，毛泽东热情投身到这一运动当中，深刻体会到人民群众的伟大力量。1926 年 9 月，毛泽东在《国民革命与农民运动》一文中指出，农民问题是国民革命的中心问题，农民不起来参加并拥护国民革命，国民革命就不会成功。《中国社会各阶级的分析》和《湖南农民运动考察报告》的撰写，表明毛泽东已经掌握并运用马克思主义的群众观点和阶级分析方法。这两篇著作为毛泽东后来形成的人民战争思想奠定了重要理论基础。

北伐战争初期之所以能够迅速取得胜利，很重要的一个原因，就是这场战争得到了广大人民群众的热烈拥护和大力支援。北伐前，中国共产党在广东已组织了五万农民自卫军，北伐后的几个月里，在湖南就发展了十多万农军，在广西、湖北、江西、河南和陕西，也都组织了数以万计的农军。广东曲江地区数万农民担负了北伐军的运输任务。北伐军进入湖南后，在长沙、醴陵、平江、岳州等战役中，广大工农群众箪食壶浆，荷锄助战，除帮助军队带路、运输和救护伤员外，还直接参加战斗，配合军队打击敌人。湖南、湖北、江西、广东等省的农民运动，势如暴风骤雨，从根本上动摇了帝国主义和封建势力在广大农村地区的统治基础。至 1927 年春，全国工会会员达 280 余万人，湖南、湖北、江西等省的工人都建立了自己的革命武装——工人纠察队。北伐军出师时，省港罢工工人组织了 3000 人的运输队、宣传队、卫生队随军出征。粤汉铁路工人破坏铁路，使敌人的运输陷于瘫痪。北伐军围攻武汉时，汉阳工人举行罢工，和北伐军里应外合，使敌人首尾难顾。这些都表明：革命战争要取得胜利，必须有广大人民群众的积极参加和大力支援。

（二）千百万真心实意地拥护革命的群众是真正的铜墙铁壁

毛泽东认为，革命战争必须发动和依靠人民。在井冈山斗争时期，毛泽东把好的民众条件，看作是取得反"围剿"斗争胜利最重要、最基本的条件。他指出："人民这个条件，对于红军是最重要的条件"①。在论述造成转入反攻的条件时，他把"积极援助红军的人民"视为首要条件。朱德在谈到中央苏区反"围剿"胜利的原因时指出："一、二、三次反'围剿'，是中国很好的革命战争经验。主要一点是在于依靠群众。"②

在《关心群众生活，注意工作方法》一文中，毛泽东结合土地革命战争实践，对人民群众在革命战争中的地位和作用作了精辟论述。他认为，我们党的中心任务就是要动员广大群众参加革命战争。针对当时国民党反动派对根据地实行的堡垒政策，他说："真正的铜墙铁壁是什么？是群众，是千百万真心实意地拥护革命的群众。这是真正的铜墙铁壁，什么力量也打不破的，完全打不破的。"③革命战争期间，毛泽东把战争放进社会大系统中，调动与军事有关的全部有利因素，动员和组织广大人民群众积极支援人民军队与敌人作斗争，造就了真正意义的"铜墙铁壁"。

抗日战争时期，日本帝国主义要变中国为它的殖民地，民族矛盾上升为主要矛盾，国内阶级矛盾下降为次要矛盾。毛泽东在《论反对日本帝国主义的策略》一文中，进一步强调了民众在抗日战争中的重要地位和伟大作用，明确提出和阐述了建立广泛抗日民族统一战线的策略思想。他认为，要战胜日本帝国主义，"我们一定不要关门主义，我们要的是制日本帝国主义和汉奸卖国贼的死命的民族革命统一战线"④。毛泽东主张，不但要把占全国人口90%以上的工农大众动员和组织起来，还要把城市小资产阶级、民族资产阶级和其他拥护反帝反封建纲领的人争取过来，把国际上包括敌国人民在内的绝大多数人争取

① 《毛泽东选集》第一卷，人民出版社1991年版，第207页。

② 《朱德军事文选》，解放军出版社1997年版，第489页。

③ 《毛泽东选集》第一卷，人民出版社1991年版，第139页。

④ 《毛泽东选集》第一卷，人民出版社1991年版，第155页。

过来，组成最广泛的抗日民族统一战线，共同反对日本帝国主义的侵略战争。因此，他号召全党为争取千百万群众进入抗日民族统一战线而斗争。

全面抗战爆发后，毛泽东在《论持久战》中指出："战争的伟力之最深厚的根源，存在于民众之中"①，认为要动员全国的老百姓，陷敌于灭顶之灾的汪洋大海。毛泽东为八路军、新四军制定了独立自主的山地游击战的战略方针，反复强调要坚定不移地执行这个方针，其基本点包含发动民众、使军队同民众相结合这两个重要方面。1937 年 9 月 23 日，毛泽东在给彭雪枫的电报中强调："游击战争除军事部署以外，最主要的是紧密依靠乡村广大人民群众，只有如此，才能取得最后胜利。"②抗日战争期间，我党我军在敌后战场取得的巨大胜利，证明了毛泽东的论断是完全正确的。

（三）只有原子弹而没有人民的斗争，原子弹是空的

抗日战争结束前夕，美国在日本投下两颗原子弹产生了巨大破坏力，在世界范围内出现一种对原子武器的恐惧感。国民党反动派也以此吹嘘美国的强大，威胁中国共产党人向其屈服。当美国投下原子弹仅仅几天后，毛泽东就在延安的干部会议上指出："原子弹能不能解决战争？不能。原子弹不能使日本投降。只有原子弹而没有人民的斗争，原子弹是空的。"③毛泽东还批评了党内一些同志把原子弹看得神乎其神的错误思想。全面内战爆发后，为增强全党打败国民党反动派的信心，毛泽东在为中共中央起草的指示中指出："蒋介石虽有美国援助，但是人心不顺，士气不高，经济困难。我们虽无外国援助，但是人心归向，士气高涨，经济亦有办法。因此，我们是能够战胜蒋介石的。全党对此应当有充分的信心。"④这些讲话和指示，澄清了当时党内军内存在的模糊认识。

---

① 《毛泽东选集》第二卷，人民出版社 1991 年版，第 511 页。

② 《毛泽东年谱（一八九三——一九四九）（修订本）》中册，中央文献出版社 2013 年版，第 24 页。

③ 《毛泽东选集》第四卷，人民出版社 1991 年版，第 1133 页。

④ 《毛泽东选集》第四卷，人民出版社 1991 年版，第 1187 页。

1946 年 8 月，毛泽东在和美国记者安娜·路易斯·斯特朗谈话中，阐明了人民的力量终究会战胜强大的反动派。毛泽东提出："原子弹是美国反动派用来吓人的一只纸老虎，看样子可怕，实际上并不可怕。当然，原子弹是一种大规模屠杀的武器，但是决定战争胜败的是人民，而不是一两件新式武器。"[1]在毛泽东看来，国民党反动派虽然貌似强大，但由于脱离人民，得不到人民的拥护和支持，终归还是要失败的。解放战争期间，毛泽东在他所撰写的文章和指示中，反复强调依靠群众去争取战争胜利的问题。

（四）人心的向背是经常起作用的因素

毛泽东不仅把人民群众看作是进行革命战争的基础力量和根本条件，而且把这个条件看作是在战争中经常起作用的基本因素。他在分析国共两党军事力量的优劣时指出："蒋介石军事力量的优势，只是暂时的现象，只是临时起作用的因素；美国帝国主义的援助，也只是临时起作用的因素；蒋介石战争的反人民的性质，人心的向背，则是经常起作用的因素；而在这方面，人民解放军则占着优势。人民解放军的战争所具有的爱国的正义的革命的性质，必然要获得全国人民的拥护。这就是战胜蒋介石的政治基础。"[2]毛泽东从人是决定因素的观点出发，进一步指出，人民群众是战争胜负的主宰，要争取战争的最后胜利，首先必须十分重视对广大民众的动员、组织与武装。在毛泽东看来，只要充分动员人民，坚决依靠人民，进行人民战争，任何强大的敌人都是可以打败的。毛泽东还阐明了发动广大人民群众支持和参加革命战争以及发挥部队中士兵基础作用的一系列方针、政策和办法，如建立建设革命根据地、建党建政、深入开展土地革命、关心群众生活、注意工作方法，等等。同时，毛泽东还把当时我军一系列战略战术和发动、依靠人民群众结合起来，把战略战术原则建立在人民战争的基础之上，使任何反人民的军队都束手无策。

---

① 《毛泽东选集》第四卷，人民出版社 1991 年版，第 1194—1195 页。

② 《毛泽东选集》第四卷，人民出版社 1991 年版，第 1246 页。

抗美援朝是毛泽东以非凡气魄和胆略作出的历史性决策。抗美援朝战争不但具有明显的无产阶级正义战争性质，而且充分显现出国际主义与爱国主义相结合的特点。我们党明确提出"抗美援朝，保家卫国"的伟大号召，充分反映了无产阶级国际主义与爱国主义相结合的正义战争目的，成为动员和组织中国人民和朝鲜人民以及全世界爱好和平人民支持和支援反侵略战争的鲜明旗帜。在中国人民志愿军入朝参战期间，毛泽东严格要求全军必须尊重朝鲜的人民、军队、政府和朝鲜劳动党，尊重朝鲜人民的领袖，严格遵守军事纪律和政治纪律，赢得了朝鲜人民和政府的积极支持和有力配合，保证了抗美援朝战争的伟大胜利。毛泽东在总结抗美援朝战争胜利的原因时指出："主要的是因为我们的战争是人民战争，全国人民支援，中朝两国人民并肩战斗。"[1]毛泽东还领导建立了广泛的国际反侵略战争统一战线，使马克思主义人民战争理论在特定历史条件下有了新的发展。

总之，在中国革命战争的各个时期，毛泽东都立足于人民群众是历史的创造者这一基本观点，来解决中国革命战争的依靠力量这一基本问题，进而找到了发动和组织广大人民群众的正确途径和方法，从而丰富和发展了马克思主义关于人民战争的理论。

二、没有一个人民的军队，便没有人民的一切

毛泽东高度重视人民军队在夺取和保卫政权中的重要作用，强调"没有一个人民的军队，便没有人民的一切"[2]。他从中国革命战争的实际出发，创造性地确立了人民军队的建军原则，成功解决了如何把以农民为主要成分的革命军队建设成为一支党绝对领导的、无产阶级性质的、具有严格纪律的、同群众保持紧密联系的新型人民军队的问题。

① 《建国以来毛泽东军事文稿》中卷，军事科学出版社、中央文献出版社2009年版，第173页。
② 《毛泽东选集》第三卷，人民出版社1991年版，第1074页。

（一）须知政权是由枪杆子中取得的

早在 1920 年，毛泽东就确立了无产阶级暴力革命的观点。第一次国内革命战争时期，他明确提出"推翻地主武装，建立农民武装"①。但是，当时中共中央主要领导人陈独秀坚持推行右倾机会主义，专做民众运动，不做军事运动。结果，以蒋介石、汪精卫为代表的国民党反动派于 1927 年发动反革命政变时，由于共产党缺少必要的应变准备和反击力量，轰轰烈烈的大革命遭到失败。同年 8 月 7 日，中共中央政治局在汉口召开紧急会议，讨论党在大革命失败后的基本方针。毛泽东在发言中鲜明提出：须知政权是由枪杆子中取得的。后来，毛泽东始终坚持并多次阐发这一观点。例如，在 1938 年 11 月 6 日中共六届六中全会上，他重申掌握枪杆子的重要性，强调共产党不应争个人的兵权，但要争党的兵权，争人民的兵权，要懂得"枪杆子里面出政权"这个真理。

要开展人民战争，首要条件就是建立一支人民的军队。毛泽东在《中国的红色政权为什么能够存在？》中指出："相当力量的正式红军的存在，是红色政权存在的必要条件。若只有地方性质的赤卫队而没有正式的红军，则只能对付挨户团，而不能对付正式的白色军队。所以虽有很好的工农群众，若没有相当力量的正式武装，便决然不能造成割据局面，更不能造成长期的和日益发展的割据局面。"②有了人民军队，才能进行土地革命，动员广大农民开展广泛的游击战争，建立政权，创建革命根据地。土地革命是中国民主革命的主要内容，解决农民问题并取得他们拥护和援助的主要办法，就是用党来创建军队，使用军队发动群众，开展土地革命，将豪绅地主阶级的土地分给无地或少地的农民，并组织他们发展生产，解决他们生产和生活的实际问题，使他们得到实际的经济利益，积极参加和支援革命战争。

---

① 《毛泽东选集》第一卷，人民出版社 1991 年版，第 28 页。

② 《毛泽东选集》第一卷，人民出版社 1991 年版，第 50 页。

（二）建立一支无产阶级性质的新型人民军队

中国是一个经济落后、半封建半殖民地的农业国家，这就决定了中国革命战争应把着眼点和立足点首先放在广大乡村。毛泽东发展了马克思、恩格斯和列宁关于农民是革命后备军的思想，把农民作为革命的主力军，以农民为主体建立无产阶级性质的新型人民军队。毛泽东指出："中国共产党的武装斗争，就是在无产阶级领导之下的农民战争。"[1]他认为，中国革命战争的主要组织形式是军队，主要成分是农民。农民群众是中国革命最广大的动力，是无产阶级天然的、最可靠的同盟者，是中国革命队伍的主力军。毛泽东强调，必须建立一支无产阶级领导的、以农民为主要成分的工农革命军，并明确规定：这支军队是实行人民战争的骨干力量，其根本宗旨是全心全意为人民服务，它必须置于共产党的绝对领导之下，并建立强有力的革命的政治工作。

为了建设一支新型人民军队，毛泽东从一开始就十分注意用无产阶级建军思想和建军原则改造军队，使广大官兵脱离农民、手工业者和小知识分子的狭隘眼光，胸怀革命大志，使其成为真正的无产阶级革命者。三湾改编、古田会议决议、新式整军运动，以及在《论联合政府》中关于人民军队的一系列论述，都有这方面的重要思想。主要有：坚持全心全意为人民服务的唯一的根本宗旨，坚持党对军队的绝对领导，进行军队内部的民主建设，实行强有力的革命的政治工作，军队和人民始终保持血肉联系，使军队在党的领导下，既是人民战争的骨干力量，又是组织和发动人民群众、建立新的人民政权的"酵母"。

中国共产党领导的新型人民军队，其根本宗旨是为人民服务，因此必然担负起多种使命任务。1927 年 12 月，毛泽东在江西宁冈县总结战斗经验时，为红军规定了三项任务，即：（一）打仗消灭敌人；（二）打土豪筹款子；（三）做群众工作。当抗日战争进入相持阶段后，各根据地出现严重的经济困难。为此，毛泽东号召全党全军"自力更生，克服困难""自己动手，生产自给"，要

---

① 《毛泽东选集》第二卷，人民出版社 1991 年版，第 609 页。

求军队一面打仗，一面生产，要学会打仗、生产"两套本领"。八路军三五九旅开辟"陕北的好江南"，成为当时的模范。随着形势的发展，当解放军即将挺进江南之际，毛泽东发出了把军队变为工作队的指示，"我们必须准备把二百一十万野战军全部地化为工作队"①。根据这一指示，人民解放军在以战斗方式解放全国重要城镇和乡村的同时，派出大量的干部战士，组织工作队，接管城市，组织新的政权，恢复生产，稳定社会秩序，迎接新中国的诞生。同时，毛泽东强调，战斗队永远是人民军队的主要身份和根本任务。他在党的七届二中全会上指出："人民解放军永远是一个战斗队。就是在全国胜利以后，在国内没有消灭阶级和世界上存在着帝国主义制度的历史时期内，我们的军队还是一个战斗队。对于这一点不能有任何的误解和动摇。"②这些观点，明确地界定了人民军队的主要任务。

（三）人民军队是夺取和巩固国家政权的骨干力量

军队是国家的暴力机器，是夺取和捍卫政权的最有力武器。毛泽东系统总结了土地革命战争时期人民军队建设的经验，坚持党指挥枪的基本原则，在"枪杆子里面出政权"基础上，进一步提出"枪杆子里面出一切"的著名论断，指出有了枪确实又可以造党，还可以造干部，造学校，造文化，造民众运动。他还特别指出："从马克思主义关于国家学说的观点来看，军队是国家政权的主要成分。谁想夺取国家政权，并想保持它，谁就应有强大的军队。"③这些论断，为全党全军认识和筹划我国国防力量建设提供了重要理论依据。

抗日战争初期，国民党企图通过"合作""统一"来达到削弱、控制甚至取消共产党和红军的目的。中国共产党在作出必要让步的同时，始终坚持共产党对我军的绝对领导和独立自主的指挥原则，坚决拒绝国民党当局派员来红军任职的无理要求。毛泽东尖锐批评了以王明为主要代表的教条主义者鼓吹的"一切经过统一战线"的错误观点，他指出："共产党员不争个人的兵权

---

① 《毛泽东军事文集》第五卷，军事科学出版社、中央文献出版社 1993 年版，第 515 页。
② 《毛泽东军事文集》第五卷，军事科学出版社、中央文献出版社 1993 年版，第 514 页。
③ 《毛泽东选集》第二卷，人民出版社 1991 年版，第 547 页。

（决不能争，再也不要学张国焘），但要争党的兵权，要争人民的兵权。现在是民族战争，还要争民族的兵权。在兵权问题上患幼稚病，必定得不到一点东西。"①1939 年 10 月，毛泽东在《〈共产党人〉发刊词》中，把由中国共产党领导的武装斗争，作为中国民主革命胜利的三大法宝之一。抗日战争期间，中国共产党领导敌后解放区军民，与敌军作战 12.5 万余次，以伤亡 61 万余人的代价，歼灭日军 52.7 万余人、日伪军 171.4 万余人，收复国土 104.8 万余平方公里，解放人口 1.255 亿。从战略相持阶段起，八路军、新四军和华南人民抗日游击队抗击了大部分的侵华日军和几乎全部伪军，成为中国抗战的主力军。同时，中国共产党所领导的武装力量也获得较大发展，主力军和地方军由全国抗战开始时的 11 万余人发展到抗战胜利时的约 132 万人，民兵达 268 万余人，并先后在华北、华中及华南地区建立了 19 块抗日根据地。这支雄厚的力量，为后来解放战争的胜利奠定了坚实基础。

抗日战争刚结束，国民党反动派就玩弄和谈阴谋，要求共产党交出人民军队，然后才能承认"合法"地位，才给几个"官"做。对此，毛泽东针锋相对地指出："人民的武装，一支枪、一粒子弹，都要保存，不能交出去。"②正是在中国共产党的领导下，创造和发展了这样一支强大的人民军队，才得以开展真正的人民战争，才取得了新民主主义革命的伟大胜利。

到了晚年，毛泽东对这一思想有了更深刻的思考和总结。1964 年 4 月，他在会见来访的刚果友人时说："要团结人民，同人民站在一边，并把自己武装起来。没有武装，有一天要被打倒的。什么叫政权？主要是军队。没有军队，就没有政权。什么叫独立？没有军队，就没有独立。什么叫自由？没有军队，就没有自由，人家就要压迫你们。什么叫平等？没有军队，谁同你们讲平等。"③他语重心长地告诉外国朋友们，干革命、捍卫独立自由，就要联系和发动人民群众，就要搞武装、搞军队，舍此是万万不行的。

---

① 《毛泽东选集》第二卷，人民出版社 1991 年版，第 546 页。

② 《毛泽东选集》第四卷，人民出版社 1991 年版，第 1161 页。

③ 《建国以来毛泽东军事文稿》下卷，军事科学出版社、中央文献出版社 2010 年版，第 221 页。

（四）为建立强大的国防军而奋斗

中华人民共和国的成立，是中华民族史上开天辟地的大事件，亿万人民群众从此成为主人，人民军队也成为捍卫新生人民政权的国防军。但此时的人民军队在建设水平上还是落后的，还不能完全担负起有效捍卫新中国的历史任务，迫切需要加强革命化现代化正规化建设。

新中国成立前夕，毛泽东在中国人民政治协商会议第一届全体会议上指出："我们的国防将获得巩固，不允许任何帝国主义者再来侵略我们的国土。在英勇的经过了考验的人民解放军的基础上，我们的人民武装力量必须保存和发展起来。我们将不但有一个强大的陆军，而且有一个强大的空军和一个强大的海军。"[1]1950年9月，毛泽东强调中国必须建立强大的国防军，并把建立强大的国防军与建立强大的经济力量，作为摆在中国人民面前的两件大事。同月，毛泽东为全国战斗英雄代表大会题词："为建设强大的国防军而奋斗。"1953年12月，根据毛泽东关于军队建设的方针与指示，全国军事系统党的高级干部会议明确提出，把建设一支优良的现代化的革命军队作为军队建设的总方针、总任务。

在毛泽东的领导下，人民解放军从新中国成立至20世纪60年代，不仅建立了海军、空军，还相继建立了炮兵、装甲兵、防空部队、工程兵、铁道兵、通信兵、防化学兵、第二炮兵等，初步实现了我军由单一步兵向诸军兵种合成军队的转变。没有现代化的武器装备，就没有现代化的军队。到1959年，陆军武器装备初步实现了国产化、制式化。"两弹一星"、核潜艇的研制成功，把人民军队的现代化建设推向高峰。

正规化是建设现代化军队不可缺少的基本条件。对此，毛泽东明确指出："与现代化装备相适应，就是要求部队建设的正规化，就是要求实行统一的指挥、统一的制度、统一的编制、统一的训练，就是要求实现诸兵种密切的协同动作。"[2]

---

① 《建国以来毛泽东军事文稿》上卷，军事科学出版社、中央文献出版社2010年版，第4页。

② 《建国以来毛泽东军事文稿》中卷，军事科学出版社、中央文献出版社2010年版，第39页。

1953 年 12 月，经毛泽东批准并指导召开的全国军事系统党的高级干部会议，明确提出实行义务兵役制、军官薪金制、军衔制三大制度，以加强人民军队的正规化建设。

建设现代化正规化革命军队，需要一大批具有高度政治觉悟和现代军事素质的人才。自 20 世纪 50 年代初起，随着建设现代化正规化国防军任务的提出，毛泽东对建设军事院校十分重视，亲自过问军事院校筹建事宜，抽调高级将领筹办军事院校，并为几所重点院校写了训词，规定办校的指导思想和方针。1950 年 7 月，中央军委会议研究了军事院校建设问题。会后，毛泽东批准的军事院校建设方案确定：以战争年代创办的学校为基础，改建、新建一批适应培养现代作战人才的各类院校，包括创办一所全军性综合陆军大学，将各战略区原有的军政大学、军政干部学校和各部队的随营学校，改建为高级步兵学校、初级步兵学校和专业技术学校，各军兵种新建一批专业学校等。至 1959 年，全军共建成各级各类军事院校 129 所，逐步形成了比较完整的高等军事院校教育体系，培养了一大批具有现代战争知识的军政干部和专业技术干部。

三、宣传群众、组织群众、武装群众、帮助群众

动员与组织广大人民群众参加和支持革命战争，是进行人民战争的中心任务。毛泽东在其著作中阐述了关于依靠人民、组织人民、武装人民进行战争的丰富思想，他把人民群众当作革命战争的主体力量，视为与军队须臾不可分离的力量整体。这一战略思想，贯穿于毛泽东全部军事实践和战略理论中。

（一）红军不是单纯地为了打仗而打仗

战争的伟力存在于民众之中，但这种潜在的力量只有经过广泛的动员和组织才能变为现实的力量，而且在不同的历史时期还有着不同的动员方式。在无产阶级掌握国家政权之前，全国的政治、经济资源主要掌握在反动阶级手中，他们对红军和共产党进行疯狂"围剿"和镇压。在这种情况下，如果我军打仗

归打仗，发动群众归发动群众，不仅革命目标难以达成，连生存都很危险，因而必须采取特殊的方法去发动人民，这就是把进行战争与发动人民紧密结合起来。在建立人民政权之前，主要是以武装起义或战争的胜利去推动农村土地革命，以土地革命去发动群众参加革命战争，在进行战争的过程中再动员人民组织人民，以形成更加深入广泛的人民战争。

早在井冈山时期，毛泽东就规定红军"除了打仗消灭敌人军事力量之外，还要负担宣传群众、组织群众、武装群众、帮助群众建立革命政权以至于建立共产党的组织等项重大的任务"①。在发动群众过程中，我们党把人民群众的土地问题、工农业生产问题以及吃穿住行、文化教育等切身利益问题，作为重要的战略任务来解决。这就把动员和组织群众与实现人民群众翻身解放相结合，使人民群众认识到革命战争同自己的利益息息相关。从此，人民军队与一切旧军队彻底区别开，拥护和支援革命战争成为广大人民群众的自觉行动。我党我军能够在敌人残酷屠杀、镇压和"围剿"中顽强生存并不断发展，这也是主要原因。

（二）政治动员是发动广大群众进行人民战争必不可少的一环

中国共产党领导的革命战争，是反抗阶级压迫和民族压迫的正义的进步的战争，代表着广大人民群众的根本利益。这种战争是群众的战争，只有动员群众才能进行战争。因此，进行普遍和深入的政治动员，使群众知道战争的意义，把群众中蕴藏的巨大的革命积极性激发出来，使他们自觉地投身到革命战争中去，是进行人民战争必不可少的内容。

毛泽东认为，政治动员是搞好群众动员的中心环节。他历来高度重视政治动员，把是否放手发动群众看成是在战争中坚持正确路线的重要标志。抗日战争时期，毛泽东强调："这个政治上动员军民的问题，实在太重要了。我们之所以不惜反反复复地说到这一点，实在是没有这一点就没有胜利。"②为了最大

---

① 《毛泽东选集》第一卷，人民出版社1991年版，第86页。
② 《毛泽东选集》第二卷，人民出版社1991年版，第513页。

限度地动员、组织和武装广大人民群众积极参加人民战争，必须经常动员和宣传群众，把革命战争的政治目的，以及所采取的方法、步骤和政策告诉全体军民；必须武装人民群众，在战斗与生产结合的原则下，协同军队或独立地进行作战；必须依靠人民群众，一方面动员和组织人民群众努力发展生产，保障战争对各种物资的需求，组织群众直接参加各种作战勤务；另一方面不断改善人民群众的物质生活，给人民以看得见的物质利益，不断调动人民群众支援战争的积极性。毛泽东指出：没有这两个条件或两个条件缺一，就不能实现领导。

为了有效进行战争政治动员，毛泽东还结合实际，提出了许多行之有效的动员方法。

第一，把战争的政治目的明确告诉军队和人民。毛泽东指出，政治动员，"首先是把战争的政治目的告诉军队和人民。必须使每个士兵每个人民都明白为什么要打仗，打仗和他们有什么关系"[1]。只有当广大军民认识到自己所从事的战争的政治目的时，才会激发起同仇敌忾的战斗热情，提高斗志，齐心协力，精神振奋地去支持和支援革命战争。

第二，说明达到战争政治目的的步骤和政策。这主要是使战争的政治目的具体化，形成一个明确的具体的政治纲领，使广大军民具体地知道怎样去达到战争的政治目的。

第三，要有"合民众口味"的宣传动员方法。毛泽东认为，除军事秘密以外，政治动员必须是公开的，要充分利用演说、传单布告、报纸书刊、戏剧电影等多种适合人民群众口味的方法，使民众感到亲切，并力求普及。

第四，使战争的政治动员保持经常性。毛泽东在谈到抗日战争的政治动员时说："不是一次动员就够了，抗日战争的政治动员是经常的。"[2]他主张要联系战争发展的情况，联系士兵和老百姓的生活，把战争的政治动员变成经常的运动，从而保证广大军民始终都有高昂的士气和战斗热情。

---

[1] 《毛泽东选集》第二卷，人民出版社 1991 年版，第 481 页。
[2] 《毛泽东选集》第二卷，人民出版社 1991 年版，第 481 页。

（三）解决土地问题改善人民生活

　　毛泽东还认为，只是搞好政治动员还不够，还必须注意解决人民群众的切身利益和实际困难，给人民群众看得见的物质利益。他认为，如果单单动员人民进行战争，一点别的工作也不做，就不能真正地动员起群众，达到战胜敌人的目的。他特别指出："一切群众的实际生活问题，都是我们应当注意的问题。假如我们对这些问题注意了，解决了，满足了群众的需要，我们就真正成了群众生活的组织者，群众就会真正围绕在我们的周围，热烈地拥护我们。"[①]1934年1月，在中央苏区瑞金召开的第二次苏维埃全国工农兵代表大会上，毛泽东指出，我们现在的中心任务是动员广大群众参加革命战争，如果把这个中心任务真正看清楚了，懂得无论如何要把革命发展到全国去，"那末，我们对于广大群众的切身利益问题，群众的生活问题，就一点也不能疏忽，一点也不能看轻"[②]。在中国革命战争的各个时期，毛泽东始终把关心群众实际利益作为政治动员的重要内容。土地革命战争时期，他号召革命根据地政府，建立合作社，发展对外贸易，解决群众的穿衣等问题，使战争动员得到了广大人民群众的拥护和支持。抗日战争时期，毛泽东提出"发展经济，保障供给"，使人民的经济有所补充和增长，动员抗日根据地的广大人民群众以实际行动支持战争。解放战争时期，毛泽东提出要关心人民群众的经济困难，以实行减租和发展生产两件大事，给人民群众以看得见的利益，赢得了人民群众的真心拥护。

　　在旧中国，绝大多数人口生活在农村，实行人民战争最重要的就是要深入发动广大农民群众。在旧中国封建性的土地关系束缚下，广大被压迫、被剥削的农民同地主阶级的矛盾是尖锐的对抗性矛盾。要动员千百万农民参军参战，就必须改变我国延续几千年的封建土地所有制，满足农民对土地的强烈要求，从根本上推翻地主阶级对农民统治和压迫的根基。

　　解放战争期间，中国共产党两项最主要的工作，一是打仗，二是土改，土

---

① 《毛泽东选集》第一卷，人民出版社1991年版，第137页。

② 《毛泽东选集》第一卷，人民出版社1991年版，第136页。

改又是打仗的基础。为了更好地进行土地改革，毛泽东等党的领导人，一方面吸取土地革命战争和抗日战争时期减租减息的经验，另一方面根据解放战争时期新情况进行了许多新的探索，从而在更大的深度和广度上指导了土地改革，极大激发了广大农民参军参战的热情。毛泽东认为，土地改革在政治上十分需要，当时国民党有大城市，有美帝国主义帮助，占有四分之三人口的地区，我们只有依靠广大人民群众的伟大力量，与之斗争，才能改变这种他大我小的形势，如果在一万万几千万人口的解放区内，解决了土地问题，即可使解放区人民长期支持斗争不觉疲倦。毛泽东指出："这是一个最基本的问题，是一切工作的基本环节。"①

全面内战爆发后头几个月的战争实践，使全党全军更深刻地认识到土地改革对于夺取战争胜利的极端重要性。1946 年 10 月 1 日，毛泽东在《三个月的总结》中提出："三个月经验证明：凡坚决和迅速地执行了中央五月四日的指示，深入和彻底地解决了土地问题的地方，农民即和我党我军站在一道反对蒋军进攻。凡对《五四指示》执行得不坚决，或布置太晚，或机械地分为几个阶段，或借口战争忙而忽视土地改革的地方，农民即站在观望地位。"②正是由于深入开展的土地改革，使广大贫苦农民分到了祖祖辈辈梦寐以求的土地，他们从内心拥护共产党，提高了阶级觉悟，这为我党我军发动群众，从根本上改变战争敌我力量对比创造了基本前提。

四、陷敌于灭顶之灾的汪洋大海

无产阶级走上历史舞台后，它所领导的人民战争，完全是由人民群众自己进行的战争，其目的与广大人民群众的根本利益是完全一致的。毛泽东正是从这点出发，主张把战争的政治目的明确告知人民群众，不仅使人民能够同情革命战

---

① 《解放战争时期土地改革文件选编》，中共中央党校出版社 1981 年版，第 7 页。
② 《毛泽东选集》第四卷，人民出版社 1991 年版，第 1208 页。

争，而且能够自愿参加和支援战争，从而造成了陷敌于人民战争汪洋大海之势。

（一）只有统一战线的策略才是马克思列宁主义的策略

为把全国人民的力量集中和汇合起来，共同对付敌人，毛泽东明确提出革命的统一战线的策略，并称之为中国革命的三大法宝之一。他说："只有统一战线的策略才是马克思列宁主义的策略。"①他根据中国革命不同时期的不同任务和特点，不但把统一战线分成阶级革命的、民族革命的和国际反侵略战争的三个层次，而且根据"人民"这一概念的不同范畴，灵活地制定了有利于对敌斗争的统一战线策略。在各个革命战争时期，一切拥护革命、反对敌人的阶级、阶层和社会集团，都属于人民的范围。他还善于正确地处理各阶级、阶层长远利益与眼前利益，把战争发展和人民生活联系起来，充分调动人民群众的革命积极性。

统一战线既是个革命的策略问题，也是个军事问题。毛泽东 1935 年 12 月在《论反对日本帝国主义的策略》报告中，深入分析了中国抗日战争组织广泛的民族革命统一战线的可能性和必要性，明确提出党的基本策略任务就是建立广泛的民族革命统一战线。抗日战争时期，中国共产党在政治上执行与国民党合作，建立抗日民族统一战线的政策，实行除汉奸、卖国贼外，不分阶级，不分民族，都可以参加到抗日民族统一战线中来的全民族的全面抗战路线。他还根据民族战争的特点，把人民的范畴扩大到了除汉奸、卖国贼以外的一切中国人民。在抗日民族统一战线政策的指导下，毛泽东制定了与统一战线政策相适应的政治、军事、经济、劳动、税务、锄奸和文化教育等各项具体政策，建立包括敌国人民在内的最广泛的国际国内统一战线，动员一切积极力量来支持和支援中国的反侵略战争。

（二）党和群众一齐军事化

土地革命战争时期，为了小块红色区域的生存和发展，中国共产党依靠根

---

① 《毛泽东选集》第一卷，人民出版社 1991 年版，第 155 页。

据地人民，实行党和群众的军事化和战斗化，在敌军进攻时组织人民群众援助红军，担负封锁消息、侦察、运输、参战等任务。当打破敌军"围剿"后，党政军民一起动手，开展地方工作，分配土地，建立政权，发展党和地方武装，为粉碎敌人下次"围剿"做准备。毛泽东在《井冈山的斗争》中指出："边界的斗争，完全是军事的斗争，党和群众不得不一齐军事化。"①这一论述，充分反映了我们党在根据地内动员和武装群众的广泛深入程度。那时，党已经能够把武装斗争这个主要斗争形式，同其他许多必要的斗争形式直接或间接地配合起来。

实行"工农武装割据"，就是在党的统一领导下，发挥根据地党政军民的整体力量，实行主力红军、地方红军和赤少队相结合，武装群众和非武装群众相结合，开展广泛的人民战争，打击和消灭敌人，粉碎敌人的进攻。主力红军的主要任务是打仗，在地方红军和赤少队的配合下，打破敌人对根据地的"围剿"，并执行超地方的作战任务，巩固和发展革命根据地。地方红军是脱离生产的武装，任务是在本区域内和赤少队一起，保卫地方，配合主力红军打仗。赤少队是不脱离生产的群众武装，平时除参加生产外，还要参加军事训练，担负站岗放哨、投递情报、防奸防特、镇压反革命等任务；战时担负各种战斗勤务，开展游击战争，独立地或直接配合红军打仗，随时听候编入正规红军。除武装力量的三结合外，还将动员起来的广大群众，分别组织在工会、农会和青年、妇女、儿童等非武装的团体之中，平时从事政权、经济、文化、交通、卫生等方面的建设，帮助政府动员青壮年参加红军，拥军优属，清查奸细；战时进行坚壁清野、侦察敌情、前运后送、护理伤员、配合部队打仗等工作。

毛泽东还把"武装民众，组织坚强的铁的红军，组织地方部队和游击队"作为苏维埃的第一个任务。他指出，只有地方性质的赤卫队，没有正式红军，决然不能造成割据局面。他同时主张建立和发展赤卫队、工农暴动队等地方武装，来帮助红军作战。在赣南、闽西根据地创建时期，毛泽东提出"农村军事化"的问题。他主张在根据地内成立童子团、少年先锋队、赤卫队、纠察队、

---

① 《毛泽东选集》第一卷，人民出版社1991年版，第63页。

红军预备队、区特务营和红军独立团，以各种手段开展对敌斗争。主张发动所有一切反对敌人的老百姓，并使之尽可能地武装起来。对敌进行广泛的袭击，同时以封锁消息掩护我军，使敌人变成瞎子、聋子和疯子，无从知道我军在什么地方，什么时候去攻击他们，造成他们的错觉和不意，这对于我军赢得胜利是非常重要的。

（三）武装斗争与非武装斗争相配合

对敌斗争不仅要靠武装斗争，而且要依靠各种非武装形式的斗争与之相配合。毛泽东历来主张要以革命的两手对付反革命的两手。一方面，他指出，在中国，离开了武装斗争，就没有无产阶级的地位，就没有人民的地位，就没有共产党的地位，就没有革命的胜利。另一方面，他还强调："着重武装斗争，不是说可以放弃其他形式的斗争。"① 非武装斗争的形式，主要包括政治、经济、文化、外交等各条战线上的斗争。这些非武装斗争形式与我们党领导下的武装斗争相配合，形成了人民革命斗争的合力，造成了陷敌于汪洋大海的强大威力。

抗日战争进入战略相持阶段后，日本侵略军对各抗日根据地实行"总力战"，推行所谓"三分军事，七分政治"的新战略，在继续加强军事进攻的同时，积极推行"思想战""文化战""经济战"。为进行持久抗战，毛泽东指示全党全军，要根据形势的变化，采取更加灵活的方式方法，加强各个领域的对敌斗争，并使各种斗争形式紧密配合，形成一元化的对敌斗争局面。在政治战线上，主要是加强对内对外、对我对敌的宣传，揭露日本帝国主义妄图灭亡中国和疯狂掠夺、残杀中国人民的真相，激发全国广大人民团结抗战、爱国卫国的热忱；建立和巩固抗日民族统一战线，团结一切可以团结的力量共同御敌；坚持抗战，坚持团结，坚持进步，反对任何的妥协、投降和分裂、倒退；实行革命的两面政策，最大限度地孤立与打击敌人。在经济战线上，主要是反对敌人的经济统治和封锁。为此，敌后各抗日根据地一方面利用战争间隙，动员党

---

① 《毛泽东选集》第二卷，人民出版社1991年版，第636页。

政军民大力发展农工商业，自力更生，生产自救；另一方面，实行以减租减息发展公营和私营经济为基础的财政政策，减轻人民负担，保护人民利益。在文化教育战线上，实行抗日的、新民主主义的文化教育政策，使文化教育为长期抗战服务，抵制敌人的奴化教育。在外交战线上，实行抗日的外交，努力争取世界上绝大多数国家和人民对中华民族抗日斗争的同情和支持，造成日本帝国主义在国际上的孤立地位。

解放战争期间，毛泽东根据正面战场上的军事斗争和国民党统治区人民日益高涨的反蒋政治运动，提出这是两个战场。这两个战场的互相配合，必然加速蒋介石反动统治的灭亡。在政治斗争方面，他强调必须加强对广泛的全民族统一战线的领导。在军事斗争方面，他提出实行军事打击与政治瓦解相结合的政策。以此为指导，我们党不仅在战场上同国民党反动派进行了激烈的武装斗争，还在多种场合同美蒋反动派进行了谈判斗争，并在全国范围内进行了服务于战争的政治的、经济的、文化的斗争，特别是在国民党统治区组织了波澜壮阔的被称为"第二条战线"的群众斗争。例如，1947 年 5 月，在"反饥饿、反内战、反迫害"口号下，国统区各大城市的学生联合工人、市民，掀起了大规模的爱国民主运动。5 月 30 日，毛泽东为新华社所写的评论高度评价了这一运动的意义，指出："中国境内已有了两条战线。蒋介石进犯军和人民解放军的战争，这是第一条战线。现在又出现了第二条战线，这就是伟大的正义的学生运动和蒋介石反动政府之间的尖锐斗争。"① 这种两条战线并举、相互配合，一起向反动统治阶级发起进攻的策略，是中国革命战争史上的一个新创造。

（四）合法斗争与"非法"斗争相配合

武装斗争与非武装斗争，是从斗争形式上讲的。从斗争性质上看，斗争又可以分为合法斗争和"非法"斗争，两者互有特点，可以很好地补充。毛泽东对这两者都予以高度重视，历来主张合法斗争与"非法"斗争相配合。1921年底，毛泽东来到安源路矿组织工人运动时，针对工人运动现状，他一开始就

---

① 《毛泽东选集》第四卷，人民出版社 1991 年版，第 1224—1225 页。

十分强调以合法形式开展斗争，以站稳脚跟，逐步展开工作。通过开办工人补习学校、工人俱乐部、"消费合作社"取得合法地位后，毛泽东领导组织路矿工人于1922年9月14日举行大罢工，经过与反动政府5天的斗争，在工人未伤一人的情况下取得斗争胜利，党的组织和队伍也得到了很大发展。

解放战争期间，中国共产党在国统区组织了规模空前的反美反蒋斗争。为了使这些斗争既能争取最广大群众的参加，又使党的地下组织不被敌人发现和破坏，毛泽东、周恩来等党的领导人吸取了土地革命战争时期白区工作受"左"倾路线影响、党的组织过于暴露而几乎损失殆尽的惨痛教训，结合解放战争时期国统区的新情况，提出了一系列巧妙的斗争方针和策略。1947年3月国民党当局驱逐中共谈判代表以后，我们党在国民党统治区的工作由此转入地下秘密状态，国统区各阶层群众对国民党的希望已完全破灭，这为以"非法"方式广泛开展群众斗争创造了有利条件。为此，中共中央提出了开展国统区工作的一系列方针和策略，其核心是使党的"非法"的秘密活动和组织群众性的合法斗争结合起来。在中共和谈代表撤离前夕，周恩来为中央起草了关于在蒋管区的工作方针和斗争策略的指示，提出："针对目前蒋的镇压政策，我们应扩大宣传，避免硬碰，争取中间分子，利用合法形式，力求从为生存而斗争的基础上，建立反卖国、反内战、反独裁与反特务恐怖的广大阵线。"[1]在正确的斗争方针和策略的引导下，国民党统治区学生和各界群众的爱国斗争一直持续到全国解放。由于我们党的地下组织始终处于秘密活动之中，既避免了遭到大的破坏，在人民解放军到达前，我们党的地下组织还能有效地组织护厂护校斗争，协助军队圆满完成接管任务。

五、军民团结如一人，试看天下谁能敌

1963年8月1日，毛泽东创作杂言诗《八连颂》。诗中最后两句是"军民

---

[1] 《周恩来选集》上卷，人民出版社1997年版，第269页。

团结如一人，试看天下谁能敌"，高度赞扬了 20 世纪 60 年代初全党全国人民在党中央的领导下，团结一致，万众一心，扭转困难局面的大无畏英雄气概，赞扬了中华儿女对社会主义事业的坚定信念。纵观中国革命斗争史，"军民团结如一人"是我党我军战胜强大敌人、捍卫新生人民政权的有力武器。

（一）这个队伍完全是为着解放人民的

从创建之日起，我军就肩负起了完全彻底为人民利益而奋斗的神圣使命，之后无论敌人多么强大、形势多么凶险，无论番号、任务怎样变化，我军从来没有动摇和背离过自己的宗旨。

毛泽东非常重视军队为谁而建的问题。他对刚刚成立起来的秋收起义部队明确指出：我们与国民党的反动军队不同，与历史上的旧军阀势力也完全不同。我们是工农群众自己的队伍，是人民的武装，要为工农群众而打仗。1929 年在涉及军队建设根本方向的古田会议上，毛泽东就红军的性质指出："中国的红军是一个执行革命的政治任务的武装集团。"[1] 他在追悼张思德的会上指出："我们这个队伍完全是为着解放人民的，是彻底为人民的利益工作的。"[2] 他认为，人民军队要生存和发展，就必须和人民群众紧紧地站在一起。我军要想取得革命的胜利，最重要的就是要在党的领导下，与人民群众建立血肉相连、鱼水相依的关系，取得群众的拥护、支持和帮助，动员和组织千百万群众加入革命队伍中，形成真正的铜墙铁壁。这种建军理念，使人民军队建立起团结一致的内部和外部关系。在内部，广大官兵懂得他们不是为少数人或小集团的私利而战，从而在共同阶级基础上建立起官兵一致的新型关系，形成无坚不摧的战斗集体；在外部，人民军队始终保持与人民群众的血肉联系，人民群众把这支军队看作是自己的军队，从而使人民军队获得了人民群众的广泛拥护和支援。

新民主主义革命时期，革命的基本任务是消灭封建的土地所有制关系，实现"耕者有其田"，这是当时中国人民特别是广大农民的最大利益。为了实现

---

[1] 《毛泽东选集》第一卷，人民出版社 1991 年版，第 86 页。

[2] 《毛泽东选集》第三卷，人民出版社 1991 年版，第 1004 页。

人民的这一最大利益，我军在党的领导下，同代表和维护封建土地所有制关系的国民党反动派进行了长达十年之久的土地革命战争。这期间，我军一面同国民党军队在战场上作战，一面按照党的政策，在根据地和我军所到之处，积极开展土地革命，把没收的地主土地分给农民。抗日战争时期，根据党的抗日民族统一战线政策，我军帮助农民开展减租减息运动。解放战争期间，我军打垮了国民党八百万军队，解放了全中国，结束了中国人民灾难深重、备受屈辱的旧时代，开启了当家作主、蒸蒸日上的新生活。新中国成立后，为了保卫人民的胜利果实，保卫人民的和平劳动，我军先后进行抗美援朝、援越抗美，并在边境地区胜利地进行了几场自卫反击作战。实践表明，毛泽东创建和领导的这支新型人民军队，既来自人民，又为了人民，须臾不能脱离人民。

坚持全心全意为人民服务的根本宗旨，对人民军队的建设意义重大。毛泽东认为，正是因为坚持这一根本宗旨，人民军队才能做到：具有一往无前的精神，压倒一切敌人，而决不为敌人所屈服，不论在任何艰难困苦的场合，只要还有一个人，这个人就要继续战斗下去；有一个很好的内部和外部的团结，在内部的官兵之间、上下级之间，军事工作、政治工作和后勤工作之间，在外部的军民之间、军政之间、我友之间，都是团结一致的；有一个正确的争取敌军官兵和处理俘虏的政策；形成适应人民战争需要的一系列战略战术，发展起强有力的革命的政治工作；等等。这一根本宗旨，是我军团结战斗的思想基础，是战胜一切艰难困苦的力量源泉，是我军一切工作的出发点和落脚点。正是坚持这一根本宗旨，我军建立起广泛的坚实的群众基础，真正成为人民群众自己的军队，具有了取得一切斗争胜利的最深厚力量源泉。

（二）严格执行"三大纪律，八项注意"

纪律，特别是群众纪律，直接联系着军队与人民，其严格与否直接决定了军队在人民心目中的形象。毛泽东把纪律提到政治的高度来看待，认为"军纪问题是红军一个很大的政治问题"[①]，反复强调严格地执行纪律，不允许任何破

---

① 《毛泽东军事文集》第一卷，军事科学出版社、中央文献出版社1993年版，第75页。

坏纪律的现象存在。

1927 年 9 月 9 日，毛泽东发动和领导了湘赣边界秋收起义，明确要求起义部队对待人民群众要说话和气，买卖公平，不拉夫，不打人，不骂人。为建立一支真正代表工农利益、与旧军队有着根本区别的人民军队，他给部队规定了"行动听指挥，不拿群众一个红薯，打土豪要归公"三项纪律和"上门板，捆铺草，说话和气，买卖公平，借东西要还，损坏东西要赔"六项注意。后又根据实行情况增加为"八项注意"。随着我军建设的发展，1947 年 10 月 10 日以训令的形式重新颁布。长期以来，它一直作为我军行为规范的准则。"三大纪律"如下：（一）一切行动听指挥；（二）不拿群众一针一线；（三）一切缴获要归公。"八项注意"如下：（一）说话和气；（二）买卖公平；（三）借东西要还；（四）损坏东西要赔；（五）不打人骂人；（六）不损坏庄稼；（七）不调戏妇女；（八）不虐待俘虏。"三大纪律，八项注意"规定了人民军队的行为规范。"三大纪律，八项注意"具有鲜明的阶级性和人民性，它的每项规定，都体现了人民军队尊重人民、爱护人民的风范，体现了人民军队的无产阶级性质。

革命战争年代，大多数官兵文化水平较低，往往不能从理论上更深刻理解人民军队的性质、宗旨，却非常容易在执行"三大纪律，八项注意"中，加深对人民军队性质和宗旨的理解。人民军队严格执行"三大纪律，八项注意"，本身就是真切有效的宣传，通过这种为群众所看得见的宣传，让广大人民群众更加信服我军的政治主张。例如，解放战争时期，部队所到之处，都自觉做到"五不走"，即：水缸不满不走，院子不净不走，借东西不还不走，损坏东西不赔不走，群众纪律不检查不走。"三大纪律，八项注意"成了人民军队的亮丽名片，正是靠严格执行"三大纪律，八项注意"的模范行动，人民军队赢得了人民群众的真正信任和大力支持。

（三）全军开展拥政爱民和拥军优属运动

军地关系是军政军民团结的一个重要方面，对于军地双方共同努力形成斗争合力具有重要意义。从 1931 年到 1934 年，随着红色根据地和苏维埃政权的建立，为了加强军民之间的联系，开展了拥军优属革命生产活动。在当时担任中华苏维埃政府主席的毛泽东的领导下，中华苏维埃共和国临时中央政府相继颁布了《中国工农红军优待条例》《红军抚恤条例》《优待红军家属条例》《拥护红军委员会组织及工作大纲》等，使拥护红军、优待红军家属有法可依。苏区各级政府成立"拥护红军委员会"，开展形式多样、广泛深入的拥军活动，发动群众参军参战、支援前线，给红军指战员以极大的帮助和鼓舞。当时的拥军优属工作的主要内容是：其一，激发广大人民群众的革命热情，积极参与革命、参加红军，教育和帮助正在逃亡的士兵重新回到革命队伍中；其二，积极动员人民群众用各种方式支援前线，尽自己的力量捐款捐物，支援慰问部队战士，配合部队作战等。

1942年，在全党整风运动的推动下，陕甘宁边区对军政军民关系中存在的一些问题进行了认真分析和检讨，商定在边区开展一次较大规模的拥政爱民和拥军优属运动，简称双拥运动。1943年1月15日，陕甘宁边区政府发布《拥护军队的决定》《拥军公约》《拥军运动月的指示》，八路军后方留守兵团司令部和政治部在25日联合作出《关于拥护政府爱护人民的决定》，要求边区部队全军上下加强军民团结，提高全军拥护政府、爱护人民的认识。同日，八路军后方留守兵团政治部还发出《关于拥政爱民运动月的工作指令》，规定1943年2月5日至3月4日为全边区部队拥政爱民运动月，在这个月要集中力量落实开展拥政爱民的实践活动。

很快，陕甘宁边区的拥政爱民热潮便推广到了全军，中共中央机关报《解放日报》于1943年5月8日发表社论，号召各抗日根据地学习和借鉴陕甘宁边区的经验，积极在部队开展拥政爱民运动。各根据地的具体做法不尽相同，主要有：加强对部队官兵的宣传教育活动，努力提高官兵拥护政府、热爱人民的意识；利用春节的传统喜庆气氛，开展文化表演等宣传活动；关注人民群众的需求，尽力帮助人民解决困难。拥政爱民运动的广泛开展，不仅增强了根据地的军政军民团结，更为在战场上战胜敌人提供了有力保证。在双拥运动中，毛泽东等领导人带头给当地人民拜年，给老人祝寿，与老百姓促膝谈心。军队在春节组织联欢晚会，军民欢聚一堂；召开军民座谈会，征求人民群众对部队工作的意见，组织文艺队到群众中演出、宣传。在双拥运动的影响下，解放区军民实现了空前的大团结。

搞好军政军民关系，毛泽东认为要从端正根本态度入手。他在《论持久战》中指出："很多人对于官兵关系、军民关系弄不好，以为是方法不对，我总告诉他们是根本态度（或根本宗旨）问题，这态度就是尊重士兵和尊重人民。从这态度出发，于是有各种的政策、方法、方式。离了这态度，政策、方法、方式也一定是错的，官兵之间、军民之间的关系便决然弄不好。"① 毛泽东还提出军队政治工作的三大原则：官兵一致、军民一致、瓦解敌军。在毛泽东看来，态度是首要的问题，一定要树立尊重士兵、尊重人民的根本态度，良好的军政军民关系，首先是一个态度问题，只有先端正根本认识和态度，才能搞好军政军民团结。

（四）军队须和民众打成一片

人民军队与人民群众的关系，是一种血肉相连的关系。这种血肉相连的关系，通过人民军队与人民群众打成一片体现出来。毛泽东认为，只要我们依靠人民，任何敌人也不能压倒我们，而只会被我们所压倒。人民军队要和人民打成一片，在平时，就要注意遵守群众纪律，照顾群众利益，尽量减轻人民群众的负担。例如，行军宿营时，要处处为人民着想，农忙时要帮助群众生产，每到一地要为驻地群众做好事，帮助解决实际困难。遇到自然灾害时，要帮助群众抢险救灾。在战时，要用战斗来保护人民的生命财产安全，动员组织人民与人民军队共同对敌作战，为保卫人民群众的利益不惜流血牺牲。

军队打胜仗，人民是靠山。毛泽东始终强调要动员和组织人民群众，拿起武器，积极为自身的解放而战。抗日战争时期，党领导敌后根据地军民广泛开展伏击战、破袭战、地雷战、地道战、麻雀战等游击战，使日本侵略者陷入人民战争的汪洋大海。在长期革命战争中，人民群众热爱子弟兵，踊跃参军参战，送公粮、抬担架、运弹药，冒着生命危险为子弟兵带路、送情报、掩护伤病员，等等。以淮海战役为例，除在后方动员的碾米、磨面和做军鞋的人力

---

① 《毛泽东选集》第二卷，人民出版社 1991 年版，第 512 页。

外，共出动随军、二线转运常备民工和临时民工在内的支前民工达543万人，为参战部队的9倍。共动用担架20.6万副、大小车88万余辆、挑子35.5万副、牲畜76.7万头、汽车257辆、船8500余只，前送弹药7300余吨、粮食近44万吨，后运伤病员11万余人，并组织民兵团130余个，担负警卫物资、看押战俘和打扫战场等任务。正如陈毅所说：淮海战役的胜利是人民群众用小车推出来的。如此波澜壮阔的情景，是我们党领导的人民战争的一个生动的缩影。良好的军民关系，为解放战争的胜利提供了坚实物质基础和极大精神鼓舞。

第八章
"你打你的，我打我的"

——关于斗争主动权

"你打你的，我打我的"，是毛泽东对中国共产党领导进行的人民战争战略战术基本精神的高度概括，是贯穿于毛泽东战略和作战指导思想的红线，体现了毛泽东战争指导艺术的精髓。1947 年 4 月 22 日，毛泽东在指导正太战役时首次提出"你打你的，我打我的"，强调我军应实行"先打弱的，后打强的，你打你的，我打我的(各打各的) 政策，亦即完全主动作战政策"①。此后，毛泽东多次用"你打你的，我打我的"形象表述人民战争的战略战术。坚持"你打你的、我打我的"，以灵活机动的战略战术化被动为主动，牢牢掌握战争主动权，是毛泽东导演出一幕幕威武雄壮战争活剧的重要秘诀，是我军从胜利走向胜利的有力保证。

一、失掉主动权，就有被消灭或被打败的危险

毛泽东认为，一切战争的敌我双方都力争在战场、战地、战区以及整个战争中占据主动权。他指出："军队失掉了主动权，被逼处于被动地位，这个军

① 《毛泽东文集》第四卷，人民出版社 1996 年版，第 235 页。

队就不自由，就有被消灭或被打败的危险。"①牢牢掌握主动权，是毛泽东作战指导思想的主要内容和基本要求。

（一）主动权是军队的命脉

毛泽东把战争中的主动权称为"军队的自由权"，强调"行动自由是军队的命脉，失去了这种自由，军队就接近于被打败或被消灭"②。一个士兵被缴械，是这个士兵失去了行动自由被迫处于被动地位的结果。一个军队的战败，也是如此。战争中的主动权就是军队在战争中所处的主动地位。主动，体现出战争中军队行动的自由状态，军队只有处于主动地位才有行动的自由，失去主动地位则失去自由，陷入被动。

主动权事关作战胜利、事关战争成败，是敌我双方争夺的关键，是军事斗争的永恒主题。毛泽东高度重视战争中的主动权，他指挥的军队往往以弱势力量出现在战场上，之所以能够取得一个又一个胜利，同争夺主动权、掌握主动权、运用主动权密不可分。革命战争年代，中央红军进行的第一次到第四次反"围剿"斗争中，由于始终占据主动，采取"诱敌深入""运动战""游击战""伏击战"等战法，集中兵力各个歼敌，在运动中发现敌军弱点，速战速决，取得了一系列作战胜利。而第五次反"围剿"和长征初期，当时中央红军在数量上虽有十万人，但是由于错误的主观指导以及未能主动应对国民党军队的新作战策略，红军行动失去自由，被迫陷入被动地位，作战接连失败，队伍锐减，一度面临全军覆没的境地。1933 年下半年，蒋介石调集 100 万军队自任总司令对革命根据地进行第五次"围剿"。这时，临时中央负责人博古不懂军事，把红军指挥权交给同样不懂中国实际情况、由共产国际派来的军事顾问李德。李德放弃毛泽东和红军积累的正确作战经验，搬用阵地战、堡垒战对抗国民党军队，导致红军行动丧失主动性、自由性，在战争中同敌人拼消耗。很快，国民党军队对中央根据地形成了四面包围，第五次反"围剿"失败。毛泽东后来评

---

① 《毛泽东军事文集》第二卷，军事科学出版社、中央文献出版社 1993 年版，第 236 页。
② 《毛泽东军事文集》第二卷，军事科学出版社、中央文献出版社 1993 年版，第 316 页。

价第五次反"围剿"，"开脚一步就丧失了主动权，真是最蠢最坏的打法"①，就是这个意思。1935 年 1 月，遵义会议后，在毛泽东领导指挥下，依靠高度灵活的战略战术，红军重新掌握主动权。尽管敌我力量非常悬殊，作战环境异常险峻，国民党军队围追堵截也不能阻止红军的长征胜利。战争实践反复表明，军事斗争的关键就是在敌我互动中争取主动权，确保行动自由，否则就会处处被动，陷入困境招致失败。

（二）争取掌握主动权

主动权是军队的命脉。古今中外，军事家历来都主张在战争中争取掌握主动权。《孙子·虚实篇》说，"善战者，致人而不致于人"，就是要力争主动、力避被动。恩格斯也指出，能掌握主动权，就能证明军队或在数量上，或在质量上，或在指挥艺术上具有优势。在战争实践和对敌斗争中，毛泽东非常强调主动权，善于从劣势和被动中逐步夺取和保持主动权。他指出，主动权"不是任何天才家所固有的，只是聪明的领导者从虚心研究和正确估计客观情况，正确地处置军事政治行动所产生的东西。因此，是要有意识去争取的东西，不是现成的东西"②。

对于在被动状态如何夺取掌握主动权，毛泽东提出了自己的深刻见解。

一方面，要独立自主地组织和使用自己的力量。毛泽东指出："无论处于怎样复杂、严重、惨苦的环境，军事指导者首先需要的是独立自主地组织和使用自己的力量。被敌逼迫到被动地位的事是常有的，重要的是要迅速地恢复主动地位。如果不能恢复到这种地位，下文就是失败。"③战争中的主动和被动，总是同战争力量紧密关联。"保存并集结最大而有活力的军队"④，是夺取主动权的物质基础，因此要善于集中自己的兵力。集结兵力不是目的，关键在于如何独立自主灵活使用。毛泽东指出，灵活性是什么呢？就是具体地实现主动性

① 《毛泽东军事文集》第一卷，军事科学出版社、中央文献出版社 1993 年版，第 742 页。
② 《毛泽东军事文集》第二卷，军事科学出版社、中央文献出版社 1993 年版，第 238 页。
③ 《毛泽东军事文集》第一卷，军事科学出版社、中央文献出版社 1993 年版，第 743—744 页。
④ 《毛泽东军事文集》第一卷，军事科学出版社、中央文献出版社 1993 年版，第 744 页。

于作战的东西，就是灵活地使用兵力，主要方法有分散使用、集中使用和转移兵力。这是扭转敌我形势、争取主动的最重要手段，也是作战指导的中心任务，更是敌我斗争的焦点。作战指导者的指挥艺术不在于懂得灵活使用兵力的重要性，而在于按照具体情况善于及时实施分散、集中和转移兵力，特别是在敌强我弱的情况下，需要真正地做到灵活使用兵力，"需要克服战争特性中的纷乱、黑暗和不确实性，而从其中找出条理、光明和确实性来，方能实现指挥上的灵活性"①。

另一方面，要依靠正确的主观指导。战争力量的强弱，是主动和被动的客观物质基础。但是，主动权的争夺同军事家的主观努力也有极大关系。正确的主观指导，是获取主动的主要内因。毛泽东强调："战争力量的优劣本身，固然是决定主动或被动的客观基础，但还不是主动或被动的现实事物，必待经过斗争，经过主观能力的竞赛，方才出现事实上的主动或被动"②，"主动或被动是和战争力量的优势或劣势分不开的。因而也是和主观指导的正确或错误分不开的"③。在战争实践中，主观指导的正确，可以化劣势为优势，化被动为主动；反之，主观指导的错误，则会化优势为劣势，化主动为被动。

（三）把握战略主动权与战役战斗主动权

区分战略、战役战斗主动权，是毛泽东开展军事斗争、指导战争实践的重要思想。毛泽东认为，科学把握战争主动权，必须正确认识和处理好战略主动权与战役战斗主动权。战略主动权是军队在战争全局上的自由地位，战役战斗主动权是军队在局部的自由地位。战略主动权，一般处于战略进攻和全局支配地位，在政治、经济、军事等总体力量上超过对手，更依赖于雄厚的综合力量。战役战斗主动权，一般通过正确的主观指导，形成局部优势，在歼灭敌人有生力量后获得一定的自由权。

毛泽东指出，战略主动权的获得，依赖于军队在综合力量超过敌人，表现

---

① 《毛泽东军事文集》第二卷，军事科学出版社、中央文献出版社1993年版，第322页。
② 《毛泽东军事文集》第二卷，军事科学出版社、中央文献出版社1993年版，第319页。
③ 《毛泽东军事文集》第二卷，军事科学出版社、中央文献出版社1993年版，第316页。

为从战略防御状态转向战略进攻或战略反攻，获得战略主动权只是获得战役主动权的物质基础，战役战斗主动权的夺取则有赖于主观能动作用的发挥。就两者关系来讲，战役战斗主动权可以不依赖战略主动权而独立存在，战略主动权则必须依赖战役战斗主动权来保持。具有战略主动权的一方较容易夺取战役战斗主动权，处于战略被动的一方则不易夺取战役战斗主动权。遵照毛泽东的这种指导思想，人民军队在解放战争战略防御阶段，在没有战略主动权的情况下，通过正确的主观指导夺得战役主动权，取得一个个战役战斗的胜利，从而逐步改变敌我力量对比，最终赢得战略主动权。反之，国民党军只有战略主动权，没有转化成现实的战役主动权，在一个个战役战斗中被动挨打，最终由进攻转为防御，丧失了战略主动权。可以说，争夺战役主动权是中国革命战争指导的一个关键重心。

二、主动权来自实事求是

"主动权来自实事求是"，是毛泽东提出的一个重要论断。在他看来，主动权是一个极端重要的事情，特别是在敌我斗争中，主动权事关成败，占据主动权，就能够高屋建瓴、势如破竹。毛泽东指出："主动权，就是'高屋建瓴'、'势如破竹'。这件事来自实事求是，来自客观情况在人们头脑中的真实的反映，即人们对于客观外界的辩证法的认识过程。"[①]人民军队的打仗之法，是实事求是的唯物主义用兵新法，争取和掌握主动权的基础是实事求是，舍此别无他法。

（一）一切从实际出发

一切从实际出发，是赢得战争的基础。毛泽东认为，我们是马克思主义者，马克思主义叫我们看问题不要从抽象的定义出发，而要从客观存在的事实出发。

---

① 《毛泽东文集》第八卷，人民出版社 1999 年版，第 197 页。

一切斗争基于客观实际，掌握客观实际，就掌握了主动权，掌握了科学方法。

毛泽东强调："军事的规律，和其他事物的规律一样，是客观实际在我们头脑中的反映，除了我们的头脑以外，一切都是客观实际的东西。"①多打胜仗的关键，在于使主观和客观很好地符合起来。我们党在领导中国革命斗争之初，对于如何进行战争，存在不同的见解和看法。教条主义者要么主张照搬外国军事条令，同敌人打正规仗；要么主张照搬俄国城市暴动经验，把立足点放在城市；要么照搬北伐战争经验，武装夺取大城市同敌人打阵地仗。毛泽东尖锐指出，教条主义者忽视客观实际，不顾敌强我弱的实际，要知道炮子是可以打死人的，硬要红军跟敌人拼火力、拼兵力、拼消耗，打正规战、阵地战、打大城市，其结果便是无谓的伤亡。

毛泽东还总结指出，过去"十年血战史"表明，很多主观上的错误，丧失主动，陷入被动，根本原因就是，战争部署、战斗指挥不符合客观情况，主观认识和客观实际不对头、不符合，然而，为了革命斗争，"军事上就要求比较多打胜仗，反面地说，要求比较少打败仗。这里的关键，就在于把主观和客观二者之间好好地符合起来"②。

（二）因己因敌因势打仗

革命战争年代，毛泽东和老一辈无产阶级革命家针对中国革命的实际，充分发挥主观能动性，立足自身、立足条件，主张中国革命需要了解中国实际，要讲究有什么枪打什么仗，对什么敌人打什么仗，在什么时间地点打什么时间地点的仗。

有什么枪打什么仗，是指打仗要以武器装备为物质基础，强调立足自身条件打仗。技术决定战术，武器装备是战争的物质手段，是一切战略战术的物质基础，也是决定战争胜负的重要因素。从现有武器装备出发不是消极的、被动的态度，而是一种实事求是的、积极的态度。因为只有人和武器紧密结合、科

---

① 《毛泽东选集》第一卷，人民出版社 1991 年版，第 181—182 页。
② 《毛泽东军事文集》第一卷，军事科学出版社、中央文献出版社 1993 年版，第 699 页。

学结合才能实现提升战斗力。早期红军的武器简陋，装备落后，这一特点决定了不能同敌人硬拼，而是要采取游击战、运动战。抗日战争时期，八路军武器装备有所改善，并依据战场环境创造性地创新战法，在华北平原开展地道战，在陕北开展窑洞战。对什么敌人打什么仗，是指打仗要根据敌情制定不同作战策略，强调深入研究敌情。敌情涉及方方面面，错综复杂，也是秘而不宣的，需要透过重重战争迷雾研究把握敌情，对敌方武器装备、兵员素质、战场情况、后方补给以及指挥员的性格特点进行了解，并随着敌方情况的变化而制定出针对性的战术。在什么时间地点打什么时间地点的仗，是指打仗要根据时间和地形等条件，占据优势，灵活机动地调整作战指挥。善医者因症立方，善兵者因敌立法。打仗同样如此，要根据自身情况、敌方敌情、实际条件，绝对不能墨守成规，而要因己、因敌、因势不断调整作战部署，牢牢掌握斗争的主动权。

（三）实事求是分析考察战争

实事求是这一原则，注重全面深入分析考察战争。战争是敌我双方各种因素构成一个矛盾的复杂系统，敌我各种因素在战争过程中都发生作用，因此，要在诸多战争要素的全面联系中把握战争，全面地了解战争诸要素的矛盾关系及其各方面的特点规律。

毛泽东在《论持久战》中全面分析敌我情势，得出了"抗日战争是持久的、但是最后胜利属于中国"这一经典论断。他指出，中日战争互相矛盾着的基本特点，"规定了和规定着双方一切政治上的政策和军事上的战略战术，规定了和规定着战争的持久性和最后胜利属于中国而不属于日本。战争就是这些特点的比赛，这些特点在战争过程中将各依其本性发生变化，一切东西就都从这里发生出来。这些特点是事实上存在的，不是虚造骗人的；是战争的全部基本要素，不是残缺不全的片段；是贯彻于双方一切大小问题和一切作战阶段之中的，不是可有可无的。观察中日战争如果忘记了这些特点，那就必然要弄错"①。这意味着，一切从实际出发，首先要知己知彼，熟识敌我各方面情况，

---

① 《毛泽东军事文集》第二卷，军事科学出版社、中央文献出版社 1993 年版，第 277 页。

客观全面分析敌我的优劣长远，权衡利弊，知己知彼，趋利避害，进而把握事物全部因素的内在联系，从而解释事物的本质特征。

要掌握运用战争规律，着眼特点、着眼发展。毛泽东认为，坚持实事求是，就要一切以时间、地点、条件为转移，按照情况实际发展调整部署安排和作战指挥。唯有着眼特点，因敌不同而作战不同。敌异则战异，时异则战异，地异则战异，各有特点规律。敌我军事对抗是在一定条件下进行，只有着眼特点，把握规律，才能正确开展斗争，夺取胜利。抗日战争时期，毛泽东详尽而深刻地点破了中日战争的四大特点：敌强我弱、敌小我大、敌落伍我进步、敌寡助我多助。对抗美援朝战争中的美军分析：敌有一长三短（一长即钢铁多、飞机大炮坦克多，三短即远隔重洋、为侵略而战、士气低落），敌人强中有弱，我则弱中有强。毛泽东正是对两次战争的基本特点和规律的把握，谋划运筹战略部署，最终领导指挥人民军队战胜强敌。

兵无常势、水无常形。毛泽东指出："一切战争指导规律，依照历史的发展而发展，依照战争的发展而发展；一成不变的东西是没有的。"① 在战争实际中，必须坚持一切以时间转移为转移，以地点转移为转移，以条件转移为转移。毛泽东强调："这里有时机、地点、部队三个关节。不得其时，不得其地，不得于部队之情况，都将不能取胜。"② 毛泽东一贯强调，指导战争的人们不能超越客观条件许可的限度期求战争的胜利，然而可以而且必须在客观条件的限度之内，能动地争取战争的胜利，军事家的战场舞台必须建筑在客观条件的许可之上，凭借这个舞台却可以导演出很多有声有色、威武雄壮的活剧来。

三、审时度势，谋局造势

孙子主张，"善战者，求之于势，不责于人"。中国古代兵家认为，善战者

---

① 《毛泽东军事文集》第一卷，军事科学出版社、中央文献出版社 1993 年版，第 693 页。
② 《毛泽东军事文集》第二卷，军事科学出版社、中央文献出版社 1993 年版，第 322 页。

应善于研究势、审视势、利用势、创造势。毛泽东对势具有深刻认识，把度势和造势放在重要位置，表现出一种高超战略思维。

（一）审时度势是一种科学洞察能力

毛泽东指出，势"包括敌势、我势、地势等项"①。在他看来，战争是敌我双方造势斗势的综合竞赛。他说："我要优势和主动，敌人也要这个，从这点上看，战争就是两军指挥员以军力财力等项物质基础作地盘，互争优势和主动的主观能力的竞赛。"②因此，研判形势是军事家必须分析掌握的战争之"道"。

毛泽东认为，"审势"需要面对纷繁复杂、变幻多端的战争发展，战争态势不会自动呈现，全局的东西，眼睛看不见，"只能用心思想一想才能懂得，不用心思去想，就不会懂得"③。指挥员需要练就战争态势洞察能力，了解知悉全局、分析判断局势，牢牢掌握战争主动权，做到先敌一步、料敌之前。在审视敌我双方时，要更加注重对敌情的掌握和预判，这是因为敌方一言一行、一举一动都可能折射出敌军的企图和走向。譬如，辽沈战役期间，解放军围困锦州之后，蒋介石飞抵沈阳。毛泽东深入分析这一新情况，从众多情报中抓住蒋介石、卫立煌、廖耀湘对是否援助锦州、如何援助锦州的意见不统一的情况，从而正确预判国民党军队沈阳援敌的行动企图。毛泽东在审时度势上智高一筹，能够分辨真伪、识破假象，善于通过多方渠道信息验证真假，根据敌人活动一般规律，判明敌人具体活动的真实意图。譬如，1935 年 9 月，红军长征到达哈达铺后，下一步行军方向尚未确定。当时红军消息闭塞，不了解全国情况。为此，毛泽东命令寻找当地所有报纸，在《晋阳日报》《大公报》看到了陕北红军的情况，又通过各种情报的参阅分析，断定陕北革命形势良好，从而定下北上陕北的决心。

抗美援朝战争期间，美国总统杜鲁门公开威胁"不排除使用原子弹的可能"，麦克阿瑟提出封锁中国海岸、轰炸中国军事工业、派国民党军入朝作战

① 《毛泽东军事文集》第二卷，军事科学出版社、中央文献出版社 1993 年版，第 323 页。

② 《毛泽东军事文集》第二卷，军事科学出版社、中央文献出版社 1993 年版，第 318 页。

③ 《毛泽东选集》第一卷，人民出版社 1991 年版，第 177 页。

等报复中国举措，美国参议院联席会议甚至下达"加强进行全面战争的态势"，等等，各种资讯显示似乎要发动世界大战的苗头。毛泽东看到这些信息后，丝毫不紧张，并精准点破对手的把戏。他指出："杜鲁门和麦克阿瑟的那些话都是吓唬人的，靠战争的原子弹讹诈，其结果只能使美国更加孤立，搬起石头砸自己的脚。"① 果然，英国首先反对美国使用原子弹和扩大战争。在联合国，很多国家对美国对外战争政策提出批判。最终，正如毛泽东所预料的那样，美国没有使用核武器，没有同中国全面开战。

（二）谋局就是谋胜势

谋局造势，谋的是全局大局，造的是优势胜势。《孙子兵法·计篇》记载，"夫未战而庙算胜者，得算多也，未战而庙算不胜者，得算少也"。《虎钤经·先谋第十五》曰，"用兵之法，先谋为本"。毛泽东指出，由于战争所特有的不确实性，实现计划性于战争，较之实现计划性于别的事业，要困难得多。然而，"凡事预则立，不预则废"，没有事先的计划和准备，就不能获得战争的胜利。毛泽东在战争实践中不仅重视造势，而且善于造势，把造势艺术演绎得出神入化。

善造"先为不可胜"之势。"先为不可胜"，其要义是，要在保证自己利益不受损失的基础上，去争取更多的利益，在保证自己不被打败的前提下，去创造条件，战胜敌人。对于劣势装备弱小军队来讲，要先创造一个保存自己、巩固发展自身的"不可胜"之势，再谋求胜敌。革命战争年代，特别是红军早期异常困难，毛泽东在敌强我弱的情势下，积极造势谋划，正确地解决了如何造"先为不可胜"之势。毛泽东认为，要依靠"民势"，占据"地势"，灵活运用攻防手段，不断发展壮大。弱小的红军力量，创造"不可胜"之势，首要条件要与人民群众结合，把军队生存发展的立足点——根据地，选择在群众拥护支持的地区。"力量小的，同人民群众联系的，强；力量大的，反人民的，弱"，这是毛泽东总结的历史规律。

---

① 雷英夫、陈先义：《统帅部参谋的追怀》，江苏文艺出版社1994年版，第182页。

善造转移之势。适时进行战略重心大转移，为推动革命发展营造良好外部环境，是毛泽东指导中国革命的大智慧。毛泽东深刻指出，"中国是一个大国——'东方不亮西方亮，黑了南方有北方'，不愁没有回旋的余地"①。在革命战争年代，毛泽东领导人民军队，当在一处不能立足时，就转移到另一处，广袤的国土总有立足之地。第五次反"围剿"失败后，改变工农红军不利局面的出路就是战略转移——长征。毛泽东在历史关键阶段确立"北上抗日"的战略方针，为中国革命营造出战略回旋空间，营造出革命的发展方向。虽然长征是被迫的，但是"北上抗日"战略转移是主动而为之，毛泽东这一大手笔，完成革命武装力量由南向北的重心转移，奠定了十多年后夺取全国政权的大势。

善造奇妙之势。抗日战争时期，八路军、新四军不断向敌后战场渗透发展力量，自然同日军的进犯攻势形成一种包围与反包围的对峙关系，构筑你中有我、我中有你的奇妙战争态势：犬牙交错的战略格局。毛泽东把这种造势形容为同日军下一盘大棋，占据战略支点，由点到面，蔓延扩散，发展根据地，不断压缩挤走日军活动空间，形成打持久战的战略环境。毛泽东利用日军热衷战略进攻，抢占城市和交通线的作战特点，指示八路军、新四军大胆抢占国民党溃逃后的区域特别是乡下，建立战略支撑点，逐渐发展成面的根据地。毛泽东形象地讲到，中国不是亡国，而是亡路。日本得到了城市、大路的速决战，也就得到了乡村、小路的持久战，"敌人占领的地方是大块的，我们就可以在附近的小块地方做起'文章'来"。"山西的'田'字形态势，从几条大路来讲，敌人包围了我们；反过来，我们占据了大路附近的许多'豆腐块'，我们就包围了敌人"②。抗战结束时，中国共产党从1块陕甘宁边区发展到19块根据地，面积达100余万平方公里，人口达1.2亿，民兵268万人，对敌人形成了反包围、反遏制的战略之势。

善造我优敌劣之势。以弱克强、以小胜大，体现了毛泽东军事谋略的精妙。其关键在于营造局部的我优敌劣之势，"人工地造成我们许多的局部优势

① 《毛泽东军事文集》第一卷，军事科学出版社、中央文献出版社1993年版，第709页。
② 《毛泽东文集》第二卷，人民出版社1993年版，第107—108页。

和局部主动地位，去剥夺敌人的许多局部优势和局部主动地位，把他抛入劣势和被动。把这些局部的东西集合起来，就成了我们的战略优势和战略主动"①。毛泽东强调，以少击众、以劣势对优势而胜，都是先以自己局部的优势和主动，向着敌人局部的劣势和被动，一战而胜，再及其余，各个击破，全局因而转成了优势，转成了主动。解放战争中，毛泽东总结指出，集中优势兵力，各个歼灭敌人，是唯一正确的作战方法，"我们集中的兵力必须六倍、五倍、四倍，至少三倍于敌，方能有效地歼敌。不论在战役上，战术上，都须如此"②。抗美援朝战争期间，针对美军实际，毛泽东提出，多打小规模的歼灭仗，"每一个军一次求得歼灭敌人一两个建制连到一个建制营，是完全可以做到的"③。毛泽东认为，集中和分散兵力是造成战役战斗敌劣我优的关键。集中和分散是辩证统一的，在互争优势和主动的战争竞赛中，弱军搞集中，强军也搞集中，因而，硬碰硬决不可行，要善于分散强军，努力在运动中以己局部集中优势对抗敌人局部分散劣势，形成我优敌劣之势。

四、独立自主、灵活机动

独立自主、灵活机动，是争取主动权、灵活多样开展斗争、克敌制胜的重要原则，是毛泽东领导指挥人民军队的高超艺术。善于指挥的领导，总是把战争主动权牢牢控制在自己手里，善于左右敌人、牵制敌人，调动敌人而不为敌人所调动。毛泽东是独立自主、灵活用兵的高人，善于在任何情况下，无论是处于优势还是劣势、主动还是被动，都能够夺取并牢牢掌握战争主动权。

（一）独立领导武装力量

独立自主首先强调做自己力量的主人，能动地驾驭战争，正确认识和掌握

---

① 《毛泽东军事文集》第二卷，军事科学出版社、中央文献出版社1993年版，第318页。
② 《毛泽东军事文集》第三卷，军事科学出版社、中央文献出版社1993年版，第505页。
③ 《建国以来毛泽东军事文稿》上卷，军事科学出版社、中央文献出版社2010年版，第517页。

战争规律和战争指导规律，使主观指导符合客观实际，创造性制定方针政策、战略策略。第一次国内革命战争时期，我们党还处于幼年，缺乏革命斗争实际经验，尤其对独立自主掌握武装力量和武装斗争领导权认识不够深刻。这也是导致大革命遭到惨重失败的主要原因之一。革命战争早期实践表明，中国共产党必须独立自主掌握枪杆子，注意军事工作，这是血的教训。

土地革命战争、抗日战争、解放战争的丰富实践和伟大胜利，充分体现出毛泽东和中国共产党人独立自主领导武装力量的高超本领。不同历史阶段需要不同战略方针，毛泽东在每一个战争时期、每一个阶段中，总是科学分析敌我双方的政治、军事、经济、科技、地理等诸多因素，正确认识其特殊性，制定符合战争实际的战略方针。譬如，解放战争时期，毛泽东确定以自卫战争打败敌人进攻，推翻国民党反动统治，建立新中国的总方针，在战略防御、战略进攻、战略决战、战略追击等不同阶段，提出极富针对性的战略方针，指引解放战争取得伟大胜利。新中国成立后，特别是朝鲜战争爆发后，面对严峻国际战略格局和战争形势，毛泽东高瞻远瞩作出抗美援朝战略决策，在战争进程中不断调整完善战略部署，先后确定以运动战为主的作战方针，阵地战阶段实行"持久战、积极防御"，停战谈判开始后实行"充分准备持久作战和争取和谈达到结束战争"等战略方针，科学指导志愿军同美国侵略军开展斗争，既体现了总的斗争方向，又规定了不同阶段的斗争目标和斗争策略，既体现了运筹谋划的战略远见，也体现了战略指导的灵活性、针对性。

（二）用兵之术，灵活为要

灵活机动是毛泽东战略战术思想的灵魂。延安时期，毛泽东亲自担任中国抗日军政大学教育委员会主席，亲手为抗大制定了"坚定正确的政治方向，艰苦奋斗的工作作风，灵活机动的战略战术"的教育方针。毛泽东始终把战略战术放在重要位置，每次谈到战略战术要害总是强调"灵活机动"。他指出，指挥员要在灵活机动上下足功夫，灵活用兵，运用之妙，存乎一心。

人们常常赞叹"毛泽东用兵真如神"，其核心便是灵活机动。敌变我变，方能常胜；不拘一格，灵活制胜。机动灵活贵在灵活性，其基本要求包括：实现灵活指挥的前提，是周密深入了解敌情我情社情等战争环境；灵活使用兵力是争取掌握主动的最重要手段，要善观风色，善择时机，及时分散、集中或转移兵力；灵活使用和变换战术是必然要求；依照战争情况的变化，适时改变计划，使作战指挥不断符合发展了的客观实际。灵活，是一种随机应变的指挥艺术。在战争指挥过程中，毛泽东对"灵活"的运用达到了挥洒自如的境界，在敌强我弱的形势下，他能够谋势造势、虚实变换，运筹精准、动静结合，置几倍甚至几十倍于己的敌人于股掌之中，不仅善于调敌，而且善于诱敌，造就战役战斗中的显著优势，从而掌控战争进程和结局。在敌我力量对比相近时，毛泽东能够审时度势，谋局创意，高屋建瓴地分析处理问题，始终按住战争的脉搏，在运筹中集中优势兵力克敌制胜，一旦取得战略优势，不失时机地对敌人发起摧枯拉朽的反攻，迅速将敌人推向灭亡，将其彻底歼灭干净，最终赢得全胜。

（三）要活打不要死打

毛泽东不仅精于战术之变，善于战役之变，也娴熟战略之变，根据不同的战场条件、不同作战对手采取不同的打法和作战部署。

在战术战法方面，毛泽东强调，打法要灵活多变。游击战是灵活用兵的典型战术，在毛泽东的领导指挥下，中国革命战争的游击战把"游"和"击"灵活结合，"游"中有"击"，"击"中有"游"，能"击"则击，不能击则"游"。在井冈山打游击时，毛泽东指挥部队，不断分散以消耗敌人，集中以消灭敌人，特别在集中优势兵力时强调，先打弱敌后打强敌，同时，先打弱敌并不排斥在一定条件下打强敌，都要依据条件转移或变换兵力，兵力的转移一般应为秘密、迅速、巧妙，如声东击西、忽南忽北、即打即离、夜间行动等。在战役指挥方面，红军长征途中，几十万国民党大军围追堵截，沿途还有无数道天然屏障阻隔困厄，令各路红军将士时刻处于险象环生的境地。面对强大的敌人，红军指挥员曾感叹，任何时候都不要和龙王比宝。宝是比不过的，只能靠自己灵活的战略战术去弥补。

在战略指挥方面，以三大战役部署为例，毛泽东根据战场情况不同，灵活部署指挥，采用打法各不相同。辽沈战役是"关门打狗"。毛泽东强调："对我军战略利益来说，是以封闭蒋军在东北加以各个歼灭为有利。"①按照毛泽东的战略部署，我军夺取锦州完成战役第一个目标后，东北战场立刻发生急剧变化，敌军撤向关内的大门被牢牢关闭，长春守敌眼看大势已去，纷纷起义、投诚，长春回到了人民手中。平津战役是"围而不打，隔而不围"。毛泽东电报指示，我们的真正目的不是首先包围北平，而是首先包围天津、塘沽等地，基本原则是围而不打（例如对张家口、新保安），有些是隔而不围（即只作战略包围，隔断诸敌联系，而不作战役包围）。平津战役以和平方式解放北平，从而为新中国留下了一个免于战火破坏的历史文化古都。淮海战役是"夹一个，看一个，吃一个"，即按照战略部署和作战目标，夹住杜聿明集团，看住阻击李延年、刘汝明兵团，吃掉黄维兵团。毛泽东灵活用兵，扬长避短，逐步转变敌强我弱的局势，牢牢掌握了解放战争的主动权。到了解放战争后期的战略追击阶段，针对不同败退之敌采取不同的追击：对西北之敌，鉴于其逃亡国外的可能性较小，采取穷追猛打；对中南、西南之敌，采取战略大迂回大包围，截断后路打歼灭战。

五、打得赢就打，打不赢就走

毛泽东曾概括人民军队的打仗之法，指出"打仗没有什么巧妙，简单说就是两句话，打得赢就打，打不赢就走"②。打得赢就集中兵力消灭敌人，打不赢就走得远一点儿，使敌人不知你到哪里了。毛泽东强调："帝国主义最怕这种办法。打得赢，我就把你吃掉；打不赢，我就走掉，你找也找不着。"③他还

---

① 《毛泽东军事文集》第四卷，军事科学出版社、中央文献出版社1993年版，第391页。

② 《建国以来毛泽东军事文稿》下卷，军事科学出版社、中央文献出版社2010年版，第224页。

③ 《建国以来毛泽东军事文稿》下卷，军事科学出版社、中央文献出版社2010年版，第303页。

说:"走,你就打不着我。打,我就要打上你,打准你,吃掉你。"① 毛泽东形象地描述,我们的打法,我能吃下你时,就吃你,吃不下你时,也不让你吃了我,时机不成熟时我主力不同你硬拼,与你脱离接触,等我能吃了你的时候,就把你吃掉。

(一)注重分析敌我长短优劣

打得赢就打,打不赢就走,首先强调科学分析敌我双方,把握彼此长处短处、优势劣势,在差异对比中,掌握敌情,研判态势,主动作为。

1952年11月,上甘岭成了美军的"伤心岭"。总结这次战役时,毛泽东精准点破美军薄弱短处,指出美军"四个不利":第一,和我们相比,美军的死伤比例不断增加;第二,军费花销是我们的八九倍,增加了美国税收压力;第三,美军东西两线不能兼顾,战略上比较被动;第四,美国国内两大党派总是吵架。而我们没有战略困难、没有吵架,死伤要比美国少,用钱也比美国少。相比而言,我们志愿军只有一个不利条件,主要是武器装备比较落后,但是战略战术、血性骨气、拥军参军等都远远高于美军。经上述敌我分析研判,毛泽东断定"美帝国主义要打下去就只有失败"②。毛泽东强调,要立足自身优势和实际,在敌人进攻我时,让他打不到我,而在我进攻敌人时,就一定要吃掉他。什么叫"打不赢就走"?这就是"他找我打,但他又找不到,扑了个空"③。

革命战争年代,毛泽东把人民军队"打"和"走"运用到极高水平。游击战就是"打得赢就打,打不赢就走"的集中体现。1931年7月,中央苏区第三次反"围剿"中,国民党军集中30万兵力,气势汹汹围攻上来,妄图找红军决战,毕其功于一役。毛泽东充分利用红军地利人和以及机动灵活的优势,指导红军隐蔽跳出重兵包围圈,在敌人意料不到的方向连打3个胜仗,夺得主动。反观国民党军,装备沉重、人生地不熟,在南方湿热酷暑下,被红军小部

---

① 《建国以来毛泽东军事文稿》下卷,军事科学出版社、中央文献出版社2010年版,第308页。
② 《建国以来毛泽东军事文稿》中卷,军事科学出版社、中央文献出版社2010年版,第79页。
③ 《建国以来毛泽东军事文稿》下卷,军事科学出版社、中央文献出版社2010年版,第302页。

队牵着鼻子东奔西跑，求战不得，屡屡扑空，空有强大力量而无所用，陷于被动而最终失败。要集中兵力打歼灭战，一口一口地吃掉敌人，最后把他吃光。

毛泽东指出，打得赢就要集中兵力，我集中几个师、几个旅把你吃掉。"这就是说，人有十个指头，我先吃个小的，用五个吃一个，其他九个我先不管它。吃了个小的，我就走了。他不就少了一个指头吗？第二次又吃一个，还有多少？八个，少了两个。然后又吃了一个，又少一个，又吃一个，又少了一个"①。然后继续这样吃下去，一个一个地吃，最终你就被吃光了，这就叫打得赢就打。

（二）注重以我为主、机动灵活

打得赢就打，打不赢就走，注重以我为主，机智机敏，不断探索创新战法战术，始终占据战争主动权。毛泽东指出，志愿军绝不崇拜美军，也不恐惧美军。在朝鲜战场上，志愿军不断创新战法，以劣势装备战胜优势装备的美军。你打你的现代化武器：天上飞机、陆地坦克、海上舰队，我打我的"秘密出兵""穿插迂回"；你打你的"坦克劈入战""火海战""绞杀战"，我打我的"近战夜战""坑道战""冷枪冷炮狙击战"。

志愿军在打法上，从来不跟着敌人转，而是避强击虚，创造适合自己的一套战法，有什么枪打什么仗，有什么条件用什么条件。其中，坑道战极具代表性，是志愿军探索新战法新技术克敌制胜的典范。志愿军创造性发明"坑道技术"阻断火力，利用坑道避敌锋芒，保存自己，伺机反击。有了坚固坑道工事，志愿军的伤亡明显减少。据统计，1951年夏秋防御作战时，美军平均发射40—60发炮弹杀伤1人；1952年1月到8月，平均发射660发炮弹方能杀伤1人。更重要的是，志愿军利用坑道打出攻防自如的新战法，彻底破解美军的火海进攻战。比如，1952年4月间，美军向志愿军阵地攻击60余次，曾一度占领不少表面阵地，但每到夜幕降临时，志愿军就会从坑道出击，迅速消灭敌人。从1952年秋开始，志愿军转为依托坑道主动向美军进攻。9月至10月

---

① 《建国以来毛泽东军事文稿》下卷，军事科学出版社、中央文献出版社2010年版，第302页。

间，先后对美军防御阵地共 60 个目标发起全线反击，成功占领 17 处阵地。此后，志愿军在阵地上深挖壕洞，建固坑道，形成纵横相连的坑道网络，构筑起地下钢铁长城。如果说天空是美军战场，那么坑道就是志愿军地盘，坑道战创造出"以劣胜优"的奇迹。美军司令李奇微无奈地说，坑道有的长达 3000 英尺，他们能迅速躲避轰炸，又能很快向前运动抗击地面进攻。这充分反映出志愿军坑道战的强大威力。

（三）注重于我有利于敌不利

打得赢就打，打不赢就走，强调要选择对我有利的时间地点和方式，而不是在敌人限定的时间地点和方式与敌作战，从自身实际出发，而不是跟着敌人转。

毛泽东认为，对什么敌人打什么仗，要在有利于我的时间条件方式上作战，极致发挥优势长处，精准掌握敌人短处，利用现有武器和战场环境进行猛打痛击。敌人最害怕什么，我们就用什么。抗美援朝战争中，毛泽东分析指出，美军尤为害怕近战夜战，害怕被偷袭，志愿军就要苦练近战夜战，练白刃刺杀"夜老虎"的硬功夫。云山之战是近战夜战典范，打出了步兵战飞机的奇迹。1950 年 11 月 2 日凌晨 3 点，志愿军第 39 军第 116 师充分发挥传统近战夜战特长攻占云山东南机场，凭借手中的步枪和刺刀在黑夜里大胆穿插，迅速分割，勇猛突击，很快同美军胶着在一起，形成你中有我、我中有你的战斗局面，让坐拥大量先进武器的美军无法施展火力优势。此战重创美骑兵第一师，毙伤俘敌 2000 余人，击毁和缴获坦克 28 辆，还缴获敌机 4 架。此后，志愿军在实战中探索出一整套夜间运动进攻歼敌的战法，把握深夜美军飞机不能出动、地面部队不敢战斗的弱点，趁着夜色掩护，隐蔽接敌，突然用轻武器和手榴弹发起猛烈攻击，打得敌人措手不及，一些美军士兵在睡袋里就丧命了。

六、给敌不意的攻击

出奇制胜，是古今中外重要的用兵原则。《孙子兵法》认为，"凡战者，以正合，以奇胜。"毛泽东也指出："错觉和不意，可以丧失优势和主动。因而有计划地造成敌人的错觉，给以不意的攻击，是造成优势和夺取主动的方法，而且是重要的方法。"①在战争实践中，面对强大敌人，毛泽东特别强调，给敌不意的攻击，善出奇兵，不拘一格，巧妙用谋，创造性地以不意的攻击歼敌从而赢得胜利。

（一）制造错觉和不意

毛泽东对"给敌不意的攻击"有着深刻认识，视其为战胜敌人的重要作战方法。毛泽东指出，打仗中，什么是错觉？草木皆兵，混淆一切，影响判断就是错觉。采用各种欺骗敌人的方法，常常能够有效陷敌于判断错误和行动错误的苦境，从而丧失优势和主动。什么是不意？就是无准备。优势而无准备，不是真正的优势，也没有主动。

毛泽东指出，运动之敌好打，就是因为敌在不意即无准备中。这两件事——造成敌人的错觉和出其不意的攻击，"即是以战争的不确定性给予敌人，而给自己以尽可能大的确实性，用以争取我之优势和主动，争取我之胜利"②。抗日战争时期，为了迷惑敌人，人民军队发动所有反对敌人的老百姓，把人民群众武装起来，对敌封锁消息。毛泽东说，"我们要把敌人的眼睛和耳朵尽可能地封住，使他们变成瞎子和聋子，要把他们的指挥员的心尽可能地弄得混乱些，使他们变成疯子，用以争取自己的胜利"③。依靠人民群众掩护我军行踪，导致敌人无从知道我军将在什么地方什么时候采取袭击行动。这是造成敌人错觉和不意的客观基础，是非常重要的有效作战策略。

（二）重在突然性、秘密性

给敌不意的攻击强调突然性、秘密性。出敌不意，攻其不备，重在以奇制胜。毛泽东是用奇兵、善奇谋的高手，他强调攻击敌人的突然性、秘密性。面

---

① 《毛泽东军事文集》第二卷，军事科学出版社、中央文献出版社 1993 年版，第 320 页。

② 《毛泽东军事文集》第二卷，军事科学出版社、中央文献出版社 1993 年版，第 320 页。

③ 《毛泽东军事文集》第二卷，军事科学出版社、中央文献出版社 1993 年版，第 321 页。

对强敌，袭击是我们克敌制胜的作战方式，这样做的精妙之处就在于，对敌人来讲，"何时何地我们这样做，他们不晓得。这一点我们是保守秘密的。红军的作战一般是奇袭"①。

在战术上，由于涉及的时间和空间范围比较小，也比较少，出敌不意自然就比较容易实现。要在战争过程中利用突然性的出敌不意取得巨大效果，就必须积极迅速活动、迅速下定决心。1938 年 1 月，毛泽东总结我军作战经验，撰写《论抗日游击战争的基本战术——袭击》，并以此指导敌后战场开展军事斗争。他在文中强调："游击战争的基本作战形式不是别的，乃是袭击。袭击是攻击的一种，游击战争不注重正规的阵地这种形式，而注重突然袭击或名奇袭的这种形式，这是因为游击战争是战略上以少胜多以弱胜强的，非如此不能达到目的。"②正是强调袭击的突然性，当国民党军队的正规作战在日本军队进攻面前一败涂地时，毛泽东指示八路军、新四军深入到日军的后方地域，以奇袭的作战形式向日军发起进攻。在国民党军队面前不可一世的日军，却一次次遭到八路军、新四军神出鬼没的沉重打击。1937 年 8 月下旬，八路军出师抗日作战。从 9 月到 11 月上旬，仅在两个月时间里，在山西北部和东部对日军进行了十几次袭击、伏击作战，歼灭日军数千人，极大振奋了全国人民的抗战热情。

针对日军作战特点，毛泽东还具体分析，若在白天袭击敌人，应选择敌人运动之际。他指出："敌人运动多在白天，故袭击行动之敌大都选在白天。游击部队欲最有效果地袭击敌人，必须不丧失敌人正在行动中的机会，此种时机必须普遍采用。此种袭击多为伏击。"③平型关大捷，就是八路军在白天利用敌人正在运动的契机伏击成功的经典之战。1937 年 9 月 22 日，日军第 5 师团第 21 旅团一部从灵丘向平型关方向进犯。9 月 24 日夜，八路军第 115 师冒雨在平型关东北公路两侧高地设伏。由于该地段离日军同国民党军队作战的前线还有一段距离，这股日军根本没有想到会遭遇八路军伏击，他们毫无戒备地在

① 《毛泽东军事文集》第一卷，军事科学出版社、中央文献出版社 1993 年版，第 749 页。

② 《毛泽东军事文集》第二卷，军事科学出版社、中央文献出版社 1993 年版，第 138 页。

③ 《毛泽东军事文集》第二卷，军事科学出版社、中央文献出版社 1993 年版，第 140 页。

公路上行驶。25 日 7 时许，日军进入伏击地域，八路军第 115 师突然发起猛烈攻击，迅速将日军包围分割。这次袭击是一次极为成功的歼灭战，歼灭日军 1000 余人，击伤敌汽车 100 余辆、马车 200 辆，缴获长短枪 1000 余支和大批军用物资。平型关大捷是卢沟桥事变以来中国军队对日作战取得的第一个重大胜利，打破了"日军不可战胜"的神话。取得这次大捷的关键，就在于抓住日军麻痹大意的弱点，精心选择敌人料想不到的伏击地点，给敌突然的出其不意的打击。八路军还经常利用黑夜对日寇进行袭击，最经典战斗当属第 129 师第 769 团对日军阳明堡飞机场的袭击，歼灭日军 100 多人，击毁敌机 24 架。此战取得如此战果的关键之一，是利用敌人的戒备疏忽，在夜暗的掩护下，给敌突然的出其不意的打击。

（三）战略上也要出敌不意

战略行动，往往需要使用较大兵力，行动持续时间长，涉及范围广，难以做到隐蔽行踪和完全保密，难以达到行动的突然性。此外，在战略上寻求出敌不意，往往要冒更大风险，一旦失策，反而适得其反，招致巨大损失。因而，在战略上做到出敌不意，就需要更大魄力，更敏锐的洞察力和判断力，更高超的指挥艺术。

毛泽东不仅善于在战术上出敌不意，领导指挥人民军队夺取战役战斗的主动权，更是一个在战略上出敌不意、左右对手、掌握全局的军事艺术大师。全面抗战初期，当国民党军队在长城一线组织防御时，毛泽东并没有命令八路军部署在国民党军队的防御阵地中，而是指挥八路军越过防线，直插日军侧翼，创造战机歼灭敌人。这一重要部署在战略上是大胆而高明的举动，不仅日军没有想到，蒋介石也没有想到，进而发挥八路军运动战、游击战特长出其不意袭击敌人。

解放战争仅一年后，毛泽东就抓住战机，指挥解放军由战略防御转入战略进攻，出敌不意赢得战略主动，牢牢把握战局发展态势。当时，敌我双方力量对比仍很悬殊，但是，国民党军队机动兵力明显不足，后方空虚，士气低落，相反我军士气高涨，杀敌勇猛。在这种情势下，毛泽东迅速作出战略决策，要求部队不必等我军在兵力和武器装备上超过敌人，要主动出击，以敌人料想不到的部署争取战略主动，实施战略进攻。国民党军队实施重点进攻后，重点兵力都部署在东西两侧，中原地区兵力空虚、防守薄弱，国民党却自诩自己在总体实力上仍然占优势，而且有黄河天险可资防守，根本没有料到我军突然会向中原地区发起战略进攻。刘伯承、邓小平率领晋冀鲁豫野战军主力，千里跃进大别山，一举插进敌人的战略纵深地区。陈赓、谢富治率领晋冀鲁豫一部，陈毅、粟裕率领华东野战军主力，先后完成在豫陕边地区和豫皖苏边地区的战略展开。三路大军以鼎足之势，像尖刀直插敌人的心脏，直接威胁国民党统治中心南京和战略要地武汉，彻底打破了蒋介石的原有战略部署，陷入战略被动。毛泽东作出挺进中原、战略进攻的重大决策，实在是战略上出其不意的高招。

七、执行有利决战，避免不利决战

所谓决战，指的是决定两军之间谁胜谁败的作战，可分为战略决战和战役战斗的决战。执行有利决战，避免不利决战，是毛泽东战争实践和军事斗争的重要观点，是毛泽东指挥人民军队进行决战的重要指导原则。在有利条件下，一切有把握的和有益于战争全局的战役或战斗应坚决执行决战，集中优势兵力，各个歼灭敌人；在不利条件下，一切无把握的和无益于战争全局的战役或战斗应坚决避免决战，以保存实力，待机破敌。

（一）没有决战力量不可决战

毛泽东对决战问题，始终持重视和谨慎态度。毛泽东强调："不到决战的时机，没有决战的力量，不能冒冒失失地去进行决战。"[①]对不利决战，要坚决避免。抗日战争时期，在敌强我弱、力量对比悬殊的情况下，与敌人进行主力决战，我们没有必胜的把握，因此应该坚决避免这种赌国家和军队命运的

---

① 《毛泽东选集》第一卷，人民出版社 1991 年版，第 153 页。

决战。

抗日战争前期，日本侵略军曾一而再再而三地寻找中国军队进行决战，妄图在很短的时间内达到消灭中国军队主力、侵占全中国的目标。针对敌强我弱、敌优我劣的形势，毛泽东提出"战争的前期，我们要避免一切大的决战，要先用运动战逐渐地破坏敌人军队的精神和战斗力"[1]，特别是战略决战必须避免，战役战斗的决战也应本着有把握的原则进行。1935年12月，毛泽东在《论反对日本帝国主义》中首次谈到决战重大问题。他指出，帝国主义还是一个严重的力量，革命力量的不平衡是一个严重的缺点，要想打倒敌人，我们必须准备持久战，而不是速决战，这是现时革命形式的特点，也要求我们适应情况，改变策略，改变我们调整队伍进行战斗的方式。1936年12月，在《中国革命战争的战略问题》中，毛泽东进一步指出，只有决战才能决定两军之间胜负问题。不论对任何一方，决战阶段的斗争，都是全战争或全战役中最困难、最艰苦的，在指挥上说，是最不容易的时节。毛泽东强调："战略守势的作战，大都先避免不利的决战，使至有利的情况始求决战。"[2]毛泽东认为，战略退却，就是避不利决战，有的称之为"诱敌深入"，有的称之为"收紧阵地"。战略退却，是为了避免不利情况，化被动为主动，为了保存军力，待机反攻。退却之所以必要，是因为处在强敌的进攻面前，若不退让一步，则必危及军力的保存。准备反攻，须选择和造成有利于我不利于敌的若干条件，使敌我力量对比发生变化。毛泽东关于执行有利决战、避免不利决战的思想，反映了作战的客观规律和军事斗争方法，表现出毛泽东深刻的战略思想和高超的指挥艺术，具有普遍指导意义。

毛泽东关于执行有利决战、避免不利决战的斗争思想，在战争实践中得到了很好运用。在中国革命战争的很长时期内，敌强我弱的形势一直严峻。土地革命战争时期，国民党军队调集重兵"围剿"工农红军；抗日战争时期，日本侵略军依仗其强大的军事力量对革命根据地进行攻击和扫荡；解放战争初期，

---

① 《毛泽东军事文集》第二卷，军事科学出版社、中央文献出版社1993年版，第272页。

② 《毛泽东军事文集》第一卷，军事科学出版社、中央文献出版社1993年版，第727页。

国民党军队在数量和装备上均占有绝对优势，甚至扬言几个月打败解放军。判断上述战争形势，毛泽东领导人民军队采取机动灵活的战略战术，在战略防御中力避敌人锋芒，力避各种不利条件，杜绝一切不利的战略决战，而以战役和战斗上的有利决战大量消灭和消耗敌人有生力量，打持久战，不放弃局部有利的战役决胜和战斗胜利，不断发展壮大自己的力量。当解放战争进入第三年，战争形势和战略全局呈现出有利态势，毛泽东及时、果断作出实施战略决战的大胆而英明的决策，指挥解放军连续发动辽沈、淮海、平津三大战役，歼灭了国民党反动统治的重兵集团，大大推进了解放战争的历史进程，并最终夺取中国革命战争的伟大胜利。

（二）坚决打有利决战

毛泽东强调，我们主张一切有利条件下的决战，无论是战斗的和大小战役的，在这方面不容任何的消极。一切有把握的战役和战斗应坚决地执行，一切无把握的战役和战斗应避免决战。

毛泽东指挥人民军队进行战略决战的战场，首先选在东北。抗日战争后期，毛泽东就对建立巩固的东北根据地与首先在东北进行战略决战进行统筹考虑。苏联红军开赴中国东北战场歼灭日本关东军后，中共中央就派大批优秀干部和部队进入东北地区，开展先期准备工作。抗日战争胜利后，蒋介石集团在美国帮助下，从海、陆、空三路向东北大量运兵，企图占领战略要地和重要城市。在这一形势下，毛泽东发出建立巩固东北根据地的指示，深入发动群众，广泛积蓄力量。这一战略举措，为之后人民军队打好辽沈战役进行战略反攻准备了有利条件。从战略环境讲，中国东北接壤苏联、蒙古国和朝鲜，通向内地的唯一铁路就是京沈铁路，倘若人民军队将这条运输线切断就能形成"关门打狗"之势。在军事力量上，东北野战军的力量略微超过卫立煌集团的军队。在全国形势上，济南战役胜利结束，刘邓大军在大别山成功站稳脚跟并开始反击，华北、西南地区人民军队也处于主动攻势的有利条件。鉴于此，毛泽东下定决心执行有利决战，打前所未有的大歼灭战。辽沈战役揭开了战略决战的序幕，这与此前建立巩固的东北根据地又有密切联系，是前期的有利条件，以及不失时机的战争行动铸就了决战的胜利。

在决战思想的基础之上，毛泽东还提出了战略追击的思想。战略追击是对战略退却或溃逃之敌进行的追击，毛泽东把它看作是战略决战的继续，是为了发展和利用战略决战成果的行动。他认为，必须根据不同的作战对象和地理条件，采取不同的作战方式，才能取得战略追击的胜利。例如解放战争后期，对中南、西南地区之敌，他提出采取远距离大包围大迂回，断敌退路再回打的作战方式；对西北地区之敌，则采取穷追猛打以小迂回包围的作战方式。新中国成立后，毛泽东进一步发展了战略追击的思想。他说："要考虑积极防御，也要考虑打垮敌人后的追击问题。"① 他明确指出："我们将不但胜利地保卫祖国，而且要在歼灭了侵略的敌人主力之后，采取追击的战略，进而将敌人的出发根据地的侵略武装力量加以解除，借以根绝侵略后患，同时也就解放敌国被压迫人民。"② 这就是说，我们不但要打退敌人的进攻，歼灭敌人的主力，还要在这之后就势追击到敌人的本土去，彻底消灭敌人。根据战略追击的要求，毛泽东提出"修水上铁路（造军舰）"的设想，非常注重发挥海军在战略追击中的作用。

总体上看，在毛泽东军事思想中，"执行有利决战、避免不利决战"，与"不打无准备之仗，不打无把握之仗"的精神是基本一致的。解放战争时期，国民党 800 多万军队，有的部队全副美式装备，在短短的三年时间里就灰飞烟灭，原因当然有许多，其中一个重要原因则是，毛泽东的战略决战思想发挥了极为重要的指导作用。

---

① 《建国以来毛泽东军事文稿》中卷，军事科学出版社、中央文献出版社 2010 年版，第 394 页。

② 《建国以来毛泽东军事文稿》中卷，军事科学出版社、中央文献出版社 2010 年版，第 395 页。

第九章
"着眼力量转化"

——关于斗争强弱转化

斗争，特别是军事斗争，本质是力量的竞赛。拥有优势力量的一方，往往在斗争中拥有战略主动权，相对容易取得斗争的最后胜利。但偏偏毛泽东领导的中国革命斗争是在极端敌强我弱的情况下进行的，如何扭转这种力量对比上的严重失衡，使自己由弱变强、使敌人由强转弱，成为毛泽东领导进行革命斗争时考虑最多的一个问题。在长期的斗争实践中，毛泽东立足历史唯物主义基本原理，坚持战略上藐视敌人、战术上重视敌人，将战略上的内线、持久、防御和以少敌多，与战役战斗上的外线、速决、进攻和以多胜少结合起来，实行"诱敌深入"后发制人，立足最坏的情况、争取最好的结果，实现了斗争力量的强弱转化，为取得革命斗争的最后胜利奠定了力量基础。

一、战略上藐视敌人，战术上重视敌人

如何看待敌我力量的强弱对比，并得出指导斗争的总原则，是进行斗争时首先碰到的问题。基于马克思主义基本原理，毛泽东创造性地提出战略上藐视敌人、战术上重视敌人的思想，这一思想既体现了革命者应该具备敢于斗争的无畏胆魄，又展现了革命者应该具备善于斗争的科学精神，是指导我们斗争的最基本方法论原则。

这个原则建立在一切反动派都具有两重性的理论基础之上。1946 年 8 月，毛泽东指出："一切反动派都是纸老虎。"①1958 年 12 月在党的八届六中全会期间再次强调这个思想。这个论断是基于人类历史发展得出的规律性认识，体现了对人类社会演进规律的深刻把握。毛泽东认为，帝国主义和一切反动派都有两重性：一方面它们现在还有强大的力量，在与人民进行垂死斗争时，还要成千上万地杀人，表现为活老虎、铁老虎、真老虎；另一方面它们得不到人民的支持，从历史发展看，终究会转化为纸老虎、死老虎、豆腐老虎。因此，从全体上看、长远上看，我们要在战略上藐视它们，敢于斗争敢于胜利，否则就要犯机会主义的错误；从局部上看、从暂时来看，我们要在战术上重视它们，在一个一个的具体问题上小心谨慎地认真对付它们，否则就要犯冒险主义的错误。毛泽东形象地举例说，马克思、恩格斯只有两个人时就说打倒全世界的资本主义，这就是在战略上藐视，但在具体问题上，打仗只能一仗一仗地打，敌人只能一部分一部分地消灭，工厂只能一个一个地盖，农民犁地只能一块一块地犁，就是吃饭也是如此：我们在战略上藐视吃饭，这顿饭我们能够吃下去，但是具体吃，却是一口口地吃完的，你不可能把一桌酒席一口就吞下去。

在这里，纸老虎与真老虎是一对矛盾范畴，藐视与重视也是一对矛盾范畴，两对范畴都是相反相成的。只有在战略上藐视敌人，不被反动派表面上的强大力量所吓倒，敢于斗争敢于胜利，才能真正在战术上重视敌人，善于斗争并取得胜利。如果一开始就被敌人表面的力量所吓倒，首先自己的精神就倒下了，就无法保持清醒的头脑和镇静的态度，也就谈不上在具体的斗争中去重视敌人了。另一方面，只有在战术上重视敌人，才算是真正在战略上藐视敌人。因为如果在一个一个的具体问题上马虎大意、鲁莽行事，就不可能打败敌人，真老虎就不会转化为纸老虎，藐视也就成了空谈和笑话了。

在长期的革命斗争生涯中，毛泽东很好地坚持和运用了这一方针，无论他在对阵国民党反动派、日本帝国主义还是美帝国主义时，他在战略上都始终坚

---

① 《毛泽东选集》第四卷，人民出版社 1991 年版，第 1195 页。

信自己是正义的一方，一定能取得斗争的最后胜利，敌人的失败是最终的必然结果。但在战术上，毛泽东又十分谨慎，极其认真地搞好战场调研，摸清对手的特点规律，哪怕是一个小小的战斗，也常常反复研究，多次予以指示，精心选择战场，周密安排战后事宜，体现了"事战以谨"的态度和精神，成为认识和转化斗争力量的基本原则和方法。

二、弱者先让一步、后发制人

在长期领导以弱敌强的中国革命斗争实践中，毛泽东始终坚持先让一步、后发制人的战略，为转化敌我斗争力量强弱对比提供了科学指导。

（一）先让一步、后发制人有利于夺得主动

毛泽东认为，在斗争中先让一步、后发制人，对于弱者有很多好处，最主要的，就是有利于争取战略上、政治上的主动。毛泽东从来都坚持认为，斗争首先要在政治上争得主动，要赢得人心与舆论，而先让一步、后发制人能够帮助人们认清楚谁有道理、谁没有道理，谁是防御者、谁是侵略者，可以体现出敌人的侵略性和我们的自卫性，给我们带来巨大的政治利益和主动。而同强敌斗争，我们始终处于力量的弱势，如何以弱胜强，毛泽东认为，"人心就是力量"[1]，要以人心来取胜。不仅要争取国内的人心，而且要争取国际上的人心。为此，在斗争中，必须要有理，特别是在军事斗争中，要"师出有名"，以"理"来争"心"。先发制人，虽然可能抢占先机，但并不能决定斗争的最终胜负，反而会陷入政治困境，失去人心和支持，使斗争归于失败。毛泽东曾指出，两次世界大战，都是防御者胜利，进攻者失败，就是这个意思。

毛泽东认为，在斗争中先让一步、后发制人，还有一条好处，就是有利于

---

[1] 《建国以来毛泽东军事文稿》中卷，军事科学出版社、中央文献出版社 2010 年版，第 413 页。

争夺斗争具体的主动权，实现以弱胜强。毛泽东指出，对于弱者来说，让强者先发制人，有利于暴露强者的意图，发现和造成强者的弱点和漏洞，有利于弱者的优势充分发挥，进而实现弱者的行动自由也即主动权。他曾举出《水浒传》里林冲和洪教头的例子来说明这个道理：洪教头"在柴进家中要打林冲，连唤几个'来''来''来'，结果是退让的林冲看出洪教头的破绽，一脚踢翻了洪教头"①。在指挥第一次反"围剿"时，毛泽东力排众议，反复耐心说服大家让敌人先进攻，待敌军进入根据地月余，情况不明，兵力分散，补给困难，官兵疲劳，士气低落时，一举集结大军将张辉瓒师包围歼灭，打了个干脆漂亮的大胜仗。在总结土地革命战争正反两方面经验的基础上，毛泽东依据先让一步、后发制人的原则，创造性地提出了战略退却的问题，强调"战略退却，是劣势军队处在优势军队进攻面前，因为顾到不能迅速地击破其进攻，为了保存军力，待机破敌，而采取的一个有计划的战略步骤"②。毛泽东认为，作为战略退却的一种形式，"诱敌深入"的目的就是保存军力、准备反攻，它能够选择和造成有利于我不利于敌的若干条件；能够造成弱军的兵力集中，强军的兵力分散；可以使退却的军队选择有利阵地，调动进攻军队就范；能够造成和发现敌人的过失；能够造成敌我双方力量对比的变化，也就是说，"诱敌深入"是在战役战术上实现敌我力量强弱转化的重要方法，是"弱军对强军作战时在战争开始阶段必须采取的方针"③。毛泽东后来曾说，如果拿破仑不打到莫斯科，俄国人就不能打败他，强调的也就是这个道理。

（二）牢牢坚持先让一步、后发制人的原则

有鉴于先让一步、后发制人对于我们实现敌我力量强弱转化的重要意义，毛泽东在领导革命斗争中，始终坚持先让一步、后发制人原则，在战略上不打第一枪，坚守防御性的自卫立场；在战役战术上"诱敌深入"，让敌人的弱点充分暴露再全力一击，为扭转敌我力量的悬殊差距提供了基本的方法论指导。

---

① 《毛泽东军事文集》第一卷，军事科学出版社、中央文献出版社 1993 年版，第 723 页。

② 《毛泽东军事文集》第一卷，军事科学出版社、中央文献出版社 1993 年版，第 723 页。

③ 《毛泽东军事文集》第一卷，军事科学出版社、中央文献出版社 1993 年版，第 727 页。

土地革命战争时，毛泽东就提出并成功运用"诱敌深入"方针，让国民党军先行进攻根据地，待其深入根据地、"肥的拖瘦、瘦的拖死"后，再集中优势兵力各个歼灭，打破了多次"围剿"，并形成了人民军队的一整套战略战术，在抗日战争和解放战争中得到熟练运用，指导取得了革命战争的最后胜利。

中华人民共和国成立后，毛泽东在战略上始终坚守自卫立场，坚持先让一步、后发制人的原则。抗美援朝战争，毛泽东是在反复规劝和警告美方无果、美军打到鸭绿江边的情况下，才下令出兵。1951 年 10 月，他在政协一届三次会议的开幕词中指出："我们不要去侵犯任何国家，我们只是反对帝国主义者对于我国的侵略。""如果不是美国军队占领我国的台湾、侵略朝鲜民主主义人民共和国和打到了我国的东北边疆，中国人民是不会和美国军队作战的。"[1]毛泽东晚年在针对苏联可能发动侵华战争时说："它进来了，就说明它的领土野心。你到我这个地方来了，我没有到你那里去，全世界人民都知道，这样政治、军事都有利，有充足的理由，这是形式逻辑……不让它进来，不让它占领我们的大城市，力争的理由是不充分的。我没有打到你的海参崴，没有打到你的伯力、赤塔，你打到了我的沈阳、长春、哈尔滨，你就没有理由了。"[2]这些先让一步、后发制人的雄韬伟略，使新中国赢得了巨大的政治优势，面对强大对手争得了政治、军事、外交斗争的战略主动。

在战役战术上，毛泽东很好地坚持了"诱敌深入"的方针，充分体现了先让一步、后发制人的精神实质。朝鲜战争爆发后，中美斗争的战略重心转向东北，东南方向转为防御态势。当时，一些沿海军区负责人在设防过程中，把工事修在第一线，意图御敌于国门之外。毛泽东坚决反对这种做法，他给这些军区负责人多次去电指出："你们计划到处设防，到处修工事，摆成被动挨打的姿势，使我军丧失主动，丧失歼敌的机会，是完全错误的。""敌来应让其登陆然后相机歼击之，不要到处防守，不要阻其登陆"。[3]在毛泽东

---

① 《建国以来毛泽东军事文稿》上卷，军事科学出版社、中央文献出版社 2010 年版，第 555 页。

② 《建国以来毛泽东军事文稿》下卷，军事科学出版社、中央文献出版社 2010 年版，第 355—356 页。

③ 《建国以来毛泽东军事文稿》上卷，军事科学出版社、中央文献出版社 2010 年版，第 457、459 页。

看来，把敌人放进来才能显示出其无理，才好打击消灭，而如果不给敌人一点甜头他们不会来，因此不能把军队、工事摆在家门口，那样敌人就不会来了，"还是要诱敌深入才好打"①。他曾说法国人搞的马奇诺防线，什么作用也没起，结果是"英雄无用武之地"。而把大部分军队部署在纵深位置待机，发现战机时就可以随时机动，以弱胜强打败强敌，始终掌握主动立于不败之地。

需要指出的是，毛泽东关于弱者先让一步、后发制人的斗争指导原则，主要是在战略的、政治的意义上讲的，在具体的军事、外交等方面的斗争上不能做简单地理解、机械地死守，战略上的防御和后发制人并不排斥战役战斗上的进攻与先发制人。如果敌人率先侵犯了我们的核心利益，把我们逼到退无可退的地步，即使他们在军事上没有首先开火，也应被认为是向我们打了"第一枪"，是对我先发制人了，这时我们奋起反击就是有理的。

三、战略的持久战，战役和战斗的速决战

毛泽东深入把握中国革命战争中敌强我弱的实际，创造性地提出："战略的持久战，战役和战斗的速决战，这是一件事的两方面，这是国内战争的两个同时并重的原则，也可以适用于反对帝国主义的战争。"②毛泽东运用唯物辩证法科学认识和处理内线与外线、持久与速决、防御与进攻、优与劣、多与少等重大关系，提炼总结出一整套转化敌我力量强弱对比的科学方法，成功运用于革命斗争之中，成为领导取得斗争胜利的最有力武器。

（一）坚持积极防御战略方针

毛泽东认为，战争的根本目的在于"保存自己，消灭敌人"，其中"消

---

① 《建国以来毛泽东军事文稿》下卷，军事科学出版社、中央文献出版社2010年版，第315页。
② 《毛泽东选集》第一卷，人民出版社1991年版，第233页。

灭敌人"是主要的,"保存自己"是次要的,消灭了敌人才能从根本上更好地保存自己。进攻与防御则是实现上述战争目的的基本手段,其中进攻是主要的,防御是次要的,仅靠防御无法打败敌人,要消灭敌人必须进攻。一般而言,进攻是力量较为强大一方的专利,力量较弱的一方只能处于防御状态,但中国革命战争的一个最大的特点,就是战争力量的敌强我弱,因此我军不得不在很长一段时间内处于战略防御的地位。毛泽东在此进行了最大的军事创造,提出了"积极防御"的战略方针,使防御具有了主动的内容。

毛泽东指出:"积极防御,又叫攻势防御,又叫决战防御。""只有积极防御才是真防御,才是为了反攻和进攻的防御。"①积极防御的基本内涵是指在敌人向我发动进攻后,我先主动地退让一步,或坚守某些要点,努力创造有利于我而不利于敌的条件和态势,利用人民战争的有利条件,以战役战斗的、外线速决的进攻战,歼灭和消耗敌人的有生力量,争取局部主动和胜利,逐步转化敌我力量对比,改变战略上的被动态势,而后适时地转入战略反攻和战略进攻,并在有利条件下实行战略决战,夺取最后胜利。在这里,毛泽东创造性地将进攻与防御区分为战略和战役战斗两个层面,认为战役战斗可以相对独立于战略,战略层面上占据优势和进攻的一方并不必然就能在战役战斗层面上保持优势和进攻,还需要在各个具体的战役指挥中充分发挥自己的主观能动性,否则,不仅不能确保战役战斗层面上的优势和进攻,长期下去还有可能丧失战略层面的优势和进攻地位。战略防御的一方,如果能够赢得一个个战役战斗的进攻战,不断地大量歼灭敌人,长此以往就能改变战争态势夺得战略优势和进攻地位。其中的思想实质,就是积极争夺主动,切实把进攻与防御在时间、空间、层次上结合起来:一是努力把战略防御与战略进攻甚至是战略追击在时间先后上结合起来;二是在战略防御阶段,把战略退却与战略反攻结合起来;三是即使在不能实施战略进攻、只能实施战略防御的情况下,也要力争在战役战斗上实施进攻作战。

---

① 《毛泽东军事文集》第一卷,军事科学出版社、中央文献出版社1993年版,第719页。

（二）将战略上内线持久的防御与战役战斗上外线速决的进攻结合起来

立足中国革命战争敌强我弱的实际情况，毛泽东提出了将战略上内线持久的防御战与战役战斗上外线速决的进攻战结合的思想，成为转换敌我力量优劣的基本手段。其中，在战略防御中采取战役战斗上的进攻战，是这一思想的中心。进攻与防御作为战争基本矛盾的表现形式，存在于一切战争的始终和各个层面之中，毛泽东的高明之处，就在于他把战争看成是一个整体，具体地、历史地思考进攻与防御的辩证关系，把战略的防御与战役战斗上的进攻结合起来，一切围绕着战役战斗上的进攻而展开，速决说的是进攻的时间，外线说的是进攻的范围。陈毅曾对此评价说："一般军事家对进攻问题永远看作只是进攻问题，看不见其中包括别的因素；对防御问题永远看作只是防御问题，同样看不见其中包括别的因素。而进攻和防御这两个战争的基本方式，落在毛主席手上，便发现新的内容与新的角度。"[①]

毛泽东认为，只有通过战役战斗上的进攻才能达到战略防御的目的，才能最终实现向战略进攻的转化。在战争初期，敌人力量强大，往往拥有战略主动权，处于战略进攻地位，而我军则处于战略防御。但我军的防御是积极防御而不是消极防御，它将战略上的防御与战役战斗上的进攻有机结合起来，给防御这种被动的形式中添加了主动进攻作战的内容。在这种思想的指导下，我军即使处于战略防御阶段，也会千方百计地进行战役战斗上的进攻，争夺主动权，逐步改变敌我力量对比。在毛泽东亲自领导的中央苏区前三次反"围剿"中，虽然都是国民党军集中优势力量进攻根据地，但在打破"围剿"的具体战役战斗，包括龙冈战斗、富田战斗等，都是我军主动进攻，最终胜利保卫了根据地，实现了战略防御的目的。在解放战争战略防御阶段中，在国民党军拥有战略主动权实施战略进攻的情况下，我军充分发挥主观能动性进行正确的战役指挥，取得一个又一个战役战斗的胜利，越打越强最终积小胜为大胜，从国民党

---

① 陈毅：《学习毛主席的马克思列宁主义的创造作风》，《军事学术》1981 年第 7 期。

军手中夺得战略主动权。反观国民党军只有战略主动权，指挥拙劣没有赢得战役主动权，在一个个战役中被动挨打，越打越弱最终积小败为大败，由战略进攻转为战略防御，战略主动权也丧失了。

进攻与防御表现在时间维度上就是持久与速决。毛泽东将战略上的持久与战役战斗上的速决结合了起来，认为中国革命战争是敌强我弱的战争，根本改变这种态势需要时间，这就决定了战争在战略层面必然是持久的。另一方面，由于我军在力量对比上处于弱势，必须在战役战斗上速战速决，否则就容易陷入优势敌军的围攻而遭覆没。从这一层意思出发，毛泽东指出战略上的持久是战役战斗上速决的前提和背景，又通过一个个战役战斗的速决来达成，从而把两者有机地统一起来。土地革命战争时期，"左"倾错误者幻想一夜之间就夺取革命斗争的胜利，不愿耐心扎实地进行武装斗争，结果以失败告终。毛泽东认真分析了中国革命的几个主要特点，从敌强我弱的实际出发，判断革命斗争不可能很快胜利，反复告诉大家，"灭此朝食"的气概是好的，但"灭此朝食"的计划是行不通的。与此相反，在战役战斗上，毛泽东又始终坚持速决的原则，因为敌强我弱，"根据地的人力、财力、军力等项条件都不许可持久"①，如不能速决，就会遭到处于战略优势的敌人的围攻。中央苏区第一次反"围剿"歼灭张辉瓒部1万人的龙冈战斗，从下午4时发起，到天黑就全部结束，待敌人调动援兵时，我军早已胜利转移。

进攻与防御表现在空间维度上就是内线与外线。内线与外线是指军队作战时经过的路线，内线是军队以少敌多时形成的作战线，其构成与方向能够保障在敌人调动兵力对我采取行动之前迅速集中兵力对付敌人；外线则是军队以多敌少时形成的作战线，能够向敌军两翼包抄迂回。一般而言，外线作战往往与进攻联系在一起，而内线作战则和防御联系在一起，是处于被动态势的。内线作战的一方要想跳出这种不利境地，就必须转入进攻性的外线作战，大量地消灭敌军。毛泽东将战略上的内线作战和战役战斗上的外线作战结合起来，认为在战略上不得不处于防御地位坚持内线作战的同时，必须积极在战役战斗上进

---

① 《毛泽东选集》第一卷，人民出版社1991年版，第235页。

行外线的进攻作战，通过一个个战役战斗的外线胜利，来最终改变战略上的内线防御态势。他说："处于战略上内线作战的军队，特别是处于被'围剿'环境的红军，蒙受着许多的不利。但我们可以而且完全应该在战役或战斗上，把它改变过来。将敌军对我军的一个大'围剿'，改为我军对敌军的许多各别的小围剿。将敌军对我军的战略上的分进合击，改为我军对敌军的战役或战斗上的分进合击。将敌军对我军的战略上的优势，改为我军对敌军的战役或战斗上的优势。将战略上处于强者地位的敌军，使之在战役或战斗上处于弱者的地位。同时，将自己战略上的弱者地位，使之改变为战役上或战斗上的强者的地位。这即是所谓内线作战中的外线作战，'围剿'中的围剿，封锁中的封锁，防御中的进攻，劣势中的优势，弱者中的强者，不利中的有利，被动中的主动。"① 只有这样，才能实现内外线的转换，进而实现敌我力量强弱的转换。

(三) 战略上有规则有定向，战役战斗上不规则无定向

1936 年 2 月，红军东渡黄河进入山西举行东征战役，阎锡山和蒋介石迅速调集重兵进行阻截围攻。面对严重敌情，在前线指挥的林彪等人致电建议毛泽东率总部机关西返陕北，并以不规则无定向之游击行动、不机械固执地向所定目标前进作为下一步作战的指导方针。毛泽东认为，林彪的主张是对中央东征战略方针信心动摇的反映，在军事上也是错误的。他复电林彪指出，对于中央既定方针必须坚定不移地执行，并强调在战役战斗方针上不规则无定向，这一仗在东打、那一仗在西打，没固定战线，全依情况决定是正确的，但在战略方针上，不规则无定向是不许可的，应有明确的方向与地区。在这里，毛泽东将战略上的有定向与战役战斗上的无定向有机结合起来，第一次明确提出了正确处理战略与战役战斗关系中作战方向问题的方法论原则。

战争总是在一定的空间中进行的，正确确定作战的空间方向，对于战争的胜负具有十分重要的影响。战略上有规则有定向，指战略指导者在一定阶段内，对斗争和作战的战略方向和战略区域，必须有所算定，并在一定时间内

---

① 《毛泽东选集》第一卷，人民出版社 1991 年版，第 224 页。

保持相对稳定，不能轻易变换，以利战略目标的实现；战役战斗上不规则无定向，指战役战术行动必须保持高度机动灵活，不机械固守某一具体的方向和地域，以免被敌人摸清规律丧失主动。在这里，毛泽东将军队的作战方向区分为战略方向和战役战斗方向两类，强调在战争中军队必须有明确的战略指向并保持相对固定，在战役战斗中则要保持灵活机动，有规则有定向和不规则无定向相反相成并行不悖，深刻反映了军队作战战略方向和战役战斗方向之间的辩证关系，共同构成了指导选择斗争和作战方向的一项根本性方法论原则。

在中国革命战争中，我军很好地坚持了这一指导思想，创造了一个又一个辉煌战例。解放战争初期的苏中"七战七捷"，粟裕率领的华中野战军 3 万余人，根据毛泽东、中央军委关于苏中苏北各部先在内线打几个胜仗的指示精神，在战略上坚持以苏中解放区腹地为预定战场，各次具体战役的攻歼对象和突击方向则根据具体敌情灵活选定，在从东海之滨到运河东岸长数百里的正面战场上往返机动，哪里的敌人薄弱好打就在哪里打，不拘一格，使敌人摸不着头脑，处处被动挨打，创造了以四分之一于敌的劣势兵力，歼敌 5.3 万余人的重大胜利。反观国民党军，在解放战争中频频出现更换战略方向和决心的事情，辽沈战役期间在几十万东北蒋军是撤是守的战略问题上举棋不定，淮海战役期间对于徐州杜聿明集团是战是撤又是一再犹疑，平津战役期间对于傅作义数十万部队是东撤还是西撤也是迟迟不决，使得作战指导的战略方向不明，战略决心反复，丧失战机造成被动。在战役战斗上，蒋介石又强调以静制动，固守据点，导致蒋军在战役战斗上总是行动迟缓、战术机械，每每为我所制，招架不住，最终全都被消灭。

（四）抓住战略枢纽去部署战役，抓住战役枢纽去部署战斗

1935 年 11 月，中央红军刚刚结束长征抵达西北，急需休整，而国民党军却不甘心失败，从四周对陕甘根据地发起了新的"围剿"。为打开局面，毛泽东决心与孤军冒进的东北军打上一仗，地点就选在三面环山的鄜县直罗镇。21 日拂晓，我军对沿葫芦河进入预设战场的东北军第 109 师发起进攻，至下午 2 时，将其大部歼灭，取得了战役的胜利，打破了敌人的"围剿"，也

给党中央把全国革命大本营放在西北的任务，举行了一个奠基礼。战役结束后，毛泽东在干部大会上很好地总结了胜利的原因，并第一次提出了"抓住战略枢纽去部署战役，抓住战役枢纽去部署战斗"①的原则，丰富了我们党关于战略与战役战斗关系的思想。

"不谋全局者，不足谋一域"。毛泽东历来认为，指导战争者，最要紧的是关照好战争的全局。这一原则的底蕴，是哲学上整体与局部的关系：整体决定局部，局部服从整体。体现在军事上，就是战略决定战役战术，战役战术服从战略。从这一点出发指导战争，毛泽东反对那种认为战略胜利取决于战术胜利的观点，认为战争胜败的主要和首先的问题，是对全局和各阶段关照得好或关照得不好，战争指导者最要紧的是把自己的注意力摆在战争的全局上面。

但整体与局部的关系复杂多样，整体不能脱离局部而存在，局部对整体也发挥着自己的作用：第一种是局部对整体没有什么影响，不起明显作用；第二种是单个的局部对整体没有什么影响，但变化的局部多了、量的累积形成质变，最后对整体产生决定性影响；第三种是少数对整体有决定性影响的局部，一旦变化，则整体立即为之一变。楚汉争雄，项羽"七十二战，战无不胜，忽闻楚歌，一败涂地"，这其中的"七十二战"，就属于第一种情况，没有决定性意义，而垓下一战，就属于第三种情况，立即就决定了战争的胜负。这种对整体和全局具有决定性影响的局部，毛泽东称之为"关节"，或"枢纽"，并特别强调："任何一级的首长，应当把自己注意的重心，放在那些对于他所指挥的全局说来最重要最有决定意义的问题或动作上，而不应当放在其他的问题或动作上。"②

在毛泽东眼中，枢纽具有多种表现形式。它可以是主要战略对手。主要战略对手决定着战略指导的目标和重心，是战略指导时首先就要明确的。毛泽东特别反对"左"倾错误者"两个拳头打人"那一套错误做法，认为这样分散了自己的力量，起不到什么效果。他注意从整个的政治大形势来分析和确定主要

① 《毛泽东军事文集》第一卷，军事科学出版社、中央文献出版社 1993 年版，第 399 页。

② 《毛泽东军事文集》第一卷，军事科学出版社、中央文献出版社 1993 年版，第 696 页。

战略对手。在红军长征到达陕北后，毛泽东密切关注国际国内形势的变化，认为社会主要矛盾发生了变化，中国和日本之间的民族矛盾逐渐上升，成为当时中国社会的主要矛盾，日本帝国主义取代国民党反动派成为主要战略对手。在这种大背景下，毛泽东在战略指导上更多地强调团结国内各种抗日力量，共同对付日本帝国主义。他频频给国内各方写信，号召捐弃前嫌共同抗日。在西安事变中，毛泽东力主和平解决，避免抗日力量内耗，从而使我们党成为全民族抗战的主要推动者。

可以是主要战略方向。主要战略方向是军队遂行主要战略任务的行动方向，决定着战略指导的聚焦点和用兵的重心，关系战争的进程和结局。新中国成立后，毛泽东领导我们曾先后 5 次调整确立主要战略方向。第一次是新中国成立至朝鲜战争爆发前，我军以东南沿海为主要战略方向，主要战略任务是实现国家完全解放、防止美帝国主义的可能入侵。第二次是朝鲜战争爆发至抗美援朝战争结束，主要战略方向由东南沿海调整至东北。第三次是抗美援朝战争结束至 20 世纪 60 年代初，判断主要威胁来自东面，主要战略方向改为屏护首都的辽东半岛和山东半岛。第四次是 20 世纪 60 年代中后期，苏联的威胁上升，但认为美国仍是主要战略对手，主要战略方向为东面的中部地区，着力防范美国从中间突破切断我南北联系。第五次是 20 世纪 60 年代末至 70 年代中期，判断主要威胁来自苏联，主要战略方向转向"三北"地区。在这 5 次调整确立中，毛泽东始终坚持在一定时期内只能有一个主要战略方向的原则，通过分析国家安全形势，确定对国家安全最大的威胁来自何方，主要作战对象和战略对手是谁、我军主要战略任务是什么，并结合敌我军力对比，充分考虑能够充分发挥我军优势的战场地理等因素，判断确立主要战略方向，并注意把握主要战略方向和其他战略方向之间的联动关系，从而抓住了战略指导在空间上的枢纽，使军事斗争有了明确的重心和指向，很好地维护了国家主权、安全和领土完整。

可以是主要作战形式。中国革命战争的军事战略转变是以主要作战形式的转换为主要内容的。从这个意义上讲，在一定时期内的主要作战形式也是全局中的枢纽。比如抗日战争时期就要抓住游击战这个主要作战形式，用极大的精力去解决游击战的战略指导问题，而解决了游击战的战略指导，整个抗日战争的战略指导就活了。

可以是战争过程中的关键阶段。战争是个连续而有阶段性的过程，而每个阶段在战争全过程中的地位作用是不同的，其中的关键阶段，就是战争各阶段的连接点、转折点，是战争全局转换的枢纽。比如毛泽东在分析抗日战争战略退却、战略相持、战略反攻三个阶段时，就明确指出，战略相持才是全战争的枢纽。

可以是战略要地。任何战争都有必争必保的战略要地，这也是战略指导需要关注的枢纽。红军到达陕北后，毛泽东指出，发展重点在宁夏，因为宁夏是整个西北之枢纽。抗日战争最困难的时候，毛泽东特别重视河南、华中、山东的作用，强调河南是我们全国长期抗战的枢纽地带，华中为我最重要的生命线，山东实为转移的枢纽。解放战争战略决战初期，他又将工作重心放在大别山，为我军取得整个南线胜利奠定了基础。

对于如何在战争实践中抓枢纽，毛泽东在其军事生涯中也提出了很好的指导原则。

一是立足全局抓枢纽。枢纽的意义，只有放在全局中才能显现，因此，要抓准枢纽，必须要放眼全局，从全局出发。辽沈战役时，林彪只看到长春是一座好打的孤城，因此主张先打长春，这样势必形成从北到南一线平推的态势，难以实现中央将国民党军封闭在东北加以歼灭的既定战略方针。而毛泽东立足解放战争全局，将联结东北与华北的咽喉锦州作为战役枢纽，反复指示东北我军迅速攻占此地，从而赢得了主动和胜利。锦州守将、国民党军东北"剿总"副总司令范汉杰被俘后感慨地说：锦州好比一根扁担，一头挑着东北，一头挑着华北，现在这根扁担折断了，这一着棋非雄才大略之人是做不出来的。

二是立足战场形势抓枢纽。战场形势是枢纽之所寄，战争指导者需要熟知战场的敌我对比、天文地理等情况，凭借一双慧眼，找出对全局有决定性影响的关节来。抗战初期，日军沿同蒲路、平汉线、津浦线大举南攻，毛泽东从战略形势出发，指出："华北大局之枢纽，现乃在恒山山脉及正太路。"① 因为恒山

---

① 《毛泽东军事文集》第二卷，军事科学出版社、中央文献出版社 1993 年版，第 82 页。

山脉将山西与河北的日军隔开在两个相对独立的战场，他们即使占领太原也如处瓮中，难有大的作为。如果恒山山脉被打通，东西向的正太路被占领，则华北平原和山西的日军能够合兵一处，"华北战局立即转为局部战，敌已达到控制全华北枢纽之目的，我们红军全处被动地位，河南亦立受威胁"①。

三是立足科学预见抓枢纽。毛泽东一贯认为，为着领导，必须有预见，如无预见，即无领导。有了预见，对形势的未来发展，心中就有了一定的数，抓枢纽也就有了判断和依据。在分析抗日战争时，毛泽东提出了中国的抗战将分为三个阶段，即战略退却、战略相持和战略反攻。依据这种科学预见，毛泽东进一步指出，三个阶段中以相持阶段最为重要。"我们肯定地说：只有这个过渡阶段，才是全战争的枢纽。中国化为殖民地还是获得解放，不决定于第一阶段中主要的大城市与交通线之丧失，而决定于第二阶段中全民族努力的程度。"② 这就抓住了抗日战争的枢纽所在。而国民党的战略中只预见到两个阶段，没有战略相持，因而就无法抓住战略相持阶段这个全战争的枢纽，在战略指导上无疑逊色一筹。

四、化劣势为优势

斗争的双方往往都有自己的优势和劣势，要取得斗争的胜利，就要想办法扬长避短、化劣为优，以己之长克敌之短。在长期的革命斗争实践中，毛泽东运用辩证唯物主义基本原理分析斗争的强弱优劣要素，得出了正确看待和转换斗争力量优劣的基本指导思想。

（一）优势和劣势往往是相对的

从唯物辩证法基本原理出发，毛泽东将斗争的优势与劣势分为绝对与相对

---

① 《毛泽东军事文集》第二卷，军事科学出版社、中央文献出版社1993年版，第82页。

② 《毛泽东军事文集》第二卷，军事科学出版社、中央文献出版社1993年版，第388页。

两个层面，而敌我双方力量的强弱对比，常常是相对的而不是绝对的，强中有弱、弱中有强。解放战争初期，国民党的实力占有很大优势。当时国统区面积为 730 余万平方公里，约占全国总面积的 76%，人口为 3.39 亿，约占全国总人口的 71%，控制着全国主要大城市和交通线，拥有近代中国几乎全部工业特别是军事工业。相比之下，解放区面积约 230 万平方公里，人口约 1.36 亿，主要经济基础是农业和手工业。国民党军总兵力 430 万人，接收了投降的侵华日军 100 万人的装备，并得到美国的大力援助，86 个整编师（军）中有 22 个为美械、半美械装备，还有大量炮兵和我军所没有的海军和空军。相比之下，我军只有 127 万人，其中野战军只有 61 万人，火炮很少，轻武器也不充裕。从物质力量对比看，毫无疑问是敌强我弱。但是，国民党进行的是反人民的非正义战争，不得人心、失道寡助，军事上也存在兵力不足、中央军和“杂牌军”之间有矛盾等诸多弱点，不可能取得最后胜利。毛泽东说：“蒋介石虽有美国援助，但是人心不顺，士气不高，经济困难。我们虽无外国援助，但是人心归向，士气高涨，经济亦有办法。因此，我们是能够战胜蒋介石的。全党对此应当有充分的信心。”①

强和弱不仅是相对的，而且在一定条件下还是可以转化的。国民党军的整编第 74 师，是蒋介石的“五大主力”之一，但它骄横狂妄、孤军深入，与友军协同不良，加之孟良崮地形不利，强也就变成弱了。相反，有时弱的也会变成强的，如毛泽东曾提及在陕北保安附近的一个地主土围子旦八寨，里面不过百余人的民团武装，跟红军相比可谓是弱的，但其地形极为险要，敌军负隅顽抗，使红军久攻不下。1936 年 8 月，红军一面用地方武装围困，一面争取寨内基本群众，瓦解寨内敌军，里应外合才攻克了旦八寨。

（二）精神上首先不能被吓倒

立足中国革命斗争实践，毛泽东提出了一整套系统的优劣转换思想，为在斗争中以劣胜优、夺取最后胜利提供了重要指导。首先要树立坚定的斗争意

---

① 《毛泽东选集》第四卷，人民出版社 1991 年版，第 1187 页。

识，不被敌人的优势所吓倒，否则，思想上害怕，精神首先就倒下了，手脚就被束缚住了，优劣转换就无从谈起了。1959 年 3 月，毛泽东在会见美国记者安娜·路易斯·斯特朗时指出："如果帝国主义一定要发动战争，你害怕有什么用呢？你怕也好，不怕也好，战争反正要到来。你越是害怕，战争也许还会来得早一些。"①1964 年 6 月，毛泽东在会见越南客人时又说："问题是，你越怕它越欺负你，该怎样办？只好不怕，只好干。""我看，你越不怕，它就越不敢任意欺负。"②

做好斗争的精神准备，就要积极倡导"一不怕苦、二不怕死"的战斗精神。"一不怕苦、二不怕死"集中反映了人民军队在数十年浴血奋战中形成并发扬的不惧强敌、敢于战胜艰难困苦、敢于英勇牺牲的革命精神。1963 年 2 月，毛泽东在听取西藏军区司令员张国华汇报中印边境自卫反击作战情况时说："张国华还没有讲那个西面。西面很艰苦，那是多少米深的雪，这么困难，我们都能够克服。我们要在全党全军，在人民中间，讲这个经验。"③毛泽东认为，要以劣势装备战胜优势装备之敌，必须有这种"一不怕苦、二不怕死"的精神，并在军民中间广泛宣扬，使之融入民族精神血脉之中，成为精神自觉。

（三）周密分析敌我双方的长处和短板

敌我之间的优劣对比，常常是相对的而不是绝对的，在此之上，通过正确的主观指导，就可以夺得主动、赢得胜利，这是优劣转换、化劣为优的基础和前提。因此，在看到敌人的长处时，也要看到自己的长处，看到自己的短处时，也不能忘记敌人的短处，看到自己短处时不能妄自菲薄，看到敌人长处时也不能惊慌失措，必须综合分析敌我优劣，结合具体情况，冷静找出最适合发挥自己优势、克制敌方优势的打法。抗美援朝战争时，毛泽东曾明确指出，美国"在军事上只有一个长处，就是铁多"④。抗美援朝战争决策出兵时，他曾比

---

① 《建国以来毛泽东军事文稿》下卷，军事科学出版社、中央文献出版社 2010 年版，第 18 页。
② 《建国以来毛泽东军事文稿》下卷，军事科学出版社、中央文献出版社 2010 年版，第 238 页。
③ 《建国以来毛泽东军事文稿》下卷，军事科学出版社、中央文献出版社 2010 年版，第 166 页。
④ 《建国以来毛泽东军事文稿》上卷，军事科学出版社、中央文献出版社 2010 年版，第 202 页。

较双方军级部队的火炮情况，美国一个军共有各类大中口径火炮 1500 门，而我们一个军才只有 36 门，差距极为悬殊。因此毛泽东说：美军的武器比我们强许多倍，如果在武器上比较，我们是比不过它的。毛泽东还认识到美国具有强大的经济、科技实力，是所有帝国主义国家中最强的一个，因此美军的物质保障也比较好，打仗时能喝上牛奶、吃到饼干，而我军一天能吃上两三顿饭就了不起了，难以和他们相比。但同时，毛泽东也指出了美军的重大弱点，包括在世界各地都驻军，战线长，运输路线远，力量高度分散，"是十个手指按住了十个跳蚤，一个也抓不住"①；怕死，士兵不喜欢打仗，"军官也比较呆板，不那么灵活"②，等等，整体战斗力并不强，不如二战德国和日本的军队，甚至比起蒋介石的某些能战的军队其战斗力还要差些，只要指挥得当，完全可以打败它。这就为增强信心、战胜美军的技术优势提供了科学依据，抗美援朝战场上的实践也生动地证明了这一点。

正确分析敌我双方的长短优劣，离不开精心组织的战场调研，毛泽东对此极为重视。解放战争初期，由于国民党军经过整编和大规模美援，战斗力得到一定加强，而我军已多年没有和其全面作战，毛泽东十分重视多方调查其真实情况，最初的"七战七捷"等都带有战略侦察的性质，很快搞清了他们的长处和短处，制定出以"十大军事原则"为代表的一整套行之有效的战略战术，赢得了一个又一个战役的胜利。抗美援朝战争出兵前，由于我军此前还从未与美军大规模交过手，对其情况没有切身认识，因此毛泽东指示向正在与美军作战的朝鲜人民军，以及此前曾与美军有过合作经历的原国民党军将领咨询情况，还多次派遣干部赴朝实地了解美军作战特点，对摸清美军底细起到了重要作用。毛泽东做斗争调查研究工作，内容既包括队伍的建设发展，如古田会议前，毛泽东曾花了一个月的时间进行周密调研，系统了解部队中存在的种种错误思想，为开好古田会议、形成古田会议决议做足了准备；又包括军队的行军作战，如 1934 年 4 月后，毛泽东曾在中央苏区南部的会昌等地进行了两个多

---

① 《建国以来毛泽东军事文稿》下卷，军事科学出版社、中央文献出版社 2010 年版，第 215 页。
② 《建国以来毛泽东军事文稿》中卷，军事科学出版社、中央文献出版社 2010 年版，第 173 页。

月的工作和调研，针对粤军的情况以及广东军阀陈济棠同蒋介石的矛盾，指导刘晓、何长工等制定了南线的作战计划。调研对象既包括人，如我军官兵、敌军官兵、人民群众等；也包括物，如长征到达哈达铺时，毛泽东及时向缴获的国民党报纸调研，了解到陕北有相当大的一片苏区和相当数量的红军，从而确定了长征落脚陕北的决策。调研形式既有自己亲自动手，如《井冈山的斗争》中关于诸多根据地斗争问题的调研等；更有听取他人汇报：因为工作繁重、分身乏术，难以事事躬亲进行调研，广泛听取工作汇报成为他重要的调研方法。

（四）"田忌赛马"，而不能"乞丐与龙王比宝"

看到敌我双方的优劣，就要努力发挥自己优势缩小自己劣势、减灭敌方优势放大敌方劣势，找出用自己的长处克制敌人短处的办法，这是转换敌我力量强弱对比的关键。毛泽东指出："我们的愿望是不要打仗，但你一定要打，就只好让你打。你打你的，我打我的，你打原子弹，我打手榴弹，抓住你的弱点，跟着你打，最后打败你。"①在抗美援朝战争初期，我军装备比较简陋，重武器很少，这一方面造成了火力薄弱的缺点，另一方面也带来了轻便灵活的优点。根据此种情况，毛泽东有针对性地指导我军在战役中远距离迂回敌军后方作战，使其进退失据，遭到包围消灭或被迫撤退，充分发扬了我军轻装灵便的优势，放大了美军重装备部队严重依赖交通线、在朝鲜山区地形上机动不便的缺点；在战斗中我军坚守坑道、打近战夜战，有效弥补了我军装备差、火力弱的缺陷，美军虽有强大立体火力优势却无所用之，反而凸显了部队战斗意志薄弱的弱点。上甘岭战役中，论兵器火力，志愿军根本没有办法和美军相比，但我军充分利用战场山地条件，采用坑道作战的办法，将主要兵力兵器隐蔽于坑道之中，美军虽然火力强大，弹药消耗甚至超过第二次世界大战水平，但杀伤效果很差，装备优势很大程度上被抵消了，而我军武器装备上的劣势也得到了掩盖和补救。在长期的对美斗争中，毛泽东集中集体智慧创新提出了一系列具有高度针对性实效性的举措办法：在国际上，争夺道义制高点，团结第二、第

---

① 《建国以来毛泽东军事文稿》上卷，军事科学出版社、中央文献出版社 2010 年版，第 202 页。

三世界国家搞好国际统一战线，将周边作为工作重点；在战略指导上，坚持积极防御战略方针和人民战争思想，做好反侵略战争的充分准备，一手抓尖端、一手抓民兵构建强大战略威慑能力等；在战役指挥上，在敌人大规模入侵我国土时要顶放结合，在适当的地方和时机顶一下，以"诱敌深入"放进来打为主，打得赢就打、打不赢就走等；在战术方法上，采取"零敲牛皮糖"、挖坑道、打近战夜战等，都成为指导我军扬长避短有效化解美国力量优势的重要原则和策略。

反观"左"倾错误者在中央苏区第五次反"围剿"中的作战指导，舍弃红军轻便机动、熟悉战场等优势，强调打"正规战"，主动进攻国民党军重兵布防的堡垒线，放大了红军装备差、火力弱的劣势，却正撞上国民党军装备好、火力猛、阵地坚固、保障充足的优势，可谓以己之短对敌之长，"开脚一步就丧失了主动权，真是最蠢最坏的打法"①。

毛泽东认为，以己之长克敌之短要善于调动敌人，而不为敌人所调动。斗争中敌我双方都在充分发挥主观能动性，极力争夺主动权发扬自己的优势，这时就要独立自主地组织和使用自己的力量，冷静决策，努力使自己保持主动，让敌人跟着我们转，由主动变被动、由劣势变优势。在战争中，敌我双方都竭力争夺战场的主动权，力图使敌就我，而我不就敌。虽然力量对比处于优势的一方相对更容易实现这种目的，但力量处于弱势的一方也不是完全没有机会，只要主观指导正确，也完全可以夺得主动权，实现优劣转换。1947年春，胡宗南集团重点进攻陕北，表面上虽然占领了延安，满足了国民党"占领中共首府"的愿望，但实际上一无所获，始终没有找到我军主力。我军正是抓住了敌人急欲寻找我军主力决战的心理，以一部伪装主力，充分调动敌人，将敌人主力牵着鼻子在陕北黄土高原中武装游行，这样国民党军装备好、火力猛的优势就成了笨重呆板的劣势，肥的拖瘦、瘦的拖死，而我军装备差、火力弱的劣势也就成了轻便灵活的优势，转劣为优、完全主动，先后取得青化砭、羊马河和蟠龙等战役的胜利，给国民党军以沉重打击。

---

① 《毛泽东军事文集》第一卷，军事科学出版社、中央文献出版社1993年版，第742页。

五、以少胜多又以多胜少

正确处理斗争中力量的数量关系，坚持在战略上以少胜多，在战役战斗上以多胜少，是毛泽东在转换敌我力量优劣强弱对比过程中提出的又一个重要思想原则，对于指导取得革命斗争胜利具有重要意义。

（一）集中优势兵力各个歼灭敌人

以少胜多，是在战略意义上提出的。由于革命斗争的特点，敌我力量对比始终是敌强我弱，因此我方在战略全局上一般是以少敌多、以少胜多。以多胜少，是在战役战斗意义上提出的。因为力量处于弱势的我方要取得斗争的最终胜利，必须通过打赢一个个具体的战役战斗、夺得战役战术主动权，逐步转换敌我力量对比。要取得一个个具体的战役战斗的胜利，对于处于力量弱势一方的我军而言，最简单也最有效的办法就是以多胜少，在战役战斗中集中绝对数量优势的力量，各个歼灭敌人。

根据这个原则，毛泽东提出"集中优势兵力，各个歼灭敌人"的思想，成为中国革命战争的基本方针和战法。毛泽东说，我军由弱到强，从战略防御到战略进攻直至最后胜利，基本上靠这一方法。这就好比人有十个指头，其他九个我先不管，我先集中几个吃你一个小的，吃了我就走，你就少了一个指头，下次我又吃一个，你就又少一个，然后继续这样吃下去，一个一个地吃，最终你就被吃光了。解放战争时期，蒋介石最初拥有430万军队，战争中又陆续补充了400多万，但最后只剩下几十万人逃到台湾，基本就是被毛泽东集中优势兵力打歼灭战的战法所消灭的。

毛泽东把歼灭战作为我军最基本的作战指导方针。1936年底，他在《中国革命战争的战略问题》中就指出："对于几乎一切都取给于敌方的红军，基本的方针是歼灭战。"[①] 歼灭战是有条件的，比如，在"敌军分散孤立、敌援兵

---

① 《毛泽东军事文集》第一卷，军事科学出版社、中央文献出版社1993年版，第758页。

不能迅速到达"①的情况下，就可以实施歼灭战。在条件不具备的时候，则应采取歼灭性打击的方针，不以全歼敌人而以歼灭其一部、击溃其另外一部为目标。歼灭战的规模还有大小之分。在抗美援朝战争中，毛泽东针对敌方兵力集中意志顽强、我方难以全歼其整师整团的情况，还提出了"零敲牛皮糖"、打小歼灭战的思想。

毛泽东认为，打歼灭战要以消灭敌有生力量为主要目标，不以保守或夺取城市和地方为主要目标。毛泽东指出，在歼敌和略地之中，歼敌是主要的，"从来打仗就是要消灭有生力量，消灭军队，然后再占领地方"②。周恩来曾将这一方针概括为"歼敌为主，略地次之"。有时候，为了分散敌人兵力，使其背上包袱，还要主动放弃一些城市或地方，以利歼灭敌军。解放战争第一年，我军先后放弃城市335座，收复、解放288座，净失47座，却取得了歼敌112万的战绩，也就是说，国民党军每占一城，平均需要消耗兵力3300多人；每净得一城，平均需要消耗兵力近2.4万人，这种沉重损失是其难以承受的。另一方面，毛泽东又强调，在一定情况下，必须以夺取和保守必要的地方为主。他指出："凡在敌我力量对比上能够保守或夺取的地方和在战役上战术上有意义的地方，则必须保守或夺取之，否则就是犯错误。"③比如，1946年春末夏初，毛泽东指导进行了1个多月的四平保卫战，就是这种情况。

毛泽东认为，打歼灭战最关键的是正确选择打击对象和目标。对此，毛泽东提出要"先打分散和孤立之敌，后打集中和强大之敌"，也就是先打弱敌、再打强敌。这是因为，以强击弱，易于速胜，便于我争取主动。再则歼灭了弱敌，强敌就孤立了，也就变弱了，为我进一步歼敌创造了条件。但在条件合适的情况下，我军有时也先打强敌，典型的如攻歼国民党军"天下第一旅"的临浮战役、围歼整编第74师的孟良崮战役等。这是因为强和弱是相对的，部队本身的战斗力不是唯一的因素，而是诸多因素共同作用的结果。

---

① 《毛泽东军事文集》第四卷，军事科学出版社、中央文献出版社1993年版，第216页。
② 《建国以来毛泽东军事文稿》下卷，军事科学出版社、中央文献出版社2010年版，第353页。
③ 《毛泽东军事文集》第三卷，军事科学出版社、中央文献出版社1993年版，第485页。

（二）战术上也要集中兵力

毛泽东认为，不仅战略战役上要集中兵力，战术上也要集中兵力，"战略上一个拳头打人"，"反对分兵主义，反对两个拳头主义，反对战略上的'全线出击'，反对击溃战（战略的及一般战役的）"①。1946 年底东北解放区进行的新开岭战役就是这样一个典型战例。在这次战役中，我军不仅在战役上集中优势兵力，而且在具体战斗中也集中起优势兵力，很快全歼了国民党军素有"千里驹"之称的第 25 师 3 个团，开创了我军一次歼敌 1 个整师的先例。

第 25 师是国民党军美械装备的嫡系王牌部队，在进攻南满的战役中，第 25 师恃强骄横，放胆冒进妄图一口气打到鸭绿江边，"再立新功"。针对国民党军以较大兵力进攻安东的态势，我南满军区决定诱敌深入，以一部将敌引向双岭子东侧的新开岭预定战场，待敌军入瓮后，我军发起总攻。但敌人也不是泛泛之辈，他们以重兵攻占了战场上的制高点，我进攻部队连续两天多次发起进攻都没有取得大的突破。此时四周各路国民党军陆续围了上来，妄图来个"中心开花"，如再不能解决战斗，势必为敌所制，情况十分严重。在这关键时刻，4 纵召开紧急党委会，决定集中 8 个团全部力量和火力，重点攻击制高点，纵队首长等到一线加强指挥。在强大炮火支援下，从拂晓战至 8 时许，我军终于攻克制高点，居高临下形成了突破，第 25 师顿时士气瓦解，全线溃散，到了中午，敌人全部就歼，化装成伙夫的师长李正谊也被活捉。

对于此战，毛泽东曾有很好的总结。他指出：此次作战经验很好，（一）第 1 次集中 5 个团打未能奏效，第 2 次集中 8 个团打就胜利了，以后作战凡打大一点的仗，战役上必须集中兵力，以期必胜。（二）战术上亦须集中兵力，你们 1 日 9 次攻击皆未奏效，2 日拂晓集中炮火攻破一点，从此扩张战果即于半天内将敌全部歼灭，尔后作战每次均须采用此种方法。从此，人民军队按照毛泽东总结提炼的战法经验，集中优势兵力各个歼灭敌人的方针运用得越来越熟练，不断取得一个又一个胜利。

---

① 《毛泽东军事文集》第一卷，军事科学出版社、中央文献出版社 1993 年版，第 418 页。

六、立足最坏的情况，争取最好的结果

斗争是高度互动的竞赛过程，双方都极力想打败对方夺得胜利，因此都会面临对方许多人为制造的困难。面对具有高度不确定性的斗争过程，如何能够争取最好的结果，毛泽东提出做好斗争的全面准备、慎重初战等思想。

（一）没有准备就要吃亏

毛泽东认为，斗争力量优劣本身只是为主动和胜利提供了客观可能，要把这种可能变化为现实，就需要发挥好主观能动作用，其中的关键是灵活使用力量。要灵活使用力量，保底的要素就是要做好斗争的全面准备，为争取最好的结果奠定坚实基础。

毛泽东指出，斗争指导要估计到多种情况，从最坏的可能出发，"估计到最困难最危险最黑暗的可能性，并把这种情况当作一切布置的出发点"[①]，做好多种斗争准备，争取好的可能性。在斗争中，总是存在着多种可能性，如果我们从最困难最危险最黑暗的可能出发，把最困难的情况都想到，并做好多种准备，这就会尽最大可能排除失败可能性，为胜利的可能性转变为现实性创造最重要的条件。"向着最坏的一种可能性作准备是完全必要的，但这不是抛弃好的可能性，而正是为着争取好的可能性并使之变为现实性的一个条件。"[②]1945年毛泽东在七大作结论时，曾对全党高级干部一口气提出17条困难，并强调许多事情是意料不到的，但是一定要想到，尤其是我们的高级负责干部要有这种精神准备，准备对付非常的困难，对付非常的不利情况。在这17条困难中，很多困难真正出现的可能性很小，如军队被搞掉一半、党员散掉三分之一，但毛泽东仍然把它们计算在内，这就表明了一种态度，即在斗争中要把困难想到极致，出现困难才不会惊慌失措，才能有条件争取最好的结果，"如果我们不

[①] 《毛泽东军事文集》第二卷，军事科学出版社、中央文献出版社1993年版，第566页。

[②] 《毛泽东选集》第二卷，人民出版社1991年版，第784页。

准备不设想到这样的困难，那困难一来就不能对付，而有了这种准备就好办事"①。基于这种认识，他认为必须立足最坏可能做好革命斗争准备，甚至是大规模战争的准备，无恃其不来，恃吾有所待，从根本上立于主动，而不能有丝毫的侥幸和幻想。

毛泽东认为，斗争准备要立足于早而不能迟，早准备就会更加主动，否则"一个早上忽然打起来怎么办"②？他晚年在领导战备工作时，曾多次指出苏联卫国战争初期的教训："要研究斯大林的经验。斯大林一不做工事，二不搬厂，三不准备打游击战，只是仓促撤退。"③1950 年 6 月朝鲜战争爆发后不久，毛泽东就未雨绸缪地抽调富有战斗力的 4 个军组成东北边防军，为之后志愿军的迅速入朝奠定了基础，大大出乎美国人的意料。20 世纪 50 年代末期，针对美国的战争叫嚣，毛泽东领导一手抓尖端武器，一手抓民兵建设，及早做好了大规模战争的准备，使美国望而却步，始终不敢侵略我国。

毛泽东指出："问题要放在最坏的基点上来考虑。"④1955 年 3 月，他在党的全国代表会议上曾告诫全党说："从最坏的可能性着想，总不吃亏。不论任何工作，我们都要从最坏的可能性来想，来部署。"⑤ 在决策抗美援朝时，毛泽东分析指出，既然我们同美国军队打起来，就要准备美国宣布和中国进入战争状态，就要准备美国至少可能使用空军轰炸我们的大城市和工业基地，使用海军攻击沿海地带。如果在朝鲜战场上我们不能大量地歼灭美军，而美国又公开与我们进入战争状态，就会使国家的建设计划归于破坏，并引起民族资产阶级及其他一部分人民对我们不满。凡此种种不利情况，毛泽东都强调要有所估计和准备，进而制定了在稳当可靠基础上争取一切可能胜利的方针，并对国内各方面情况有所安排，争取到了战争的主动。1964 年 6 月，毛泽东否定了应付美国侵略的"北顶南放"方针，强调要准备应付最困难的局面，即美军

① 《毛泽东文集》第三卷，人民出版社 1996 年版，第 388 页。
② 《建国以来毛泽东军事文稿》下卷，军事科学出版社、中央文献出版社 2010 年版，第 126 页。
③ 《建国以来毛泽东军事文稿》下卷，军事科学出版社、中央文献出版社 2010 年版，第 276 页。
④ 《建国以来毛泽东军事文稿》中卷，军事科学出版社、中央文献出版社 2010 年版，第 365 页。
⑤ 《毛泽东文集》第六卷，人民出版社 1999 年版，第 404 页。

从东部沿海实施"中间突破"、造成我南北分割。1965年以后，毛泽东还进一步强调，"不但准备帝国主义整我们，还要准备帝国主义和修正主义合伙整我们"①，始终是站在最困难最复杂的情况来分析形势。

毛泽东指出，对美斗争不仅要做好物质准备，还要做好精神准备。他认为，做好战争的精神准备，一是不能惧怕强敌。1963年7月，毛泽东回忆解放战争之初的情形时说，当时也有很多人怕美国，但害怕又有什么用呢？敌人已经打来了，如果只是怕，让人家抓住关到牢里，或者杀掉，那革命就失败了，"打的结果，我们胜利了，可见不必那么怕，怕美国是多余的"②。二是要高度警惕可能发动的战争。毛泽东认为，由于斗争对手的敌视政策，中国始终面临着战争危险，对此必须高度警惕，即使在形势比较有利的时候也是如此。1957年11月，毛泽东曾估计世界形势是"东风压倒西风"、社会主义力量对于帝国主义力量占了压倒的优势，但他仍然提醒："现在还要估计一种情况，就是想发动战争的疯子，他们可能把原子弹、氢弹到处摔。"③告诉全国军民，即使在形势一片大好时也不能放松警惕、忘记战争。三是要注意做好宣传教育。告诉大家不要害怕美国。"不要那么怕美国，要做点宣传。""现在有些人怕美国。打美国人还要做点宣传，不宣传怎么行？"④告诉大家做好战争准备。"现在我们要准备打仗。准备打，也许打不起来；不准备打，打起来就措手不及了。这点在人民中间要进行宣传"⑤。

毛泽东特别强调，准备好了，困难没有发生也不浪费。他说："有人说怕敌人不来用不上，不是浪费吗？那不对，一定要搞，准备好了敌人可能不来，准备不好敌人就可能来"，"敌人不来也不是浪费"⑥。毛泽东认为，在准备问题上要算国家利益的大账，而不能只算经济得失的小账，如果没有充分准备，表

① 《建国以来毛泽东军事文稿》下卷，军事科学出版社、中央文献出版社2010年版，第328页。
② 《建国以来毛泽东军事文稿》下卷，军事科学出版社、中央文献出版社2010年版，第179页。
③ 《建国以来毛泽东军事文稿》中卷，军事科学出版社、中央文献出版社2010年版，第365页。
④ 《建国以来毛泽东军事文稿》下卷，军事科学出版社、中央文献出版社2010年版，第327页。
⑤ 《建国以来毛泽东军事文稿》下卷，军事科学出版社、中央文献出版社2010年版，第313页。
⑥ 《建国以来毛泽东军事文稿》下卷，军事科学出版社、中央文献出版社2010年版，第243、244页。

面上看省钱了，但却招致对手起意打了进来，那代价就大了，不仅有巨大的经济损失，还有沉重的人员伤亡。

毛泽东认为，斗争最根本的准备在于发展自己的实力，对手之所以总是不时地对我们进行挑衅和威慑，一个重要原因就在于我们国家的实力还不够强大。他说："我们现在工业、农业、文化、军事还都不行，帝国主义估量你只有那么一点东西，就来欺负我们。"①"如果不在今后几十年内，争取彻底改变我国经济和技术远远落后于帝国主义国家的状态，挨打是不可避免的。"②毛泽东深刻地认识到，对手都是讲究实力的，只有在战场上打败它或是在实力上压倒它，它才可能让步。1958年6月21日，他在军委扩大会议上曾说："就台湾来说，如果我们有了一亿五千万吨钢，美国可能让步，它就得走。那时候吹一口气，嘘，它就得走，而现在我们就是打雷它也不听，它说这不过是蚊子叫。"③他还指出，如果我们的机械工业在"二五"期间能搞出100多万台工作母机的时候，我们跟美国人谈判就神气一点了。虽然毛泽东这种具体的量化分析不一定精准，但其中所表明的只有增强自身实力，才能取得斗争优势和主动的思想无疑是非常正确的。

毛泽东认为，不仅战略上要做好准备，战役战斗上一样也要做好准备，这样才能打败对手、赢得胜利。据此，他提出了"不打无准备无把握之仗"的思想。1935年底，毛泽东起草的《中央关于军事战略问题的决议》，就把"要有充分的战斗准备"作为作战指挥的基本原则之一④。抗日战争时期，他把作战准备与战争力量的优劣转化联系在一起，强调优势而无准备，不是真正的优势，也没有主动。解放战争时期，他强调不打无准备无把握之仗。1946年8月13日，他在给指挥苏中战役的粟裕等的电报中指出："每次作战，均须精心计划，充分准备，不要轻敌。"⑤22日，他在给刘伯承等的电报中又指出："凡

① 《建国以来毛泽东军事文稿》中卷，军事科学出版社、中央文献出版社2010年版，第239页。
② 《建国以来毛泽东军事文稿》下卷，军事科学出版社、中央文献出版社2010年版，第194页。
③ 《建国以来毛泽东军事文稿》中卷，军事科学出版社、中央文献出版社2010年版，第387页。
④ 《毛泽东军事文集》第一卷，军事科学出版社、中央文献出版社1993年版，第418页。
⑤ 《毛泽东军事文集》第三卷，军事科学出版社、中央文献出版社1993年版，第406页。

无把握之仗不要打，打则必胜。"① 后来，毛泽东将这一重要指导思想概括进"十大军事原则"之中。新中国成立后，毛泽东仍然强调："不打无把握之仗这个原则，必须坚持。"②

有准备，要落到有把握、能打胜上。毛泽东认为，作战的准备要以能够打胜为原则，在作战准备的时机上，"与其失之过迟，不如失之过早。因为后者的损失较之前者为小，而其利益，则是有备无患，根本上立于不败之地"③。作战准备要有胜利的把握，有准备而无胜利把握的仗，不打为好。但胜利的把握是相对的，需要灵活把握，如果准备不充分，但战机成熟，取胜有把握，如敌人的弱点已经暴露，或敌疲劳困乏、孤军突出、缺粮少弹利于歼灭等，也要敢打必胜，以免贻误战机，典型的如歼灭国民党军整编第 74 师的孟良崮战役。

（二）慎重初战

初战，指战争或战役的第一仗，胜负与否对战争战役全局影响非常大，对处于劣势并想争取最好结果的军队而言，更是如此。对于如何打好初战，毛泽东提出了三个基本原则。

第一，必须打胜。这是慎重初战的总原则。由于初战对整个战役的重大意义，所以必须打胜。毛泽东在指挥中央苏区前三次反"围剿"时，对第一仗都是格外重视的，从战场的确定、攻歼目标的选择、兵力的使用等，都作了精心布置。在没有胜利把握时，宁可持重待机也不贸然进攻。在第一次反"围剿"时，红军本想先打谭道源师，但因为敌人不脱离居高临下的阵地，地形于我不利难有必胜把握，我军两度开进，又两度忍耐撤回，最终改打张辉瓒师。第五次反"围剿"时，红军首战就选择难以必胜的硝石，碰了个大钉子，遭受沉重损失。

第二，必须照顾全战役计划。第一仗必须有利于全战役的发展，为后续作战奠定有利的基础。毛泽东说："初战的计划必须是全战役计划的有机的序

---

① 《毛泽东军事文集》第三卷，军事科学出版社、中央文献出版社 1993 年版，第 422 页。

② 《建国以来毛泽东军事文稿》中卷，军事科学出版社、中央文献出版社 2010 年版，第 407 页。

③ 《毛泽东军事文集》第一卷，军事科学出版社、中央文献出版社 1993 年版，第 722 页。

幕……即使初战打了一个胜仗，若这个仗不但不于全战役有利，反而有害时，则这个仗虽胜也只算败了。"①因此在打第一仗之前，就必须想到第二、第三以至最后一仗大体上如何打法。也就是说，必须把初战放到整个战役的发展全过程中加以考虑，看是否对整个战役的发展全过程有利。

第三，必须照顾下一战略阶段。初战不仅要照顾到本战役的各方面，还要照顾到全战略的发展过程，为夺取战略主动和胜利创造有利态势。1948 年 7 月，在华东战场上，北面国民党军王耀武部 10 万人守济南，已成孤军；南面徐州"剿总"刘峙、杜聿明指挥的 3 个兵团 17 万人，被钉在以徐州为中心的津浦和陇海铁路的十字架上。在这种情况下，我华东野战军面临两个打击目标：一是打刘峙、杜聿明集团的第 5 军，二是攻占济南。第 5 军是华野的老对手，部队多数人都想打。毛泽东等军委首长在慎重考虑后认为，打下济南就能使华北、华东两大解放区完全连成一片，使徐州敌人完全处于包围和孤立之中，大大改善中原战局，进而能威胁到长江以南，对战略全局具有极大推动作用，因而复电明确以攻占济南为主要目标。后来的事实证明，这一决策是完全正确的，是有利于战略全局发展的。

总之，在毛泽东看来，"第一个战斗的胜败给予极大的影响于全局，乃至一直影响到最后的一个战斗"②。他提出的初战三原则，实质是从有利于战略全局、战役总体的角度来选择和确定首战，确保首战得胜、开局有利，体现了高超的指挥艺术，直到今天仍然具有重要的现实指导意义。

---

① 《毛泽东军事文集》第一卷，军事科学出版社、中央文献出版社 1993 年版，第 742 页。
② 《毛泽东军事文集》第一卷，军事科学出版社、中央文献出版社 1993 年版，第 741 页。

第十章
"朋友越多越好，敌人越少越好"
——关于斗争统一战线

　　毛泽东在领导中国革命和建设的伟大实践中，不仅将武装斗争发展为中国革命的主要斗争形式，而且将斗争与联合辩证统一起来，建立最广泛的统一战线。毛泽东指出："统一战线和武装斗争，是战胜敌人的两个基本武器。统一战线，是实行武装斗争的统一战线。而党的组织，则是掌握统一战线和武装斗争这两个武器以实行对敌冲锋陷阵的英勇战士。"[①]毛泽东将统一战线与武装斗争、党的建设，并称为中国共产党在中国革命中克敌制胜的三大法宝。坚持统一战线，是中国共产党百年奋斗的重要历史经验。

一、分清敌友是革命的首要问题

　　毛泽东是中国共产党统一战线理论的奠基人和实践者。他把马克思主义统一战线学说同中国革命的实际结合起来，正确运用阶级分析的方法，认为阶级社会里"统一战线政策就是阶级政策"[②]，在不同阶段正确区别了敌我，联合了一切可以联合的朋友，孤立和打击了真正的敌人。

---

① 《毛泽东选集》第二卷，人民出版社 1991 年版，第 613 页。
② 《毛泽东选集》第二卷，人民出版社 1991 年版，第 785 页。

（一）要分辨真正的敌友

毛泽东成为一个马克思主义者的重要标志，是确立了马克思主义的阶级观点和阶级分析方法。在毛泽东看来，马克思主义的精髓在"阶级斗争"四个字。毛泽东实现马克思主义中国化的一个重要特点，是在内容极其丰富的马克思主义理论中，选取了阶级斗争这一理论。

毛泽东研究中国实际的阶级斗争的第一个理论成果，是《中国社会各阶级的分析》一文。他对中国社会进行阶级分析，目的是推进阶级斗争。因为阶级斗争的前提是阶级分析，只有先把人群分成不同的阶级，才能发动这一部分人去同那一部分人进行斗争。《中国社会各阶级的分析》开宗明义地说："谁是我们的敌人？谁是我们的朋友？这个问题是革命的首要问题。"[1]毛泽东指出，我们的革命要有不领错路和一定成功的把握，不可不注意团结我们真正的朋友，以攻击我们真正的敌人。

毛泽东分析中国社会各阶级的目的，是为了解决革命策略问题，明确革命的对象和动力，领导者和同盟军。他说，对中国社会各阶级进行分析，目的就是"要明了各种阶级的相互关系，得到正确的阶级估量，然后定出我们正确的斗争策略，确定哪些阶级是革命斗争的主力，哪些阶级是我们应当争取的同盟者，哪些阶级是要打倒的"[2]。

毛泽东在《中国社会各阶级的分析》中，分别对地主阶级和买办阶级、中产阶级、小资产阶级、半无产阶级、无产阶级，进行了具体分析。他的结论是："一切勾结帝国主义的军阀、官僚、买办阶级、大地主阶级以及附属于他们的一部分反动知识界，是我们的敌人。工业无产阶级是我们革命的领导力量。一切半无产阶级、小资产阶级，是我们最接近的朋友。那动摇不定的中产阶级，其右翼可能是我们的敌人，其左翼可能是我们的朋友——但我们要时常提防他们，不要让他们扰乱了我们的阵线。"[3]

---

① 《毛泽东选集》第一卷，人民出版社 1991 年版，第 3 页。
② 《毛泽东选集》第一卷，人民出版社 1991 年版，第 113—114 页。
③ 《毛泽东选集》第一卷，人民出版社 1991 年版，第 9 页。

（二）问题在于是否能够联合大众

毛泽东比较十月革命和辛亥革命、五四运动，发觉只有民众的大联合才是改造社会的根本方法。1961 年 10 月 7 日，日本作家岛田政雄一行来访，毛泽东向客人讲当时国际范围内"谁是我们的敌人，谁是我们的朋友"，讲中日两国人民为什么要团结起来，国际统一战线应当怎样发展壮大，等等。最后，毛泽东用一句话概括中国革命的经验："问题在于是否能够联合大众"[1]。

怎样实行民众的大联合呢？毛泽东提出的方案是：大联合要由各种小联合构成。小联合以各阶层人民的切身利益为基础，大联合以各革命阶级的共同利益为基础。在小联合的基础上，实行革命的大联合。中国的民众若无联合，就会成为"一堆散沙"。要把散沙捏成团，必须有泥浆做黏合剂。毛泽东用来联合民众的"泥浆"，有工会、农会、学生会等各种社团。这些都是小联合，大联合的媒介则是各级共产党组织。1922 年他组织长沙泥木工人工会就是一例。那些木匠、泥匠、瓦匠，都是个体手艺人，虽有共同的利益和斗争要求，但很难统一集中起来。毛泽东的办法是：首先接近积极分子和党员，通过他们广泛地深入群众，了解工人的愿望和疾苦。再由积极分子在工人中组织最基层的组织十人团，把分散的泥木匠捆成十个一团的小集体。经过大约 3 个月，组织起100 多个这样的十人团，联合了 1000 多名工人。在此基础上正式成立长沙泥木工会。毛泽东为工会制定了 18 条章法，并由最积极的党员和骨干担任领导工作。一堆 6000 余人的"散沙"，很快就被他捏成了团。工农兵学商各个方面都如此，由小联合到大联合，最后由共产党的各级组织领导起来，形成一个全国人民的大联合。

毛泽东是靠人民战争、群众路线打败强敌的，人民战争、群众路线的基础还是"团结绝大多数"。在土地革命中，针对中国工人占总人口不到 1%、农民占总人口 90% 以上的实际情况，毛泽东没有单纯地依靠工人阶级发动革命，而是建立牢固的工农联盟，团结了大多数中国人来反对阶级敌人。1937 年他

---

① 《外国人眼中的毛泽东》，华岳文艺出版社 1989 年版，第 297 页。

对美国记者斯诺说，"谁赢得了农民就能赢得中国"。抗日战争中，毛泽东也不满足于国共第二次合作，而是深刻指出，抗日民族统一战线并不局限于两个党，它是"各党各派各界各军的统一战线，是工农兵学商一切爱国同胞的统一战线"①。挽救危机的唯一道路，就是"唤起民众"四个字。"统一战线没有民众充实起来，前线危机就无可避免地只会增大，不会缩小"②。

团结一切可以团结的人，这是毛泽东治党治国的基本经验之一，也是他统一战线的核心精神之一。中国的无产阶级，在共产党创业的阶段，只有几百万，还不到全中国人口的百分之一。代表这样一个阶级的政党怎样才能夺取革命的胜利呢？毛泽东的根本着眼点就是通过共产党把最广大的人民群众团结在无产阶级周围，而不是把自己缩小到最小的圈子里空谈革命。

二、建立最广泛的统一战线

毛泽东结合中国实际，在不同时期建立了不同的统一战线，领导中国人民相继夺取了新民主主义革命、社会主义革命和建设的伟大胜利，并在斗争中不断丰富和发展了马克思主义统一战线学说。

（一）较大的运动，必有较大的联合

中国早期马克思主义者在传播马克思主义过程中，结合中国国情，从不同角度阐述和宣传全世界无产者联合起来、劳工阶级联合、民众大联合等统一战线思想。毛泽东在接受马克思主义思想的过程中，也逐步意识到在斗争中联合的必要性。1919 年 7 月至 8 月，毛泽东在《湘江评论》上以《民众的大联合》为题连续发表 3 篇文章，指出："较大的运动，必有较大的联合。最大的运动，必有最大的联合。""由许多小的联合，进为一个大的联合。由许多大的联合，

---

① 《毛泽东选集》第二卷，人民出版社 1991 年版，第 365—366 页。
② 《毛泽东选集》第二卷，人民出版社 1991 年版，第 366—367 页。

进为一个最大的联合。"①毛泽东认为，为了反对帝国主义和封建军阀，必须实现中华民族的大联合。他充满信心地预言："中华民族的大联合，将较任何地域任何民族而先告成功。"②

中国共产党成立后，毛泽东依靠党组织开始积极探索斗争与联合的问题。1922年6月15日，中国共产党中央执行委员会发表《中国共产党对于时局的主张》，第一次明确提出建立"联合战线"的主张。1922年7月16日至23日，党的二大在上海召开。大会指出，为了实现反帝反军阀的革命目标，必须组成"民主主义的联合战线"。大会在对中国社会各阶级的状况进行分析后指出，小资产阶级的大量群众因遭受极大痛苦，会"加入到革命的队伍里面来"；"中国幼稚资产阶级为免除经济上的压迫起见，一定要起来与世界资本帝国主义奋斗"；工人阶级有伟大的势力，这种势力"发展无已的结果，将会变成推倒在中国的世界资本主义帝国主义的革命领袖军"。大会还指出，要联合全国一切的革命党派，联合资产阶级民主派，组织民主的联合战线，并决定邀请国民党等革命团体举行联席会议，共商具体办法。③

1923年6月召开的党的三大，将党的二大提出的建立民主的联合战线的原则和西湖会议提出的党内合作形式又向前推进了一步，决定采取共产党员以个人身份加入国民党的方式实现国共合作，以当时孙中山和国民党所能接受的唯一合作方式，把中国国民党改组为民主革命联盟。1924年1月20日至30日，中国国民党第一次全国代表大会在广州举行。大会通过《中国国民党章程草案》，确认了共产党员以个人身份加入国民党的原则。毛泽东在国民党中央党部担任宣传部代理部长。国民党一大的召开，标志着第一次国共合作的正式形成。国民党开始成为工人、农民、城市小资产阶级和民族资产阶级的民主革命联盟。

---

① 中共中央文献研究室、中共湖南省委《毛泽东早期文稿》编辑组编：《毛泽东早期文稿（1912—1920）》，湖南人民出版社2013年版，第312、345页。

② 中共中央文献研究室、中共湖南省委《毛泽东早期文稿》编辑组编：《毛泽东早期文稿（1912—1920）》，湖南人民出版社2013年版，第359页。

③ 《中国共产党的一百年》（新民主主义革命时期），中共党史出版社2022年版，第43—44页。

在半殖民地半封建的中国，工人阶级虽有革命的坚定性，但毕竟力量弱小，为了打倒势力强大的帝国主义和封建主义，中国共产党联合一切可能的同盟者，同国民党进行了第一次合作，建立了国民革命联合战线，掀起第一次大革命的高潮。毛泽东认为，正是两党结成统一战线，才导致广东革命根据地的创立和北伐战争的胜利，而革命的失败也正是因为两党统一战线的破裂。此后，毛泽东始终坚持在斗争中发展统一战线。

（二）建立和巩固工农民主统一战线

土地革命时期，毛泽东紧紧依靠农民这个革命主要同盟军，建立和巩固工农民主统一战线，开辟了一条适合中国国情的农村包围城市、武装夺取政权的革命新道路。毛泽东很早就注意对工农群众的发动。他从 1925 年开始以主要精力领导农民运动，并注重研究中国农民问题和如何加强工农联盟问题。1926年 1 月，毛泽东发表《中国农民中各阶级的分析及其对于革命的态度》一文。在此基础上，经过由点到面、由特殊到普遍的提升工作，毛泽东于当年 2 月发表《中国社会各阶级的分析》一文，初步形成关于农村阶级分析的理论，为中国共产党正确认识农民在民主革命中的地位和作用，正确制定对农民的政策，奠定了重要基础。1926 年 5 月，中国共产党领导召开的广东省第二次农民代表大会专门作出《农民运动在国民革命中之地位决议案》，指出"半殖民地的中国国民革命便是一个农民革命"，"农民问题是国民革命中的一个中心问题"。1927 年 1 月至 2 月，毛泽东到湖南的湘潭、湘乡、衡山、醴陵和长沙等县考察农民运动。3 月 5 日，发表《湖南农民运动考察报告》，指出农民运动的伟大历史作用在于扫除封建地主阶级对中国农村的统治，摧毁封建专制制度的基础，挖掉帝国主义、军阀、贪官污吏的墙脚，其实质是实现国民革命的真正目标。在这篇报告中，毛泽东阐明农民运动的策略，是坚决贯彻依靠贫农、团结中农之阶级路线，建立农民协会和农民武装，由农民协会掌握农村一切权力，然后进行减租减息、分配土地等斗争，明确农民不仅是工人阶级的同盟军，甚至成为中国革命的主力军和主要依靠力量。这篇报告提出了解决中国民主革命的中心问题——农民问题的理论和政策，是中国共产党领导农民革命斗争的纲领性文献，为发展工农联盟、开辟农村包围城市的革命道路，提出新民主主义革命理论奠定了基础。

大革命失败后，毛泽东看到发展工农联盟问题的重要性和紧迫性。他在八七会议上强调党在以主要力量领导武装斗争的同时，要解决农民的土地问题，对地主和富农、中农的土地要有所区分。八七会议后，中国共产党工作重心由对国民党工作转向发动工农群众上来。1931 年 11 月，中国共产党领导创建了第一个国家形态的工农民主专政的政权——中华苏维埃共和国临时中央政府。中华苏维埃第一次全国代表大会在瑞金举行，毛泽东被选为中央执行委员会主席、人民委员会主席，并代表苏区中央局作了《政治问题报告》，大会通过了《中华苏维埃共和国宪法大纲》。宪法大纲规定："中国苏维埃政权所建设的是工人和农民的民主专政的国家。"①宪法大纲以法律形式对苏维埃政权体现工农民主统一战线性质作出了保证。尽管这是党开始在局部地区执政，但苏区的广大工农大众第一次享受了民主权利，成了国家的主人和社会的支柱。后来，统一战线受"左"倾错误的影响，"没有把策略观点着重放在争取中间阶级上"②，使党和革命受到严重损害，直到1935 年12 月瓦窑堡会议以后才得以纠正。实践证明，如果没有工农民主统一战线，中国的革命就不会首先在农村取得胜利。只要工农民主统一战线得到巩固和发展，中国革命的进程就会比较顺利，反之则会遇到挫折。

（三）建立抗日民族统一战线

随着日本帝国主义的侵略，民族矛盾上升为主要矛盾，毛泽东主张建立广泛的抗日民族统一战线，对国民党采取由"抗日反蒋"到"逼蒋抗日"再到"联蒋抗日"的三个阶段政策，推动建立了以国共两党合作为基础的抗日民族统一战线，为最终赢得抗日战争的胜利奠定了坚实基础。

1935 年 8 月 1 日，中共驻共产国际代表团起草的《中国苏维埃政府、中

---

① 中央档案馆编：《中共中央文件选集》第 7 册，中共中央党校出版社 1991 年版，第 77 页。

② 《周恩来选集》上卷，人民出版社 1980 年版，第 186 页。

国共产党中央为抗日救国告全体同胞书》，即八一宣言，发出"停止内战，一致抗日"号召，中共中央随即提出"统一战线是抗日反蒋的总的策略"①，强调党要毫不犹豫地去与一切反日讨蒋的团体和个人进行联合。1935 年 12 月瓦窑堡会议召开，毛泽东认为中国的民族资产阶级有两重性，是可以争取的。会议通过《中共中央关于目前政治形势与党的任务的决议》，指出，"目前政治形势已经起了一个基本上的变化"，"党的策略路线，是在发动，团聚与组织全中国全民族一切革命力量去反对当前主要的敌人：日本帝国主义与卖国贼头子蒋介石"②。两天后，毛泽东在党的活动分子会议上作《论反对日本帝国主义的策略》的报告。报告以九一八事变以来民族资产阶级的政治代表人物政治态度的变化，充分地论证了和民族资产阶级在抗日的条件下重新建立统一战线的可能性和重要性。1936 年 1 月 29 日，毛泽东发表谈话表示，倘蒋介石能真正抗日，中华苏维埃政府当然可以和其联手，第一次明确表示中共可与蒋介石联合抗日的态度。1936 年 9 月 1 日和 17 日，中共中央先后向党内发出《关于逼蒋抗日问题的指示》和《关于抗日救国运动的新形势与民主共和国的决议》，明确提出将"抗日反蒋"口号改为"逼蒋抗日"方针。10 月初，中共中央起草《国共两党抗日救国协定草案》，进一步提出建立第二次国共合作的一系列重要原则，奠定了第二次国共合作的政治基础。西安事变发生后，毛泽东在中共中央政治局会议上作结论时强调，不应把反蒋与抗日并立。中共中央以中华民族利益的大局为重，确定了用和平方式解决西安事变的方针，迫使蒋介石作出了"停止剿共，联红抗日"的承诺。1937 年日本侵略者蓄意制造七七事变，全面发动侵华战争。9 月 22 日，国民党中央通讯社发表《中共中央为公布国共合作宣言》；23 日，蒋介石发表实际上承认中国共产党合法地位的谈话。中共中央的宣言和蒋介石谈话的发表，宣告国共两党第二次合作和中国抗日民族统一战线的形成。

抗日战争进入战略相持阶段后，国民党统治集团内的投降、分裂、倒退活

---

① 《建党以来重要文献选编（1921—1949）》第 12 册，中央文献出版社 2011 年版，第 432 页。

② 《建党以来重要文献选编（1921—1949）》第 12 册，中央文献出版社 2011 年版，第 531、536 页。

动日益严重。针对国民党"融共""防共""限共""反共"方针，中国共产党提出坚持抗战、团结、进步三大方针，巩固和扩大抗日民族统一战线。1939年10月10日，毛泽东在为中共中央起草的决定《目前形势和党的任务》中提出，切实执行我党《七七宣言》中"坚持抗战，反对投降""坚持团结，反对分裂""坚持进步，反对倒退"三大政治口号。[1] 同时，针对国民党顽固派发动的反共高潮，毛泽东提出"人不犯我，我不犯人；人若犯我，我必犯人"的自卫立场。1940年3月11日，毛泽东在延安中国共产党的高级干部会议上的报告中指出：抗日战争胜利的基本条件，是抗日统一战线的扩大和巩固。他强调："在抗日统一战线时期中，斗争是团结的手段，团结是斗争的目的。以斗争求团结则团结存，以退让求团结则团结亡"[2]。1940年12月，毛泽东为中共中央写了《论政策》的党内指示，对共产党的抗日民族统一战线政策和策略作了系统深刻的阐述，提出"发展进步势力，争取中间势力，孤立反共顽固势力"的策略总方针，并对根据这些策略原则所制定的许多具体政策作了明确的论述。

在抗日战争胜利前夕，中国共产党召开七大，确立了毛泽东思想在全党的指导地位，并将"关于革命统一战线的理论和政策"作为毛泽东思想的一个重要方面，从党的政治路线、党的纲领、总路线的战略高度，阐述了中国革命统一战线的问题，对全党提出"统一战线是一门专门科学""我们要学会这一门科学"[3] 的要求。

（四）最广泛的人民民主统一战线

1946年6月26日，国民党统治集团挑起全面内战。毛泽东坚持建立最广泛的人民民主统一战线，最大限度地团结一切可以团结的力量，取得了解放战争的胜利，建立了新中国，巩固了新生的人民政权。

解放战争进行一年后，毛泽东领导人民解放军果断转入战略进攻。1947年10月，中国人民解放军总部发表宣言，响亮提出"打倒蒋介石，解放全中

---

[1]《毛泽东选集》第二卷，人民出版社1991年版，第616页。

[2]《毛泽东选集》第二卷，人民出版社1991年版，第745页。

[3]《建党以来重要文献选编（1921—1949）》第22册，中央文献出版社2011年版，第523页。

国"的口号。1947年12月，中共中央在陕北米脂县杨家沟召开扩大会议（即十二月会议），毛泽东在会上提交《目前形势和我们的任务》的书面报告。会议的决定指出，毛泽东的这个报告，是"整个打倒蒋介石反动统治集团，建立新民主主义中国的时期内，在政治、军事、经济各方面带纲领性的文件"①。这个报告阐明了党的最基本的政治纲领："联合工农兵学商各被压迫阶级、各人民团体、各民主党派、各少数民族、各地华侨和其他爱国分子，组成民族统一战线，打倒蒋介石独裁政府，成立民主联合政府。"② 这个报告和毛泽东1948年1月为中共中央起草的决定草案《关于目前党的政策中的几个重要问题》及相继发出的一系列党内指示，全面阐述了党关于人民民主统一战线的方针和政策。毛泽东强调，统一战线必须是在中国共产党的坚强领导之下。毛泽东明确了人民民主统一战线的重大政策，关于民族资本主义经济的政策，指出新民主主义革命的三大经济纲领。随着统一战线的开展，中国共产党的主张深得人心，国民党将领起义投诚，大大加快了解放战争的进程。随着1949年4月23日中国人民解放军解放南京，国民党22年的反动统治彻底崩溃。

新中国成立后，人民民主统一战线进入新的发展时期。面对执政后复杂艰巨的新形势新任务，共产党内在统一战线问题上存在着不完全适应的问题。争论最多的主要问题，一是对待民族资产阶级的政策，是以斗争为主还是以团结为主？是节制资本还是搞垮资本？二是关于民主党派的性质及其存在的必要性。三是工会和其他人民团体是否带有统一战线性质。毛泽东在对国内统一战线内部阶级关系进行新的分析基础上，针对这些问题作了重要指示。关于民族资产阶级，毛泽东指出：今天的斗争对象主要是帝国主义封建主义及其走狗国民党反动派残余，而不是民族资产阶级。对于民族资产阶级是有斗争的，但必须团结它，要采取既团结又斗争的政策以达到团结它共同发展国民经济之目的。关于民主党派问题，毛泽东指出：对民主党派及非党人士不重视，是一种社会现象，不仅党内有，党外也有。要向大家说清楚，从长远和整体看，必须

---

① 《建党以来重要文献选编（1921—1949）》第24册，中央文献出版社2011年版，第524页。

② 《毛泽东选集》第四卷，人民出版社1991年版，第1256页。

要有民主党派。民主党派和民主人士是联系资产阶级、小资产阶级的，政权中要有他们的代表才行。①1950 年 6 月，针对有些地区"左"的倾向导致阶级、阶层及民族之间关系紧张的问题，毛泽东发表《不要四面出击》的重要讲话。他指出：我们当前的总方针就是肃清国民党残余、特务、土匪，推翻地主阶级，解放台湾、西藏，跟帝国主义斗争到底。全党都要认真地、谨慎地做好统一战线工作。要在工人阶级领导下，以工农联盟为基础，把小资产阶级、民族资产阶级团结起来。不要四面出击，树敌太多，造成全国紧张。"不要四面出击"的战略策略方针的提出，体现了党历来"打击主要敌人，争取最大多数同盟者"的重要战略思想。毛泽东对新中国统一战线工作重要性的认识，纠正了"左"的关门主义倾向，为统战工作指明了前进的方向，对在新的历史条件下充分发挥统一战线的重要作用，具有继往开来的意义。

1956 年社会主义改造基本完成后，中国开始转入全面大规模的社会主义建设时期。1956 年 4 月 25 日，毛泽东在中央政治局扩大会议上作《论十大关系》的报告，这个报告确定了一个基本方针，就是努力把党内党外、国内国外的一切积极的因素，直接的、间接的积极因素，全部调动起来，把我国建设成为一个强大的社会主义国家。1957 年 2 月 27 日，毛泽东发表后来题为《关于正确处理人民内部矛盾的问题》的重要讲话。当时国内的主要矛盾，已经是人民对于建立先进的工业国的要求同落后的农业国的现实之间的矛盾，已经是人民对于经济文化迅速发展的需要同当前经济文化不能满足人民需要的状况之间的矛盾。讲话强调正确处理人民内部矛盾是国家政治生活的主题，并阐述了正确处理人民内部矛盾的方针：在政治思想上要提倡和善于运用团结—批评—团结的公式，即从团结的愿望出发，经过批评或者斗争，分清是非，在新的基础上达到新的团结；在经济上采取"统筹兼顾、适当安排"和兼顾国家、集体、个人三方面利益，并找出一条中国化的道路；在民族关系上采取各民族平等和团结，既克服大汉族主义，又克服地方民族主义；在共产党和民主党派关系上实行

---

① 中共中央统战部：《中国共产党统一战线史》，中共党史出版社、华文出版社 2017 年版，第188 页。

"长期共存，互相监督"方针；对知识分子应从根本上改善同他们的关系，给予信任，善于团结，同时加强对他们的教育和思想工作；在科学文化工作方面实行"百花齐放、百家争鸣"的方针。这些方针政策，接续了《论十大关系》和党的八大精神，基本指导思想是调动一切积极因素，团结一切可以团结的人，尽可能将消极因素转变为积极因素，为建设社会主义这一伟大事业服务。这些重要思想，为正确认识和处理人民民主统一战线内部矛盾提供了理论依据。

为实现祖国完全统一，中共中央在 20 世纪 40 年代末确立了解放台湾的方针。但 1950 年朝鲜战争爆发，阻止了解放台湾的进程。随着中国进入全面建设社会主义时期，客观上需要一个和平稳定的环境。中共中央根据国内外形势的变化开始争取和平解放台湾。1956 年 1 月 25 日，毛泽东在最高国务会议上指出，只要现在爱国，国内国外一切可以团结的人都可团结起来，为我们的共同目标奋斗。国共已合作了两次，我们还准备进行第三次合作。7 月，中共中央《关于加强和平解放台湾工作的指示》，确定了对台"多方影响、积极并且耐心争取"的工作方针。9 月，党在八大政治报告中申明："解放台湾的问题完全是我国的内政问题。我们愿意用和平谈判的方式，使台湾重新回到祖国的怀抱，而避免使用武力。"①这是党的正式文件首次提出和平解决台湾问题。1957 年 4 月 16 日，毛泽东在欢迎苏联最高苏维埃主席团主席伏罗希洛夫的酒会上说，"我们还准备进行第三次国共合作"，再次向国际社会表明了和平解放台湾的诚意。1958 年 10 月，毛泽东亲自起草《告台湾同胞书》，不仅向台湾当局提出结束两岸军事对峙的办法，"建议举行谈判，实行和平解决"②，而且争取台湾人民对付共同的敌人，指出"世界上只有一个中国，没有两个中国"，"美帝国主义是我们的共同敌人"③。同月，毛泽东还请人给台湾领导人带话，表示只要蒋氏父子能抵制美国，我们可以同他合作；台、澎、金、马要整个回来，可以照原有方式生活，军队可以保存，继续搞三民主义。1960 年 5 月，毛泽东主持中央政治局常委会时又指出，台湾宁可放在蒋氏父子手中，不可落

① 《中共中央文件选集》第 24 册，人民出版社 2013 年版，第 106 页。
② 《毛泽东文集》第七卷，人民出版社 1999 年版，第 421 页。
③ 《毛泽东文集》第七卷，人民出版社 1999 年版，第 420 页。

到美国人手中；对蒋介石我们可以等待，解放台湾的任务不一定要我们这一代完成，可以交留下一代去办，从而进一步提出了和平解放台湾的原则。1963年1月，周恩来将毛泽东提出的这些原则概括为"一纲四目"，并在张治中、傅作义致陈诚的信中向台湾方面提出。和平解放台湾的政策提出后，中共中央对国民党战犯确立了"一个不杀，分批释放"的方针。党和政府通过各种方法，争取台湾实力派及有代表性的人物回归大陆，在"爱国一家""爱国不分先后"的政策感召下，国民党军政人员上千人先后回到祖国大陆。1965年7月18日，李宗仁及夫人安全归国，对海内外爱国人士产生很大的触动。

三、以斗争求团结则团结存，以退让求团结则团结亡

统一战线内部，不可避免地存在着矛盾和斗争。统一战线越广泛、成分越复杂，联合和斗争也更困难、更艰巨。毛泽东根据不同时期、不同目的制定不同的统一战线，也通过不断的联合与斗争使统一战线得以巩固发展，从而保证了中国革命的胜利。

（一）独立自主原则

毛泽东认为，新民主主义革命的胜利，没有一个包括全民族绝大多数人口的最广泛的统一战线，是不可能的。不但如此，这个统一战线必须是在中国共产党的坚强的领导之下。没有中国共产党的坚强的领导，任何革命统一战线也是不能胜利的。[①] 为了牢牢掌握统一战线的领导权，毛泽东提出了独立自主原则。

1938年10月14日，毛泽东在中共六届六中全会上所作的政治报告中，对坚持统一战线和坚持党的独立性作了专门论述："统一战线中的独立性，只能是相对的，而不是绝对的；如果认为它是绝对的，就会破坏团结对敌的总方

---

① 《毛泽东选集》第四卷，人民出版社1991年版，第1257页。

针。但是决不能抹杀这种相对的独立性……如果被人抹杀或自己抛弃这种相对的自由权，那就也会破坏团结对敌的总方针。"①11月5日，毛泽东在中共六届六中全会上所作的结论中，又对"统一战线中的独立自主问题"进行系统阐述："我们的方针是统一战线中的独立自主，既统一，又独立。"②为了长期合作，统一战线中的各党派实行互助互让是必需的，但应该是积极的，不是消极的。在抗日战争中，民族斗争与阶级斗争具有一致性，坚持党派和阶级的一定限度的权利，才有利于合作，才有所谓的合作。否则，就是将合作变成了混一，必然牺牲统一战线。为了实现全国的抗日民族统一战线，毛泽东大胆让步，赞助友党友军的巩固和扩大，改编红军，改制红色区域，取消暴动政策等，既维护了抗日民族统一战线内部的团结，又促进了中国共产党领导的人民革命力量的壮大。

毛泽东指出，国民党是当权的党，它不许有统一战线的组织形式。那么，在抗日民族统一战线中，共产党是不是要"一切经过统一战线""一切服从统一战线"？毛泽东高度肯定刘少奇的下列观点：如果所谓"一切经过"就是经过蒋介石和阎锡山，那只是片面的服从，无所谓"经过统一战线"。在敌后，只有根据国民党已经许可的东西（例如《抗战建国纲领》），独立自主地去做，无法"一切经过"。毛泽东具体分析了四种情形：一是有些事"先奏后斩"。例如将师的番号改为军的番号，不涉及问题的实质，但又容易惹出"政令不一"的麻烦，所以应该先经过国民党的同意。二是有些事"先斩后奏"。例如派兵去山东，发展20余万军队之事，是蒋介石最敏感的问题，先经过就行不通，只能造成既成事实后再告诉他。三是有些事"暂时斩而不奏"。例如召集边区议会，估计蒋介石现时不会同意，将来在新形势下可能同意，那时再去向之奏明。四是有些事"暂时不斩不奏"。例如斗地主、分田地、分浮财，在民族统一战线时期，既不能做，也不能奏。做了就会导致统一战线破裂，影响抗日大局。

---

① 《毛泽东选集》第二卷，人民出版社1991年版，第524—525页。

② 《毛泽东选集》第二卷，人民出版社1991年版，第540页。

毛泽东总结指出："总之，我们一定不要破裂统一战线，但又决不可自己束缚自己的手脚，因此不应提出'一切经过统一战线'的口号。'一切服从统一战线'，如果解释为'一切服从'蒋介石和阎锡山，那也是错误的。"① 毛泽东在实践中对独立自主原则的运用，不仅让中国共产党脱离了弱小时的失败危机，也为其在战略全局上谋求了主动。

（二）团结一切可以团结的人

团结朋友，壮大自己，与孤立敌人、消灭敌人，是互为因果的两个方面。毛泽东一方面"团结一切可以团结的人"，另一方面将敌人加以分化瓦解，打击少数主要敌人。集中自己与分散敌人两方面结合在一起，敌之强势就变成弱势，我之弱势就变成强势。这是毛泽东在战场上和政治上能够以弱胜强，立于不败之地的根本诀窍。

为了能最大限度地团结一切可以团结的人，同时又能在所有的敌人中分辨出当前最主要的敌人，毛泽东把所有的人从总体上区分为左、中、右三大类，或曰进步、中间、反动，然后以不同的手段对付不同的对手。相应的对策是：发展进步势力，争取中间势力，孤立反动势力。毛泽东统一战线的核心问题，就是要在中间势力上做文章。争取了中间势力，就等于壮大了自己，同时也就等于削弱了敌人。毛泽东指出："须知中国社会是一个两头小中间大的社会，共产党如果不能争取中间阶级的群众，并按其情况使之各得其所，是不能解决中国问题的。"②"在中国，这种中间势力有很大的力量，往往可以成为我们同顽固派斗争时决定胜负的因素，因此，必须对他们采取十分慎重的态度。"③怎样争取中间派？毛泽东认为有三个条件：一是尊重他们的利益，在顽固派未被消灭之前，不能触犯他们的利益，有时还要保护甚至给予他们一定的好处，这样才能使他们跟着我们走。如果我们侵犯了中间派的利益，他们就会跑到敌人那边去，转过来反对我们。二是我们要有足够的力量。三是我们对顽固派的斗

---

① 《毛泽东选集》第二卷，人民出版社 1991 年版，第 540 页。

② 《毛泽东选集》第二卷，人民出版社 1991 年版，第 783 页。

③ 《毛泽东选集》第二卷，人民出版社 1991 年版，第 748 页。

争取得步步胜利。这两点是连在一起的，中间派两边观望，哪边强就靠到哪一边。如果他们靠到敌人一边，我们就会陷于孤立。

为了最大限度争取多数，反对少数，毛泽东对敌人和反对派等也都进行两面分析和区别对待。关于国内各阶级关系的区别，1940年12月，毛泽东在《论政策》中指出："既须对于反对抗日的亲日派大地主大资产阶级和主张抗日的英美派大地主大资产阶级，加以区别；又须对于主张抗日但又动摇、主张团结但又反共的两面派大地主大资产阶级和两面性较少的民族资产阶级和中小地主、开明绅士，加以区别。在这些区别上建立我们的政策。上述各项不同的政策，都是从这些阶级关系的区别而来的。"① 关于世界各国关系的区别，主要有：既要明确区分社会主义苏联和资本主义各国，又要明确区分侵略中国的日本帝国主义和现时没有举行侵略的其他帝国主义；既要明确区分同日本结成同盟的德意帝国主义和同日本处于对立地位的英美帝国主义，又明确区分英美的人民和英美的帝国主义政府；同时，还要明确区分过去危害中国抗日时的英美和目前赞助中国抗日时的英美。

毛泽东对不同的敌人加以区别对待，使敌人的营垒发生变化：动摇不定的被拉了过来，成为可以团结的朋友；只要不是顽固不化的都加以中立，变成于我无害、暂不交锋之敌。这样顽固不化的敌人，变成了少数，就比较好对付了。主要的敌人消灭后，就轮到次要的敌人，如此类推，敌人的营垒就被各个击破。

（三）综合联合和斗争两方面的政策

统一战线中的"联合"与"斗争"是辩证统一的关系。毛泽东认为既要联合，又要斗争，两只手一只也不能少。不联合我们的队伍不能扩大，不斗争我们就会在联合中失去地位。1939年10月，毛泽东在《〈共产党人〉发刊词》中指出："这里所谓联合，就是同资产阶级的统一战线。所谓斗争，在同资产阶级联合时，就是在思想上、政治上、组织上的'和平'的'不流血'的斗争；而在被

---

① 《毛泽东选集》第二卷，人民出版社1991年版，第764页。

迫着同资产阶级分裂时，就转变为武装斗争。"①毛泽东还指出："如果我们党不知道在一定时期中同资产阶级联合，党就不能前进，革命就不能发展；如果我们党不知道在联合资产阶级时又同资产阶级进行坚决的、严肃的'和平'斗争，党在思想上、政治上、组织上就会瓦解，革命就会失败；又如果我们党在被迫着同资产阶级分裂时不同资产阶级进行坚决的、严肃的武装斗争，同样党也就会瓦解，革命也就会失败。"②为了坚持这种两手政策，毛泽东一方面反对"一切斗争否认联合"的"左"倾错误，另一方面反对"一切联合否认斗争"的右倾错误。

毛泽东的基本方法是：除了最坚定的左派、革命派和最顽固的右派、反动派以外，中间部分长长的一串，包括左派中不坚定的分子，右派中可争取的分子，以及中间派中各不同部分，都要施以团结和斗争两手。但是两手用力的程度，依据离我们距离的远近而有所区别。越靠近左边的，我们越要强调联合、团结的方面；越靠近右边的，我们越要强调斗争、打击的方面。例如，在抗日战争时期，对民族资产阶级、开明绅士、地方实力派三股中间势力，只是当作反帝的同盟者来争取，而对农民和城市小资产阶级，则作为基本的同盟军来团结。与此相应的对前者的斗争要多一些、重一些，对后者的斗争要少一些、轻一些，主要是批评教育。而对每一个中间派，每一个同盟者，也都同时使用两手。使用的方法主要有两种：其一，一边斗，一边和，两手同时并用。其二，斗一斗，和一和，两手交替使用。同时，毛泽东的既联合又斗争的两手政策的运用，并不是一成不变的，而是在动态中不断发展变化的，它随着主要矛盾的变化而变化，随着联合和斗争对象的转化而变化。

毛泽东既联合又斗争的两手政策最经典的运用，是抗日民族统一战线。他指出，一切抗日的人民联合起来，组成抗日民族统一战线。统一战线下的独立自主政策，既须统一，又须独立。在军事战略方面，是战略统一下的独立自主的游击战争，基本上是游击战，但不放松有利条件下的运动战。在和反共顽固

---

① 《毛泽东选集》第二卷，人民出版社1991年版，第608页。
② 《毛泽东选集》第二卷，人民出版社1991年版，第608—609页。

派斗争时，是利用矛盾，争取多数，反对少数，各个击破；是有理，有利，有节。在敌占区和国民党统治区的政策，是一方面尽量地发展统一战线的工作，一方面采取荫蔽精干的政策；是在组织方式和斗争方式上采取荫蔽精干、长期埋伏、积蓄力量、以待时机的政策。对于国内各阶级相互关系的基本政策，是发展进步势力，争取中间势力，孤立反共顽固势力。对于反共顽固派是革命的两面政策，即对其尚能抗日的方面是加以联合的政策，对其坚决反共的方面是加以孤立的政策。①

四、利用矛盾，争取多数，反对少数，各个击破

毛泽东对敌斗争的一个重要智慧，是"把敌人营垒中间的一切争斗、缺口、矛盾，统统收集起来，作为反对当前主要敌人之用"。② 他始终主张，"利用反革命内部的每一冲突，从积极方面扩大他们内部的裂痕"③，"反对孤立政策，承认争取一切可能的同盟者"④。在对待反共顽固派和帝国主义时，毛泽东的策略原则都是"利用矛盾，争取多数，反对少数，各个击破"。这一招使他在抗日战争中把国共两党由敌对转为合作，在解放战争中能够以较快的时间、较少的力量瓦解庞大的蒋介石集团，甚至能在帝国主义的矛盾之中争取国际社会支持和塑造于我有利的国际环境。

（一）利用他们的矛盾，采取分别对待的政策

日本帝国主义全面侵略中国后，毛泽东强调应把统一战线放在第一位，实现与蒋介石联合，争取中间阶层，推动全国抗日运动。毛泽东分析了国民党内左右翼情况，针对国民党地方实力派既有团结抗日的要求，又同蒋介石存在着

---

① 《毛泽东选集》第二卷，人民出版社 1991 年版，第 763 页。
② 《毛泽东选集》第一卷，人民出版社 1991 年版，第 148 页。
③ 《毛泽东选集》第三卷，人民出版社 1991 年版，第 979 页。
④ 《毛泽东选集》第一卷，人民出版社 1991 年版，第 192 页。

尖锐利害冲突的情况，决定采取区别对待的方针。在山西，为了争取阎锡山实现山西局部合作抗日的局面，进而推动华北的合作抗日，毛泽东致信阎锡山，陈述红军的抗日诚意，表示愿意联合一致，共同抗日。在红军东征山西连连胜利的情况下，中共中央发表回师通电，以进一步争取阎锡山和蒋介石，以"兄弟阋于墙外御其侮"的精神，停战议和，一致抗日。后来，阎锡山权衡利弊，确定了"联共拥蒋""守土抗战"的方针。

为了促成西北地区抗日力量大联合局面的实现，毛泽东选择张学良、杨虎城及其所部作为重点争取对象，开展统一战线工作。在东北军统战的目的是争取整个东北军，所以在东北军中的统一战线是上层与下层同时并进、相互协调，以上层统一战线为主。在瓦窑堡会议前后，毛泽东、周恩来等以书信传递等方式，向张学良表明中共联合抗日的主张。1936 年 1 月 25 日，毛泽东、周恩来、彭德怀等 20 名红军将领联名发表《红军为愿意同东北军联合抗日致东北军将士书》，指出攻打红军不是东北军的出路，而是你们的绝路，只有抗日反蒋才是东北军的唯一出路。4 月 9 日，周恩来同张学良秘密会谈。张学良提出要设法使蒋抗日。9 月，中共及红军与东北军正式签订《抗日救国协定》，双方正式结束敌对状态，结成反日联盟。

1935 年 12 月，毛泽东写了一封致杨虎城的信。杨虎城表示同意毛泽东在信中提出的西北大联合、共同抗日的主张。1936 年 5 月，成立了以谢华为书记的中共西北特别支部。这一组织以十七路军中的中共地下组织为基础，主要对杨虎城身边的人员和十七路军上层人士开展统战工作。1936 年上半年开始，红军同东北军、第十七路军之间实际上停止了敌对状态。8 月，毛泽东派秘书张文彬携带他再次写给杨虎城的亲笔信到西安。后来，张文彬以杨虎城的少校秘书身份活动。1936 年 9 月 1 日，中共中央向全党发出《中共关于逼蒋抗日的指示》，放弃"反蒋抗日"的方针，正式提出"我们的总方针应是逼蒋抗日"[1]。红军与东北军、西北军之间在逼蒋抗日方针下秘密结成联盟，"三位一体"西北大联合的格局初步形成，党的抗日民族统一战线策略在西北地区首先取得胜利。

---

[1] 《建党以来重要文献选编（1921—1949）》第 13 册，中央文献出版社 2011 年版，第 276 页。

到 1936 年 12 月以前，中国共产党与晋、绥、察、冀、滇、桂、川、新、甘、陕等省的地方实力派初步建立了联系，为形成广泛的抗日民族统一战线创造了条件。西安事变发生后，中国共产党着眼大局，为停止内战，一致抗日，提出和平解决西安事变的方针，使之成为由内战向全民族抗战转换的枢纽。

到了解放战争时期，中国共产党的反对独裁内战、争取和平民主团结的政治主张和统一战线政策，在国民党军队中产生极大影响，争取了大批国民党爱国将领率部起义投诚，大大加快了解放战争的进程。1945 年 10 月，国民党第 11 战区副司令长官兼新八军军长高树勋率部 1 万余人在河北邯郸内战前线起义，在全国产生很大影响。为了进一步分化、瓦解国民党军队和争取国民党军队起义，毛泽东要求开展"高树勋运动"，"从国民党军队内部去准备和组织起义"，"使大量国民党军队在战争紧急关头，仿照高树勋榜样，站到人民方面来，反对内战，主张和平"①。解放战争进入战略决战阶段后，国民党上至"剿总"司令、省政府主席，下至警察局长、师旅长等，纷纷倒戈。据统计，在整个解放战争期间，国民党军队师以上重大起义 60 余起，起义兵力达 114 万余人（不含投诚人员），驾机起义 43 架，大小舰艇 73 艘，地区性起义面积达 553 万平方公里，占全国总面积一半以上。②

（二）不是同时反对一切帝国主义

敌人的强大，反侵略力量的弱小，客观上要求中国共产党必须重视国际统一战线工作，以便集合全世界正义力量共同对敌。毛泽东认为，抗日战争时期，当中日矛盾成为主要矛盾时，"便把若干其他帝国主义和中国的矛盾推入次要的地位，而在这些帝国主义和日本帝国主义之间，扩大了矛盾的裂口"。毛泽东进而提出了"中国的抗日民族统一战线和世界的和平阵线相结合的任务"，主张"我们的统一战线应当以抗日为目的，不是同时反对一切帝国主义"。"应当按照可能，和那些在现时愿意保持和平而反对新的侵略战争的帝国主义

---

① 《毛泽东选集》第四卷，人民出版社 1991 年版，第 1174 页。

② 中共中央统战部：《中国共产党统一战线史》，中共党史出版社、华文出版社 2017 年版，第 163 页。

270

国家建立共同反对日本帝国主义的关系"①。

　　1936 年 7 月至 9 月，毛泽东同美国记者斯诺的多次谈话中明确指出，日本的大陆政策和海洋政策不仅指向中国，而且指向美英法苏等国家，日本帝国主义不仅是中国的敌人，也是美英法苏等国人民的敌人。因此，这些国家应该结成反对日本的统一战线。1937 年 3 月 1 日，毛泽东在同美国记者史沫特莱谈话中又指出：我们主张美英法苏等国建立太平洋联合阵线，否则有被敌人各个击破的危险。随着日本侵略的加深，毛泽东意识到日本帝国主义与英国、美国等国的矛盾会进一步加深，极力呼吁建立国际抗日统一战线。1938 年 2 月，毛泽东呼吁世界反侵略者团结起来保卫世界和平，明确提出建立"三个反侵略的统一战线"，即"中国的统一战线、世界的统一战线、日本人民的统一战线"②；同年 3 月，毛泽东再次指出：现在世界上有三个统一战线——国际的、中国的以及日本国内的。他还形象地说："中国的团结＋世界的援助＋日本国内的困难＝中国的胜利。"③毛泽东通过简单明了的方式，深刻阐明了建立国际抗日统一战线的必要性。

　　1941 年 6 月 23 日，苏德战争爆发第二天，毛泽东在为中共中央起草的《关于反法西斯的国际统一战线》党内指示中指出："目前共产党人在全世界的任务是动员各国人民组织国际统一战线，为着反对法西斯而斗争"④。为了更好地团结各种类型的力量共同反对法西斯势力，同年 7 月他又提出："不管是否帝国主义国家，凡反法西斯者就是好的，凡助法西斯者都是坏的。"⑤这样就能够最大限度地团结世界上所有反法西斯力量。不久，毛泽东又提出了建立"东方的 ABCD 阵线"，即"美、英、中、荷在远东建立对日警戒、防卫、协同作战的抗日同盟"⑥，以团结所有反日国家共同抗日。1942 年 1 月 1 日，美国、英国、

---

①　《毛泽东选集》第一卷，人民出版社 1991 年版，第 253 页。

②　《毛泽东思想年编（1921—1975）》，中央文献出版社 2011 年版，第 186 页。

③　《毛泽东文集》第二卷，人民出版社 1993 年版，第 109 页。

④　《毛泽东选集》第三卷，人民出版社 1991 年版，第 806 页。

⑤　《毛泽东年谱（一八九三——一九四九）(修订本)》中册，中央文献出版社 2013 年版，第 311 页。

⑥　《毛泽东年谱（一八九三——一九四九）(修订本)》中册，中央文献出版社 2013 年版，第 337 页。

苏联和中国等 26 个国家的代表，在华盛顿签署《联合国家宣言》，标志着国际反法西斯统一战线的正式形成，实现了世界现代史上空前的国际大联合。

毛泽东在争取帝国主义支持的过程中，注重根据时势变化，适时由斗争转为联合。针对西方的绥靖主义，毛泽东多次公开批评与揭露，指出他们的结果终将是"搬起石头打自己的脚"①，对敌人一打一拉、又打又拉的老政策，坚持揭穿它，反对它。太平洋战争爆发后，当中国的抗日战场和太平洋战场形成紧密联系、互相配合的战略态势时，毛泽东主张把国际统一战线工作的重点转向在太平洋直接对日作战的美英等国。中共中央向党内发出《中共中央关于太平洋反日统一战线的指示》，要求全党"在各种场合与英美人士作诚恳坦白的通力合作"②。1941 年 10 月，延安举行东方各民族反法西斯大会，将东方各民族的反侵略斗争和解放运动推上一个新阶段。毛泽东倡导国际上对英美的斗争与联合，为最终形成世界反法西斯统一战线作出了重要贡献。

（三）开展反帝反霸斗争要结成广泛的国际统一战线

新中国成立后，国际上反帝反霸的斗争并没有结束。毛泽东认为："帝国主义是世界性的，因此我们有必要调动一切国际进步力量，包括南美洲中美洲北美洲的、亚洲的、欧洲的、非洲的进步力量。"③"为了战胜帝国主义的反动统治，必须结成广泛的统一战线，必须团结不包括敌人在内的一切可以团结的力量，继续进行艰巨的斗争。"④

1949 年 6 月 30 日，毛泽东在《论人民民主专政》中指出，新中国在社会主义和资本主义两大阵营对立的世界格局里，将采取"一边倒"的政策。毛泽东认为，"欲达胜利和巩固胜利，必须一边倒"，"中国人不是倒向帝国主义一边，就是倒向社会主义一边，绝无例外。骑墙是不行的，第三条道路是没

---

① 《毛泽东选集》第二卷，人民出版社 1991 年版，第 581 页。
② 《建党以来重要文献选编（1921—1949）》第 18 册，中央文献出版社 2011 年版，第 732—733 页。
③ 《毛泽东文集》第七卷，人民出版社 1999 年版，第 62—63 页。
④ 《建国以来毛泽东文稿》第 9 册，中央文献出版社 1998 年版，第 183—184 页。

有的"①。20世纪50年代末至60年代末，世界局势动荡不安，各种力量处于分化改组之中。社会主义阵营逐步走向分裂，资本主义阵营矛盾日渐激化。中国同美、苏矛盾日益尖锐化，逐步陷入同时与美苏两个超级大国对抗的局面。在新的形势下，中国放弃"一边倒"外交政策，提出"反帝必反修"的外交方针与"两个中间地带"理论。毛泽东主张最大范围地联合多数，反对少数。一方面反帝反殖，支持越南、老挝、柬埔寨三国的抗美爱国斗争；另一方面支持非洲、拉美人民的反帝反殖斗争和维护民族独立解放运动。毛泽东指出："中间地带有两部分：一部分是指亚洲、非洲和拉丁美洲的广大经济落后的国家，一部分是指以欧洲为代表的帝国主义国家和发达的资本主义国家。这两部分都反对美国的控制。在东欧各国则发生反对苏联控制的问题。"② 后来，毛泽东又将"第二中间地带"的范围扩大到北美、大洋洲和日本。这一时期中国外交工作的一项重要战略任务，就是从社会主义阵营反对帝国主义的战略出发，依靠"第一中间地带"国家，争取"第二中间地带"国家，反对美国帝国主义和苏联霸权主义。20世纪六七十年代，国际形势发生重大变化，特别是1969年中苏珍宝岛事件的爆发，使毛泽东感到苏联对中国的威胁。毛泽东在1973年2月和1974年1月提出"一条线、一大片"的思想。所谓"一条线"，就是指日本—中国—巴基斯坦—伊朗—土耳其—欧洲—美国一条线，联合对付苏联霸权主义。所谓"一大片"，指的是"一条线"周围的所有国家。其主旨是要团结这"一条线""一大片"中的所有国家，即包括美国在内的国际上一切可以团结的力量，共同反对苏联霸权主义。在此基础上，毛泽东提出了"三个世界"划分战略思想，确定了中国属于第三世界的自身定位，对中国的外交战略作出了重大调整。"三个世界"划分战略思想的提出，使中国彻底摆脱了一度在国际上比较孤立的处境，国际地位不断提高，中国作为遏制霸权主义、强权政治的一支重要力量，在国际事务中发挥越来越大的作用。

---

① 《毛泽东选集》第四卷，人民出版社1991年版，第1473页。

② 中华人民共和国外交部、中共中央文献研究室编：《毛泽东外交文选》，中央文献出版社、世界知识出版社1994年版，第508页。

　　统一战线是被实践证明了的夺取中国革命胜利的重要法宝。100 多年来，中国共产党坚持大团结大联合，团结一切可以团结的力量，调动一切可以调动的积极因素，促进政党关系、民族关系、宗教关系、阶层关系、海内外同胞关系和谐，最大限度凝聚起共同奋斗的力量。2021 年 11 月 11 日，党的十九届六中全会通过的《中共中央关于党的百年奋斗重大成就和历史经验的决议》指出："建立最广泛的统一战线，是党克敌制胜的重要法宝，也是党执政兴国的重要法宝。"①2022 年 10 月 16 日，习近平总书记在党的二十大报告中指出："统一战线是凝聚人心、汇聚力量的强大法宝。完善大统战工作格局，坚持大团结大联合，动员全体中华儿女围绕实现中华民族伟大复兴中国梦一起来想、一起来干。"②奋进新征程，必须巩固和发展最广泛的爱国统一战线，建立更加广泛的国际国内统一战线，最大限度地凝聚推动强国复兴的智慧和力量，在激烈的国际竞争中顺应潮流、把握主动、赢得发展。

---

① 《中共中央关于党的百年奋斗重大成就和历史经验的决议》，人民出版社 2021 年版，第 70 页。

② 习近平：《高举中国特色社会主义伟大旗帜　为全面建设社会主义现代化国家而团结奋斗——在中国共产党第二十次全国代表大会上的报告》，人民出版社 2022 年版，第 39 页。

第十一章
"不信邪、不怕鬼、不怕压"

——关于斗争胆魄

面对困难挑战不屈服，敢于直面强敌站出来，是古今中外历史伟人具有的共同品质。在长期的革命斗争生涯中，毛泽东不惧大风大浪，敢于直面困难接受任何挑战，压倒一切敌人而决不被敌人所屈服，无所畏惧、一往无前，充分展现了历史巨人、人民领袖的雄浑斗争胆魄，带动全体中国人民挺起脊梁骨，傲然屹立于世界民族之林。

一、一切反动派都是纸老虎

1946 年 8 月，毛泽东在同美国记者安娜·路易斯·斯特朗谈话时提出了一个带根本性的战略思想："一切反动派都是纸老虎。"[1] 当时，全国解放战争已经爆发，党内军内有一些人因为悬殊的军事实力差距而害怕同国民党决裂。毛泽东深刻指出：表面上看，国民党反动派的样子是可怕的，但实际上并没有什么了不起的力量。"蒋介石和他的支持者美国反动派也都是纸老虎。提起美国帝国主义，人们似乎觉得它是强大得不得了的，中国的反动派正在拿美国的'强大'来吓唬中国人民。但是美国反动派也将要同一切历史上的反动派一样，

---

[1] 《毛泽东选集》第四卷，人民出版社 1991 年版，第 1195 页。

被证明为并没有什么力量。在美国，另有一类人是真正有力量的，这就是美国人民。"①毛泽东认为，我们虽然暂时只有小米加步枪，虽然面前还存在着许多困难，将要受到长时间的苦难，但反动派总有一天要失败，我们总有一天要胜利，"这原因不是别的，就在于反动派代表反动，而我们代表进步"②。新中国成立后，毛泽东在《关于帝国主义和一切反动派是不是真老虎的问题》等文中，也多次强调了这一观点。

（一）美国就是纸老虎

毛泽东眼中的纸老虎，以美国为最典型代表。中华人民共和国成立之初，美国出于自己的政治目的，对华采取敌视态度，不择手段进行打压，对美斗争成为新中国国际斗争的首要问题。而美国是当时世界上的头号强国，物质力量比我国大许多倍。在这种敌强我弱的形势下，如何看待并扭转这种力量上的差距、争取对美斗争的主动与优势，成为毛泽东思考的一个重要问题。

毛泽东领导全党全军正确看待和分析了中美力量上的强弱对比。毛泽东认为，同世界上一切事物无不具有双重性一样，美国也具有双重性，即无力的一面和有力的一面，它既是纸老虎，又是真老虎。说美国是纸老虎，是从战略上来说的。从总的方面看，美国的扩张政策不得人心，它压迫剥削人民，得不到世界广大人民群众的支持。这就决定美国在本质上是虚弱的，"无论从军事、政治、经济方面来看，美国都是扩张得非常大的。但这种扩张本身就决定它要灭亡，因为大家都要反对它，它越扩张得大，力量就越分散，反对的人也越多"③。毛泽东指出："现在美帝国主义很强，不是真的强。它政治上很弱，因为它脱离广大人民，大家都不喜欢它，美国人民也不喜欢它。""由于这一点，老虎一定要死。"④

---

① 《毛泽东选集》第四卷，人民出版社 1991 年版，第 1195 页。

② 《毛泽东选集》第四卷，人民出版社 1991 年版，第 1195 页。

③ 《建国以来毛泽东军事文稿》下卷，军事科学出版社、中央文献出版社 2010 年版，第 14—15 页。

④ 《建国以来毛泽东军事文稿》中卷，军事科学出版社、中央文献出版社 2010 年版，第 314 页。

具体从军事上来看，"美帝国主义看来好像很强，实际上也是帝国主义中最强的，但也很弱"①。毛泽东认为，美国在军事上存在明显弱点。其一，美国人的力量高度分散，犹如十个手指按住了十个跳蚤，一个也抓不住。就好像一个用双手抱着一大堆鸡蛋的人一样，鸡蛋堆得满满的，可是一动都动不得，稍一动，鸡蛋就掉下来了。由于兵力高度分散，随之就带来了美军另外两个弱点："战线太长，从德国柏林到朝鲜"；"运输路线太远，隔着两个大洋，大西洋和太平洋。"②其二，美国是"铁多气少"。它的武器装备、后勤保障比我们好，"大炮比我们多，但士气低，是铁多气少"③，因此"战斗力太弱"，还"不如德、日的军队"④。

毛泽东同时又认为，美国是真老虎，他们武装到牙齿，会吃人，表现为活老虎、铁老虎、真老虎，总的说来就是"原子弹多，也比较富"⑤。因此，"在战略上，要看到帝国主义的弱点，但是对它的长处也不能轻视"⑥。

（二）战略上轻视它，战术上重视它

在客观认识美国力量的基础上，毛泽东得出了指导对美斗争的基本原则："从战略上说，完全轻视它。从战术上说，重视它。"⑦从本质上看，从长期上看，从战略上看，必须如实地把美国看成纸老虎，从这点上看，建立我们的战略思想，藐视美国，不怕它威胁，敢于同它斗争；另一方面，又必须如实地把美国看成"是活的铁的真的老虎"，它们有力量会吃人，从这点上，建立我们的策略和战术思想，重视美国，一步一步地认真与它斗争。根据对美国实力的辩证分析，毛泽东集合集体智慧和人民群众的创新，发挥主观能动性制定了一系列行之有效的斗争举措，扬长避短、以弱胜强，争得了对美斗争的优势和

---

① 《建国以来毛泽东军事文稿》下卷，军事科学出版社、中央文献出版社 2010 年版，第 14 页。
② 《建国以来毛泽东军事文稿》上卷，军事科学出版社、中央文献出版社 2010 年版，第 202 页。
③ 《建国以来毛泽东军事文稿》中卷，军事科学出版社、中央文献出版社 2010 年版，第 50—51 页。
④ 《建国以来毛泽东军事文稿》上卷，军事科学出版社、中央文献出版社 2010 年版，第 202 页。
⑤ 《建国以来毛泽东军事文稿》下卷，军事科学出版社、中央文献出版社 2010 年版，第 391 页。
⑥ 《建国以来毛泽东军事文稿》下卷，军事科学出版社、中央文献出版社 2010 年版，第 152 页。
⑦ 《建国以来毛泽东军事文稿》中卷，军事科学出版社、中央文献出版社 2010 年版，第 314 页。

主动。

针对美国政治上的反动，毛泽东在领导对美斗争时特别注意争取政治上的主动，也就是有理原则。抗美援朝战争结束后，毛泽东主张缓和国际紧张局势，提出不同制度的国家可以和平共处的方针，促成了日内瓦会议的召开。1954年7月7日，毛泽东在听取周恩来关于日内瓦会议情况的汇报后说："在日内瓦，我们抓住了和平这个口号，就是我们要和平。而美国人就不抓这个东西，它就是要打，这样，它就很说不过去了，没有道理了。"①会议的结果，我们争取到了很多国家的支持，而美国更加孤立了。

针对美国"原子弹多，也比较富"的特点，毛泽东为我军制定了两条对策。一是充分依靠和发动人民。他以汽车的损失为例说，在抗美援朝战争初期，由于美军武器装备占有优势，交通都被破坏了，汽车损失很大。后来发动群众想办法，采取在道路两旁站岗预警、把道路加宽、在水下架桥等许多办法，汽车损失就由最初的百分之四十，减少到百分之零点几，因此先进武器并不可怕，只要紧紧依靠人民，就完全有办法对付。二是采用"你打你的、我打我的"的方针。毛泽东指出，虽然美军的武器装备比我们先进，但是我们并不害怕，你有你的优势，我也有我的优势，真的打起来，我们充分发挥我们的主观能动性，也能扬长避短、以弱胜强。

针对美国军力部署高度分散、不敷使用的特点，毛泽东认为这给我们提供了调动、反制美军的机会。1958年毛泽东领导发起炮击金门，不仅以实际行动支持了阿拉伯人民反对美国侵略的斗争，而且牵制了美国的兵力，使美国处于东西难以兼顾的两难境地。因为美国全世界用兵，兵力不敷使用，黎巴嫩事情发生后，从太平洋调兵去，走到半途，看见情况不对就赶快回头，金门这边一打响，美国军队又被吸引到台湾海峡来了。毛泽东后来说：有的时候我们故意这么一闹，例如在金门打几炮，美国就觉得它的第七舰队不够用了，把第六舰队开过来一部分，把旧金山的海军也开一部分过来，都来了后我们又不打炮了，他们来了后没有事干，又要开回去。"所以美国军队是可以调动的，叫它

---

① 《建国以来毛泽东军事文稿》中卷，军事科学出版社、中央文献出版社2010年版，第215页。

怎么样它就怎么样"①。

针对美国注重在我外围进行军事、经济封锁的特点，毛泽东有针对性地在周边选点破局。首先是努力阻止美国直接陈兵我国边境造成严重安全威胁，甚至不惜一战，如出兵朝鲜。正如毛泽东在决策抗美援朝时所说：出兵"对中国、对朝鲜、对东方、对世界都极为有利；而我们不出兵让敌人压至鸭绿江边，国内国际反动气焰增高，则对各方都不利，首先是对东北更不利，整个东北边防军将被吸住，南满电力将被控制"②。其次是争取新兴民族国家的支持，如巴基斯坦，通过物质援助和国际道义支持等，改变他们的对华态度；再次是注意做日本等美国盟国的工作，发展与日本的民间经贸友好交流工作，缓和对我的敌对态度。通过这一系列战略运筹，极大化解了美国在我周边施加的安全威胁，为我们开展国内建设创造了相对较为有利的周边环境。

针对美国热衷在全球大搞联盟体系，妄图外交孤立我的特点，毛泽东提出"三个世界"的思想，建立起对美斗争国际统一战线。一方面，毛泽东旗帜鲜明地支持广大亚非拉国家，在中国仍然十分困难的情况下给以大量无私援助，并在道义上予以热情声援，支持他们争取国家和民族独立与发展，为对美斗争赢得了一大批国际朋友，打破了美国继续孤立新中国的图谋。另一方面，毛泽东又非常注意在西方阵营中打楔子，争取一切可以争取的西方国家。党的八大时他指出："国际紧张局势的缓和，持久和平可能性的出现，则符合一切不愿意战争的人民和国家的利益。所以，就西方国家来说，那里有一个很大的力量可以作为我们和平事业的同盟军。"③在毛泽东的领导下，新中国1964年与法国建交，与英国等国持续开展经济贸易，打破了美国让西方世界共同一致反华的图谋。

针对美国"铁多气少"的特点，毛泽东一方面提出要注重采用近战夜战等战术扬长避短，另一方面要求加强人民军队的精神武装，建立我对美的独特比较优势。一是积极倡导"一不怕苦、二不怕死"的战斗精神。毛泽东认

---

① 《建国以来毛泽东军事文稿》下卷，军事科学出版社、中央文献出版社2010年版，第287页。

② 《建国以来毛泽东军事文稿》上卷，军事科学出版社、中央文献出版社2010年版，第252页。

③ 《建国以来毛泽东军事文稿》中卷，军事科学出版社、中央文献出版社2010年版，第319页。

为，人民军队要以劣势装备战胜优势装备的美军，必须有"一不怕苦、二不怕死"的精神，这是人民军队在数十年以弱胜强战争实践中形成并发扬的敢于奋斗、敢于牺牲、"刺刀见红"、勇于战胜一切艰难困苦的宝贵精神财富，在对武装到牙齿的美军的斗争中有着极其重要的意义。二是坚持发扬军队内部民主，调动广大官兵积极性。军队内部民主密切了官兵关系，提高了官兵的觉悟和士气，是我军的优良传统，也是毛泽东的一贯思想，对于人民军队以弱胜强发挥了重要作用。中华人民共和国成立初期，由于机械照搬苏军正规化建设经验等原因，军队内部民主受到了一些冲击，但毛泽东始终坚持发扬这一制度，认为军队内部民主体现了我军的根本性质，是我军的巨大政治优势，强调虽然实行了一些正规化制度，但官兵之间还是要打成一片，下级还是要能批评上级，不能因为搞正规化而使上下级之间和官兵之间的紧密关系受到损害。三是加强对美斗争的教育宣传，做好斗争的精神准备。告诉大家不要害怕美国，它在本质上是纸老虎，军事上也有很多弱点，我们有自己的比较优势，只要方法得当，完全可以战胜美国，而且我们害怕美国也没有用，因为"你越怕它越欺负你"①，只能把问题想透，下定决心以坚决斗争求得自己的生存发展；告诉大家不能放松警惕、忘记战争，军事始终是保底的手段，准备好打，也许打不起来；不准备打，真打起来就措手不及了，"这点在人民中间要进行宣传"②。

二、敢于斗争、敢于胜利

在遇到困难时敢不敢直面矛盾和挑战，挺身站出来斗争到底，是斗争魄力的重要体现。在长期领导中国革命斗争的实践中，毛泽东始终从国家和人民的根本利益出发，敢于斗争、敢于胜利，展现了不惧惊涛骇浪的伟人气魄。

---

① 《建国以来毛泽东军事文稿》下卷，军事科学出版社、中央文献出版社 2010 年版，第 238 页。
② 《建国以来毛泽东军事文稿》下卷，军事科学出版社、中央文献出版社 2010 年版，第 313 页。

（一）维护自己利益要靠斗争

毛泽东很早就认识到维护自己的利益要靠坚决斗争的道理。1906 年的冬至，13 岁的毛泽东被父亲毛顺生嘱咐去招待宴请来的客人，但他不愿意做这些事，于是父亲生气了，骂他懒而无用，为子不孝。毛泽东当着客人反驳父亲："父慈子孝"，"父慈"才能"子孝"。父亲更加生气，举手就要打人。年少的毛泽东赶紧跑到家门口的池塘边上，声称父亲要再逼近，他就跳下水去。在母亲文七妹的调解下，一场风波最终和平解决。"从此，毛泽东悟出一个直观的道理：在压力下如果温顺示弱，反会遭受更多的打骂，只有用坚决反抗的办法，才能保护自己。"①少年毛泽东领悟到的这个道理，影响陪伴了他一生的革命斗争经历。

毛泽东认为，一味退让最终维护不了自己的利益，如果帝国主义主动挑事整中国，侵犯到我们的底线，则我们必须坚决反对，甚至不怕进行战争。否则，你越软弱，他就越是欺负你、侵略你，造成更大的危害和损失，只有展现出比对手更强大的斗争决心和勇气，在对手挑衅时坚决迎上去，才能压住对手的气焰，取得好的结果。在抗日战争时期，他就维护与国民党的统一战线总结指出：以退让求团结则团结亡，以斗争求团结则团结存，说的也就是这个道理。

（二）敢于斗争离不开科学态度

敢于斗争，根本在于看穿历史发展的基本规律。从历史唯物主义关于人民是历史的决定力量的基本观点出发，毛泽东看穿了反动敌人表面强大背后的虚弱本质，明确指出：一切反动派都是纸老虎，革命力量在最开始的时候总是弱小的，但他们代表人民的意志和利益，拥有人民的支持，必将不断发展取得最后胜利。

敢于斗争不是盲目斗争，更不是草率行事，而是建立在对敌我情况作出科

---

① 金冲及主编：《毛泽东传（1893—1949）》，中央文献出版社 2004 年版，第 3 页。

学、慎重分析基础之上的。毛泽东在强调帝国主义和一切反动派都是纸老虎的同时，也指出他们还是真老虎、铁老虎，在具体对敌斗争策略上要谨慎对待处置。在《论持久战》中，毛泽东既强调对敌斗争精神，驳斥投降论调，又全面客观分析敌我优劣势，指出"日本是小国，地小、物少、人少、兵少，中国是大国，地大、物博、人多、兵多这一个条件，于是在强弱对比之外，就还有小国、退步、寡助和大国、进步、多助的对比"[1]，经由诸多精细入微的战局分析研判过程，进而得出抗日战争是持久战、最终胜利属于中国的科学论断，为夺取抗日战争胜利指明了方向。1946 年全面内战爆发时，国共两党两军力量相差悬殊，敢不敢以革命战争来反对反革命战争，这是作为统帅的毛泽东必须要下的第一个决心。对此，毛泽东坚定地指出，我们能够打败蒋介石，同时进行了周密而科学的分析，认为国民党虽然有美国的援助，但人心不顺，士气不高，经济困难，军事上也面临着五大难以克服的弱点：战略意图过大与兵力不足的矛盾；战术上要求分散和防御与战略上意图集中和进攻的矛盾；中央军和"杂牌军"的矛盾；首领与下级的矛盾；战术上的诸多弱点。而人民军队是为人民的利益而进行正义的战争，人心所向，士气高涨，经济上亦有办法，一定能够取得解放战争的胜利。

毛泽东是这样说的，也是这样做的。抗日战争结束不久，蒋介石连续发电报邀请毛泽东去重庆谈判，这是一场严重的政治斗争。在当时，蒋介石有发动内战、消灭共产党的意图，如果毛泽东不去，就容易给国民党留下口实，将内战的责任推给共产党。而如果去了，由于重庆位于国统区核心地区，首先安全就是一个大问题，而且由于国共双方实力对比的悬殊，谈判能取得什么样的结果尚难预料。在这种艰难的局面下，毛泽东毅然以"不入虎穴，焉得虎子"的决心带队赴重庆与蒋介石谈判，令国民党措手不及。在谈判中，毛泽东充分宣传我们党的政治军事主张，建立广泛的统一战线，扩大了影响，赢得了支持，争取到了较好的结果。1950 年，美国不听中国政府劝告，肆意扩大朝鲜战争并将战火烧到中朝边境，出兵还是不出兵，是毛泽东面临的一次最严峻的

---

[1] 《毛泽东选集》第二卷，人民出版社 1991 年版，第 452 页。

斗争考验。不出兵，敌人将压至鸭绿江边，对全国的建设发展不利，对东北更不利，国内国际的反动气焰也将增高；出兵，国内刚刚解放，还是一个烂摊子，而美国是当时世界上首屈一指的强国，纠集了几十个国家，又有联合国的旗号，能不能打赢？为了保家卫国，毛泽东经过艰难的思考，毅然决定出兵朝鲜，最终打败了美国侵略者，也赢得了美国的尊重。炮击金门期间，毛泽东在紧守不挑事原则、只打蒋舰不打美舰的同时，也强调指出，"金门海域，美国人不得护航。如有护航，立即开炮"①，如果美军侵入我领海、领空，我必须坚决打击。越南战争期间，美国为查明我军事部署和活动，频频派军机入侵我国境内侦察袭扰。1965 年 4 月 8 日、9 日，美军机连日侵入我海南岛榆林港上空，我起飞战机进行监视，美机却连续发射导弹攻击我机。情况报到毛泽东那里，他明确指示："美机入侵海南岛，应该打，坚决打。""美机昨天是试探，今天又是试探，真的来挑衅啦！既来，就应该坚决打。"②在毛泽东的领导下，我空军和海军航空兵紧密配合，前后击落击伤入侵美机 30 余架，有力打击了美国的嚣张气焰。

三、胜利的信念是打出来的

注重实践、从实践中得出真理性认识，是马克思主义哲学的基本原理，也是毛泽东的重要指导思想。在长期的革命斗争中，毛泽东始终注意从斗争实践中，发现对手的弱点，找到打败对手的方法，并从不断的胜利中牢固确立必胜的信念。

（一）敢于斗争还要善于斗争

打出胜利的信念，要注意斗争的科学方法。斗争既是物质力量的对决，也

---

① 《建国以来毛泽东军事文稿》中卷，军事科学出版社、中央文献出版社 2010 年版，第 441 页。

② 《建国以来毛泽东军事文稿》下卷，军事科学出版社、中央文献出版社 2010 年版，第 306 页。

是策略方法的比拼。毛泽东反复强调，要想赢得斗争的最终胜利，既要有敢打必胜的决心信念，也必须有纵横捭阖、善于斗争的科学方法。

把握斗争规律，一切从实际出发。毛泽东指出，要用客观、全面、科学的态度去认识敌人、研究指导战争。同敌人开展军事斗争，要善于分析对方的特点规律，"战争情况的不同，决定着不同的战争指导规律，有时间、地域和性质的差别"①。土地革命战争、抗日战争、解放战争、抗美援朝战争等都有其独有的特点规律，必须坚持从战争中学习战争，客观全面地认识不同战争的具体情况，根据战争的实际采取相应的斗争策略，发挥战略战役指挥上的高超艺术。

突出主动性、灵活性和计划性。克劳塞维茨曾说：在战略上一切都非常简单，但是并不因此就非常容易。战略指导的基本原则和方针比较容易理解，但运用起来却有云泥之别，对此毛泽东认为，这离不了战争中的主动性、灵活性和计划性。主动性是军队行动的自由权，失了这种自由，军队就接近于被打败或被消灭，因此必须采取正确的战略指导力争主动，同时充分利用敌人的错觉和大意造成他们的被动。灵活性指灵活地使用兵力，这是战争指挥的中心任务，也是最不易做好的。"灵活，是聪明的指挥员，基于客观情况，'审时度势'（这个势，包括敌势、我势、地势等项）而采取及时的和恰当的处置方法的一种才能，即是所谓'运用之妙'"②，做到应时而变，趁势而动，创造性地发挥军事指挥艺术。"四渡赤水"中，毛泽东灵活地指挥3万红军，巧妙地穿插于数十万国民党军的围追堵截中，不断调动和迷惑敌人，当发现敌人弱点时，立即抓住战机歼敌一部，以少胜多牢牢掌握了主动权，成为战场灵活指挥的典范。计划性是对战争的计划和准备，没有这些，就不能取得战争的胜利。由于战争的不确定性较之其他事物要强，实现完备的计划很困难，但也不能没有一点计划，那种"走一步看一步"的指导方式不仅在政治上是不利的，在军事上也是不利的。

---

① 《毛泽东军事文集》第一卷，军事科学出版社、中央文献出版社1993年版，第692页。
② 《毛泽东选集》第二卷，人民出版社1991年版，第494页。

根本在于紧紧依靠人民。人民战争是革命战争的基本形式，毛泽东在确定战略指导原则时，遵循马克思主义的唯物史观和人民战争思想，以广大劳动人民为战争的主体，充分运用人民战争的优势条件，把一切战略战术建立在人民支持革命战争的基点上，从而依靠军民整体力量战胜一贯依赖优势武器装备的反革命武装力量。毛泽东为我军所制定的战略方针以及他所指挥的一切作战行动，无一不是从依靠人民群众这一根本条件出发，把深入进行战争动员，建立适应打人民战争的武装力量体系，周密组织人民支援前线等，作为战略指导的主要内容；在作战上，实行主力军、地方军、民兵游击队相结合的整体战，依靠人民群众克服和战胜困难，并使敌人深陷于人民战争灭顶之灾的汪洋大海。

（二）注意斗争策略

毛泽东强调要打出胜利的信念，但不是蛮干一气、乱斗一通，而是十分注意斗争策略问题，使斗争始终围绕大战略进行，为党和国家的利益服务。1922年的安源路矿工人罢工中，毛泽东多次到访罢工现场，针对纺织工人罢工刚刚失败、反动统治气氛严密的实际情况，强调要团结工人，以合法形式开展斗争，先把脚跟站稳再逐步开展工作。当他听说游行中有人喊"中国共产党万岁"时，他告诫大家一定要稳当，一下把共产党公开出去，要是反动派向你们要共产党怎么办？在这样复杂的环境中，要讲究斗争策略，不然就要吃亏。[1]在和平年代的对美斗争中，毛泽东十分注意斗争的分寸，采取谨慎态度，不主动挑起事端以免给美国留下口实，也防止内政问题国际化，破坏国家和平发展的大局。1952年7月，华东军区提出对大陈岛登陆作战方案，彭德怀认为如我进攻大陈岛，美国海空军很可能会介入，故没有批准方案，事后毛泽东同意了彭德怀的意见。1954年夏，在决定攻击大陈岛时，毛泽东特别提出："请注意，需确实查清没有美舰美机的时机，方可对上下大陈进行攻击，否则不要攻击。"[2]1958年炮击金门时，毛泽东也指示只打蒋舰不打美舰。

---

① 金冲及主编：《毛泽东传（1893—1949）》，中央文献出版社2004年版，第89页。
② 《建国以来毛泽东军事文稿》中卷，军事科学出版社、中央文献出版社2010年版，第229页。

毛泽东认为，斗争要集中火力，反对四面出击平均用力。在长期的斗争实践中，他牢牢把握斗争的主要方向和目标，积极利用敌方内部矛盾实施分化瓦解，孤立主要斗争对象集中力量进行打击。红军时期，毛泽东坚决反对"左"倾错误者"全线出击""两个拳头打人""六路分兵"那一套错误的打法，始终坚持集中兵力各个歼敌原则，并常常将国民党杂牌军选为主要打击对象，他亲自指挥的前三次反"围剿"首战打的都不是蒋介石嫡系，收到了速决全歼之效。同时，毛泽东注意利用蒋介石集团与各地方军阀的矛盾，打破其合力进攻红军的图谋并懈怠其进攻决心和力量。抗日战争时，毛泽东始终将打击矛头对准日本侵略者，尽力维护与国民党的统一战线，即使其掀起多次反共高潮甚至挑起皖南事变，也没有将其视为主要敌人。抗美援朝时的金城战役，毛泽东特别指示将破坏战俘遣返协议的李承晚军选为主要打击对象，以加深其与急于签订停战协定的美军之间的矛盾，有效分化了敌军阵营。

毛泽东认为，斗争是力量的竞赛，弱者要善于借力。兵有可见之兵，有不可见之兵，古往今来高明的将帅无不注重运用不可见之兵来加强自己的可见之兵，助力夺得军事斗争的主动和胜利，而毛泽东就是其中的佼佼者。在红军第一次反"围剿"的龙冈伏击战中，毛泽东领导红军把张辉瓒吸引进群山环抱、细雨浓雾的龙冈谷地一战而歼之，向天气和地形借力；在四渡赤水中，毛泽东声东击西、调虎离山，摆脱了国民党军数十万重兵的围追堵截，向谋略借力；在长征结束奠基西北后，毛泽东团结国民党东北军、西北军，和平解决西安事变，停止内战保存了自己也推动了全民族共同抗日，向统一战线借力；在抗日战争的华北平原游击战中，毛泽东指导军民发动集体智慧开展地道战、地雷战，破解平原地形不利于游击战的先天劣势，向人民群众借力；在淮海战役中，毛泽东领导指示我地下党员何基沣、张克侠及时率部起义，让开大路让我华东野战军得以及时截断国民党军黄百韬兵团退路，敲下徐州刘峙、杜聿明集团第一颗棺钉，向瓦解敌军工作借力；在抗美援朝战场上，面对敌军编制充实、火力凶猛的特点，毛泽东指示"零敲牛皮糖"打营连规模的小歼灭战，向战役战术借力。凡此种种，都是毛泽东善于借力、广泛借力的表现，也都成为我们党和人民军队军事斗争策略和艺术的经典体现。

　　毛泽东认为，斗争中要注意在发现敌人的特点特别是弱点。在同美国的长期斗争实践中，中国共产党人就曾发现，美国人特别"务实""倔强"，不轻易低头。周恩来曾结合中国人民与美国多年的军事政治斗争经验，有过精辟分析。周恩来回顾历史指出，在中国人民解放战争中，在蒋介石失败后，美国在中国看守沿海口岸、机场等地"十多万海陆空军跑得比谁都快，甚至没有跟我们交锋，就跑掉了"；在朝鲜战争中，"美国打了三年，认输了才同意停战，才签了字。十二年来，停战线一直没有发生大的问题"。而在解决关于台湾问题的争端时，"尽管后来美国有时侵犯我国领空领海，但中美军队之间还没有战争行动。正因为如此，我们同美国进行着大使级谈判，从日内瓦开始，后来迁到华沙，王炳南副部长曾长时间代表我国政府同美国谈判，但十年来毫无结果"。在这些历史经验基础上，周恩来总结说："一种是打垮了美国所支持的反动政府，它可以走；第二种是打得美国认输了，它也可以签字；第三种是没有战争行动，即使谈十年也没有结果。中国的经验以及我们大家的经验，都是不打到美国认输，它是不会同意谈判的。"① 在抗美援朝战争初期，由于我军之前没有同美军直接作战的经验，毛泽东多次派遣干部赴朝实地了解美军作战特点，要求志愿军参战部队注意搜集、总结美军作战的特点规律，并指示向朝鲜人民军、向此前曾与美军有过合作经历的原国民党军将领咨询情况，找出了美军"铁多气少"、士兵"不喜欢打仗"②、"军官也比较呆板，不那么灵活"③等弱点，进而采取了一系列有针对性的对策举措，争得了战场上的优势与主动，也确立起对美斗争的必胜信念。

　　在斗争中，毛泽东十分注意试探摸清对手的底牌，为自己的斗争决策提供参考。1958 年 7 月，当中东事件发生以后，毛泽东作出炮击金门的决定，并明确指出：金门炮战，意在击美。当时美国和国民党签有共同防御条约，但对美国是否真的要防御金门、马祖我们并不清楚。通过两个星期的炮击，使美国最终亮出了自己的战略底牌，就是企图以从金门、马祖撤守为条件，换取中国

①　《周恩来军事文选》第四卷，人民出版社 1997 年版，第 533 页。

②　《建国以来毛泽东军事文稿》下卷，军事科学出版社、中央文献出版社 2010 年版，第 178 页。

③　《建国以来毛泽东军事文稿》中卷，军事科学出版社、中央文献出版社 2010 年版，第 173 页。

政府的"停火"和承担不使用武力解放台湾的义务，从而在海峡两岸之间确立一条永久分界线，达到分裂中国的目的。根据这一情况，毛泽东及时调整了斗争方针，即将先收复金、马，再解放台湾，改变为"一揽子"方针，即让金、马留在蒋介石手里，拖住美国，不让其脱身，使金、马和台湾岛连在一起予以解决，粉碎了美国"划峡而治""一中一台"的阴谋。

对于对手在现场的具体反应及其背后含义，毛泽东也敏锐地进行观察和分析。1958年9月炮击金门期间，美蒋海军组成的联合舰队进行护航，试图恢复金门的海上补给线。美国军舰配置在海上编队的左、右两侧，把国民党军舰和运输船夹在中间。在这种情况下，对美蒋联合舰队打与不打，福建前线指挥部直接请示毛泽东。毛泽东命令照打不误，但只打蒋舰，不打美舰，如果美舰开火，没有命令不准还击。毛泽东的意图就是要摸一下美军在海峡危机中究竟准备介入到何种程度。因此，当美蒋联合舰队驶入金门料罗湾港口正在码头卸货之时，人民解放军突然以密集的炮火攻击蒋舰和运输船只以及料罗湾港口码头。这时，美国军舰不仅没有开火还击，反而丢下蒋舰和运输船只，掉头向台湾方向逃跑。通过这一打，毛泽东就摸到了美国人的底牌，看到美国的军事介入是有限度的，它并不愿意和我们打仗，而我们也不愿意打仗，大仗是打不起来的。

（三）不打则已、打则必痛

打出胜利的信念，就要不打则已、打则必痛。不打是为了争取政治主动，打痛则是为了让对方真正得到教训，使其认识到中国人是不可轻侮的，惹翻了是不好办的，而在打痛对手的过程中，我们必胜的信念也就建立起来了。在决策出兵朝鲜时毛泽东就曾指出，"我们认为既然决定出动中国军队到朝鲜和美国人作战，第一，就要能解决问题，即要准备在朝鲜境内歼灭和驱逐美国及其他国家的侵略军"[①]。在指导中印边境自卫反击作战时，他通过总参谋部向参战部队传达指示："假如印军向我进攻则要狠狠地打他一下，除东线西藏作准备

[①] 《建国以来毛泽东军事文稿》上卷，军事科学出版社、中央文献出版社2010年版，第226页。

外，西线也要配合。如他进攻，不仅要打退，还要打狠打痛。"①1964年他在会见越南客人时，针对越南的抗美斗争形势也说："打得不痛不痒，不好解决问题。索性闹大了，好解决问题。"②

毛泽东说的"打痛"敌人，就是要使敌人受到惨重的损失，其中最主要的目标是大量歼灭其有生力量，最主要的方法是积极的外线反击作战。有生力量是军事力量的核心，只有大量地歼灭对方的有生力量，才能让对方感到痛。而如果只是在内线或边境地区小打小闹一下，则难以大量歼灭对方的有生力量，不容易打痛敌人。在中印边境自卫反击作战中，中国军队越过所谓的"麦克马洪线"进行作战，不仅以实际行动否定了这条线，也使我军外线反击有了更大的战场空间，为大量歼灭印军有生力量创造了条件。但即使这样，毛泽东后来仍认为打得不够深入，如果能更深入一点，打到东线印军的指挥中枢，对印度的震动会更大，给印度撑腰的西方国家也都会紧张一下，从而更有利于问题的解决。

四、必要时敢于以战止战

战争这个血腥的怪物，关系国家和民族的存亡，常常伴随着沉重的人员和财产损失，在关键时刻，敢不敢应战、敢不敢以战争制止战争，是对领袖统帅的严峻考验。毛泽东一贯主张，对待战争一是反对，二是不怕，但如果帝国主义、霸权主义侵犯我们的核心利益，将战争强加于我们，那也没有什么了不起，要打就打，要敢于以小战制止大战，以小的牺牲免除更大的危害，即"打得一拳开，免得百拳来"。

---

① 中印边境自卫反击作战史编写组：《中印边境自卫反击作战史》，军事科学出版社1994年版，第179页。

② 《建国以来毛泽东军事文稿》下卷，军事科学出版社、中央文献出版社2010年版，第239页。

（一）以小战止大战

毛泽东认为，"打得一拳开，免得百拳来"主要有四种情况。这四种情况，结果都是以小的战争制止了更大的战争或危害的发生，打掉对国家长期战略利益的严重威胁，实现了以小打止大打、以小战止大害的目的。

第一种情况是以地域有限、规模有限的战争阻止或推迟全面战争的爆发，典型的就是抗战结束后到全面内战爆发前的过渡时期斗争。抗日战争胜利后，中国国内形势发生重大变化，国共两党都面临全新的局面，但采取了截然相反的方针。我们党和人民要求建立一个和平、民主和独立的新中国，领导中国走向光明，而国民党反动派则坚持卖国、内战、独裁的方针，妄图垄断抗战胜利果实，并以"受降"为名，大规模调兵遣将，抢占大城市和交通要道，分割包围解放区，准备一举消灭共产党和人民军队。毛泽东认为，避免内战、力争和平，符合人民的利益，是对国家和人民有利的，但要争取和平，要靠力量，要靠斗争。他在《抗日战争胜利后的时局和我们的方针》中指出，对于国民党的内战部署，我们要坚持"针锋相对，寸土必争"的方针，一方面努力制止或推迟内战的爆发，另一方面做好应对国民党突然袭击的准备，用革命战争消灭反革命战争。其间，我军针对国民党军的进犯，先后进行了上党、邯郸等战役，打乱了国民党的内战部署，支持了国共谈判我方的和平主张，为最大限度地推迟全面内战爆发、维持和平局面提供了有力支撑。

第二种情况是对方侵略到了我周边重要国家，如不出兵制止，我国安全环境将严重恶化，面临严重战争威胁，典型的就是抗美援朝战争。当时，中美国力相差悬殊，毛泽东的出兵决心下得颇为艰难，但最后还是决定出兵。原因一方面在于如果不出兵，则朝鲜必然被美国占去，东北大受威胁，军力大受牵制，这对于保持东西方战略格局平衡和维护世界和平、对于新中国自身的建设发展都十分不利。因此，参战利益极大，不参战损害极大。另一方面，毛泽东综合各方面信息认识到，美军也不是没有弱点，他的海空优势不是决定性的，只要我们发动人民群众想办法，也完全有办法克服。这就把自己的利益站位和冷静的理性分析结合在一起，科学地下达了出兵的决心。打的结果，我们打赢了，把以美国为首的"联合国军"从鸭绿江边赶回到三八线附近，我国东北可以放心搞生产了，全国人民的政治觉悟提高了，帝国主义新的侵略战争、第三次世界大战也都推迟了，朝鲜半岛保持总体和平态势至今，真正达到了以小战止大战的出兵目的。

第三种情况是在处理边界争端中，对方首先动武，我们被逼到墙角退无可退时，如中印边境自卫反击作战。当时，中印同为第三世界发展中国家，具有相似的历史遭遇和现实处境，印度又是不结盟运动的重要倡导国，与之开战的决心也不容易下，毛泽东曾一再指示忍让。但印度在其"前进政策"的驱使下长期反复无理制造边境事件，意图用武力逼迫中国就范其领土野心。当时，我国的战略重点是东南方向，毛泽东不愿意与印度这样一个国家开战，但领土问题是国家的核心利益，而我国已退无可退，为防止局势进一步恶化，只能被迫发起反击。通过自卫反击，重挫了印度的领土野心，进一步提升了国家的战略威信，保障了中印边界地区的总体和平，使我们能够不分心地聚焦于美国这个当时的主要威胁，赢得了巨大的和平红利。

第四种情况是在国际政治、外交斗争中，以有节制的作战行动补充政治对话，如1958年的炮击金门作战。这次作战，表面上看打的是蒋介石集团，但实际针对的是美国。1955年中美之间启动大使级会谈，两年多没有任何进展，1957年12月，美国态度趋于强硬，单方面决定改由参赞参加谈判，降低会谈规格使之陷入停顿，台湾蒋介石集团乘机提高"反攻大陆"调门，海峡局势升级。毛泽东决心改变斗争策略，1958年6月，他提出了针锋相对、以文对文、以武对武、先礼后兵的斗争方针。30日，我国政府发表声明，要求美国政府于15日内派大使恢复中美会谈。美国政府故作强硬，在时限内没有答复，并宣布驻远东美军进入戒备状态，蒋介石也随之宣布台湾进入特别戒备状态，海峡局势进一步紧张起来。对此，毛泽东从7月15日至18日，连续四个下午召集会议商讨斗争对策，作出了炮击金门的决定。对此，美国决心以"战争边缘"加以遏阻，一方面不断发表威吓言论，一方面从全世界向台海调兵。经过反复思考斟酌，毛泽东认为，炮击金门，除了能支援当时中东人民的反美斗争、打击台湾蒋介石集团的嚣张气焰、摸一下美国对台湾的底外，最主要的就是能够有利于我们争夺中美会谈的主动权，维护国家的主权和安全。在美国单方面降低谈判规格、关闭谈判窗口的情况下，如果我们只是消极等待美国方面来恢复会谈，就等于是让美国掌握了谈判的主动权，享有谈与不谈的行动自由。因此，毛泽东下定决心发起炮击金门作战，以打促谈。他说："我们不打，它就不想谈，要把这个绞索捏紧一下，它感觉到痛了，它说，好好好，我们来谈吧。你不捏紧，它就不谈。"①作战的结果，美国暴露了其不愿因金门等岛屿与中国开战的底牌，扩大了与蒋介石集团的矛盾，并不得不恢复大使级会谈，我国则赢得了维护国家主权安全核心利益和政治、外交斗争的双重胜利。

知兵非为好战。毛泽东在关键时刻敢于以战止战，打得一拳开、免得百拳来，但他绝不轻易诉诸武力，上述四种情况，都是在对方侵犯到我国利益的情况下，为了避免造成更大的危害，才不得不出手，真正实现了以小打止大打、以小战止大战的目的。

（二）打好政治军事仗

毛泽东在以战止战中，始终坚持政治对战争的主导地位，把讲政治贯穿于战争指导的全过程，打的都是政治军事仗。

一是战略服从政略。这是政治军事仗的最基本要求，即战争作为一种军事手段，必须要服从国家战略的政治需要。出兵抗美援朝时，单纯从军事上看，出兵与强敌作战有难度，但从政治上考虑，则必须出兵，据此毛泽东最后定下了出兵的决心。

二是有理有利有节。以战止战不仅要争得军事上的主动，关键要争得政治上的主动，否则是无法取得斗争的全胜的，而毛泽东提出并坚持的有理有利有节就是争夺政治主动的重要原则。在中印边境争端中，毛泽东一开始反复指示忍让，压着不打，只是到了 1962 年 10 月和平无望、退无可退时才下令反击，就是为了让全世界看见我们是"有理"的。作战打响后，他指导中国军队以很

---

① 《建国以来毛泽东军事文稿》中卷，军事科学出版社、中央文献出版社 2010 年版，第 419—420 页。

小的代价干脆漂亮地歼灭印军 8800 余人，做到了"有利"。在世界舆论普遍认为中国军队会乘胜追击时，毛泽东却领导中国军队主动停火后撤，并交还缴获的武器装备和俘虏的人员，是为"有节"。这样，反击作战就赢得了政治主动，得到了全世界的广泛支持，印度则是挨了打又输了理，全处于被动。

三是打谈结合。也即军事斗争与政治斗争紧密配合。其中打是手段，谈是目的，以打促谈、以打促和，又用谈来充分利用打的成果、实现和平。毛泽东在坚持这一原则时，首先是努力争取战场上的军事优势，为谈创造有利态势，在抗美援朝战争和中印边境自卫反击作战中都是如此。其次是坚持原则性与灵活性的统一，在维护核心利益诉求的同时适当进行一些让步，最大限度促成和平。在朝鲜战争的停战谈判中，毛泽东领导我方始终坚持以三八线为军事分界线的主张，坚决拒绝美要求将军事分界线从双方实际控制线北移数十公里的无理要求，同时又在撤离在朝一切外国军队、战俘遣返等问题上做了一定的让步，既维护了自己在战场上用鲜血赢来的阵地，又使停战协定得以最终达成。

四是作战指挥服从政治需要。毛泽东在指导局部战争时，不仅要求战略行动讲政治，战役战术指挥上也要讲政治，当政治上有需要时，战役战斗就算有困难也要坚决打下去。抗美援朝战争第三次战役时，志愿军经过前两次战役后没有休整，相当疲劳，在前线指挥的彭德怀致电毛泽东提出暂停作战，充分准备后来年再战。毛泽东则回复指出："目前美、英各国正要求我军停止于三八线以北，以利其整军再战。因此，我军必须越过三八线。如到三八线以北即停止，将给政治上以很大的不利。"[1]

(三) 积极控制战局

控制住战局，使之按照己方的设想发展，是主动权的根本体现，有利于避免战争升级、争取军事和政治优势、赢得最后和平、实现以战止战的目的。然而战争是敌对双方高度互动的殊死斗争，控制战局有很大难度。新中国成立后，毛泽东在指挥以战止战的几场局部战争中，在控制战局上进行了丰富的实

---

[1] 《建国以来毛泽东军事文稿》上卷，军事科学出版社、中央文献出版社 2010 年版，第 408 页。

践，创造了宝贵的经验。

一是做好充分的战争准备。充分的战争准备，是控制战局的基础。毛泽东在 1958 年筹划炮击金门时曾强调："不打无把握之仗这个原则，必须坚持。"①他在指导抗美援朝战争时，未雨绸缪以 4 个主力军又 3 个炮兵师（后又增调 1 个军）提前组建东北边防军，做好入朝作战的充分准备，为正式出兵后夺取战场主动、迅速扭转局势创造了基本条件。毛泽东后来回忆说："可惜那时候只有五个军，那五个军火力也不强，应该有七个军就好了。"②意思是说，如果提前预备的兵力更多一些，火力更强一些，就会更有把握一些，控制战局也会更有余地一些。

二是确立并严格贯彻有限的战争目的。以战止战不是要把敌人彻底消灭，其区别于全面战争的最重要特点是战争目的的有限性，控制战局的关键环节之一，就是控制战争目的，这是毛泽东在指导以战止战时十分注意的。在抗美援朝战争第五次战役后，毛泽东认识到朝鲜问题短时间内难以根本解决，因此他及时将战争目的由彻底驱逐美国军队出朝鲜，调整为恢复战前状态，并转入政治谈判来结束战争，使战局控制在朝鲜半岛范围内，避免了中美间更大规模战争的爆发。1958 年炮击金门，毛泽东严格确立作战目的，不是夺取金门，而是打蒋摸美、打破美国分裂中国图谋，作战行动始终控制在炮击范围内，控制在金门海域，控制在大陆和台湾间，既实现了自己的既定政治目的，又避免了局势升级无法控制。

三是努力夺取战场优势。要想控制住战局，夺取战场上的优势是重要条件。否则在军事上就处于被动地位，只能跟着对方走，谈不上控制战局，更难以夺得政治主动了。毛泽东在决策抗美援朝时曾指出，既然决定出兵，一要能解决问题，二要准备美国对中国宣战并大举进攻。而"这两个问题中，首先的问题是中国的军队能否在朝鲜境内歼灭美国军队"，"只要我军能在朝境内歼灭美国军队"，"则第二个问题（美国和中国宣战）的严重性虽然依然存在，但是，

① 《建国以来毛泽东军事文稿》中卷，军事科学出版社、中央文献出版社 2010 年版，第 407 页。
② 《建国以来毛泽东军事文稿》下卷，军事科学出版社、中央文献出版社 2010 年版，第 372 页。

那时的形势就变为于革命阵线和中国都是有利的了。这就是说，朝鲜问题既以战胜美军的结果而在事实上结束了"，"即使美国已和中国公开作战，这个战争也就可能规模不会很大，时间不会很长了"①。在抗美援朝战争中，毛泽东领导志愿军屡屡挫败美军，打，就能坚决地打进去；守，就能坚定地守住，使美军无计可施、日益处于战场被动，为控制战局创造了有利的战场条件。

（四）妥善谋划战后安排

以战止战的目的不是彻底打倒对手，敌我双方在战后往往还要长期共存下去，因此战后安排是以战止战战略指导中的一个重要问题。战后安排设计得不好，战争无法结束，或是以埋下下一次战争的种子而暂时结束；战后安排设计得好，则战争顺利结束，并为未来的长久和平奠定基础。在以战止战的指导实践中，毛泽东在战后安排上主要有以下做法。

一是决不依仗战场优势侵占他国国土，避免双方矛盾升级至世仇。领土主权问题不是一个可以讨论的问题，如果凭借武力强行夺取他国领土，则战争双方的矛盾将激化至难以化解，这不符合以战止战以"和"为最终目的的特点。毛泽东十分注意这一点。在中印边境自卫反击作战中，毛泽东指挥中国边防部队夺取了战场上的优势和主动，但并没有借此收回自己主张而此前被印度占去的部分领土，如藏南地区，而是主动从作战中打到的地方撤退，体现了对战后和平安排的深远考虑。周恩来对此曾说："如果只主动停火而不后撤，留在现在，还可得另外一个错觉，就以为我们打算用武力改变现状。我们是反对以武力改变现状来达到领土要求的。我们觉得对于我们周围的国家不应该采取这个态度……对于亚非的国家，我们只有从谈判桌上解决问题。"②这也是毛泽东的态度。

二是适时以和谈解决问题。以战止战最终是要"和"的，因此只能以和平谈判或事实上的停战而结束。毛泽东在指导以战止战时，注意见好就收，在战

---

① 《建国以来毛泽东军事文稿》上卷，军事科学出版社、中央文献出版社 2010 年版，第 226、227 页。

② 《周恩来军事文选》第四卷，人民出版社 1997 年版，第 474 页。

场态势有利的情况下积极转入和谈，为战后和平创造有利条件。抗美援朝战争中，在战前朝鲜国土基本收复、战场态势双方难有大的突破情况下，毛泽东同意美国的和谈要求，从而给双方军事斗争设定了一个边打边谈的大框框，战争走上政治解决的轨道，战后安排有了一个好的开始。在中印边境自卫反击作战中，当第一阶段作战取得重大胜利后，我国向印度发出和平谈判三项建议，当第二阶段作战取得决定性胜利后，再次申明政治解决的态度，向印度发出重启谈判的呼吁。在这里，毛泽东在达成军事打击既定目的后，一方面主动停火后撤，一方面提出谈判要求，从而不仅掌握了军事主动，也掌握了政治主动，奠定了战后长期总体和平的基础。

（五）以战止战建立强大战略威信

在关键时刻敢于以战止战，打得一拳开，才能建立战略威信。新中国之所以能在相对弱势的情况下，有效慑止超级大国的侵略战争威胁、维护国家总体和平发展局面，收到不战而屈人之兵的效果，离不开毛泽东领导新中国建立的强大战略威信。

抗美援朝战争出兵前，中国政府曾多次向美国发出信号，警告其不要越过三八线，否则中国不能坐视不顾。但当时的杜鲁门当局和在前线指挥的麦克阿瑟认为这只是一种虚张声势的恫吓宣传，而不是实实在在的威慑信号，并不把这当回事，一意孤行继续越过三八线向鸭绿江推进。在这种情况下，毛泽东敢于打出自己的拳头，毅然决定出兵，给了美军以迎头痛击。对于中国军队，美军本来是抱有极大的蔑视的。他们自诩武器先进，保障得力，又有现代化战争的丰富经验，瞧不上装备落后、物资匮乏的志愿军，却不料自己派出了全部陆军的三分之一、海军的二分之一和空军的五分之一，使用了除核武器外一切先进武器，却损兵折将、屡遭挫败，被从鸭绿江畔硬生生地赶回到三八线附近，创造了美军战史上的失败典型。这种惨痛的教训在美国军政界引起了系统的反思，从此，中国人的话再也没有人敢不当回事了，对中国的军事冒险也被大大慑止了。1965 年 4 月，当美国政府逐步扩大越南战争规模时，中国政府曾请巴基斯坦总统阿尤布·汗向美国总统约翰逊带话，其中一条是"中国人说话是算数的，凡是答应了的国际义务就一定会履行"。对于中国释放的严肃信号，美国军政界不再敢轻视，他们不敢派遣地面部队进入北越，不敢轰炸某些特定的目标，更别说像朝鲜战争那样随意派飞机越境轰炸中国了。美国兰德公司艾布拉姆·N.舒尔斯基在 2000 年推出的《威慑理论与中国的行为》中对此写道：事实上，在约翰逊的前军事和文职顾问中有一个强烈的共识，那就是朝鲜战争的最后一个教训，即中国干预的幽灵，果断地制约了美国在越南的战略，甚至可以说，美国"过度吸取"了朝鲜战争的教训。抗美援朝战争的伟大胜利，打出了国威军威，奠定了新中国在亚洲和国际事务中的重要地位，彰显了新中国强大的战略威慑和战略威信。

五、压倒一切敌人，而决不被敌人所屈服

1945 年 4 月，毛泽东在《论联合政府》中骄傲地称赞人民军队："具有一往无前的精神，它要压倒一切敌人，而决不被敌人所屈服。不论在任何艰难困苦的场合，只要还有一个人，这个人就要继续战斗下去。"①其实，这段话不仅是在称赞人民军队，也是对毛泽东自己一生斗争精神的生动写照。

（一）一往无前，压倒一切困难和敌人

建党初期，党派毛泽东回湖南领导发展工人运动，内没有经费、没有组织、没有人员、没有经验，外面临湖南军阀的严酷镇压，困难重重，但他没有屈服，而是脚踏实地地工作起来，把湖南的工人运动搞得有声有色，短时间内就领导发起了安源路矿、粤汉铁路、水口山铅锌矿和长沙泥木工人等一系列大罢工，掀起了湖南工人运动的高潮。1927 年大革命失败后，共产党遭到取缔，大批共产党人被屠杀，革命转入低潮。面对这突如其来的重大变故，党内很多人被困难吓倒，丧失了斗争信心，叛变投降者、消极脱党者不在少数。毛泽东

---

① 《毛泽东选集》第三卷，人民出版社 1991 年版，第 1039 页。

则不屈不挠，毅然以武装的革命反对武装的反革命，领导秋收起义、开辟井冈山革命根据地，走出一条农村包围城市、武装夺取政权的道路，中国革命因而绝处逢生，迸发出勃勃生机。长征中，红军前有堵截、后有追兵，在"左"倾错误者的指挥下损失惨重，博古一筹莫展，李德唉声叹气，全党全军都处于生死存亡的紧要关头。毛泽东临危受命，他在遵义会议上站了出来，重新挑起重担，以灵活机动的指挥迅速扭转了近乎绝望的军事形势，胜利到达陕北，为红军赢得了生机，为革命保存了火种。1946年全面内战爆发时，党内很多人也被困难吓倒了，害怕打不赢，不敢与国民党决裂斗争，而毛泽东没有退让。他作出了"一切反动派都是纸老虎"的著名判断，认为虽然面前还存在着许多困难，而且还要受到长时间的苦难，但反动派总有一天要失败，我们总有一天要胜利，领导人民硬是用小米加步枪打败了蒋介石的飞机加大炮，建立了新中国。

新中国成立后，面对以美国为首的霸权主义势力，斗争形势更加复杂，面临的困难有增无减，但毛泽东抱定为人民利益而奋斗的信念，绝不向困难低头。当时，人类已经进入核时代，帝国主义和霸权主义屡屡对我实施核讹诈，新中国面临着核战争的现实威胁。要打破核讹诈，最有效的就是自己也拥有核武器。但研制核武器属于绝密级的尖端技术，研究试制非常复杂，对矿藏资源、科学基础、人才力量、实验条件、经济实力、工业能力等都是严峻考验，新中国困难重重。面对困难毛泽东没有低头，他在国家条件还很艰苦的情况下，毅然决策上马"两弹一星"，并在不长的时间里先后研制成功。可以说，毛泽东一辈子都没有在困难面前低过头，只要对党、国家和人民有利，再多的困难他也能直面，再大的挑战他也敢接受，真真正正体现了压倒一切敌人、而决不被敌人所屈服的雄浑斗争胆魄。

（二）斗争的豪气、骨气和底气

毛泽东压倒一切敌人、而决不被敌人所屈服的斗争胆魄，来自他无产阶级革命家战略家的豪气。毛泽东从来认为，帝国主义和一切反动派都是纸老虎，在战略上完全可以藐视他们，美国也不例外。1955年4月，他在会见英国客人时指出：我们不要打，但美帝国主义真的要打，我们也不怕，"如果有疯子要发动战争，也没有什么了不起，灭亡的是帝国主义"①。核武器是帝国主义经常在中国面前晃悠的一件"宝物"，妄图以其巨大威力来吓倒中国人民。但毛泽东早已看穿它的虚弱本质也不过是吓人的纸老虎，看样子可怕，实际上并不可怕，它同历史上一切新式武器一样，决定不了战争胜负，只要不怕，紧紧依靠人民就完全有办法对付。

毛泽东压倒一切敌人、而决不被敌人所屈服的斗争胆魄，来自他决不在外在压力下低头的骨气。毛泽东一贯认为，国与国之间的合作，必须是平等互利的，不能使任何一方受到损害，否则，合作就不能维持下去。我国是独立自主爱好和平的大国，尊重别国的独立和平等，也希望别的国家这样来对待我国，不要干涉我国的内政，特别是不接受任何外在的强压。他说：无论美国多强，我们也不会屈服于他的压迫，即使我们再弱，美国要把它的意志强加在我们身上也是不行的。又说："谁吓唬我们是不行的，我们从来就不接受强大力量的威胁。不接受这样的威胁，在我们力量再小的时候也是如此。"②

毛泽东压倒一切敌人、而决不被敌人所屈服的斗争胆魄，来自他领导新中国做好战争准备的底气。毛泽东认为，人民不要战争但要有战争准备，准备好了，敌人要来也好办，敌人不来也不浪费。1955 年 3 月，毛泽东在党的全国代表会议上说：虽然目前的国际条件对我们是有利的，但帝国主义势力还包围着我们，战争危险仍然存在，因此，"我们在精神上和物质上都要有所准备，当着突然事变发生的时候，才不至于措手不及"③。新中国成立后，他领导全党全军全国人民，立足于应对最困难最复杂的情况，加强战略后方建设，完善"三结合"武装力量体制，突破以"两弹一星"为代表的国防尖端技术，加强备战打仗宣传教育，使我国不仅做好了打仗的物质准备，也做好了打仗的精神准备，奠定了强大的实力基础，真正立于不败之地。

---

① 《建国以来毛泽东军事文稿》中卷，军事科学出版社、中央文献出版社 2010 年版，第 269 页。
② 《建国以来毛泽东军事文稿》下卷，军事科学出版社、中央文献出版社 2010 年版，第 264 页。
③ 《建国以来毛泽东军事文稿》中卷，军事科学出版社、中央文献出版社 2010 年版，第 265 页。

第十二章
"我自岿然不动"

·····································

——关于斗争定力

定力指人们在认识和改造世界过程中表现出来的一种坚强意志、执着信念和道德操守。在长期斗争实践中，毛泽东始终对各类风险挑战保持清醒和警觉，做到信念坚定，处变不惊，无论处于何种逆境，都能从容不迫，临危不惧，主动作为，愈挫愈奋，形成了中国共产党人特有的斗争定力，生动展现了在各种错综复杂形势下我们党为实现既定战略目标所具有的战略自信、顽强意志和果敢毅力。

一、坚定信念，处变不惊

革命理想是斗争定力的底色，赋予斗争定力以意义。毛泽东领导斗争实践，在任何困难和风险面前从来不畏惧、不退缩、不放弃、不止步，一个重要原因就是他始终对党的革命事业抱有坚定信念，无限忠诚。

（一）理想者，事实之母也

毛泽东对革命工作极端负责，对党的事业无限热爱，对革命目的坚定执着，靠的是对马克思主义忠贞不渝的理想信念。早在青少年时期，为了探寻真理，毛泽东花费大量时间、精力研究时事和社会问题。他曾受改良主义、自由主义、无政府主义等思想影响，但这些主张处处碰壁的现实，使他逐渐认识到，改变中国命运必须另辟新路。1919 年五四运动前后，马克思主义在中国传播日趋广泛，毛泽东阅读《共产党宣言》《阶级斗争》等书籍，认识到"阶级斗争""无产阶级专政"等马克思主义学说可以在中国发挥效应。经过持续思考和不断实践，他的人生观、价值观发生了根本转变，从此确立了对马克思主义的毕生信仰。正如毛泽东后来在延安对美国记者埃德加·斯诺所讲："我一旦接受了马克思主义是对历史的正确解释以后，我对马克思主义的信仰就没有动摇过……到了一九二〇年夏天，在理论上，而且在某种程度的行动上，我已成为一个马克思主义者了，而且从此我也认为自己是一个马克思主义者了。"①

正因为始终坚守崇高的革命理想，毛泽东才能坚定面对革命斗争中的一切风险挑战，从未动摇过对真理的坚守。土地革命战争时期，以毛泽东同志为主要代表的中国共产党人，面对蒋介石、汪精卫等相继叛变革命的极端艰难形势，处变不惊、临危不乱，始终坚持"革命理想高于天"的意志情怀，没有消沉没有放弃，领导革命军民成功开辟"农村包围城市，武装夺取政权"的正确革命道路，找到了以弱胜强的中国革命战争规律，保存和发展了革命力量。抗日战争胜利后，与国民党决裂，那么困难的条件、那么悬殊的实力对比，很多人动摇退缩了，但毛泽东没有被吓倒，因为他知道，要实现心中的革命理想，建立人民民主专政的新中国，必须推翻国民党反动统治。在毛泽东的领导下，我军奋起自卫作战，很快打败了看似强大的国民党军，夺取了全国政权。新中国成立后，面对波诡云谲的国际斗争，毛泽东仍然牢牢坚守自己建设社会主义新中国的革命理想，一切为了人民、为了国家利益，不为困难所吓倒、不为小利所迷惑，与美国、苏联两个超级大国的霸权主义进行坚决斗争，坚定扎实地朝着实现自己革命理想的方向前进。

正因为坚守崇高的革命理想，毛泽东才能从容面对一切个人荣辱，从未动

① [美] 埃德加·斯诺：《西行漫记》，董乐山译，生活·读书·新知三联书店 1979 年版，第 131 页。

摇对真理的坚守。坚守理想不动摇往往是要付出代价的，毛泽东也不例外。土地革命战争时期，以王明为代表的"左"倾错误者上台后，毛泽东受到错误的对待，正确的主张被弃之不用，自身被边缘化，追随者也屡屡遭到错误打压，其中的委屈、愤懑不言而喻。但即使这样，毛泽东依旧不改对马列主义的坚定信仰，置个人荣辱于不顾，始终以党、红军和革命的命运前途为重，积极工作而不消沉，充分展现了伟人坚守革命理想，超凡脱俗的强大定力。

（二）星星之火，可以燎原

毛泽东认为，革命力量虽然暂时处于弱小地位，但代表着正义和进步，一切貌似强大的敌人是腐朽、反动和虚弱的，无论革命道路如何曲折艰辛，无论革命力量现在如何弱小，前途终究是光明的，终究会赢得最后的胜利。在各个不同历史时期，毛泽东之所以都能够牢牢保持"我自岿然不动"的斗争定力而不被各色杂音所干扰，根本在于他看穿了浩荡历史大潮背后的本质和规律，不为革命力量暂时的失败和弱小所迷惑，坚信革命的星火虽小，但最终必可燎原，始终对革命、对光明抱着必胜信念。

秋收起义失利后，毛泽东亲率余部开辟了井冈山革命根据地。湘赣等军阀联手对井冈山根据地进行"会剿""进剿"。在这种情况下，一部分人只看到革命力量的弱小，过高地估计了敌人力量，却看不到革命胜利的希望，因而对建立巩固的根据地，促进全国革命高潮的到来缺乏信心。林彪当时就写信给毛泽东，对"红旗到底打得多久"提出了疑问。1930 年 1 月，为了消除林彪等人疑问，毛泽东提出"星星之火，可以燎原"的著名论断。他指出，中国革命虽只有一点小小的力量，但是它的发展将会是很快的，中国革命高潮快要到来，绝不是如有些人所谓"有到来之可能"那样可望而不可即的一种空虚的东西。"它是站在海岸遥望海中已经看得见桅杆尖头了的一只航船，它是立于高山之巅远看东方已见光芒四射喷薄欲出的一轮朝日，它是躁动于母腹中的快要成熟了的一个婴儿"[1]。

---

[1] 《毛泽东选集》第一卷，人民出版社 1991 年版，第 106 页。

抗日战争全面爆发后，针对很多人看不到抗战胜利前景而提出的"亡国论"，毛泽东通过对比分析敌我因素后指出："最后胜利属于中国而不属于日本。"① 他说，中国抗战有三幕戏：防御、相持、反攻，由于我全体军民的努力，最精彩的结幕便能很好地演出来。解放战争开始时，国际社会对我党我军能否战胜由美国支持的国民党军队表示怀疑。毛泽东指出："一切反动派都是纸老虎。"② 他说，敌我面前都有困难，但是敌人的困难是不可能克服的，因为他们是接近于死亡的、没有前途的势力，而我们的困难是能够克服的，因为我们是新兴的、有光明前途的势力，我党和人民有一切把握取得最后胜利。历史充分证明，毛泽东是完全正确的。

（三）坚忍不拔，充满斗之必胜信念

在长期敌强我弱的斗争环境中，要取得斗争的最后胜利，特别需要矢志不移的定力。毛泽东不仅在政治上主张要有一个坚定正确的方向，在斗争中也主张要有一个坚定正确的方向。他始终以坚忍不拔的定力，排除任何干扰来确保斗争的胜利进行。

例如，毛泽东在解放战争后期提出的"将革命进行到底"，就是一个要冒美国、英国等帝国主义势力干涉风险的重大决策。当时，国民党军主力被歼，残敌被迫退守长江防线，美国出手军事干涉的可能性不能排除，英国因"紫石英"号事件而叫嚣派兵报复，苏联也因担心美国直接干涉会引发世界战争而反对我们渡江。蒋介石则妄图在美国支持下，凭借长江天险，获得喘息时机，以便扩充军队，卷土重来。局势错综复杂，处理不好就会变成国际事变。毛泽东丝毫不为面临的风险困难所动，他指出："中国人民革命力量愈强大，愈坚决，美国进行直接的军事干涉的可能性也就将愈减少，并且连同用财政及武器援助国民党这件事也就可能要减少。"③ 在这种思想的指导下，我百万雄师强渡长江天堑，彻底粉碎了蒋介石划江而治的图谋，终结了国民党22年的反动统治。

① 《毛泽东选集》第二卷，人民出版社1991年版，第450页。
② 《毛泽东选集》第四卷，人民出版社1991年版，第1195页。
③ 《毛泽东军事文集》第五卷，军事科学出版社、中央文献出版社1993年版，第473页。

事实证明，"宜将剩勇追穷寇，不可沽名学霸王"，为中国革命斗争争取到了一个最好的结果。

毛泽东在领导斗争实践中，无论敌人如何强大、道路如何艰险、挑战如何严峻，他绝不畏惧、毫不退缩，始终坚忍不拔，矢志不移。第五次反"围剿"失败后，中央红军被迫撤出中央革命根据地，党和红军陷入极度危难之中。危急关头，受到排挤、已被边缘化的毛泽东没有消沉，仍然积极工作，努力贡献。他曾建议放弃原定行动计划，改向敌人守备薄弱的贵州前进，但未被博古、李德等人采纳，后经过反复争论，才决定向黔北进军。1935 年 1 月，中共中央政治局在遵义召开会议，在张闻天、王稼祥、周恩来等人支持下，事实上确立了毛泽东在党中央和红军的领导地位。但当时的情况仍然十分严重，前有堵截，后有追兵，稍有不慎就会全军覆没。严峻的局势面前，毛泽东没有退让，而是勇敢地在党和红军命运的节骨眼上挑起了这副重担，指挥我军四渡赤水跳出敌军重重包围，取得了红军战略转移的决定性胜利。对此，埃德加·斯诺在《西行漫记》中写道："红军的西北长征，无疑是一场战略撤退，但不能说是溃退，因为红军终于到达了目的地，其核心力量仍完整无损，其军心士气和政治意志的坚强显然一如往昔……他们把原来可能是军心涣散的溃退变成一场精神抖擞的胜利进军。"[①]

二、运筹帷幄，敢打必胜

面对困难压力，毛泽东敢于直面和迎战；面对强敌对手，他敢于斗争和过招，周密谋划部署，积极促使斗争态势向有利于己不利于敌的方向发展，彰显出伟人超凡的胆魄定力，指引中国革命从胜利走向胜利。

---

① [美] 埃德加·斯诺：《西行漫记》，董乐山译，生活·读书·新知三联书店 1979 年版，第 180 页。

（一）凡事预则立，不预则废

不为困难所动摇、敢于与强敌斗争的坚强意志和信念，离不开正确的预见和准备。斗争双方都千方百计地阻止对方占得斗争主动，意图使自己取得斗争的胜利，在这种情况下，斗争过程中出现不意是经常有的事情，问题是如何应对这种不意、使自己在不意出现时不惊慌失措。毛泽东认为，这首先要求斗争领导者对斗争的发展要有一个正确的预见和准备，强调凡事预则立，不预则废，没有事先的计划和准备，就难以应对斗争中的不意，就不能取得斗争的胜利。在《论持久战》中，毛泽东明确指出："劣势而有准备之军，常可对敌举行不意的攻势，把优势者打败。"[1]中华人民共和国成立后，毛泽东仍然牢牢坚持这一原则，要求研究汲取斯大林在卫国战争初期一不做工事、二不搬工厂、三不准备打游击战的经验教训，做好应对各种国际事变、突然袭击的充分准备。

斗争要预先准备，离不开正确的预见。毛泽东认为，预见对于斗争而言十分重要，具体体现在三个方面。一是正确领导斗争需要预见。他在党的七大的结论中曾说，如无预见，则无领导，为了正确地领导斗争，必须有预见，以去除盲目性，就是这个意思。二是争得斗争主动需要有预见。没有正确的预见，就没有正确的准备和预置，就难以争得斗争的主动。毛泽东对抗日战争三阶段的预见、对抗战胜利后国共斗争的预见，都是以正确预见赢得斗争主动的鲜活实例。三是提振信心需要预见。洞察历史、看穿表面浮云背后的规律，需要有正确而深刻的预见，而这必然会提振革命军民的信心斗志。毛泽东关于"前途是光明的，道路是曲折的""星星之火，可以燎原""一切反动派都是纸老虎"等论述，都是其在把握历史发展大规律后得出的深刻预见，每一个都在斗争关键时刻鼓舞坚定了革命军民的信念精神，成为中华民族精神血脉中不屈不挠坚决斗争的精神符号。

---

[1] 《毛泽东军事文集》第二卷，军事科学出版社、中央文献出版社 1993 年版，第 320 页。

（二）稳当可靠，力所能及

无视困难、敢于向强敌开战的定力和胆魄，建立在有取胜把握之上，绝不是"乞丐与龙王比宝"般没有根据地蛮干硬干。毛泽东领导对敌斗争，始终坚持从稳当的基点出发，不做办不到的事，在稳当可靠的基础上争取一切可能的胜利，真正做到不战则已，战则必胜。否则，轻率作战，没有取胜的把握，势必成为与敌人拼消耗之势，这不是我们想要的结果。

毛泽东认为，稳当可靠，力所能及，既是对作战准备提出的要求，也是保持斗争定力应该遵循的基本原则。从定力角度讲，就是要求一切准备工作都应以有把握取胜为标准，不能只图表面轰轰烈烈，不求实际效果，有准备而无胜利把握的仗，不打为好。从作战角度讲，就是要求在谋划每一作战时，认真分析敌我双方各方面的情况及其对比关系，在创造了各种必要的条件之后，确有把握取胜，才采取作战行动，否则，宁肯退让，持重待机，也不可轻率应战，因为机会总会有的。如志愿军入朝参战，面临着与世界上最强大的国家和军队交手的问题，如何确保志愿军有把握战而胜之，这是毛泽东筹划抗美援朝战争指导首先需要解决的重大战略问题。对此，他将指导方针确立为"在稳当可靠的基础上争取一切可能的胜利"①，先以打李承晚军队和孤立的美军为主，以求必胜。稳当可靠，力所能及，除了要求在战前充分准备、有胜利的把握外，当战役战斗发起后，如果情况发生重大变化，无把握取胜时，应停止作战，另寻战机。比如，第四次反"围剿"时，我军攻南丰不克，援敌兵力集中迅速靠拢，周恩来、朱德毅然决定停止攻击，主动转移至苏区内部待机，扭转了红军的被动状况。

（三）瞄敌软肋，选打要害

毛泽东认为，敢打还要会打，没有章法地乱斗一气算不得运筹帷幄、敢打必胜，不是真正的有定力。他指出弱军要战胜强军，通常可行的办法，就是扬

---

① 《建国以来毛泽东军事文稿》上卷，军事科学出版社、中央文献出版社 2010 年版，第 279 页。

长避短选其弱点进行打击，这样才能有效化解自己的困境，做到困难面前不动摇。毛泽东十分注重分析不同战争时期、不同阶段敌我双方政治、经济、军事、地理以及国际影响等各方面条件，从中找出最有利于我生存和发展、最便于发挥我军优势的因素，以此制定军事斗争的战略策略。抗日战争时期，面对装备优良、训练有素的日军，毛泽东在《论持久战》中指出："战争过程中，只要我能运用正确的军事的和政治的策略，不犯原则的错误，竭尽最善的努力，敌之不利因素和我之有利因素均将随战争之延长而发展，必能继续改变着敌我强弱的原来程度，继续变化着敌我的优劣形势。"①八路军、新四军贯彻这一思想原则，勇敢地向敌后进军，在日军没能有效控制其占领区之前，抢占并控制敌后战略要地，与日军形成了一种你中有我、我中有你的犬牙交错态势，并充分发挥游击战优势，大大消耗了日军力量，逐步改变了双方实力对比，最终夺取了抗日战争的胜利。

毛泽东认为，对强敌作战，虽然在全局上敌人是强的，但其在兵力运用过程中，总会分散力量，总会有弱点暴露出来，将这些弱点作为打击重点，就可以打乱敌人整体部署，割裂敌人各部联系，使之无法有效地配合，便于我军创造战机各个歼灭。抗美援朝战争第二次战役发起前，由于德川一线是西线各路北犯之敌的后方补给锁钥，且敌军在该地区的兵力部署十分单薄，毛泽东将德川确定为战役突击的主要方向。他在给志愿军总部的电报中指出，"德川方面甚为重要，我军必须争取在元山、顺川铁路线以北区域创造一个战场，在该区域消耗敌人的兵力"②。战役后来的发展证明，这一打击方向选得极为高明，且完全出乎敌军意料，当我第113师插至三所里、切断美军退路后，敌人进攻决心发生了根本动摇，不得不实施全线撤退，我军取得了此次战役的辉煌胜利。

（四）敌变我变，不拘一格

保持斗争定力不是要死守过去的斗争经验，不是要墨守成规、一成不变，

① 《毛泽东选集》第二卷，人民出版社1991年版，第461页。
② 《建国以来毛泽东军事文稿》上卷，军事科学出版社、中央文献出版社2010年版，第335页。

相反毛泽东认为，战略战术必须机动灵活，过去战争的经验虽然应该着重学习，但由于战场情况是不断变化的，斗争指导者绝对不能机械地照搬照套，必须打破守常思维禁锢，善于依据敌我情况，及时地恰当地转换战略战术。小的战斗指挥如此，大的战役和战略指挥也是如此，切忌故步自封，死板呆滞，须知任何战略战术，一成不变是没有生命力的。毛泽东运筹帷幄的高明之处，就在于他不拘一格、灵活指挥，因而在战场的较量中，总能随机应变、针锋相对。

毛泽东认为，灵活性就是具体地实现主动性于作战中的东西，实质就是灵活地使用和变换战术。他明确指出，打仗的原理是一样的，都是攻、守、进、退、胜、败，但是在打法上，怎么攻，怎么守，有很多的不同。诸如兵力的分散和集中、分进和合击、攻击和防御、突击和钳制、包围和迂回、前进和后退，等等，不仅要能懂得这些战术，还要能灵活地使用和变换这些战术。志愿军入朝之前，毛泽东曾判断，美军进到平壤需要时间，占领平壤后会有一个停顿，这样就使得志愿军有充分时间开进和准备。因此，他最初为志愿军确立了阵地防御的战略方针。待到志愿军入朝后，发现敌人前进甚速，我先敌到达预定地区组织防御已不可能。毛泽东当机立断，改变了原定的先行防御、然后再进行攻击的计划，强调"现在是争取战机问题，是在几天之内完成战役部署以便几天之后开始作战的问题，而不是先有一个时期部署防御然后再谈攻击的问题"[1]。之后志愿军迅速打响了第一次战役，以战役上的突然性，向冒进之敌发起攻击，粉碎了敌人在感恩节前占领全朝鲜的计划，初步稳定了朝鲜战局，为后续作战创造了有利条件。

三、临危不惧，从容不迫

科学分析斗争形势，从最坏的可能性出发，做好斗争的精神和物质准备，

---

[1] 《建国以来毛泽东军事文稿》上卷，军事科学出版社、中央文献出版社 2010 年版，第 270 页。

临危不惧、从容不迫，是毛泽东在中国革命特定的政治、经济、军事条件下，保持斗争定力始终坚持的原则立场，也是毛泽东斗争定力的鲜明特色。

（一）科学分析，提振信心

毛泽东之所以在面对危险时无所畏惧，首先是因为他能够认真分析敌我情况，发现敌我双方的优势和弱点所在，并有针对性地制定以弱胜强、转危为安的政策策略。这体现了一种建立在革命乐观主义精神基础上的科学态度，是临危不惧、从容不迫的客观依据。

毛泽东认为，斗争是力量的竞赛，但敌我双方力量的强弱对比，常常是相对的而不是绝对的，强中有弱，弱中有强，强弱还可以转化。因此，虽然敌人在物质实力上往往比我们强，能够给我们造成很大的困难，但这种困难不是绝对不可以克服和扭转的，只要我们结合具体情况综合分析敌我双方优劣，冷静找出以己之长克敌之短的斗争方法，就能够战胜敌人给我们带来的困难，转危为安。另一方面，"危"和"机"是辩证统一的，机中有危，危中也有机，只要我们充分发挥主观能动性，就能够化危为机。

抗美援朝战争就很好地诠释了毛泽东的这种面临危机从容不迫、科学分析进而转危为安、化危为机的斗争艺术。决策出兵朝鲜，是毛泽东一生中最困难的斗争决策：不出兵，让美国压到鸭绿江边，国家安全受到极大压迫，难以放手进行经济社会建设；出兵，又因为中美两国极大的综合国力、军力差距而立刻面临严重危机。在这种情况下，毛泽东从战略全局出发，毅然作出出兵决策，面临的首要问题也是最重要的问题，就是能否在战场上战胜美军。根据统计资料，当时美国的一个军共有各类大中口径火炮 1500 门，我们一个军才只有 36 门，而且美军还有我军基本没有的海空军支援，其后勤保障也是我们望尘莫及的，双方差距极为悬殊，我军面临着严重的挑战。但毛泽东没有被美国的物质优势所吓退，而是搜集情报对敌我双方进行冷静分析，既看到美军武器装备好、火力猛的优势，也看到其作战意志薄弱、害怕迂回包围、过分依赖火力支援和后勤保障等弱点，有针对性地采取了一系列正确的作战指导，在危机与困难中赢得了优势与主动。

（二）在最坏的可能性上建立我们的政策

胸有成竹才能处变不惊。在惊涛骇浪面前，毛泽东的从容不迫不是虚张声势、不是唱"空城计"，而是有实实在在的底气的。他的坚强的斗争定力，是建立在对各种可能性甚至最困难最复杂情况的估计和准备之上的。

斗争特别是军事斗争，是双方的全力竞赛，双方都会极力隐真示假，因此相较于其他社会活动和现象更加难以捉摸，不确定性更加突出。在这种情况下，要想争得斗争的优势和主动，必须尽可能地预见到斗争中可能遇到的各种情况并有所准备，否则就有可能陷入被动。1948 年 8 月 26 日，毛泽东曾就济南战役部署问题电示华东野战军指挥员："攻济打援战役必须预先估计三种可能情况：（一）在援敌距离尚远之时攻克济南；（二）在援敌距离已近之时攻克济南；（三）在援敌距离已近之时尚未攻克济南。你们应首先争取第一种；其次争取第二种；又其次应有办法对付第三种。""只有在你们预先准备好了这一切，才能保证胜利。"①抗美援朝战争决策出兵时，毛泽东曾预测美国可能会宣布和中国进入战争状态，可能使用其空军轰炸我们的大城市和工业基地等多种情况，并指出问题的关键在于我军是否能在朝鲜战场上歼灭美军，只要我军能大量歼灭美军，即使美国和中国公开作战，战争的规模也不会很大、时间也不会很长。最不利的情况是我军不能大量歼敌，两军相持成僵局，而美国又和我国公开进入战争状态，使我国的经济建设计划归于破坏，并引起民族资产阶级等的不满。这就充分估计到了出兵可能引起的多种可能性，达到了预有准备的要求。

毛泽东特别强调，对敌斗争要把立足点放在最困难最复杂的情况上。他指出："我们应估计到最困难最危险最黑暗的可能性，并把这种情况当作一切布置的出发点，而不是把乐观情况作出发点。"②因为把这种最困难最复杂的情况准备好了，其他的一般情况也就好应付了，斗争才能真正临危不惧、从

---

① 《毛泽东军事文集》第四卷，军事科学出版社、中央文献出版社 1993 年版，第 577 页。
② 《毛泽东军事文集》第二卷，军事科学出版社、中央文献出版社 1993 年版，第 566—567 页。

容不迫。指导斗争不能一厢情愿、只看到有利的看不见不利的，只有把困难想全、想透了，才能有应对一切困难挑战的精神准备，真正遇到极端困难情况时才能不惊慌，也才能提出应对一切困难的办法，从而真正建立起自己的斗争定力。在党的七大上，毛泽东曾一口气提出 17 条可能面临的困难，虽然是极而言之，但在历史转折关头，在一片团结胜利的气氛中，毛泽东此举就是为了提醒大家，斗争不能盲目乐观，必须充分估计到各种困难，这样才能争得主动和优势。1947 年 8 月，当刘邓大军千里跃进大别山时，毛泽东曾分析指出有三种可能性，一是付出代价站不住脚，退了回来；二是付出代价站不稳脚，在周围坚持斗争；三是付出代价站稳了脚。正是因为立足于最坏的情况，进行了充分准备，刘邓大军在执行中央决策过程中能够处变不惊、力争主动，胜利完成了在中原地区的战略展开，争取到了最好的斗争结果。

（三）精神物质，两者皆备

临危不惧，底气在于厚实的斗争准备尤其是战争准备。在长期的革命战争中，毛泽东之所以能够处变不惊、从容不迫，与他始终注重战争准备密切相关，而毛泽东眼中的战争准备，从来是精神与物质并重的。1955 年 3 月，他在党的全国代表会议上说："我们应该了解：帝国主义势力还是在包围着我们，我们必须准备应付可能的突然事变。今后帝国主义如果发动战争，很可能像第二次世界大战时期那样，进行突然的袭击。因此，我们在精神上和物质上都要有所准备，当着突然事变发生的时候，才不至于措手不及。"[1]

毛泽东重视物质力量在战争中的基础作用。他认为，如果不进行经济建设，不进行必要的物质准备，斗争的物质条件就不能有保障，就不能实现斗争目的。同时他又非常重视精神因素的能动作用，指出在一定的物质条件下，主观精神上的准备更具有决定性意义。

毛泽东认为，做好战争的精神准备，就是要有准备打仗的精神，并使全党

---

① 《建国以来毛泽东军事文稿》中卷，军事科学出版社、中央文献出版社 2010 年版，第 265 页。

全国都做好这个准备。一是不要害怕战争、害怕帝国主义。毛泽东认为，帝国主义奉行的都是大鱼吃小鱼的社会达尔文主义，你越软弱，他就越敢欺负你、侵略你，只有敢于斗争，才能有效维护自己的利益，维护和平。帝国主义虽然看起来很强大，但逆历史潮流而动，遭到人民反对，只要敢于斗争善于斗争，完全可以战胜他们。二是保持对战争的高度警惕。毛泽东认为，使人民认清帝国主义的本性，不对帝国主义抱有幻想，不为帝国主义的和平烟雾所迷惑，始终保持对帝国主义侵略战争的高度警惕，是最重要的战争精神准备。新中国成立后，他始终警惕侵略战争的爆发，并十分注意教育全国军民保持警惕，即使在形势比较有利的时候也是如此。三是倡导"一不怕苦、二不怕死"的革命英雄主义精神。毛泽东认为，革命战争要赢得胜利，要以劣势装备战胜优势装备之敌，必须要有"一不怕苦、二不怕死"的革命英雄主义精神。

在斗争实践中，毛泽东从来都是把物质和精神两大要素看成是相辅相成、不可分割的统一体，坚持将物质因素和精神因素统筹考虑。在 20 世纪 60 年代后的战备工作中，毛泽东一方面布置大小三线建设、囤积粮弹、建设战场，为反侵略战争做好物质准备，另一方面又高度重视斗争的精神准备，多次告诫全国军民对美苏的战争阴谋保持高度警惕，教育人民不要害怕帝国主义、不要害怕战争，并大力倡导"一不怕苦、二不怕死"的革命英雄主义精神，使初生的新中国不仅做好了斗争甚至战争的物质准备，而且做好了精神准备，面对危局而不动摇，稳稳地屹立于风云变幻的国际舞台之上。

四、愈挫愈奋，不屈不挠

革命年代，敌人异常强大，各种情况也十分复杂，党领导人民进行革命斗争的道路不可能一帆风顺，个人的命运和发展也不可能总是顺风顺水。面对革命事业的暂时失败和人生的失意低潮，毛泽东都没有选择消沉退缩，而是百折不挠，坚毅前行。

（一）意志坚韧，坦然面对人生低谷

疾风知劲草，个人遇到的逆境和挫折往往最能体现一个人的品性。从秋收起义到遵义会议的 8 年时间，毛泽东屡屡遭到错误处理和对待。他晚年在回忆革命战争经历时指出，三次"左"倾路线时期，"给我的各种处分、打击，包括'开除党籍'、开除政治局候补委员，赶出红军等，有多少次呢？记得起来的有二十次"[①]。在一次次不公正待遇面前，毛泽东革命意志并没有消沉，而是愈挫愈奋，不断充实完善自己，最后成功地走出人生逆境，领导中国革命斗争取得辉煌胜利。

在毛泽东遇到的个人挫折中，最严重的一次可能是在 20 世纪 30 年代初以王明为代表的"左"倾错误者领导的时期。在那时，由于中央指导方针的根本错误，加之宗派主义的影响，毛泽东受到了严酷的批判与斗争。1931 年 11 月初，中共中央代表团在瑞金召开赣南会议，在思想理论上把毛泽东坚持的从实际出发、反对本本主义的正确思想指为"狭隘经验论"，把毛泽东"抽多补少""抽肥补瘦"的土地革命思想斥为"富农路线"，把毛泽东在古田会议上确立的党对军队绝对领导的原则说成是"党包办一切"，并取消了红一方面军总司令和政委、总前委书记的名义，把毛泽东排除在中央苏区红军的领导地位之外。这还只是一个开始。1932 年 10 月的宁都会议、1934 年 1 月的六届五中全会继续全面批斗毛泽东，并开始扩大化，以反对"罗明路线"为名批斗处理坚持毛泽东正确思想的其他领导干部，毛泽东的亲属也受到株连。萧劲光被开除了党籍和军籍，还被判了刑；长期管文件的贺子珍改当收发；毛泽覃被撤职并以开除党籍相威胁；贺子珍的妹妹、毛泽覃的爱人贺怡被撤职，到中央党校接受批判。贺怡想不通，有时到贺子珍家里流泪诉苦，毛泽东听后伤感地说："他们整你们，是因为我，你们是受了我的牵累呀！"[②] 毛泽东晚年在回忆自己当时的境遇时曾说，"他们把我这个木菩萨浸到粪坑里，再拿出来，搞得

---

① 《建国以来毛泽东军事文稿》中卷，军事科学出版社、中央文献出版社 2010 年版，第 325 页。
② 《贺子珍的路》，作家出版社 1985 年版，第 175 页。

臭得很。那时候，不但一个人也不上门，连一个鬼也不上门"①。当临时中央总负责人博古途经毛泽东所在的长汀时，有人曾提议去看望一下正在因病疗养的毛泽东，博古却说：毛泽东有什么可看的。毛泽东的境遇可想而知。

在党内"残酷斗争，无情打击"的政治高压面前，毛泽东并没有消沉，他不为所动、从容沉着，思考最多的仍是党的事业，表现出坚强的信念、宽阔的胸襟和钢铁般的意志。他坚持原则，对加之于身的不实之处据理力争，又顾全大局，遵守组织纪律，尽可能地继续在作战指挥、苏区建设等方面作出贡献。目睹这一切的李维汉后来曾回忆说："他坚持三条，一是少数服从多数；二是不消极；三是争取在党许可的条件下做些工作……毛泽东在受打击的情况下，仍能维护党的统一，坚持正确的路线和主张。"②毛泽东晚年对自己这段艰难岁月感触良多，认为这种个人的逆境可以锻炼革命意志，增加有益的知识。他说："我自己就有这一方面的经验，得到很大的益处。"③

（二）转败为胜，悉心思考斗争出路

人生的挫折，毛泽东没有消沉，革命斗争事业的挫折，毛泽东更没有消沉，而是苦苦思索，努力寻找前途和出路。曾有人评价毛泽东是"不二过"，其中的根本原因正在于毛泽东面对挫折不消极，锲而不舍总结经验教训，积极克服困难为革命找到新的生路。

中国共产党成立初期，对武装斗争的极端重要性认识不足，"不去认真地准备战争和组织军队，不去注重军事的战略和战术的研究。在北伐过程中，忽视了军队的争取，片面地着重于民众运动，其结果，国民党一旦反动，一切民众运动都塌台了"④。1927年一系列残酷的事实证明，在中国，一切非武装斗争的革命道路最终都是行不通的。面对大革命的沉痛失败，毛泽东认为，革命斗争必须创建革命阶级领导的军队，必须拿起武器在革命战争中求得自身的生存

---

① 《建国以来毛泽东军事文稿》下卷，军事科学出版社、中央文献出版社 2010 年版，第 321 页。
② 李维汉：《回忆与研究》上册，中共党史资料出版社 1986 年版，第 338 页。
③ 《毛泽东文集》第八卷，人民出版社 1999 年版，第 291 页。
④ 《毛泽东选集》第二卷，人民出版社 1991 年版，第 544 页。

和发展，并夺取最后的胜利。1927年8月，毛泽东在中央紧急会议上发言指出："以后要非常注意军事，须知政权是由枪杆子中取得的。"①9月，他领导了秋收起义，亲自打响了武装反抗国民党反动派的枪声。

但是，由于照搬苏联革命斗争的经验，对中国革命战争的规律知之不深，盲目坚持以大城市为中心，这一时期的武装起义大都失败了，刚刚烧起的斗争火焰转眼又要熄灭。毛泽东领导的秋收起义也面临同样的问题，原定的目标长沙没有打下来，部队处于半溃散状态，革命失败的阴影又一次徘徊在眼前。怎么办？面对挫折，毛泽东提出了上山的思想，领导起义军余部走上井冈山，为革命保留了珍贵的火种。起义后，毛泽东认真总结经验教训，将马克思主义的基本原理同中国革命实际相结合，提出了农村包围城市的思想，为中国革命斗争走什么样的路指明了方向。走农村包围城市的道路，其高明之处就在于，一方面它是敌强我弱形势下的唯一选择。在革命处于低潮，国内一片白色恐怖的形势下，革命力量继续留在城市，就有被敌人斩尽杀绝的危险。另一方面，它为革命力量找到了可靠的落脚点。旧中国是一个半殖民地半封建国家，农民占总人口的绝大多数，是无产阶级最广大最忠实的同盟军，是革命的主力军，而且敌人在农村的统治力量薄弱，有利于革命力量落脚生根。再一方面，它把战略退却与战略进攻巧妙地结合起来。革命力量上山转移到农村，属于战略退却，实际上却又开始了出敌不意的、意义更深远的伟大进军，即通过发动农民进行土地革命，对敌人开始新的斗争。在这一思想的指导下，毛泽东领导秋收起义军走上井冈山，创建农村革命根据地，完整地提出了适合中国国情的"农村包围城市，武装夺取政权"革命道路思想，中国革命斗争从此柳暗花明，焕发出新的勃勃生机。

武装斗争的基础是军队，但如何建设一支新型人民军队，中国共产党人最开始也没有经验，遭到了失败和挫折。由于旧军队的影响以及革命主力军——农民小资产阶级先天的缺陷：落后、自由散漫、纪律性较差，由于物质条件的限制和频繁的战斗，初生的红军染上了单纯军事观点、游击习气等错误思想。

---

① 《毛泽东军事文集》第一卷，军事科学出版社、中央文献出版社1993年版，第2页。

这样一支军队是无法承担起革命斗争的重任的，秋收起义部队失败后的表现就是一个鲜活的例子。当时部队士气十分低落，许多知识分子和旧军官出身的人，认为失败已成定局，纷纷不辞而别，走上了消极或叛变的道路。此时部队的党组织建设还沿袭北伐时期的那种做法，没有扎根基层，难以切实掌握士兵，经不起严重考验。在这种情况下，毛泽东结合自己的革命斗争经验，创造性地提出革命军队是执行党的革命任务的武装集团，建立起"支部建在连上"等一系列体现新型人民军队性质的制度，用古田会议决议案指导加强军队建设，人民军队呈现出一种旧军队从未有过的气象，面貌焕然一新。

对于战略战术，毛泽东也善于从自己或他人的斗争失败中总结经验，提炼得出以"十六字诀""十大军事原则"等为代表的"你打你的、我打我的"原则方法，指导取得了中国革命战争的辉煌胜利。

五、不管风吹雨打，胜似闲庭信步

毛泽东是意志顽强、独立自主，敢想、敢做、敢为的人。青年时期，他"到中流击水，浪遏飞舟"，与大自然斗争；投身革命后，他领导革命力量与蒋介石反动集团斗争，与日本帝国主义斗争；新中国成立后，他与一切敌视新中国的国际强敌斗争，在艰难险阻、惊涛骇浪面前体现出一种等闲视之、不在话下的气魄、自信和胆略。

（一）中流击水——搏击大江大河的激流风浪

毛泽东一贯主张文明其精神、野蛮其体魄，实际上，他是把与大自然的斗争看作人生斗争的化身和指代，在与风雨、江河等的斗争中磨砺斗争本领，展现出非凡的斗争定力和精神。

早在湖南第一师范学校求学期间，毛泽东就十分重视体育锻炼，他这样一位后来举世瞩目的革命家、政治家、思想家，公开发表的第一篇文章就是《体育之研究》。毛泽东认为，体育有健强筋骨意志等好处，而"意志也者，固人生事业之先驱也"①，展现了他充满朝气的奋斗精神。他当时采用的锻炼项目很多，有日光浴、风浴、雨浴、冷水浴、游泳、登山、露宿、长途跋涉等。他曾于一个狂风暴雨、雷鸣电闪的夏夜，独自一人爬上岳麓山顶，再返回来，只为体会《书经》中"纳于大麓，烈风雷雨弗迷"的情趣。

毛泽东最喜欢的锻炼项目，是游泳。作为湖南伢子，毛泽东幼年就在自家门口的南岸塘里学会了游泳，练就了最初的游泳技巧。在湖南一师求学时，他长期坚持的锻炼项目是冷水浴和游泳，练出了耐寒远游的本领。省城长沙江宽水深的湘江，是毛泽东经常锻炼游泳本事的地方，其中的难度和危险不比在家乡的小池塘中游泳，他的游泳水平也得到极大提高。他后来曾回忆说，"盛夏水涨，几死者数"②，但他不为所动，一直坚持游到隆冬。可以说，游泳不仅强健了毛泽东的体魄，更激发了他的斗争精神和意志，他不惧风险、不畏严寒坚持到底的斗争定力，在人生初年就已有鲜明体现，而他自小掌握的游泳术，更成为他一生面对大江大河时的坚实底气所在。

长期革命生涯戎机紧迫，毛泽东游得少了。新中国成立后，毛泽东对游泳的极大兴致得以回归。工作之余，只要条件允许，他都会下水游泳，尤其喜欢在大江大河大海里游泳。他高超的游泳水平也得到了全面展示，可在水中做出俯、侧、仰等动作，也可在水中保持直立不动，还可以平躺在水面，可以说是真正全面掌握了搏击大江大河的游泳术。1956年夏天，毛泽东在武汉第一次横渡长江。长江是我国第一大江，江面宽阔，水文条件复杂，许多会水的年轻人都不敢贸然横渡，何况当时已经63岁的毛泽东。相关部门经过考察发现，江水中有血吸虫、鳄鱼、水蛇，加之水流湍急，又有漩涡，认为不能游泳。负责毛泽东安全保卫工作的罗瑞卿等人，据此反复劝阻毛泽东不要下水。但毛泽东主意已定，不为所动，其实他心中早有估计，经过精心准备和试游，游长江是不会有大问题的。5月31日中午，毛泽东下水长江，经过2个小时的游泳，从武昌横渡游到汉口，游程30余华里，真可谓到中流击水如同闲庭

---

① 金冲及主编：《毛泽东传（1893—1949）》，中央文献出版社2004年版，第35页。

② 金冲及主编：《毛泽东传（1893—1949）》，中央文献出版社2004年版，第36页。

信步。

除了挑战中国的大江大河外，毛泽东还曾设想到世界各地的大江大河中去畅游一番。毛泽东 1960 年见到斯诺时说：我仍希望到密西西比河中畅游一番，完全像一个游泳者，不谈任何政治，只在密西西比河里游泳，还曾表示想去游亚马逊河、恒河，充分反映了伟人不畏艰险、挑战未知的强大斗争定力。

（二）驾驭战争——搏击战争大海的腥风血雨

毛泽东最初的人生愿望，是当一名教师，与成为军事家实在是天差地别。但中国革命的形势发展将他推到了前台，使他这样一介书生不得不学习军事，掌握战争大海的游泳术。面对战争的腥风血雨，毛泽东挺身而出、毅然前行，无惧敌强我弱、兵力兵器差距悬殊等极端不利条件，克敌制胜创造人类战争史上的奇迹，留下用兵如神的美誉，他那不为战争艰难凶险所动的超凡斗争定力也得到深刻展现。

1930 年底，刚刚在中原大战取胜的蒋介石调集重兵，发动了规模浩大的第一次"围剿"。"围剿"与过去的"进剿""会剿"不同，"进剿"是某一省国民党军的进攻，"会剿"是几个省的国民党军一起进攻，两者规模有限，都只是局部性的行动，而"围剿"是国民党中央政府统一指挥下的全局性行动，规模也要大得多，而红一方面军兵力不到敌人的一半，面临着前所未有的严峻考验。在这种情况下，毛泽东并没有被困难吓倒，而是冷静地思考对策，以誓师大会上的一副对联"敌进我退，敌驻我扰，敌疲我打，敌退我追，游击战里操胜算；大步进退，诱敌深入，集中兵力，各个击破，运动战中歼敌人"阐明了自己的打法。红军诱敌深入，集中兵力，各个击破，歼敌一个师部又三个多旅，活捉敌总指挥张辉瓒，取得第一次反"围剿"的胜利。1946 年全面爆发的解放战争又是一次严峻的军事考验。国民党政府挟抗战胜利之余勇，又获得世界第一强国美国的大力支持，在经济、军事等力量上拥有绝对优势。在悬殊的力量对比下，一些同志动摇了，一些同志信心不足，害怕与国民党决裂，而毛泽东没有被吓倒，以一句经典的"一切反动派都是纸老虎"表达了他对于强大敌人和严重困难的不屑，坚定地走向解放战争，以人民军队的彻底胜利证明了自己的从容。新中国成立之初的抗美援朝战争，军事上的困难和挑战与中国革命战争相比有过之而无不及，甚至连苏联这样的大国也不敢直面美国，但毛泽东仍不为所动，坚定地与美国斗争，在战场上扎扎实实打了三年，使美国无计可施只能求和。

（三）高屋建瓴——搏击国际舞台的惊涛骇浪

新中国成立后，面对波诡云谲的国际斗争，复杂性、挑战性和应对的难度更加突出，但毛泽东不为国际斗争的惊涛骇浪所动，坚定不移地沿着自己的道路前进，无畏地搏击着国际风浪。

国际斗争是风云变幻的。苏联作为第一个社会主义国家，曾对新中国的建设作出过重大贡献。但到了20世纪50年代后期，由于诸多因素的影响，中苏之间渐行渐远，出现了矛盾和裂痕。苏联向中国提出在我领陆和领海上建立中苏共有共管的长波电台和共同舰队，又施压中国向美国让步，以利于苏美改善关系，遭到毛泽东的反对。随之双方斗争升级，中苏开始论战，苏联在布加勒斯特会议上猛烈攻击中国，单方面决定立即召回在我国工作的全部苏联专家，并废除两国经济技术合作的各项协议。这个时候，又正是国内"大跃进"问题逐渐暴露之时，苏联的举动增加了当时国内严重的经济困难，台湾的国民党集团蠢蠢欲动，意图反攻，中印边境也开始爆发事件。一时间，风雨欲来、黑云压城，局势陡然升级，新中国面临着严重的国际斗争压力。在这种情况下，毛泽东没有为险恶的国际形势所吓倒，始终站在维护国家利益的高度，自力更生、艰苦奋斗，坚定不移走自己的路，沉着冷静地加以应对，伟人高超的斗争定力展露无遗。到了20世纪60年代中后期，由于美国急剧扩大侵越战争、严重威胁我国安全，苏联推行霸权主义政策、将中苏两党关系的矛盾上升到国家关系，初生的新中国开始同时面临两大超级大国的压力。这种压力之大，在世界上、历史上都是绝无仅有的，毛泽东再次面对严峻的国际斗争考验。面对霸权主义和强权政治的重压，为了捍卫国家的主权、安全和尊严，毛泽东无所畏惧、毫不退让，领导已经"站起来"的中国人民加快建设社会主义现代化国家，发展"两弹一星"等大国重器，扎实做好战争的充分准备；同时，团结世界上一切主张和平、正义的国家和人民，建立最广泛的反帝反霸国际统一战线，有力地遏制了霸权主义国家肆意发动战争、称霸世界的野心。无论国际风云如何变幻，无论国际政治军事斗争如何激烈，毛泽东都表现出绝不向外在压力低头的骨气、底气、豪气，展现了不管风吹浪打、胜似闲庭信步的坚强定力。

第十三章
"从战争学习战争"

——关于斗争本领

毛泽东既提倡发扬斗争精神，又强调提高斗争本领。他不只是从具体工作角度谈本领问题，而是把提高斗争本领上升到极为重要的战略问题，强调斗争本领事关中国革命战争成败和党的事业兴衰，必须高度重视、常抓不懈。他在《中国革命战争的战略问题》中指出："从战争学习战争——这是我们的主要方法。没有进学校机会的人，仍然可以学习战争，就是从战争中学习。"[1]鲜明提出"本领恐慌"问题，倡导开展学习运动，注重从战争学习战争，提高全党全军的斗争本领，是毛泽东斗争艺术的一个鲜明特色。毛泽东一生酷爱学习，在理论与实践的结合中不断提高斗争本领，堪称掌握斗争艺术、提高斗争本领的典范。

一、克服"本领恐慌"

1939 年 5 月 20 日，毛泽东在延安在职干部教育动员大会上围绕学习运动作了重要讲话，鲜明提出"本领恐慌"问题。毛泽东把培养干部、提高干部本领提到战略高度，将本领恐慌看作学习进步、担当作为的动力，要求党员干部

---

[1] 《毛泽东选集》第一卷，人民出版社 1991 年版，第 181 页。

增强危机意识，不断学习新知识、培育新能力、掌握新本领。

（一）许多干部的本领渐渐告罄

毛泽东提出"本领恐慌"这一重大命题，绝不是一时心血来潮，而是根据当时我党所处的革命环境、担负的历史任务和自身的队伍状况，对广大党员干部提出的殷切要求，有着深刻的历史背景和强烈的现实针对性。当时，随着全国抗日战争的发展，党员干部队伍迅速壮大，他们有着强烈的革命性，但绝大多数出身于农民和小资产阶级，加上"左"倾、右倾错误在党内较长时期的影响，提高党员干部思想政治觉悟、领导能力和工作本领，成为一个迫切需要解决的重要问题。毛泽东指出："政治路线确定之后，干部就是决定的因素。"[1]因此，有计划地培养大批新干部，就是我们的战斗任务。

毛泽东指出，我们党根据历来的经验以及当时的环境，发起了两个运动，一个是生产运动，一个是学习运动，这两个运动都是具有普遍意义和永久意义的。他精辟地揭示，穿衣吃饭问题是发起生产运动的直接原因，"领导工作、改善工作与建设大党，便是我们学习运动的直接原因"[2]。1938年10月14日，毛泽东在党的六届六中全会上指出，我们的任务，是领导一个几万万人口的大民族，进行空前的伟大的斗争。所以，普遍地深入地研究马克思列宁主义的理论的任务，对于我们，是一个亟待解决并须着重地致力才能解决的大问题。他强调："在担负主要领导责任的观点上说，如果我们党有一百个至二百个系统地而不是零碎地、实际地而不是空洞地学会了马克思列宁主义的同志，就会大大地提高我们党的战斗力量，并加速我们战胜日本帝国主义的工作。"[3]

毛泽东全面分析党员干部队伍的素质本领状况，指出现在我们的队伍里面发生了这样一个矛盾，就是我们的干部不学习便不能够领导工作。他尖锐地揭示：有些老干部，他们从前在其他部队里搞过一个时期，一切工作都是靠下命令；但是在我们红军里，单靠发命令就不行了。人家不听你，就打人，结果，

---

① 《毛泽东选集》第二卷，人民出版社1991年版，第526页。

② 《毛泽东文集》第二卷，人民出版社1993年版，第179页。

③ 《毛泽东选集》第二卷，人民出版社1991年版，第533页。

工作就领导不起来,战士逃跑的很多。在部队中发命令,这是威风,但光有威风而没有本领是无用的。我们的八路军、新四军和游击队,所有的干部,在有威风之外,还要有本领,这就要学习。毛泽东强调,许多干部"过去学的本领只有一点点,今天用一些,明天用一些,渐渐告罄了"①。这种缺陷,已经严重影响党的领导和具体工作,迫切需要克服。

(二)学习本领就要"进货"

毛泽东把学习本领形象地称为"进货"。他说:"好像一个铺子,本来东西不多,一卖就完,空空如也,再开下去就不成了,再开就一定要进货。我们干部的'进货',就是学习本领,这是我们许多干部所迫切需要的。"② 毛泽东联系革命工作实际需求,指出我们的干部要使工作做得好,就要多懂一点,单靠过去懂的一点还不够,那只是一知半解,工作虽然可以做,但是要把工作做得比较好,那就不行,要工作做得好,一定要增加他们的知识。无论党、政、军、民、学的干部,都要增加知识,才能把工作做得更好。加强领导、改善工作,都迫切需要提高广大干部的本领。

毛泽东同时强调,建设大党也迫切需要党员干部提高本领。他告诫全党,在我们党的斗争历程中,曾因斗争本领不强、斗争水平不高,严重制约了对中国革命规律的正确认识,严重影响了中国革命的顺利发展。过去我们党的队伍小,只有很少的党员,现在党员的数目也并不多,但现在担负着打倒日本帝国主义、建立新中国的任务,需要我们建设一个大党。他说:"我们要建设的一个大党,不是一个'乌合之众'的党,而是一个独立的、有战斗力的党,这样就要有大批的有学问的干部做骨干。这个任务摆在我们面前,我们要时刻注意,我们要率领几万万人革命,现在的力量显然是不够的。"③ 我们要建设大党,我们的干部非学习不可。毛泽东强调:"学习是我们注重的工作,特别是干部同志,学习的需要更加迫切,如果不学习,就不能领导工作,不能改善工

① 《毛泽东文集》第二卷,人民出版社 1993 年版,第 178 页。

② 《毛泽东文集》第二卷,人民出版社 1993 年版,第 178 页。

③ 《毛泽东文集》第二卷,人民出版社 1993 年版,第 179 页。

作与建设大党。"①

工欲善其事，必先利其器。斗争本领就是中国共产党领导革命斗争的利器。毛泽东提出克服"本领恐慌"问题，抓住了当时加强党的自身建设的关键，有力地促进了当时开展的学习运动，为后来开展整风运动、加强干部队伍和人才建设提供了重要靶向，为夺取抗日战争、解放战争胜利奠定了坚实基础。

二、重要的问题在善于学习

毛泽东在倡导重视学习的同时，主张把热爱学习与善于学习结合起来，强调"重要的问题在善于学习"②。他总结我们党开展学习的历史经验，针对当时学习中遇到的常见问题，就如何改进学习方法、提高学习效率和质量提出了具体要求。

（一）工作忙就要"挤"，看不懂就要"钻"

毛泽东对延安时期党员干部学习情况调研发现，许多同志工作很忙，感觉没有时间学习；有的同志则因为文化底子薄，看不懂、跟不上。他概括说，问题并不多，"只有两个，一个是大家忙得很，一个是看不懂。这两个问题完全是实情。"③当时，一些同志把"没有功夫"作为"不要学习的理论、躲懒的根据"；有的同志则"宁可挑大粪，不愿学理论"。针对这些情形，毛泽东强调："共产党员不学习理论是不对的，有问题就要想法子解决，这才是共产党员的真精神。"④要把学习运动真正开展起来，必须正确认识和处理好这两个问题。

针对"忙"、没有功夫学的问题，毛泽东提出用"挤"来对付"忙"。他

---

① 《毛泽东文集》第二卷，人民出版社 1993 年版，第 179 页。
② 《毛泽东选集》第一卷，人民出版社 1991 年版，第 178 页。
③ 《毛泽东文集》第二卷，人民出版社 1993 年版，第 180 页。
④ 《毛泽东文集》第二卷，人民出版社 1993 年版，第 180 页。

说:"在忙的中间,想一个法子,叫做'挤',用'挤'来对付忙。"①好比开会的时候,人多得很,就要挤进去,才得有座位。又好比木匠师傅钉一颗钉子到木头上,就可以挂衣裳了,这就是木匠向木头一"挤",木头让了步,才成功的。自从木头让步以来,多少木头钉上钉子,把看不见的纤维细孔,"挤"出这样大的窟窿来,可见"挤"是一个好办法。我们现在工作忙得很,也可以叫它让让步,就用"挤"的法子,在每天工作、吃饭、休息中间,挤出两小时来学习,把工作向两方面挤一挤,一个往上一个往下,一定可以挤出两小时来学习的。毛泽东举例说,陈云同志有"挤"的经验,他有法子"挤"出时间来看书、来开会。一些老同志以为年纪大了学习没有希望,毛泽东指出这个想法是不对的。他说,有句古话:"人到五十五,才是出山虎"。那么,你若是五十四岁的话,还是青年呢,哪有不可学的道理?!

针对"看不懂"、学不下去的问题,毛泽东提出"钻"的办法。他说:"看不懂也有一个办法,叫做'钻',如木匠钻木头一样地'钻'进去。看不懂的东西我们不要怕,就用'钻'来对付。"②在中国,本来读书就叫攻书,读马克思主义就是攻马克思的道理,要读通马克思的道理,就非攻不可,读不懂的东西要当仇人一样地攻它。如果正面搞不通,可以从旁的方面着手,如打仗一样,顽强的敌人,正面攻不下,就用旁袭侧击,四面包围,把它孤立起来,这样就容易把它攻下。学习也是一样,正面的东西一时看不懂,就从旁的东西看起,先打下基础,就可以一点一点地搞通正面的东西。

毛泽东总结说:"工作忙就要'挤',看不懂就要'钻',用这两个法子来对付它,学习是一定可以获胜的。"③因此,开展学习运动不仅必要,而且是完全可能的。大家都要努力学习,不可落后,不可躲懒睡觉。1940年,《学习歌》在中国共产党第一届"干部学习节"上走红。"学习学习,战斗的学习,展开新的姿态,光辉耀眼,像火红的榴花,开放在五月天",这首脍炙人口的歌曲广为传唱,"认字就在马背上,写字就在大地上,课堂就在大路上,桌子就在

---

① 《毛泽东文集》第二卷,人民出版社1993年版,第180页。
② 《毛泽东文集》第二卷,人民出版社1993年版,第181页。
③ 《毛泽东文集》第二卷,人民出版社1993年版,第182页。

膝盖上"，成为当时革命队伍的新风尚。

毛泽东一生崇尚学习、酷爱读书，为全党树立了"挤""钻"学习的榜样。他说：饭可以不吃，觉可以不睡，但书不可以不读。在井冈山斗争时期，他随身带着可以装"文房四宝"的土布口袋，以便随时学习、工作和写作，笑称要用"文房四宝"打败国民党四大家族。在长征路上，有时患病躺在担架上，或骑在马背上，毛泽东仍然坚持读马列的书，还自嘲地说自己是"马背上的马列主义"。张闻天夫人刘英回忆：毛主席在长征路上读马列书很起劲。看书的时候，别人不能打扰他，他不说话，专心阅读，还不停地在书上打杠杠，有时通宵地读。红军到了毛儿盖，没有东西吃，肚子饿，但他读马列仍不间断。有时候饿得忍不住了，就一边躺着看书，一边从口袋里抓麦粒吃。红军到达延安后，毛泽东一面忙碌地处理繁杂工作，一面更加发奋进行马列理论研究，常常是通宵达旦、废寝忘食。据郭化若、莫文骅回忆，1938年9月间，毛泽东约集他俩和许光达、陈伯钧、萧劲光、萧克、何思敬、艾思奇、任白戈、徐懋庸等10余人，召开哲学座谈会，每周讨论一次，从晚上七八点钟一直讨论到深夜十一二点。每次讨论都是由哲学家艾思奇等先讲，然后讨论。毛泽东认真聆听大家意见，除了插话，都是在最后讲自己的看法，虚心学习的态度令人感动。

（二）建立和完善学习制度

毛泽东高度重视学习制度化，促进"有组织地学习"。他指出，我们党历来号召全党同志学习，但过去的学习组织得比较差。现在有了组织，不像过去那样无政府状态了。现在中央设了干部教育部，负责领导全党的学习。全国各级党部，边区各级政府，各个民众团体，各类学校，都须设立这样的机关，建立这样的制度，来领导并进行学习。在军队里也是一样，要设立教育部，建立起学习制度。毛泽东强调："这样的学习制度，中央要在全国推广，只要共产党力所能及，就要把它推动起来，造成一个学习的热潮。"[①]

1939年6月，毛泽东在延安高级干部会议上的报告和结论的提纲中，对

---

① 《毛泽东文集》第二卷，人民出版社1993年版，第180页。

学习运动提出一系列具体规定，主要包括：党、政、军、民、学各种机关的在职干部，均应一面工作，一面学习；按其程度，文化与理论或并重或偏重；是一种长期大学校；每日两小时学习制；一面工作，一面生产，一面学习；自动与强制并重，理论与实际一致；勤学者奖，怠惰者罚；各级机关、学校、部队均设干部教育领导机关与人员。[①]1941 年 5 月 19 日，毛泽东在延安干部会上作《改造我们的学习》报告，开篇即指出："我主张将我们全党的学习方法和学习制度改造一下。"[②]《改造我们的学习》和《整顿党的作风》《反对党八股》，是毛泽东关于整风运动的基本著作。毛泽东号召开展全党范围的马克思列宁主义的教育运动，即按照马克思列宁主义的思想原则整顿作风的运动。整风运动的开展，巩固了马克思列宁主义思想在党内外的阵地，使广大干部在思想上大大地提高了一步，使中国共产党达到了空前的团结。

毛泽东将奖罚作为推进学习制度化的重要内容。他说，从前孔子的学生宰予，在白天睡觉，孔子骂他"朽木不可雕也"，对于我们队伍中躲懒的人，也可以这样讲一讲。但是，对学习有成绩的，就要奖赏，有赏有罚，赏罚严明，而主要的在于奖。通过学习上奖勤罚懒，树立正确的学习导向，推动全党造成一个学习的热潮。

（三）我们的大学是延安独创

在严酷的战争环境中，毛泽东不仅倡导全党加强学习，而且重视创办大学培育人才。1927 年 11 月，毛泽东率领湘赣边界秋收起义部队到井冈山后，为提高部队的军政素质，创办了红军教导队，这是中国工农红军最早培训干部的机构。1936 年 6 月 1 日，中国抗日红军大学在陕北瓦窑堡创建，毛泽东出席开学典礼并作了热情洋溢的演讲。他说，第一次大革命时有一个黄埔学校，它的学生成为当时革命军的骨干，为北伐作出了杰出的贡献。我们红军大学要继承、发扬、光大黄埔精神，而且要比黄埔军校强得多、好得多，为争取民族解

---

① 《毛泽东文集》第二卷，人民出版社 1993 年版，第 224 页。
② 《毛泽东选集》第三卷，人民出版社 1991 年版，第 795 页。

放和独立作出我们应有的贡献。1936年12月28日，毛泽东亲自到红大，给学员和中央机关干部作关于和平解决西安事变的报告。他说：在目前的形势下，杀了蒋介石，会使国内形势更加复杂和混乱，有利于日本帝国主义。诸葛亮对孟获还搞七擒七纵，我们对蒋介石为什么不可以一擒一纵呢？他风趣地说：陕北毛驴很多，赶毛驴上山有三个办法：一拉、二推、三打。蒋介石不愿抗战，我们就用赶毛驴上山的办法，拉他、推他，再不走就打他。这就是我们党"逼蒋抗日"的方针。毛泽东风趣幽默的报告，使大家的思想豁然开朗，对党的抗日民族统一战线的策略方针有了更加深入的理解。1937年1月20日，红大随中央机关迁至延安，改称中国人民抗日军事政治大学。毛泽东对抗大等学校建设高度重视，不仅亲自题词，还亲自制定抗大教育方针。他对师资力量非常关心，指出"要先培养出十几个、几十个，乃至几百个军事教员，这样，抗大的事情就好办了"。在毛泽东的鼓励支持下，抗大先后创办了教员训练班、参谋训练班、火炮训练班、工程爆破训练班等，培训抗日前线急需的各类专业人才。毛泽东还经常在繁忙工作中挤时间亲自授课，《中国革命战争的战略问题》《实践论》《矛盾论》《论持久战》《改造我们的学习》等名著，都是他在抗大作相关授课、讲演的基础上，听取意见后修改完善而成的。

毛泽东在延安在职干部教育动员大会上说："现在我们这个干部教育制度很好，是一个新发明，是一个新发明的大学制度。"[1]毛泽东对延安的大学与其他大学作了比较，他说，在延安有马列学院、抗日军政大学、女子大学等。1939年6月，他在延安高级干部会议上又指出，两年来，在中央直接指导下建立了抗大、陕公、党校、马列学院、鲁艺、青训班、女大、工人学校、卫生学校、通讯学校、组织部训练班、行政人员训练班、边区党校、鲁迅师范、边区中学、鲁迅小学、儿童保育院等17所学校。[2]在外边有北京大学、复旦大学等，在外国有牛津大学、巴黎大学等，它们都是学习五年、六年便要毕业，

[1] 《毛泽东文集》第二卷，人民出版社1993年版，第183页。
[2] 《毛泽东文集》第二卷，人民出版社1993年版，第223页。

叫做有期大学。毛泽东幽默地说，我们这个大学，可算是天下第一，叫做无期大学，年纪大一点也没有关系，都可以进我们的大学。不论在什么地方，华北、华中、华南各地，不论什么人，共产党员也好，不是共产党员也好，都可以进这个长期大学的。"我们这样的大学，是延安独创。"①

毛泽东亲自倡导创办的这些大学，是革命的大熔炉，培养了大批治党、治国、治军的优秀人才。仅抗日军政大学创办 9 年，就由最初的数百人，发展到拥有 12 所分校，先后为各个抗日根据地输送 10 万余干部和骨干，为夺取抗日战争和全国解放战争的胜利作出了重要贡献。

（四）学习应该学到底

学习最忌浅尝辄止、小进则满。毛泽东告诫："学习一定要学到底，学习的最大敌人是不到'底'。自己懂了一点，就以为满足了，不要再学习了，这满足就是我们学习运动的最大顽敌。"②

毛泽东指出，学习不要半途而废，否则"会一无所成"。他举例说，诸如党的建设、联共党史，这些东西我们要长期地学下去，把学习的一切困难都克服下去，是一定可以把这些学问搞好的。时事问题与党的政策这两项，过去的学习计划中没有包括进去，但这是十分需要的，因为这是实际的学问，也就是"今"的学问。党的政策一看就丢掉是不对的，应该把党的政策经常地研究。不研究党的政策，单学习理论是不够的，会跟实际脱节的。毛泽东号召全党同志都要研究学问，都要学到底，都要进这个无期大学。要"把全党变成一个大学校"，学校的领导者就是中央，各地方党部，八路军、新四军、游击队，都是这个大学的分校。全党同志以及非党的战士们，都须进这个学校。只要我们采取学到底的方针，一定可以克服自满的坏现象。

---

① 《毛泽东文集》第二卷，人民出版社 1993 年版，第 183 页。
② 《毛泽东文集》第二卷，人民出版社 1993 年版，第 184 页。

三、使用是更重要的学习

向实践学习，在革命斗争实践中砥砺斗争本领，是毛泽东一贯倡导的重要方法。毛泽东指出："读书是学习，使用也是学习，而且是更重要的学习。"[①]在他看来，学和用是紧密联系在一起的，学是基础，用是目的，用也是学习的过程。学习是为了将学到的知识观点转化为解决问题的思路和方法，更好地改进工作。

（一）精通的目的全在于应用

毛泽东倡导学以致用、以用促学。他反复强调，马克思主义不是教条而是行动的指南。1937年7月，他在《实践论》中指出："如果有了正确的理论，只是把它空谈一阵，束之高阁，并不实行，那末，这种理论再好也是没有意义的。"[②]1942年1月，他在《整顿党的作风》演说中指出，如果一个人只知背诵马克思主义的经济学或哲学，但是完全不能应用，这还是不能算理论家的。我们所要的是这样的理论家，他们能够依据马克思列宁主义的立场、观点和方法，正确解释历史中和革命中所发生的实际问题，能够在中国的经济、政治、军事、文化种种问题上给予科学的解释，给予理论的说明。他进而强调："不应当把马克思主义的理论当成死的教条。对于马克思主义的理论，要能够精通它、应用它，精通的目的全在于应用。"[③]

毛泽东形象地把马克思列宁主义和中国革命的关系比作"箭和靶的关系"。他说："拿一句通俗的话来讲，就是'有的放矢'。'矢'就是箭，'的'就是靶，放箭要对准靶。马克思列宁主义和中国革命的关系，就是箭和靶的关系。"[④]他批评有些同志"无的放矢"，乱放一通，容易把革命弄坏；有些同志则仅仅把

---

① 《毛泽东选集》第一卷，人民出版社1991年版，第181页。
② 《毛泽东选集》第一卷，人民出版社1991年版，第292页。
③ 《毛泽东选集》第三卷，人民出版社1991年版，第815页。
④ 《毛泽东选集》第三卷，人民出版社1991年版，第819页。

箭拿在手里搓来搓去，连声赞曰："好箭！好箭！"却老是不愿意放出去。这样的人就是古董鉴赏家，几乎和革命不发生关系。在毛泽东看来，学习马克思列宁主义理论，目的不是为了学习而学习，而是用以指导中国革命实践。如果能应用马克思列宁主义的观点，说明一个两个实际问题，那就要受到称赞，就算有了几分成绩。被说明的东西越多，越普遍，越深刻，成绩就越大。他强调："马克思列宁主义之箭，必须用了去射中国革命之的。这个问题不讲明白，我们党的理论水平永远不会提高，中国革命也永远不会胜利。"①

（二）干就是学习

毛泽东坚持马克思主义实践的观点，不仅认为实践是学习的重要途径，而且强调"干就是学习"。他指出："革命战争是民众的事，常常不是先学好了再干，而是干起来再学习，干就是学习。"②针对一些同志感觉转变军人很困难，毛泽东说，从"老百姓"到军人之间有一个距离，但不是万里长城，而是可以迅速地消灭的，干革命，干战争，就是消灭这个距离的方法。

坚持在干中学学中干，练就了毛泽东超凡卓绝的斗争本领。革命战争年代，广大党员干部不可能像和平年代那样长时间地系统研究理论，然后再去工作，那样既不切实际，也是不可能的。毛泽东等许多老一辈革命家，都不是先学好了理论再参加革命的，而是先参加革命，在革命斗争具体实践中学习提高斗争本领的。毛泽东高度重视把马克思主义基本原理同中国革命实践结合起来，勤于并善于从具体斗争实践中及时发现和解决问题，及时归纳、总结经验。诸如《井冈山的斗争》《中国革命战争的战略问题》《实践论》《矛盾论》《论持久战》《新民主主义论》等，都是毛泽东基于总结革命斗争经验、指导革命斗争实践写成的。坚持在干中学学中干，使毛泽东成为伟大的革命领袖、杰出的军事统帅，可谓毛泽东斗争艺术的形成之道，也是毛泽东的重要成功之道。

---

① 《毛泽东选集》第三卷，人民出版社 1991 年版，第 820 页。

② 《毛泽东选集》第一卷，人民出版社 1991 年版，第 181 页。

（三）应该向群众学习

毛泽东坚持马克思主义的群众观点，把向群众学习作为提高本领的重要途径。他认为力量的来源是人民群众，主张先当群众的学生。1964 年 8 月，毛泽东在人民大会堂接见尼泊尔教育代表团。代表团成员马拉提问：“您能不能告诉我们，您所以这样伟大的秘密是什么？您怎么能够这么伟大？您力量的源泉是什么？”毛泽东回答：“我没有什么伟大，就是从老百姓那里学了一点知识而已。当然我学了一点马克思主义，但是单学马克思主义还不行，要从中国的特点和事实来研究中国问题。力量的来源是人民群众。”他同时强调：“要在人民群众那里学得知识，制定政策，然后再去教育人民群众。所以要想当先生，就得先当学生。”①

毛泽东反复强调要克服脱离群众的官僚主义作风。他说，我们共产党员，无论在什么问题上，一定要能够同群众相结合。共产党员应该经风雨，见世面；这个风雨，就是群众斗争的大风雨，这个世面，就是群众斗争的大世面。毛泽东形象地说，“三个臭皮匠，合成一个诸葛亮”，这就是说，群众有伟大的创造力。如果我们做地方工作的同志脱离了群众，不了解群众的情绪，不能够帮助群众组织生产，改善生活，就是沾染了国民党的作风，沾染了官僚主义的灰尘。我们必须坚决地克服这种作风，才能和群众亲密地结合起来。1948 年 4 月 2 日，毛泽东在对《晋绥日报》编辑人员的谈话中指出：“报纸工作人员为了教育群众，首先要向群众学习。”②毛泽东举例说，我们练兵的口号是：“官教兵，兵教官，兵教兵。”战士们有很多打仗的实际经验。当官的要向战士学习，把别人的经验变成自己的，他的本领就大了。报社的同志也要经常从下边反映上来的材料学习，慢慢地使自己的实际知识丰富起来，使自己成为有经验的人，这样工作才能够做好，才能担负起教育群众的任务。

---

① 《毛泽东年谱（一九四九——一九七六）》第五卷，中央文献出版社 2013 年版，第 401 页。
② 《毛泽东选集》第四卷，人民出版社 1991 年版，第 1320 页。

（四）发扬理论联系实际的学风

毛泽东认为，要提高斗争本领，必须反对主观主义的学风，发扬理论联系实际的学风。毛泽东指出："所谓学风，不但是学校的学风，而且是全党的学风。学风问题是领导机关、全体干部、全体党员的思想方法问题，是我们对待马克思列宁主义的态度问题，是全党同志的工作态度问题。既然是这样，学风问题就是一个非常重要的问题，就是第一个重要的问题。"[1] 在他看来，要真正发挥马克思列宁主义的指导作用，必须整顿全党的学风，以科学的态度对待马克思列宁主义，把它当作不断丰富发展的科学理论，而不是固化神秘、包治百病的灵丹妙药，当作指导实践的行动指南，而不是束缚实践探索的条条框框。

在延安整风运动中，毛泽东强调"反对主观主义以整顿学风"[2]。毛泽东对主观主义学风的表现和危害作了深入分析，指出我们党内的主观主义有两种：一种是教条主义，一种是经验主义，它们都是只看到片面，没有看到全面。如果不注意，如果不知道这种片面性的缺点，并且力求改正，那就容易走上错误的道路。毛泽东认为，在这两种主观主义中，当时在我们党内还是教条主义更为危险，因为教条主义容易装出马克思主义的面孔，吓唬工农干部，把他们俘虏起来，充作自己的用人，而工农干部不易识破他们；也可以吓唬天真烂漫的青年，把他们充当俘虏。毛泽东曾借用明代解缙的名言："墙上芦苇，头重脚轻根底浅；山间竹笋，嘴尖皮厚腹中空"。毛泽东借此给教条主义者画像，并劝他们把这副对子记下来，或者再勇敢一点，把它贴在自己房子里的墙壁上。毛泽东深刻揭露：主观主义的学风，是反对马克思列宁主义的，是共产党的大敌，是工人阶级的大敌，是人民的大敌，是民族的大敌，是党性不纯的一种表现。他强调："只有打倒了主观主义，马克思列宁主义的真理才会抬头，党性才会巩固，革命才会胜利。"[3]

---

[1] 《毛泽东选集》第三卷，人民出版社 1991 年版，第 813 页。

[2] 《毛泽东选集》第三卷，人民出版社 1991 年版，第 812 页。

[3] 《毛泽东选集》第三卷，人民出版社 1991 年版，第 800 页。

毛泽东倡导坚持实事求是，发扬理论联系实际的学风。他指出，我们学的是马克思主义，但是我们中的许多人，他们学马克思主义的方法是直接违反马克思主义的。这就是说，他们违背了马克思、恩格斯、列宁、斯大林所谆谆告诫人们的一条基本原则：理论和实际统一。他们既然违背了这条原则，于是就自己造出了一条相反的原则：理论和实际分离。在学校的教育中，在在职干部的教育中，教哲学的不引导学生研究中国革命的逻辑，教经济学的不引导学生研究中国经济的特点，教政治学的不引导学生研究中国革命的策略，教军事学的不引导学生研究适合中国特点的战略和战术，诸如此类。其结果，误人不浅。毛泽东主张坚持实事求是，用马克思列宁主义之"矢"去射中国革命和东方革命之"的"。他强调：实事求是的态度，"就是党性的表现，就是理论和实际统一的马克思列宁主义的作风。"① 如果有了这种态度，就既不是"头重脚轻根底浅"，也不是"嘴尖皮厚腹中空"了。

毛泽东既是理论联系实际的倡导者，也是活学活用马克思主义的光辉典范。建党前夕，毛泽东结合当时社会现状研读《共产党宣言》等马克思主义著作，实现世界观由资产阶级改良主义向马克思主义的转变，确立了马克思主义的阶级观点和阶级分析方法。大革命时期，他联系实际读列宁的《国家与革命》，预感到大革命潮流中正涌动着一股不可遏制的反革命逆流，并在八七会议上提出"须知政权是由枪杆子中取得的"著名论断。土地革命战争时期，面对"左"倾教条主义错误占统治地位、正确主张往往得不到贯彻实行的严峻形势，毛泽东主张没有调查就没有发言权，通过把马克思主义基本理论同中国革命的具体实践相结合，开辟了建立农村革命根据地，以农村包围城市、武装夺取政权的工农武装割据正确道路。抗日战争时期，毛泽东结合丰富的革命实践，创造性地提出新民主主义论，有力地指导了中国革命胜利前进。

---

① 《毛泽东选集》第三卷，人民出版社 1991 年版，第 801 页。

四、在艰苦的长期的战争中学出超人的本领

在长达 22 年艰苦卓绝的武装斗争中，毛泽东高度重视全党全军在战争环境下抓紧学习。1943 年 7 月 2 日，毛泽东亲自起草《中共中央为抗战六周年纪念宣言》，号召全党和敌后抗战军民团结战斗，强调"残酷的战争只会把你们锻炼得特别勇敢、特别坚强，敌人要想把你们屈服是不可能的"。他同时要求："任何残酷的战争与繁重的工作，不应该放松你们的学习，你们应该在艰苦的长期的战争中学出超人的本领来。"①

（一）全党都要注重学习军事

革命战争年代，一切工作都要着眼夺取战争胜利。鉴于许多党员干部打仗意识不强、军事知识贫乏、进行军事斗争的能力较弱，毛泽东多次号召全党重视军事、学习军事、研究军事，不断提高进行军事斗争的本领。

毛泽东提出全党都要注意军事，是总结大革命失败教训得出的重要结论。1927 年 8 月 7 日，他在中央紧急会议的发言中指出，对军事方面，从前我们骂国民党专做军事运动，我们则恰恰相反，不做军事运动专做民众运动。蒋介石、唐生智都是拿枪杆子起家的，我们独不管。他鲜明提出："以后要非常注意军事。须知政权是由枪杆子中取得的。"②

随着革命战争的发展，毛泽东反复强调全党全军要把学习军事作为重要任务。1938 年 4 月 9 日，毛泽东在延安抗日军政大学第四期第三大队开学典礼上，围绕"在抗大应当学习什么"这个问题作了讲话，要求抗大学员要努力学到三样东西，即"学到坚定正确的政治方向，艰苦奋斗的工作作风，加上灵活的战略战术"。他要求学员们，"要学做一个军人，要学军事，要学战略战术——灵活的战略战术。我们这里的战略战术不是呆板的，而是灵活的，就是无论敌人用什么方

---

① 《毛泽东文集》第三卷，人民出版社 1996 年版，第 45、46 页。

② 《毛泽东文集》第一卷，人民出版社 1993 年版，第 47 页。

法来进攻，我们都有一种办法对付，敌人用这一种方法打过来，我们用另一种方法打过去。运用灵活的战略战术，等到敌人技穷了，我们便可以打胜它"①。

1938 年 11 月 6 日，毛泽东在中共六届六中全会上号召："全党都要注重战争，学习军事，准备打仗。"②他指出，经验告诉我们，中国的问题离开武装就不能解决。抗日战争中全民武装反抗的具体事实，将教育全党进一步地认识这个问题的重要性，"每个党员都要时刻准备武装上前线"③。党的六届六中全会决定党的主要工作方面是在战区和敌后，更给了一个明确的方针。这对于有些党员愿作党的组织工作，愿作民众运动的工作，而不愿研究战争和参加战争，有些学校没有注意鼓励学生上前线等现象，是一剂对症的良药。大部分中国领土内党的组织工作和民众运动工作是直接联系于武装斗争的，没有也不能有单独的孤立的党的工作或民众运动。一部分距离战区较远的后方和一部分敌人控制的地区，党的组织工作和民众运动也是配合战争的，只能也只应服从前线的要求。毛泽东对当时研究军事问题存在的不足作了深入分析，指出战术的研究十年来已有很多根据中国条件而提出的新东西，缺点在于没有总结起来；战略问题和战争理论问题的研究，还只限于极少数人的工作；政治工作的研究有第一等的成绩，但缺点在于综合性和系统性的不足。所有这些，今后都应该注意，而战争和战略的理论则是一切的骨干，有必要"唤起全党注意于军事问题的研究"④。毛泽东强调："两军敌对的一切问题依靠战争去解决，中国的存亡系于战争的胜负。因此，研究军事的理论，研究战略和战术，研究军队政治工作，不可或缓。"⑤

（二）我的军事知识主要是从战争实践中得来的

毛泽东曾多次谈到，自己没学过军事，没上过军校，只是在国民党反动派

---

① 《毛泽东文集》第二卷，人民出版社 1993 年版，第 117 页。
② 《毛泽东选集》第二卷，人民出版社 1991 年版，第 545 页。
③ 《毛泽东选集》第二卷，人民出版社 1991 年版，第 545 页。
④ 《毛泽东选集》第二卷，人民出版社 1991 年版，第 554 页。
⑤ 《毛泽东选集》第二卷，人民出版社 1991 年版，第 554 页。

的逼迫下"才拿起枪来"。1964年6月23日，毛泽东在接见智利新闻工作者代表团时说："我是一个知识分子，当一个小学教员，也没学过军事，怎么知道打仗呢？就是由于国民党搞白色恐怖，把工会、农会都打掉了，把五万共产党员杀了一大批，抓了一大批，我们才拿起枪来，上山打游击。"①1965年6月9日，他在会见印度尼西亚合作国会议长时说："我过去也当过记者，办过报纸，做过小学教员，就是不会打仗，没有上过军事学校。谁教会我打仗的？蒋介石用杀人的办法强迫我们拿起枪来同他们打仗，我也就学会打仗了。"②

毛泽东没有上过军校，绝不意味着他不重视军事理论，相反，他非常重视军事理论的学习和运用。早在井冈山斗争时期，他就倡导创办教导队，抗日战争时期创办的抗日军政大学更是闻名中外。他也系统地学习研究了《孙子兵法》《战争论》等中外经典兵学理论，并借鉴吸收于自己的军事理论之中。不过，比较而言，毛泽东更重视在战争实践中学习提高，战争实践也成为毛泽东军事知识的主要来源。针对党内的教条主义者诬蔑他不懂战争，嘲讽他靠《孙子兵法》《三国演义》指挥打仗。毛泽东说，确实不懂教条主义者那种蠢猪式的打仗方法。他同时指出：我确实读过许多中国古代打仗的书，研究过《孙子兵法》之类的著作，但我的军事知识主要是从战争实践中得来的。

作为令敌闻风丧胆、享誉中外的杰出军事统帅和军事理论家，毛泽东的伟大之处在于，他不仅能从胜利的斗争中积累丰富的作战经验，而且比别人更善于从挫折中学习，从而掌握克敌制胜之道。他说："做一个真正能干的高级指挥员，不是初出茅庐或仅仅善于在纸上谈兵的角色所能办到的，必须在战争中学习才能办得到。"③毛泽东回忆说，他原先没有想到自己会去搞军事、去打仗，后来率领秋收起义部队上了井冈山，在井冈山打了几个大、小胜仗，于是，经过总结经验，产生了"十六字诀"。正是坚持从战争学习战争，使毛泽东能够克服主观主义特别是教条主义的束缚和影响，练就了炉火纯青、出神入化的军事斗争艺术，导演了一幕幕威武雄壮的战争活剧。

---

① 《毛泽东文集》第八卷，人民出版社1999年版，第378页。
② 《建国以来毛泽东军事文稿》下卷，军事科学出版社、中央文献出版社2010年版，第313页。
③ 《毛泽东选集》第一卷，人民出版社1991年版，第181页。

（三）进行军事政治整训

为了把以农民为主要成分的军队建设成为新型人民军队，毛泽东高度重视开展军事政治整训，实行新式练兵方法，全面提高官兵的军政素质。

土地革命战争时期，在人民军队创建之初，就高度重视进行军队整训。1927年9月，毛泽东率领秋收起义部队到达江西永新县三湾村，进行了三湾改编，使部队提高了思想，整顿了组织，确立了党对军队的领导制度和军队内部的民主制度。1929年12月召开的古田会议，确保了思想建党、政治建军的原则。毛泽东在起草的古田会议决议中，就加紧官兵的政治训练、开展军事训练等问题作了具体规定。古田会议决议的贯彻执行，使整个中国工农红军肃清了一切旧军队的影响，成为真正的人民军队。

抗日战争全面爆发后，毛泽东根据不同时期的形势任务多次组织部队进行军事政治整训。1942年随着全党整风运动的普遍展开，全军的整风运动也全面深入进行。1942年6月6日，中央军委和总政治部发出《关于军队中整风学习与检查工作的指示》，7月1日，党中央机关报《解放日报》发表社论《关于军队中的整顿三风》，强调军队开展整风是为了反对军事领域中的教条主义、经验主义，提高党性，增强团结，提高战斗力。通过整风，全军指战员尤其是各级领导干部普遍受到一次深刻的马克思列宁主义和党的路线教育，提高了全军的马克思主义水平。在进入局部反攻并取得巨大胜利之际，为适应战争形势发展的需要，毛泽东决策利用战斗间隙进行一次全军性大规模整训。1944年7月1日，党中央发出《关于整训部队的指示》，对整训的时间、内容和练兵方法、达到的目的等提出具体要求。8月22日，毛泽东、刘少奇、陈毅致电饶漱石、张云逸、赖传珠："华中部队整训应着重练兵、带兵、养兵、用兵4大项，而以练兵为中心"。10月12日，党中央作出《关于加强全党练兵与军队大整训之决定》，号召全党研究战争，学习军事，进行大练兵，要求在冬季4个月内至少整训主力军60%、游击队30%和轮训全部民兵。1945年4月24日，毛泽东在党的七大上的政治报告中强调：我军要"加紧整训，增强战斗力，为最后打败侵略者准备充分的力量"①。全军的政治整训，以古田会议决议和谭政报告为指针加强和改进部队政治工作。军事整训主要是练兵，全军掀起以投弹、射击、刺杀和土工作业等技术练兵为主的群众性练兵热潮。在练兵中，实行能者为师，采取官教兵、兵教官、兵教兵等群众性练兵方法和展开竞赛活动，介绍典型经验，表彰练兵模范等方式，推动了练兵运动的深入开展。这次整军，是抗日战争中八路军、新四军最大的一次整军，大大提高了官兵的思想政治觉悟，提高了部队战术技术水平，培养了干部练兵、带兵、养兵、用兵的能力，为建设和发展正规兵团储备了骨干。

解放战争时期，毛泽东领导人民解放军广泛开展团结互助运动和新式整军运动。1945 年 10 月，国民党士兵王克勤在邯郸战役中被解放，后参加了人民解放军，作战坚决勇敢，帮助战友尽心尽力。他在担任机枪班班长后，创造了思想、技术、生活三互助的带兵方法，这个班很快发展为模范班，王克勤成为杀敌英雄、带兵模范。晋冀鲁豫军区发现这个典型，决定在全军区开展王克勤运动。1946 年 12 月 16 日，《解放日报》发表《普遍开展王克勤运动》的社论，使王克勤运动从晋冀鲁豫军区推广到全军，成为提高部队战斗力的一个重要因素。从 1947 年冬至 1948 年夏，人民解放军利用战争间隙，开展了以"诉苦"和"三查"为主要内容的整军运动。1948 年 3 月，毛泽东把这次整军称为"新式整军运动"。1948 年 4 月 1 日，毛泽东在晋绥干部会议上的讲话中指出："差不多一切人民解放军的部队，在最近几个月内，都利用了战争的空隙，实行了大规模的整训。这种整训，是完全有领导地和有秩序地采用民主方法进行的。由此，激发了广大的指挥员和战斗员群众的革命热情，明确地认识了战争的目的，清除了存在于军队中的若干不正确的思想上的倾向和不良现象，教育了干部和战士，极大地提高了战斗力。这种民主的群众性的新式的整军运动，今后必须继续进行。"②新式整军运动的开展，普遍提高了广大指战员的觉悟，加速了把大批被俘的国民党士兵改造为解放军战士的过程，有效增强了部队凝聚力

---

① 《毛泽东选集》第三卷，人民出版社 1991 年版，第 1090 页。

② 《毛泽东选集》第四卷，人民出版社 1991 年版，第 1312 页。

和战斗力。毛泽东提出的"十大军事原则"最后两条，分别是"以俘获敌人的全部武器和大部人员，补充自己。我军人力物力的来源，主要在前线"和"善于利用两个战役之间的间隙，休息和整训部队"①二者之间，是有内在联系的。解放战争中，我军俘虏国民党官兵 450 余万人。仅战争头两年，人民解放军就补充了约 80 万俘虏兵，使得我军连续作战不仅兵员不减，而且部队越战越扩大。

（四）在每个战役后总来一次总结经验

毛泽东认为，人类总是不断发展的，自然界也总是不断发展的，永远不会停止在一个水平上。因此，人类总得不断地总结经验，有所发现，有所发明，有所创造，有所前进。及时总结经验，是毛泽东的重要领导方法和工作方法。

"我是靠总结经验吃饭的"，这是毛泽东广为流传的一句名言。1965 年 7 月，毛泽东在中南海接见从海外归来的原国民党政府代总统李宗仁和夫人郭德洁，李宗仁的秘书程思远作陪。谈话中，毛泽东向程思远发问："你知道我靠什么吃饭吗？"见程思远茫然不知所对，就自我解答说：我是靠总结经验吃饭的。以前我们人民解放军打仗，在每个战役后，总来一次总结经验，发扬优点，克服缺点，然后轻装上阵，乘胜前进，从胜利走向胜利，终于建立了中华人民共和国。

善于总结经验，集中群众的智慧与创造，是毛泽东练就高超领导艺术的关键。总结经验就是在实践和再实践的基础上进行认识和再认识的工作，就是不断地把感性认识上升到理性认识，不断地使认识升华和发展的工作。毛泽东等老一辈无产阶级革命家，除了具有高超的理论水平外，还一贯重视在战争中学、向人民群众学、从历史中学、从错误中学。从提出"十六字诀"到提出"十大军事原则""零敲牛皮糖"，从开辟农村包围城市、武装夺取政权的革命道路，到提出中国共产党在中国革命中战胜敌人的三大法宝，到实现马克思主义军事理论中国化的第一次历史性飞跃，这些重大创新成果，无不是毛泽东在总结中

---

① 《毛泽东选集》第四卷，人民出版社 1991 年版，第 1248 页。

国革命战争成功经验基础上形成的。尤为可贵的是，毛泽东特别重视总结败仗的教训。他说："打败仗我们不怕，不打败仗我们就不知道仗应该是如何打法。"① 在 1956 年 9 月 10 日党的八大预备会议第二次全体会议上，毛泽东在谈到自己曾犯过错误时说："比如打仗，高兴圩打了败仗，那是我指挥的；南雄打了败仗，是我指挥的；长征时候的土城战役是我指挥的，茅台那次打仗也是我指挥的。"② 毛泽东对失败的教训做了深刻反思，并从中发现战争制胜的规律。他说："我的那些文章，不经过北伐战争、土地革命战争和抗日战争，是不可能写出来的，因为没有经验。所以，那些失败，那些挫折，给了我们很大的教育，没有那些挫折，我们党是不会被教育过来的。"③ 毛泽东的伟大之处，不在于也不可能从不打败仗，而在于他能比别人更善于从失败中总结教训，不断提高军事指挥才能，从而由不会打仗到学会打仗，从打过败仗到常打胜仗。

（五）掌握"战争的游泳术"

毛泽东在要求普遍提高全军官兵军事斗争本领的同时，还要求提高指挥员的军事指挥艺术。他常把战争比作大海，把指导战争的规律比作"战争的游泳术"。1936 年 12 月，他在《中国革命战争的战略问题》中指出："指导战争的规律，就是战争的游泳术。"④1938 年 5 月，他在《论持久战》中强调："作为战争指导规律的战略战术，就是战争大海中的游泳术。"⑤

毛泽东坚持唯物辩证法，对人的主观能动性与战争的客观规律性的关系作了科学分析，强调要夺取战争胜利，就必须发挥人的自觉能动性。在他看来，发挥自觉能动性与主观地看问题有着本质区别。主观地看问题，说的是一个人的思想，不根据和不符合于客观事实，是空想，是假道理，如果照着做去，就要失败，故须反对它。但是一切事情是要人做的，做就必须先有人根据客观事

---

① 《毛泽东文集》第四卷，人民出版社 1996 年版，第 326 页。
② 《毛泽东文集》第七卷，人民出版社 1999 年版，第 106 页。
③ 《毛泽东文集》第七卷，人民出版社 1999 年版，第 101 页。
④ 《毛泽东选集》第一卷，人民出版社 1991 年版，第 183 页。
⑤ 《毛泽东选集》第二卷，人民出版社 1991 年版，第 478 页。

实，引出思想、道理、意见，提出计划、方针、政策、战略、战术，方能做得好。毛泽东指出："思想等等是主观的东西，做或行动是主观见之于客观的东西，都是人类特殊的能动性。这种能动性，我们名之曰'自觉的能动性'，是人之所以区别于物的特点。"① 一切根据和符合于客观事实的思想是正确的思想，一切根据正确思想的行动是正确的行动。我们必须发扬这样的思想和行动，必须发扬这种自觉的能动性。毛泽东对"能动性在战争中"作了具体分析，指出没有自觉的能动性就不能夺取战争胜利。战争的胜负，固然决定于双方军事、政治、经济、地理、战争性质、国际援助诸条件，然而不仅仅决定于这些；仅有这些，还只是有了胜负的可能性，它本身没有分胜负。要分胜负，还须加上主观的努力，这就是指导战争和实行战争，这就是战争中的自觉的能动性。

毛泽东强调，指挥员不但要有压倒敌人的勇气，而且要有驾驭整个战争变化发展的能力。他说，我们不赞成任何一个指挥员离开客观条件变为乱撞乱碰的鲁莽家，但是我们必须提倡每个指挥员变为勇敢而明智的将军。毛泽东形象地说，指挥员在战争的大海中游泳，他们要不使自己沉没，而要使自己有步骤地到达彼岸，就必须掌握战争大海中的游泳术。

"战争的游泳术"集中彰显了毛泽东高超的战争指挥艺术，创造了中国革命战争史上的奇迹。土地革命时期提出"十六字诀"，实行"你打你的正规战，我打我的游击战"，连续粉碎国民党军队"围剿"，在长征途中，指挥中央红军"四渡赤水"，巧渡金沙江，强渡大渡河，飞夺泸定桥，翻雪山，过草地，打破国民党军队围追堵截，完成战略转移的艰巨任务。抗日战争时期提出"持久战"的战略总方针，实行"你打你的速决战，我打我的持久战"，指挥八路军、新四军"敌进我进"、挺进敌后，开展独立自主的游击战，使敌后战场变成抗日战争的主战场，"造成了陷敌于灭顶之灾的汪洋大海"。解放战争时期提出"十大军事原则"，实行"你打你的阵地战，我打我的运动战"，指挥人民解放军避开敌人决战锋芒，在运动中疲困敌军，歼灭了敌军大量有生力量，改变了敌我

---

① 《毛泽东选集》第二卷，人民出版社 1991 年版，第 477 页。

力量对比，从根上改变了敌优我劣的军事态势，为转入战略进攻和夺取大决战的胜利创造了有利条件。

"战争的游泳术"，是毛泽东对马克思主义军事理论的灵活运用，是对中国革命战争特点规律的深入揭示，是立足中国革命实际对克敌制胜战法的伟大创造。这种在人民战争基础上创造出来的唯物主义用兵原则、实事求是的思想方法、斗智斗勇的高超艺术，具有跨越时空的指导价值。

第十四章
"为有牺牲多壮志，敢教日月换新天"

——关于斗争格局情怀

毛泽东领导进行艰苦卓绝而又波澜壮阔的革命斗争，展现出一种深沉博大、坚定雄浑、崇高豪迈的格局情怀。无数共产党人和革命先烈前仆后继，为革命献出宝贵生命，终于迎来改天换地、日月重光，迎来新中国诞生和社会主义建设探索前行。这是人类历史上影响深远、规模空前的一次社会革命，也是中华民族几千年历史上最恢宏的史诗。作为这一壮丽诗篇的重要书写者，毛泽东心忧天下的远大抱负和敢于斗争的气势胆魄，留下了千古流芳的精神魅力。

一、无非一念救苍生

1945 年 8 月，毛泽东为了国家和民族利益，毅然踏上赴重庆与蒋介石谈判的险途，用实际行动宣告了中国共产党谋求和平的真诚愿望。他在《七律·重庆谈判》中直抒胸臆："有田有地吾为主，无法无天是为民。重庆有官皆墨吏，延安无土不黄金。炸桥挖路为团结，夺地争城是斗争。遍地哀鸿满城血，无非一念救苍生。"①犀利的词句，讽刺了蒋介石集团假和平、真内战的虚

---

① 吴正裕主编：《毛泽东诗词全编鉴赏》，人民文学出版社 2017 年版，第 530 页。

情假意，充分表现了渴望和平、拯救苍生的人民情怀。

（一）问苍茫大地，谁主沉浮

20 世纪初，当青年毛泽东登上政治历史舞台时，中华民族正处于岌岌可危的存亡之际。"国家坏到了极处，人类苦到了极处，社会黑暗到了极处。"[1] 面对日益恶化的时局，毛泽东以"国家兴亡，匹夫有责"的担当，矢志为人民求解放、谋幸福。1925 年秋，在组织农民运动时期，毛泽东站在湘江岸边，看"万类霜天竞自由"，联想到人民仍处在帝国主义、封建军阀的重重压迫之下，在《沁园春·长沙》中发出了"怅寥廓，问苍茫大地，谁主沉浮"的深沉喟叹，忧国忧民之情，从橘子洲头弥漫到辽阔神州。

在当时的中国，人民群众之所以苦难深重、前途黯淡，一个重要原因就是大量生产资料和社会财富已经被大大小小的军阀、官僚、买办、大地主等权贵攫取掌控。在帝国主义、封建主义、官僚资本主义"三座大山"重压下，底层民众即使累死累活辛勤劳作，也只能在生存线边缘勉强挣扎。1919 年 7 月 14 日，湖南学生联合会刊物《湘江评论》创刊，毛泽东在创刊宣言中发出热情呼喊：世界什么问题最大？吃饭问题最大。什么力量最强？民众联合的力量最强。此后，他还分三期发表了《民众的大联合》一文，强调民众联合是挽救人类命运、改造社会与国家的最根本方法。以往只是强权者、贵族、资本家的联合，因而造成民众被压迫，然而，民众的数量实际上是比强权者、贵族、资本家更多，力量也更大。"天下者我们的天下。国家者我们的国家。社会者我们的社会。我们不说，谁说？我们不干，谁干？刻不容缓的民众大联合，我们应该积极进行！"[2] 如果民众齐心协力，同声高呼，从各行各业的小联合入手，进而组成社会的大联合，就可以与对立的阶级相抗衡，就可以求得自身共同的利益。《湘江评论》一石激起千层浪，引起强烈反响，但一个多月后就被湖南军

---

[1] 中共中央文献研究室、中共湖南省委《毛泽东早期文稿》编辑组编：《毛泽东早期文稿（1912—1920）》，湖南人民出版社 2013 年版，第 312 页。

[2] 中共中央文献研究室、中共湖南省委《毛泽东早期文稿》编辑组编：《毛泽东早期文稿（1912—1920）》，湖南人民出版社 2013 年版，第 356 页。

阀张敬尧查禁了。张敬尧植党营私、刮削民膏、蹂躏民权，一系列祸湘乱湘罪行激起很大民愤。于是，毛泽东等人发起声势浩大的驱张运动。他们一面在湖南发动学生罢课、教师罢教、工人罢工、商人罢市，一面派代表分赴北京、上海、广州等地揭露张敬尧的罪行，争取全国舆论支持，此外还利用军阀之间的矛盾，游说分驻衡阳和郴州的吴佩孚和谭延闿驱张。张敬尧最终于1920年6月离开长沙。通过驱张运动，青年毛泽东成长为小有名气的政治活动家，并且认识到，中国的问题不是要打倒一个个军阀，而是要消灭那种诞生和维持军阀统治的土壤，再造一个全新的社会环境。他的思想观点，由此从倾向于无政府主义和民主主义转变到马克思列宁主义。

（二）彻底地为人民利益而工作

在毛泽东心中，最牵挂的始终是人民群众的疾苦。毛泽东出身于湖南韶山冲的富农家庭，有着淳朴善良的天性。饥荒年代，农民们到毛家"吃大户"，父亲毛顺生气得跺脚，毛泽东却认为天经地义。年少时同情饥民，不以损失父亲财富为憾，是毛泽东一生悲悯众生的开端。投身革命后，毛泽东始终关心群众生活，与人民大众休戚与共。他见不得群众受苦，看到戏台上穷人的苦难，他会掉泪；尝一口农民无法下咽的窝头，他会掉泪；听到百姓饿死的事情，他更会掉泪。对人民群众的苦难感同身受的博大情感，也沉淀为我们党和军队的宗旨本色。他在《为人民服务》中说，我们这个队伍，是彻底地为人民利益而工作的。1945年，毛泽东在党的七大报告中正式提出"全心全意为人民服务"，并阐述具体要求。党的七大通过了这份报告，把"全心全意为人民服务"写入党章，使之从此成为中国共产党的宗旨。

毛泽东为人民谋利益，不仅致力于改造社会，而且致力于重整河山和实现民族振兴。新中国建立了人民当家作主的政治制度，人民主体地位得到前所未有的彰显。然而，关系民生福祉的疾患灾害等，仍有待治理和消除。在我国南部及长江沿岸一带，曾有种死亡率极高的血吸虫病，严重危害民众身心健康。1958年6月30日，《人民日报》报道了江西余江县消灭血吸虫病的消息。毛泽东读后，"浮想联翩，夜不能寐。微风拂煦，旭日临窗。遥望南天，欣然命笔",作《七律二首·送瘟神》,把感慨和欣喜化作了"坐地日行八万里,巡天遥看一千河。牛郎欲问瘟神事,一样悲欢逐逝波"的浪漫诗句。对人民的赤诚之心和得知人民从疾病中解脱出来的喜悦之情,跃然于诗行之上。同时,面对我国工业基础薄弱的实际情况,毛泽东对搞好社会主义建设特别是经济建设的重要意义,进行了深入思考和不懈探索。他强调,必须实现国家工业化,这样中国才能摆脱在世界上被动的局面,人民才能过上美好幸福的生活。在他的推动下,我国工业化得到长足发展,仅用 20 多年时间,就从一穷二白的落后国家建设成为拥有较完备工业体系的发展中国家,展现了中国人民改天换地的英雄气概和贯穿于社会主义建设中的群众观点。如今,毛泽东的豪情宏愿已变成现实,一系列重大工程的建成和绿水青山的新面貌是一代代中国共产党人为民造福、接续奋斗的生动演绎。

(三)以天下为己任

国家的积贫积弱与人民的苦难深重激发了一批又一批志士仁人,努力改变中国"艰难的国运"和塑造"雄健的国民"。毛泽东是其中的杰出代表。1917年 8 月,青年毛泽东在给老师黎锦熙的信中说:"天下亦大矣,社会之组织极复杂,而又有数千年之历史,民智污塞,开通为难。欲动天下者,当动天下之心,而不徒在显风之迹。动其心者,当具有大本大源……故愚以为,当今之世,宜有大气量人,从哲学、伦理学入手,改造哲学,改造伦理学,根本上变换全国之思想。此如大纛一张,万夫走集;雷电一震,阴曀皆开,则沛乎不可御矣!"[①] 这实际上提出了一种通过"变换全国之思想"来改造社会,进而救国救民的方案。此后,广泛动员群众、开启民智,让民众参与到社会运动和政治生活中,团结带领人民战胜一个个强大敌人、克服一个个艰巨困难,就成为毛泽东进行革命和建设的一个重要思路。

为了人民福祉而斗争,要组织动员民众,也要战胜顽固敌人。第二次国内

---

① 中共中央文献研究室、中共湖南省委《毛泽东早期文稿》编辑组编:《毛泽东早期文稿(1912—1920)》,湖南人民出版社 2013 年版,第 73 页。

革命战争时期，当共产党组织工农群众，从底层做起再造中国时，新旧军阀仍在混乱。1929 年 4 月，蒋桂战争爆发，战火纷飞之际，又是生灵涂炭、百姓遭殃。毛泽东写下《清平乐·蒋桂战争》，开篇道出"风云突变，军阀重开战。洒向人间都是怨"，鞭笞了带给人民痛苦的军阀混战。抗战胜利后，举国欢腾，全国人民一致希望避免内战，但国民党反动派不要和平、民主，仍与共产党为敌。1945 年 8 月，蒋介石连续三次电邀毛泽东到重庆谈判，分明设下了鸿门宴。蒋介石以为毛泽东不会去，这样就可以制造舆论，把内战责任推给共产党；如果毛泽东去了，则可以通过谈判对共产党施压，并借助谈判烟幕麻痹人民斗志。令蒋介石意想不到的是，毛泽东毅然接下请柬，亲自率代表团到重庆与蒋介石和国民党谈判。毛泽东充分利用这次闯入"虎穴"的机会，积极宣传民主政治主张，建立广泛的统一战线。蒋介石的内战政策受到谴责和唾弃，毛泽东与共产党则赢得了广大民主人士认同，吸引了更多的支持者。历史和实践证明，那些试图统治民众，不择手段，没有仁慈之心的人，终究会被人民所抛弃；只有为人民根本利益而斗争，站在人民之中，而不是站在人民之上，才能汇聚磅礴力量，永远立于不败之地。

二、要奋斗就会有牺牲

毛泽东指出："要奋斗就会有牺牲，死人的事是经常发生的。但是我们想到人民的利益，想到大多数人民的痛苦，我们为人民而死，就是死得其所。"[1]要奋斗就会有牺牲，革命先行者们对此心知肚明，但是，正所谓"虽千万人，吾往矣"，道之所在，不惜舍生忘死、慷慨赴死。这种以对人生意义不朽的自觉理解、对人民利益的由衷珍视为根基的牺牲奉献精神，深刻标注了毛泽东斗争艺术的精神高度和刚健底色。

---

[1] 《毛泽东选集》第三卷，人民出版社 1991 年版，第 1005 页。

(一) 不怕牺牲

毛泽东对待生死乐观豁达，有着透彻深沉的人生感悟。他视生死为事物发展的必然规律，重生不贪生，哀死不惧死。"人总是要死的，但死的意义有不同。"[1] 毛泽东借用《汉书·司马迁传》中关于"死有重于泰山，或轻于鸿毛"的说法，结合党的根本宗旨进行创造性诠释，把人民利益作为体现人生价值和衡量死亡意义的准绳。这样就从根本价值准则上高扬了共产党人的牺牲精神。在中国革命异常残酷的环境和艰难曲折的历程中，这种悲壮的牺牲精神鲜明突出，成为一簇照亮人心、凝聚人心的旌旗。据不完全统计，从 1921 年至 1949 年，全国有名可查的革命烈士就有 370 多万人。毛泽东在党的七大上指出："我们党尝尽了艰难困苦，轰轰烈烈，英勇奋斗。从古以来，中国没有一个集团，像共产党一样，不惜牺牲一切，牺牲多少人，干这样的大事。"[2] 无数烈士把为人民利益而死视为无上荣光和个人价值的最高实现，让个体的牺牲拥有了超越个体有限存在的意义，感召激励着同志们前仆后继、斗争到底，最终汇聚成不可战胜的伟大力量，创造出了不可磨灭的历史伟业。

高扬"为人民而死"的牺牲精神，毛泽东是这样说的，也是这样做的。他默默承受着挚爱和至亲们献出宝贵生命的哀痛，用实际行动坚守为革命奉献一切的情怀。戎马倥偬的岁月里，小妹毛泽建 1929 年 8 月被害于衡山马王庙坪，时年 24 岁；妻子杨开慧 1930 年 11 月在长沙城浏阳门外的识字岭英勇就义，时年 29 岁；幼弟毛泽覃 1935 年 4 月在湘赣边界的瑞金县山区打游击战时英勇牺牲，时年 30 岁；大弟毛泽民 1943 年 9 月在乌鲁木齐被军阀盛世才杀害，时年 47 岁；毛泽覃的儿子毛楚雄 1946 年 8 月被国民党胡宗南部活埋于陕西宁陕县江口镇一座石桥下，牺牲时刚刚 19 岁；毛泽东的大儿子毛岸英主动请缨奔赴抗美援朝战场，1950 年 11 月牺牲于朝鲜平安北道东昌郡大榆洞，时年 28 岁，是毛家第六位烈士。1951 年 1 月 2 日，毛泽东得知毛岸英在朝鲜战场上牺牲

---

[1] 《毛泽东选集》第三卷，人民出版社 1991 年版，第 1004 页。
[2] 《毛泽东文集》第三卷，人民出版社 1996 年版，第 292 页。

的消息后，沉痛地对身边的工作人员说："牺牲的成千成万，无法只顾及此一人。事已过去，不必说了。"① 同年 2 月 21 日，彭德怀回京向毛泽东汇报朝鲜战况，在介绍毛岸英牺牲情况并作检讨后，毛泽东说：打仗总是要死人的嘛！志愿军已经献出了那么多指战员的生命。岸英是一个普通战士，不要因为是我的儿子，就当成一件大事。② 毛泽东以身作则，树立起牺牲精神的丰碑。在这种精神感召下，一代代共产党人勇往奋进以赴之、断头流血以从之、殚精瘁力以成之，把不畏强敌、不惧风险、敢于斗争、敢于胜利的风骨和品质镌刻在灵魂深处、凝结成特有的政治品格，推动我们党不断从胜利走向新的胜利。

（二）英勇斗争

相对于保守而强大的反动力量，进步的力量起初总是弱小的。反动力量的顽固和凶残，是旨在改造世界、改变现状的革命力量不得不作出巨大牺牲的重要原因。然而，革命力量尽管要作出牺牲，也总要不怕牺牲，组织力量英勇斗争，才成其为革命力量。以毛泽东同志为代表的革命先驱，正是这样毅然决然勇担大任，以革命的乐观主义走上充满斗争与牺牲的革命道路，才最终赢得伟大胜利，迎来翻天覆地的巨变。

毛泽东对胜利和成功要由斗争得来，有着十分清醒的认识。1959 年 4 月，在一次党的会议上，毛泽东引用《聊斋志异》里书生与鬼斗法的故事说："不要怕鬼，你越怕鬼，你就不能活，他就要跑进来把你吃掉。我们不怕鬼，所以炮击金门、马祖。这一仗打下去之后，现在台湾海峡风平浪静，通行无阻，所有的船只不干涉了。"他还说："长江，别人都说很大，其实，大，并不可怕。美帝国主义不是很大吗？我们顶了他一下，也没有啥。所以，世界上有些大的东西，其实并不可怕。"③ 不怕"鬼"，不怕"大"，就是要有胆量有意志去面对邪恶、战胜强敌。抗日战争、解放战争、抗美援朝战争等一系列历史性胜利，无不是以这种大无畏的斗争取得的。在国家利益受到威胁时，毛泽东旗帜

---

① 《毛泽东年谱（一九四九——一九七六）》第一卷，中央文献出版社 2013 年版，第 276 页。

② 《毛泽东年谱（一九四九——一九七六）》第一卷，中央文献出版社 2013 年版，第 305 页。

③ 军事科学院战争理论和战略研究部：《毛泽东大战略》，解放军出版社 2003 年版，第 406 页。

鲜明，该斗争就斗争，决不畏惧退缩。在 20 世纪 60 年代中苏交恶后，相当长的一段时间内，美苏两个超级大国同时敌视中国，面对这种险恶的国际政治环境，毛泽东同样举重若轻。在苏联军队悍然入侵我国领土珍宝岛后，解放军坚决还击，击退入侵者，捍卫了祖国领土和主权。

（三）尽量地减少那些不必要的牺牲

不怕牺牲，是为了战胜敌人，要战胜敌人，就不能做无谓的牺牲。毛泽东十分注重斗争策略，善于根据形势变化和具体实际调整方向，从而保存实力、得到发展、赢得主动。1927 年秋收起义受挫后，毛泽东主张放弃攻打大城市，他说：我们现在力量很小，好比是一块小石头，蒋介石好比是一口大水缸，总有一天，我们这块小石头，要打破蒋介石那口大水缸。大城市现在不是我们要去的地方，我们要到敌人统治比较薄弱的农村去，发动农民群众，实行土地革命。① 毛泽东带领部队在井冈山创建革命根据地，点燃了工农武装割据的燎原星火。1941 年，毛泽东在批判"左"倾机会主义路线时强调指出："在日本人与国民党有巩固统治的一切地方（这种地方占全国十分之九以上的区域），绝对不能采取流血的武装斗争形式，而只能采用不流血的和平斗争形式。"② 这就是要根据客观情况有利与否决定进退，注意保全和积蓄力量，而不能高叫乱撞、妄图速胜，结果却把党和群众的力量"闹个精光"。

人都是有感情的，革命同志讲感情讲友谊，是革命队伍有强大凝聚力战斗力的基础。毛泽东说："我们都是来自五湖四海，为了一个共同的革命目标，走到一起来了。""我们的干部要关心每一个战士，一切革命队伍的人都要互相关心，互相爱护，互相帮助。"③ 1945 年 4 月 20 日，在对中共六届七中全会通过的《关于若干历史问题的决议》草案做出的说明中，毛泽东说："党员都是来自五湖四海，因为政见相同结合起来的。政见不同就要有争论，争论时要分清界限。""凡是政治上过去犯过错误现在改正了的同志，我们都要团结他们，

---

① 《毛泽东年谱（一八九三——一九四九）(修订本)》上册，中央文献出版社 2013 年版，第 218 页。

② 《毛泽东文集》第二卷，人民出版社 1993 年版，第 340 页。

③ 《毛泽东选集》第三卷，人民出版社 1991 年版，第 1005 页。

全党要像决议上所说的团结得如同一个和睦的家庭一样。"①在党的七大上，毛泽东又生动地说，我们要把同志看成兄弟姊妹一样，从这里能得到安慰，疲劳了，可以在这里休息休息，问长问短，亲切得很。毛泽东强调同志之间要有革命的真感情，加强团结友爱、互相照顾的关系。这既是珍惜同志、减少牺牲的必然要求，也是争取革命和建设胜利的基本条件。如今，我们仍然提倡同志之间坦诚相见、真情相待，以团结友爱和谐纯洁的内部关系，迎接新征程上的新胜利。

三、把革命气概和实际精神结合起来

延安整风时期，毛泽东带领全党总结历史经验，对党的思想路线开始形成清晰认识。在《改造我们的学习》中，毛泽东对照了"主观主义的态度"和"马克思列宁主义的态度"，前者"对周围环境不作系统的周密的研究，单凭主观热情去工作，对于中国今天的面目若明若暗"，后者"不是单凭热情去工作，而是如同斯大林所说的那样：把革命气概和实际精神结合起来"②。正是从后者这种态度出发，坚持理论联系实际，实事求是，中国革命才找到了主心骨，取得根本性的胜利。

（一）必须同我国的实际情况相结合

马克思主义是一种外来的思想文化，要有一个艰苦的历程去消化它。早在1930年撰写的《反对本本主义》中，毛泽东就指出："马克思主义的'本本'是要学习的，但是必须同我国的实际情况相结合。我们需要'本本'，但是一定要纠正脱离实际情况的本本主义。"③然而，那些"专门贩卖马克思"的人仍然给革命事业带来了惨痛教训。1938年10月，毛泽东在党的六届六中全会的

① 《毛泽东文集》第三卷，人民出版社1996年版，第283—284页。
② 《毛泽东选集》第三卷，人民出版社1991年版，第799、801页。
③ 《毛泽东选集》第一卷，人民出版社1991年版，第111—112页。

政治报告中，正式提出马克思主义的中国化，指出"离开中国特点来谈马克思主义，只是抽象的空洞的马克思主义"。① 他反对抽象地无目的地研究马列主义的理论，主张为了解决中国革命的理论问题和策略问题而到马克思主义那里找立场、观点和方法，扭转了那种从高高在上的理论出发，生搬硬套现成的原则、概念来处理问题的教条主义。在用"实事求是"对党的思想路线作经典阐述后，毛泽东强调："我们要从国内外、省内外、县内外、区内外的实际情况出发，从其中引出其固有的而不是臆造的规律性，即找出周围事变的内部联系，作为我们行动的向导。"② 他向全党提出，要系统周密地研究周围环境，综合研究中国的历史，做到以研究中国革命实际问题为中心、以马克思列宁主义基本原则为指导。这为我们党发扬正确的思想作风和工作作风，形成正确的路线方针政策，奠定了坚实的哲学基础。

毛泽东在熟悉中国国情的基础上运用马克思主义这个思想武器，表现出不同凡响的战略眼光和历史洞察力。对于中国革命的道路究竟该怎样走，毛泽东的选择与苏联的城市革命方式背道而驰，是"以农村包围城市"。在遭遇重重怀疑和阻力的情况下，他仍然坚持这一选择，并通过实践证明了自己的正确。毛泽东能够在党内率先重视农民运动，创造性提出农村革命理论并获得成功，源于他对中国历史与现状的深刻了解。传统中国是一个农业社会，农民是中国社会的主体，中国革命要想取得成功，就必须发动广大农民。要动员农民，就要抓住农民问题的核心，也就是土地。于是，毛泽东不遗余力开展土地革命。在井冈山斗争时期，他先后制定了《井冈山土地法》《兴国土地法》，写成了《土地问题决议案》，发表了《寻乌调查》《兴国调查》及《民权革命中的土地私有制度》等。1931 年初，毛泽东又提出了一条符合中国国情的土地革命路线，即依靠贫农，联合中农，限制富农，保护中小工商业者，消灭地主阶级，变封建半封建的土地所有制为农民的土地所有制。土地革命极大调动了农民的积极性，广大农民被团结在中国共产党周围，成为中国革命的最佳生力军。

---

① 《毛泽东选集》第二卷，人民出版社 1991 年版，第 534 页。

② 《毛泽东选集》第三卷，人民出版社 1991 年版，第 801 页。

（二）坚持科学的精神、革命的现实主义

如果把中国共产党领导的革命斗争，比作一场旷古未有、充满惊涛骇浪的历史活剧，那么，毛泽东无疑就是一位洞悉情节发展的剧作家和剧中人。全面抗战爆发后，面对日本的强大武力和国人的疑虑，毛泽东考察敌我实际，总结出中日战争敌强我弱、敌退步我进步、敌小我大、敌寡助我多助四个特点，划分战略上的防御、相持、反攻三个阶段，提出持久战思想，国家的前途命运尽在运筹帷幄之中。对于革命发展阶段，毛泽东提出，"两篇文章，上篇与下篇，只有上篇做好，下篇才能做好。坚决地领导民主革命，是争取社会主义胜利的条件"①；"中国革命不能不做两步走，第一步是新民主主义，第二步才是社会主义"②；"没有一个由共产党领导的新式的资产阶级性质的彻底的民主革命，要想在殖民地半殖民地半封建的废墟上建立起社会主义社会来，那只是完全的空想"③。所以，共产党人在一定条件下提倡资本主义的发展，这相对于外国帝国主义和本国封建主义的压迫，不但是一个进步，而且是一个不可避免的过程。可见，对于革命力量的时空分布、敌我力量的时空转化、革命任务的时空分配等，毛泽东都有着符合实际的深刻认识，从而为全党避免空想、预判形势、夺取胜利提供了根本指导。

把实事求是贯彻到行动中，就是"革命的现实主义"。1945年5月31日，毛泽东在党的七大作结论讲话，最后讲到"实事求是问题"。他说："我们要以科学的精神、革命的现实主义，切切实实、一点一滴、一个一个地夺取敌人的阵地，这样才是比较巩固的。"④纵观毛泽东波澜壮阔的革命生涯，可以说，他高超地、典范地兼容了理想的一面和现实的一面。毛泽东在高扬理想主义大旗、把握"大本大源"的同时，在现实层面无疑也是一位登峰造极的战略大师。在理想目标的指引下，他把现实中的谋略发挥到了出神入化的程度，因而总是

① 《毛泽东选集》第一卷，人民出版社1991年版，第276页。

② 《毛泽东选集》第二卷，人民出版社1991年版，第683—684页。

③ 《毛泽东选集》第三卷，人民出版社1991年版，第1060页。

④ 《毛泽东文集》第三卷，人民出版社1996年版，第419页。

能够挽狂澜于既倒，取得一个个重大斗争胜利。

（三）得到关于客观实际情况的能动的反映

要使主观的热情、想法符合于客观的情况、规律，就不能做思想上的懒汉，就必须"多想"，开动脑筋，去掉盲目性，对具体的问题做具体的分析。毛泽东在驳斥"左"倾路线时写道："马克思说人比蜜蜂不同的地方，就是人在建筑房屋之前早在思想中有了房屋的图样。我们要建筑中国革命这个房屋，也须先有中国革命的图样。不但须有一个大图样，总图样，还须有许多小图样，分图样。而这些图样不是别的，就是我们在中国革命实践中所得来的关于客观实际情况的能动的反映（关于国内阶级关系，关于国内民族关系，关于国际各国相互间的关系，以及关于国际各国与中国相互间的关系等等情况的能动的反映）。"[1] 在这个意义上，毛泽东也是中国革命斗争的设计师和工程师。他为中国革命斗争绘制了各种各样的图样，大到中国革命战争和社会主义建设的远景规划，小到游击战、运动战、阵地战的具体战术，既有宏观、整体的战略擘画，也有根据时空条件、敌我对比而总结出的特殊规律，包括战略是"以一当十"、战术是"以十当一"；战略上藐视一切敌人、战术上重视一切敌人；等等。

要在求真求实的基础上把握战略枢机。毛泽东在《整顿党的作风》中指出，我们应该是老老实实地办事；在世界上要办成几件事，没有老实态度是根本不行的。在《中国革命战争的战略问题》中，毛泽东根据中国革命十年战争史的经验教训和主要特点，指出中国革命既有顺利的条件，又有困难的条件。他既看清了中国革命的不利因素，又看到了革命中化不利为有利的大趋势。在党的七大作结论讲话中，毛泽东就国内形势专门讲到"准备吃亏"问题，一口气列了 17 条困难，包括"准备被他们占去几大块根据地""被他们消灭若干万军队""跑掉、散掉若干万党员"等。[2] 面对困难、坚信胜利，从最坏处着

---

① 《毛泽东文集》第二卷，人民出版社 1993 年版，第 344 页。

② 《毛泽东文集》第三卷，人民出版社 1996 年版，第 387—392 页。

眼、向最好处努力，这成为我党我军战胜风险挑战、取得斗争胜利的重要策略方法。到 1947 年，人民解放军已经实力大增，在敌我优劣态势转变之际，毛泽东审时度势，适时作出"大举出击，经略中原"的战略决策，命令刘邓大军千里跃进大别山，发起"三大战役"，从而加速了解放战争进程，生动演绎了如何在变化着的条件中发现并创造战略转变的机会。

四、不但善于破坏一个旧世界，还善于建设一个新世界

在 1949 年 3 月召开的七届二中全会上，毛泽东向全党宣告："我们不但善于破坏一个旧世界，我们还将善于建设一个新世界。"[1] 这次全会从军事、政治、经济、外交等各个方面，描绘了一幅令人憧憬的大国蓝图。随着新中国成立，中国共产党团结带领中国人民，全面恢复国民经济，贯彻建国纲领，确立社会主义基本制度，推进社会主义建设，战胜帝国主义、霸权主义的颠覆破坏和武装挑衅，实现了一穷二白、人口众多的东方大国大步迈进社会主义社会的伟大飞跃，为实现中华民族伟大复兴奠定了根本政治前提和制度基础。

（一）革命战争胜利是万里长征第一步

毛泽东不仅领导党和人民英勇斗争，而且在胜利之际超越斗争，及时推动从革命到建设的转变。他还曾坦然谈到党的消亡，指出："我们和资产阶级政党相反。他们怕说阶级的消灭，国家权力的消灭和党的消灭。我们则公开声明，恰是为着促使这些东西的消灭而创设条件，而努力奋斗。"[2] 这充分体现了毛泽东睿智通达、高远超脱的斗争境界。

毛泽东告诫全党："夺取全国胜利，这只是万里长征走完了第一步。""中国的革命是伟大的，但革命以后的路程更长，工作更伟大，更艰苦。"[3] 在庆祝

---

[1] 《毛泽东选集》第四卷，人民出版社 1991 年版，第 1439 页。

[2] 《毛泽东选集》第四卷，人民出版社 1991 年版，第 1468 页。

[3] 《毛泽东选集》第四卷，人民出版社 1991 年版，第 1438 页。

中国共产党成立 28 周年时，毛泽东说："党的二十八年是一个长时期，我们仅仅做了一件事，这就是取得了革命战争的基本胜利。这是值得庆祝的，因为这是人民的胜利，因为这是在中国这样一个大国的胜利。但是我们的事情还很多，比如走路，过去的工作只不过是像万里长征走完了第一步。"①毛泽东在胜利面前保持清醒头脑，在七届二中全会上提出了"两个务必"的思想。全会还根据毛泽东的提议，作出禁止给党的领导人祝寿，禁止用党的领导者的名字作地名、街名和企业的名字，不要把中国同志和马克思、恩格斯、列宁、斯大林并列等重要规定。这些政策规定，不仅对迎接革命在全国的胜利，而且对新中国的建设事业，都具有重要指导作用。1949 年 3 月 23 日上午，毛泽东率领中共中央机关离开中国革命最后一个农村指挥所西柏坡，向北平进发。临行前，毛泽东对周恩来说，今天是进京的日子，进京赶考去。周恩来笑答，我们应当都能考试及格，不要退回来。毛泽东说，退回来就失败了。我们决不当李自成，我们都希望考个好成绩。在毛泽东富有远见和前瞻性的领导下，我们党推进工作重心由乡村转移到城市，开始管理城市和建设城市，将恢复和发展城市中的生产作为中心任务，继续领导人民，在捍卫民族独立和人民解放成果的同时，努力建设新中国，为实现国家富强和人民幸福而艰苦奋斗。

（二）我们的工作将写在人类的历史上

1949 年 9 月 21 日，中国人民政治协商会议第一届全体会议在北平隆重开幕，标志着中国的新型政党制度即中国共产党领导的多党合作和政治协商制度确立。毛泽东在开幕词中豪迈宣告："我们的工作将写在人类的历史上，它将表明：占人类总数四分之一的中国人从此站立起来了。""我们的民族将从此列入爱好和平自由的世界各民族的大家庭，以勇敢而勤劳的姿态工作着，创造自己的文明和幸福，同时也促进世界的和平和自由。"②1949 年 10 月 1 日，在开国大典之前，毛泽东主持召开中央人民政府委员会第一次会议，一致决议接

① 《毛泽东选集》第四卷，人民出版社 1991 年版，第 1480 页。
② 《毛泽东文集》第五卷，人民出版社 1996 年版，第 343、344 页。

受《中国人民政治协商会议共同纲领》为施政方针。中华人民共和国为"实行工人阶级领导的，以工农联盟为基础的、团结各民主阶级和国内各民族的人民民主专政"①的国家。新中国成立以后，毛泽东等第一代党和国家领导人根据国家和社会发展的需要建立健全了党对政权机关的领导体制，以渐进方式建立和改革国家行政机构，确立了人民代表大会制度、共产党领导的多党合作和政治协商制度及民族区域自治制度，巩固和发展了国家政权。人民民主政权成为中国历史上不曾有过的、真正得到人民拥护的、在全国范围内有效行使权力的政权。

中国共产党在不断探索中制定出适合中国情况的、符合中国人民利益的纲领、路线、方针和政策，提出符合中国实际和广大人民利益的建国方案，得益于毛泽东、党中央指明坚定正确的政治方向。几千年来受压迫、受奴役的中国人民从此成为新国家、新社会的主人。中国人民革命的胜利，从根本上改变了中国社会的发展方向，为实现由新民主主义到社会主义的转变和建立社会主义制度、进行社会主义现代化建设，扫清了主要的障碍，创造了政治的前提，为实现国家富强和人民幸福开辟了广阔的道路。

（三）找出在中国怎样建设社会主义的道路

毛泽东是现代文明的追求者、构想者和描绘者。他求学时接触过许多现代西方文明思想，后来接受的马克思主义同样是西方文明的光辉成果，这些思想中反对阶级压迫、主张大众民主、向往社会平等的现代内容，对毛泽东有重要影响。1953年12月，毛泽东带领宪法起草小组的几位成员来到杭州西湖畔，用两个多月的时间集中研究国内外各类宪法，起草了中华人民共和国宪法初稿。1954年9月，第一届全国人民代表大会第一次会议在北京隆重举行，一致通过《中华人民共和国宪法》。这部宪法确立了我国社会主义社会的根本政治制度，确立了国家体制的格局，规定了公民的基本权利和义务。随后，军队和国防的现代化建设、社会主义经济制度的建立等陆续推进，一个新国家和新

----

① 《建国以来重要文献选编》第1册，中央文献出版社2011年版，第2页。

社会初步展现在人们面前。

为寻找在中国这块大地上建设社会主义的具体道路，毛泽东做出了努力探索。1956年4月4日，他在中央书记处会议上指出：最重要的是要独立思考，把马列主义的基本原理同中国革命和建设的具体实际相结合。现在是社会主义革命和建设时期，我们要进行第二次结合，找出在中国怎样建设社会主义的道路。① 在这个思想指导下，毛泽东经过充分细致调查，逐渐形成了对中国社会主义建设有全局性长远性指导意义的《论十大关系》报告。同年9月15日，在党的八大开幕词中，毛泽东指出："要把一个落后的农业的中国改变成为一个先进的工业化的中国，我们面前的工作是很艰苦的，我们的经验是很不够的。"② 实现工业化是近代以来中国人梦寐以求的理想，毛泽东同样希望通过推动实现社会主义工业化，争取在尽可能不太长的历史时期内，将中国建设成为一个社会主义现代化强国。苏联模式的弊端显现后，毛泽东立足中国实际，决定建立独立、完整、现代化的工业体系，开始中国工业化道路的探索。由于建设速度急于求成和所有制关系上盲目求纯，出现了"大跃进"和人民公社化运动，之后，毛泽东总结经验教训，提出了实现"四个现代化"的历史任务，成为党和人民的共同奋斗目标。毛泽东领导党和人民围绕如何在中国实现现代化进行的艰辛探索，为中国社会主义现代化建设作出了卓越贡献。这主要体现在不仅初步建立起独立的比较完整的工业体系，积累了领导社会主义建设的重要经验，而且从制度建设上构建国家的基本制度框架，从理论上为社会主义建设初期提供了正确的指导思想以及从党的宗旨上论述人民在社会主义建设中的主体地位等。这些思想贡献和实践探索，实现了自1840年以来我国现代化进程由被动向主动的转变，也为此后建设中国特色社会主义、推进国家治理体系和治理能力现代化提供了启示。

----

① 《毛泽东年谱（一九四九——一九七六）》第二卷，中央文献出版社2013年版，第557页。
② 《毛泽东文集》第七卷，人民出版社1999年版，第117页。

五、与天奋斗、与地奋斗、与人奋斗，其乐无穷

毛泽东在湖南一师期间，十分重视锻炼身体，依季节的变化进行冷水浴、日光浴、风浴、雨浴、游泳、登山、露宿、长途步行、体操和拳术等各种体育活动，从中受益颇多。有感于此，他在日记本上写道："与天奋斗，其乐无穷！与地奋斗，其乐无穷！与人奋斗，其乐无穷！"[①]这表明毛泽东青年时代就拥有博大胸怀、高远志向和积极向上的奋斗精神。毛泽东的一生，正是践行了他的奋斗自勉，领导中国人民顶住内忧外患，熬过自然灾难，砥砺奋进，取得了举世瞩目的成就。

（一）自强不息

中华民族拥有五千年辉煌文明史，但是到近代却落伍了，封闭保守且愚昧贫弱，政治腐朽，经济凋零，民不聊生。1915 年，陈独秀在《新青年》创刊号发表《敬告青年》，痛陈"充塞社会之空气，无往而非陈腐朽败焉，求些少之新鲜活泼者，以慰吾人窒息之绝望，亦杳不可得"。又说："欲救此病，非太息咨嗟所能济，是在一二敏于自觉勇于奋斗之青年，发挥人间固有之智能，抉择人间种种之思想……自度度人，社会庶几其有清宁之日也。"[②]毛泽东正是这样的"敏于自觉勇于奋斗"者。他看到"中国坏空气太深太厚"，希望"造成一种有势力的新空气"。[③]他看重自强，指出"有身而不能自强，可以自强而故暴弃之，此食馁败而立岩墙也，可惜孰甚焉"[④]！在奋斗中，毛泽东将自强不息精神注入民族灵魂，使中华民族恢复了久失的浩然之气，一改软弱颓靡之

---

① 《毛泽东年谱（一八九三——一九四九）（修订本）》上册，中央文献出版社 2013 年版，第 24 页。

② 《中国共产党宣传工作文献选编：1915—1937》，学习出版社 1996 年版，第 2 页。

③ 中共中央文献研究室、中共湖南省委《毛泽东早期文稿》编辑组编：《毛泽东早期文稿（1912—1920）》，湖南人民出版社 2013 年版，第 498 页。

④ 中共中央文献研究室、中共湖南省委《毛泽东早期文稿》编辑组编：《毛泽东早期文稿（1912—1920）》，湖南人民出版社 2013 年版，第 53 页。

风，重振雄健尚武气象。

在1927年的八七会议上，毛泽东提出"须知政权是由枪杆子中取得的"著名论断，正确指出了革命斗争的方式问题，更重拾了中华民族千年来逐渐式微的尚武精神。经过统治者轮番进行制度性阉割，文人们"无事袖手谈心性，临危一死报君王"，就算一腔热血救世，也常常悲壮有余而效果不足。"文弱者多，国用不振，吾国是也，坐此而不能与外竞。"[①]毛泽东在乱世中重提枪杆子，既是以武装掀起革命，也是从精神上再造中华。当衣不蔽体、形如流寇的3万多红军完成二万五千里长征时，他们实际上是中国最生气勃勃的、具有百折不挠意志和崇高献身精神的、真正的革命战士。当抗日战争的烽火点燃时，在黄河之滨集合的是一群中华民族的精英和优秀子孙。当朝鲜战争爆发，新中国百废待兴之时，我们敢不敢迎战世界上经济实力最雄厚、军事力量最强大的美帝国主义？经反复权衡，毛泽东的结论是：参战利益极大，不参战损害极大。在路河冰冻，衣被单薄，粮弹缺乏，吃一把炒面就一把雪的极其艰难困苦的条件下，志愿军以大无畏的英雄气概同高度现代化装备的美军英勇作战，最终迫使其在停战协定上签字。这一战，以"钢少气多"力克"钢多气少"，实现"打得一拳开，免得百拳来"，充分展示了中国人民的钢铁意志。"经此一战，中国人民彻底扫除了近代以来任人宰割、仰人鼻息的百年耻辱，彻底扔掉了'东亚病夫'的帽子，中国人民真正扬眉吐气了。"[②]可以说，毛泽东领导党和人民以奋斗创造历史的过程，也是挺起民族的自信、自尊、自立、自强精神的过程，是淬炼不畏强暴、反抗强权的民族风骨的过程。正是在毛泽东领导下，中华民族扭转了停滞不前、日益衰颓的趋势，结束了备受帝国主义侵略欺辱的历史，进入了一个生气勃勃、奋进复兴的新纪元。

（二）乐观主义

奋斗少有春风得意的顺水行舟，而时常要顶风冒雪艰难跋涉，甚至要在绝

---

① 中共中央文献研究室、中共湖南省委《毛泽东早期文稿》编辑组编：《毛泽东早期文稿（1912—1920）》，湖南人民出版社2013年版，第529页。

② 习近平：《论中国共产党历史》，中央文献出版社2021年版，第295页。

境中不屈不挠、坚韧执着。不怕困难，在逆境和低谷中保持积极向上的乐观主义，是毛泽东奋斗精神的一个重要方面。1955年3月，在党的全国代表会议上，毛泽东总结说，我们共产党人是以不怕困难著名的，"种种困难，遇到共产党人，它们就只好退却，真是'高山也要低头，河水也要让路'……不论在自然界和在社会上，一切新生力量，就其性质来说，从来就是不可战胜的。而一切旧势力，不管它们的数量如何庞大，总是要被消灭的。因此，我们可以藐视而且必须藐视人世遭逢的任何巨大的困难，把它们放在'不在话下'的位置。这就是我们的乐观主义"[①]。这种乐观主义精神，蕴含着藐视艰难险阻的英雄气概，宣示着革命事业必定胜利的坚定信念，鼓舞着革命队伍的同志们坚忍不拔向前进。

1933年10月，蒋介石对中央苏区发动了第五次"围剿"。在此关头，党内以博古、李德为首的领导人却坚持"左"倾主义，想要与敌人硬碰硬。在敌我力量悬殊的形势下，红军在一次次血战中迅速折损，中央苏区根据地也日益缩小，而此时的毛泽东却受到排挤，无法参与决策。1934年4月下旬，毛泽东离开瑞金，到中央根据地南线、江西省东南部的会昌调查研究和指导工作。同年7月，写下了《清平乐·会昌》："东方欲晓，莫道君行早。踏遍青山人未老，风景这边独好。会昌城外高峰，颠连直接东溟。战士指看南粤，更加郁郁葱葱。"这是毛泽东在革命生涯处于逆境时的词作，看似胜利者的宣言，其实反映的正是毛泽东身处绝境中的乐观精神。许多年后，毛泽东对当时的心情依然难以忘怀。1958年12月，他对这首词写了一条批注："一九三四年，形势危急，准备长征，心情又是郁闷的。这一首《清平乐》，如前面那首《菩萨蛮》一样，表露了同一的心境。"[②]但纵观整首词，却不见抱怨或绝望，甚至不见处于人生低谷的迹象。"踏遍青山人未老，风景这边独好"倒是像在迎接曙光一样，预示中国革命将在柳暗花明中走向一个转折，在暂时的挫折中走向光明的前途。这种勇于战胜一切困难的革命乐观主义精神，始终是支撑我们披荆

---

① 《毛泽东文集》第六卷，人民出版社1999年版，第393页。
② 《毛泽东文集》第七卷，人民出版社1999年版，第460页。

斩棘、勇毅前行的强大思想武器。

（三）永久奋斗

奋斗不是一种达到目标后就可以放松的手段，而是生命本身应该具有的状态。奋斗过程不是一次完成的，一次胜利了还会有新的斗争在后面，"今日欢呼孙大圣，只缘妖雾又重来"。因此，任何时候都不能懈怠，不能骄傲，甚至很多代人持续不懈地付出努力才能实现奋斗目标，永久奋斗的精神一刻也不能放松。

毛泽东提倡要有奋斗到底、永久奋斗的决心。1938 年 4 月，毛泽东在延安抗日军政大学讲话，号召学员："你们要为中华民族的解放，为建设新中国永不退缩，勇往直前，要坚决地为全国四万万五千万同胞奋斗到底！"[①]1939 年 5 月，在延安庆贺模范青年大会上，毛泽东说："中国的青年运动有很好的革命传统，这个传统就是'永久奋斗'。""什么是模范青年？就是要有永久奋斗这一条。"[②] 不论汪精卫还是张国焘，虽然曾经英勇，但都缺乏永久奋斗的精神，中途变节，道德沦丧。针对奋斗到什么程度的问题，毛泽东指出："总之一句话，要奋斗到死，没有死就还没有达到永久奋斗的目标。"[③]他把奋斗到死作为模范青年的标准，作为讲道德中非常要紧的、最应该讲的道德。毛泽东所讲的永久奋斗，不仅是自己终生奋斗，还要一代接一代地接续奋斗。他对模范青年们说，要永远代表全国大多数的老百姓，将来你们老了，教育你们的儿子也要代表他们，儿子再告诉儿子，孙子再告诉孙子，这样一代一代传下去，并且一传十，十传百，百传千，传遍全中国，不达目的不止。1957 年 3 月，毛泽东在济南党员干部会议上讲话，针对部分同志革命意志衰退、革命热情不足、全心全意为人民服务的精神变少，而闹地位、闹名誉、讲究吃穿、争名夺利多起来的现象，指出："人没有饿死，就要做革命工作，就要奋斗。一万年以后，也要奋斗。共产党就是要奋斗，就是要全心全意为人民服务，不要半心半意或者

[①] 《毛泽东文集》第二卷，人民出版社 1993 年版，第 119 页。

[②] 《毛泽东文集》第二卷，人民出版社 1993 年版，第 190 页。

[③] 《毛泽东文集》第二卷，人民出版社 1993 年版，第 191 页。

三分之二的心三分之二的意为人民服务。"①中国革命、建设、改革的事业，正是这样靠不同时期的"永久奋斗"、靠一代代人的"永久奋斗"而传承下来，才确保红色江山永不变色、人民幸福不断增进。

六、我们的目的一定要达到，一定能够达到

1954 年 9 月 15 日，毛泽东在第一届全国人民代表大会第一次会议上向世人宣告："我们有充分的信心，克服一切艰难困苦，将我国建设成为一个伟大的社会主义共和国。我们正在前进。我们正在做我们的前人从来没有做过的极其光荣伟大的事业。我们的目的一定要达到。我们的目的一定能够达到。"②这种对革命事业的浪漫情怀、对未来的自信豪迈，使毛泽东和他所领导的党、军队、人民始终充满昂扬的激情、奋进的勇气，谱写了世界革命史上、社会主义建设史上的雄浑篇章。

（一）把民族自信心提高起来

小到一个人，大到一个国家、一个民族，都要有自信心。毛泽东始终高度重视自信，土地革命时期，他告诉那些对时局估量有悲观失望情绪的人，中国革命必能成功，写出"星星之火，可以燎原"。抗日战争时期，他写出《论持久战》，纠正速胜论的错误，驳倒亡国论的谬论，阐明最后的胜利是中国的。解放战争初期，蒋介石依仗美国援助和军事优势不可一世，毛泽东却坚定指出："我们虽无外国援助，但是人心归向，士气高涨，经济亦有办法。因此，我们是能够战胜蒋介石的。全党对此应当有充分的信心。"③朝鲜战争爆发后，面对美帝国主义的嚣张气焰，毛泽东果敢作出抗美援朝决策，指出："目前总的国际形势和国内形势于我们有利，于侵略者不利，只要同志们坚决勇敢，善

---

① 《毛泽东文集》第七卷，人民出版社 1999 年版，第 285 页。
② 《毛泽东文集》第六卷，人民出版社 1999 年版，第 350 页。
③ 《毛泽东选集》第四卷，人民出版社 1991 年版，第 1187 页。

于团结当地人民，善于和侵略者作战，最后胜利就是我们的。"①新中国成立后，着眼建设一个伟大的社会主义国家，保卫国际和平和发展人类进步事业，毛泽东做出了"我们的目的一定能够达到"的历史宣言，鼓舞人心，催人奋进。

民族自信心对于近代以来的中华民族具有特殊重要的意义。1937年4月，毛泽东作《四言诗·祭黄帝陵》，在礼赞中华祖先轩辕黄帝之后，描述了近代中华民族落后于人的形势：世变沧桑，中更蹉跌。越数千年，强邻蔑德。琉台不守，三韩为墟。辽海燕冀，汉奸何多！以地事敌，敌欲岂足？人执笞绳，我为奴辱。毛泽东痛心疾首于一部分中国人丢失了自信，他在《论十大关系》中指出："有些人做奴隶做久了，感觉事事不如人，在外国人面前伸不直腰，像《法门寺》里的贾桂一样，人家让他坐，他说站惯了，不想坐。在这方面要鼓点劲，要把民族自信心提高起来，把抗美援朝中提倡的'藐视美帝国主义'的精神发展起来。"②当时，中国是一个大国，也是一个与西方发达国家相比较为落后的弱国。中国人民只有坚定信心，保持朝气蓬勃的气势，依靠自己的艰苦奋斗，才能实现现代化，自立于世界民族之林。

（二）中华民族原有伟大的能力

毛泽东认为，中国有能力自信。"我们中华民族原有伟大的能力！压迫愈深，反动愈大，蓄之既久，其发必速。"③他还说："我们中华民族有同自己的敌人血战到底的气概，有在自力更生的基础上光复旧物的决心，有自立于世界民族之林的能力。"④毛泽东以振奋人心的话语，传达出了对中华民族文明底蕴的深切了解和建立在这种了解基础上的对中华民族光明前途的坚定信念。

中国自信的能力来自中国的大地、中国的历史和中国的人民。毛泽东说："我们中国是世界上最大国家之一，它的领土和整个欧洲的面积差不多相等。

---

① 《毛泽东文集》第六卷，人民出版社1999年版，第101页。

② 《毛泽东文集》第七卷，人民出版社1999年版，第43页。

③ 中共中央文献研究室、中共湖南省委《毛泽东早期文稿》编辑组编：《毛泽东早期文稿
  （1912—1920）》，湖南人民出版社2013年版，第359页。

④ 《毛泽东选集》第一卷，人民出版社1991年版，第161页。

在这个广大的领土之上，有广大的肥田沃地，给我们以衣食之源；有纵横全国的大小山脉，给我们生长了广大的森林，贮藏了丰富的矿产；有很多的江河湖泽，给我们以舟楫和灌溉之利；有很长的海岸线，给我们以交通海外各民族的方便。"①这片宽阔广大的土地，使中国革命有了充足的回旋余地。中国大地上的历史具有无比深厚的底蕴。毛泽东对不知道中国历史而"言必称希腊"的教条主义者提出犀利批判，号召继承与发展从孔夫子到孙中山的历史智慧。中国共产党人不仅善于将马克思主义与中国革命和建设的具体实际相结合，而且善于将马克思主义与中华优秀传统文化相结合。毛泽东提出和阐发的实事求是、独立自主、艰苦奋斗等思想观点，就是马克思主义之灵魂与中华优秀传统文化之文脉相结合而形成的，凝聚着强大的精神力量。刻苦耐劳的中国人民是中国自信的根基。"我们中国现在拥有四亿五千万人口，差不多占了全世界人口的四分之一。"②毛泽东是人民的领袖，战争年代，他赞美人民群众是真正的英雄，真正的铜墙铁壁，指出"战争的伟力之最深厚的根源，存在于民众之中"③。社会主义建设时期，他告诫干部："我们应当相信群众，我们应当相信党，这是两条根本的原理。如果怀疑这两条原理，那就什么事情也做不成了。"④中国革命和建设的实践，充分证明了毛泽东人民观点的科学性和真理性，充分证明了中国人民是具有伟大创造精神的人民，中华民族是具有坚定民族自信和强大修复能力的民族。

（三）世上无难事，只要肯登攀

毛泽东既笃信远大目标能够实现，更明白远大目标要靠奋力登攀一步步实现。在《论持久战》中，毛泽东一方面坚信胜利是中国的，有力驳斥了亡国论；另一方面接连讲了9条努力："惟有努力于作战多打胜仗，消耗敌人的军队，努力于发展游击战争，使敌之占领地限制于最小的范围，努力于巩固和扩大统

---

① 《毛泽东选集》第二卷，人民出版社1991年版，第621页。
② 《毛泽东选集》第二卷，人民出版社1991年版，第622页。
③ 《毛泽东选集》第二卷，人民出版社1991年版，第511页。
④ 《毛泽东文集》第六卷，人民出版社1999年版，第423页。

一战线，团结全国力量，努力于建设新军和发展新的军事工业，努力于推动政治、经济和文化的进步，努力于工、农、商、学各界人民的动员，努力于瓦解敌军和争取敌军的士兵，努力于国际宣传争取国际的援助，努力于争取日本的人民及其他被压迫民族的援助，做了这一切，才能缩短战争的时间，此外不能有任何取巧图便的法门。"[1]这强调了中国人民的努力奋斗是不断积累力量、实现变弱为强的最重要的能动性因素。

中华民族如何自信？最主要的是坚持实事求是、谦虚谨慎、艰苦奋斗。实事求是是毛泽东思想的精髓。"我们民族的灾难深重极了，惟有科学的态度和负责的精神，能够引导我们民族到解放之路。"[2]科学的态度是"实事求是"，就是坚持"只有千百万人民的实践才是检验真理的尺度"的彻底唯物主义态度。世界已进入工业化和现代化时代，中国社会的发展只有沿着社会主义道路迅速实现工业化和现代化，才能为民族自信自立奠定基础。面对中国革命和建设取得的历史性胜利，毛泽东一再强调要谦虚谨慎、不骄不躁。谦虚使人进步，骄傲使人落后。谦虚等于实际，骄傲自满就会脱离实际、脱离群众，就会一次又一次吃亏。中国走进现代、走向未来的力量源泉在于万众一心，艰苦奋斗。学生时代的毛泽东就从中华优秀传统文化中形成了对艰苦奋斗的认识，明白唯有勤于奋斗者才能成事。他在《讲堂录》中记了这样一段话："夫以五千之卒，敌十万之军，策罢乏之兵，当新羁之马，如此而欲图存，非奋斗不可。"[3]后来，毛泽东总结第一次反"围剿"胜利原因，就是"唤起工农千百万，同心干"。[4]在毛泽东心目中，只有艰苦奋斗，才能夺取革命和建设的胜利，才能使中华民族真正地站起来、强起来。实现中华民族伟大复兴是一场接力跑，一代又一代中华儿女接续奋斗、攻坚克难，一定能一步一个脚印地把美好蓝图变为现实。

---

① 《毛泽东选集》第二卷，人民出版社 1991 年版，第 470—471 页。

② 《毛泽东选集》第二卷，人民出版社 1991 年版，第 663 页。

③ 中共中央文献研究室、中共湖南省委《毛泽东早期文稿》编辑组编：《毛泽东早期文稿（1912—1920）》，湖南人民出版社 2013 年版，第 528 页。

④ 《毛泽东诗词集》，中央文献出版社 1996 年版，第 33 页。

结　语
"依靠顽强斗争打开事业发展新天地"

—— 坚持和发展毛泽东的斗争艺术

毛泽东的斗争艺术是中国乃至世界文明的瑰宝，具有跨越时空的指导价值。当今世界正处于百年未有之大变局，中国进入由大向强发展的关键阶段，中国共产党领导中国人民正在进行具有许多新的历史特点的伟大斗争。习近平总书记着眼实现中华民族伟大复兴的中国梦，围绕新的伟大斗争提出一系列新理念新思想新战略，深刻回答了新时代"为谁斗争""靠谁斗争""怎样斗争"等重大问题，进一步丰富和发展了党的斗争艺术。党的二十大报告强调："坚持发扬斗争精神"，"依靠顽强斗争打开事业发展新天地"①。在强国建设、民族复兴新征程上，必须深入把握毛泽东的斗争艺术的现实意义，把继承与发展、运用与创新结合起来，把学习运用毛泽东的斗争艺术与学习贯彻习近平总书记关于伟大斗争重要论述结合起来，不断开拓党的斗争艺术发展新境界，续写夺取伟大斗争胜利的时代华章。

一、实现伟大梦想，必须进行伟大斗争

毛泽东把中国革命和建设伟大事业，称为"伟大斗争"，强调进行从古未有的极其伟大的斗争，准备进行同过去时代的斗争形式有着许多不同特点的伟

① 习近平：《高举中国特色社会主义伟大旗帜　为全面建设社会主义现代化国家而团结奋斗——在中国共产党第二十次全国代表大会上的报告》，人民出版社 2022 年版，第 27 页。

大的斗争。进入新时代，习近平总书记统筹中华民族伟大复兴战略全局和世界百年未有之大变局，明确提出新时代伟大斗争的崭新命题，赋予"伟大斗争"以新的内涵和时代要求。

（一）进行具有许多新的历史特点的伟大斗争

发展中国特色社会主义是一项长期的艰巨的历史任务，必须准备进行具有许多新的历史特点的伟大斗争。党的十八大报告中的这句话，是习近平总书记在主持起草党的十八大报告工作时主张写上去的。习近平总书记专门指出，"新的历史特点"这个概念，含义是很深刻的，是全面审视和判断国内国际两个大局发展大势得出的重要判断。习近平总书记在党的十九大、二十大等多个重大场合，反复强调面对复杂多变的国际形势和艰巨繁重的国内改革发展稳定任务，面对前进道路上的重大挑战、重大风险、重大阻力、重大矛盾，必须进行具有许多新的历史特点的伟大斗争，任何贪图享受、消极懈怠、回避矛盾的思想和行为都是错误的。"进行具有许多新的历史特点的伟大斗争"，是习近平新时代中国特色社会主义思想中一个具有引领和支撑作用的重大命题，也是这一思想具有鲜明原创性的重要标志。

（二）充分认识这场伟大斗争的长期性、复杂性、艰巨性

习近平总书记指出，一百年来，中国共产党领导人民经过波澜壮阔的伟大斗争，从根本上改变了中国人民的前途命运。以史为鉴、开创未来，必须进行具有许多新的历史特点的伟大斗争。今天，我们比历史上任何时期都更接近、更有信心和能力实现中华民族伟大复兴的目标，同时必须准备付出更为艰巨、更为艰苦的努力。我们面临的各种斗争不是短期的而是长期的，至少要伴随实现第二个百年奋斗目标全过程。习近平强调："全党要充分认识这场伟大斗争的长期性、复杂性、艰巨性，发扬斗争精神，提高斗争本领，不断夺取伟大斗争新胜利。"①

---

① 习近平：《决胜全面建成小康社会　夺取新时代中国特色社会主义伟大胜利——在中国共产党第十九次全国代表大会上的报告》，人民出版社 2017 年版，第 16 页。

「依靠顽强斗争打开事业发展新天地」——坚持和发展毛泽东的斗争艺术

这些重要论述，深刻揭示出新时代伟大斗争的目标远大，难度巨大，规模宏大，意义重大。

（三）准备经受风高浪急甚至惊涛骇浪的重大考验

习近平总书记深刻洞察世情、国情、军情重大变化，世界之变、时代之变、历史之变正以前所未有的方式展开，世界进入新的动荡变革期，我国发展进入战略机遇和风险挑战并存、不确定难预料因素增多的时期，各种"黑天鹅""灰犀牛"事件随时可能发生。习近平总书记强调，强国建设、民族复兴的新征程，是充满光荣与梦想的远征，前途光明，任重道远。我们必须增强忧患意识，坚持底线思维、极限思维，做到居安思危、未雨绸缪，准备经受风高浪急甚至惊涛骇浪的重大考验，全力战胜前进道路上各种困难和挑战。习近平总书记以宏阔的战略视野和底线思维，深刻指明了新时代伟大斗争的严峻挑战、实践要求和美好前景。

二、共产党人的斗争是有方向、有立场、有原则的

毛泽东的斗争艺术，创造性地确立党的领导的斗争方向、一切为了人民的斗争立场和一系列斗争原则。习近平总书记深刻把握新时代斗争实际，鲜明指出"共产党人的斗争是有方向、有立场、有原则的，大方向就是坚持中国共产党领导和我国社会主义制度不动摇"①，深刻回答了新时代伟大斗争这一具有方向性、根本性、全局性的重大问题。

（一）大方向就是坚持中国共产党领导和我国社会主义制度不动摇

习近平总书记告诫全党，不要忘了中国共产党是什么、要干什么这个根本问题，不要在日益复杂的斗争中迷失了自我、迷失了方向。习近平总书记指

① 《习近平谈治国理政》第三卷，外文出版社2020年版，第226页。

出，中国特色社会主义最本质的特征是中国共产党领导，中国特色社会主义制度的最大优势是中国共产党领导，中国共产党是领导我们事业的核心力量。中国特色社会主义制度是当代中国发展进步的根本制度保障，是具有明显制度优势、强大自我完善能力的先进制度。进行伟大斗争，必须坚持和加强党的全面领导，坚定拥护"两个确立"、坚决做到"两个维护"，使党始终成为风雨来袭时全体人民最可靠的主心骨，集聚起万众一心、共克时艰的磅礴力量。必须完善和发展中国特色社会主义制度，推进国家治理体系和治理能力现代化，为夺取伟大斗争胜利提供根本制度保障。

（二）要站稳人民立场

习近平总书记指出，中国共产党始终把为中国人民谋幸福、为中华民族谋复兴作为自己的初心使命。"我们讲的斗争，不是为了斗争而斗争，也不是为了一己私利而斗争，而是为了实现人民对美好生活的向往、实现中华民族伟大复兴知重负重、苦干实干、攻坚克难"①。习近平新时代中国特色社会主义思想"六个必须坚持"的世界观和方法论，第一个就是"必须坚持人民至上"。进行伟大斗争，必须坚持全心全意为人民服务的根本宗旨，坚持党的群众路线，坚持一切为了人民、一切依靠人民，使新时代伟大斗争始终保持为了人民的价值取向，使14亿多中国人成为新时代伟大斗争的力量主体，汇聚成不可战胜的斗争伟力。党的十八大以来，我们党团结带领中国人民，战胜了来自政治、经济、意识形态、自然界等方面的风险挑战。特别是面对突如其来的新冠疫情，我们党坚持人民至上、生命至上，开展抗击新冠疫情的人民战争、总体战、阻击战，最大限度保护了人民生命安全和身体健康。开展史无前例的反腐败斗争，以"得罪千百人、不负十四亿"的使命担当祛疴治乱，不敢腐、不能腐、不想腐一体推进，反腐败斗争取得压倒性胜利并全面巩固，消除了党、国家、军队内部存在的严重隐患，确保了党和人民赋予的权力始终用来为人民谋幸福。

---

① 《习近平著作选读》第二卷，人民出版社2023年版，第302页。

（三）在原则问题上寸步不让

习近平总书记始终坚持原则的坚定性，坚定不移、毫不犹豫地同各种矛盾问题进行坚决斗争，决不拿原则做交易，决不屈从外部压力，决不做别国的附庸。习近平总书记强调，"全党要更加自觉地坚持党的领导和我国社会主义制度，坚决反对一切削弱、歪曲、否定党的领导和我国社会主义制度的言行；更加自觉地维护人民利益，坚决反对一切损害人民利益、脱离群众的行为；更加自觉地投身改革创新时代潮流，坚决破除一切顽瘴痼疾；更加自觉地维护我国主权、安全、发展利益，坚决反对一切分裂祖国、破坏民族团结和社会和谐稳定的行为；更加自觉地防范各种风险，坚决战胜一切在政治、经济、文化、社会等领域和自然界出现的困难和挑战"①。新时代以来，我们党贯彻总体国家安全观，在原则问题上寸步不让，以坚定的意志品质维护国家主权、安全、发展利益，国家安全得到全面加强。面对香港局势动荡变化，制定实施香港特别行政区维护国家安全法，落实"爱国者治港"原则，香港局势实现由乱到治的重大转折。面对"台独"势力分裂活动和外部势力干涉台湾事务的严重挑衅，坚决开展反分裂、反干涉重大斗争，进一步掌握了实现祖国完全统一的战略主动，进一步巩固了国际社会坚持一个中国的格局。面对外部讹诈、遏制、封锁、极限施压，保持战略定力，发扬斗争精神，展示不畏强权的坚定意志，在斗争中维护国家尊严和核心利益，牢牢掌握了我国发展和安全主动权。

三、务必敢于斗争、善于斗争

敢于斗争、善于斗争，是毛泽东的突出斗争品格，也是毛泽东斗争艺术的鲜明特色。实践充分证明，敢于斗争、善于斗争是我党我军克服一切艰难险

---

① 《习近平著作选读》第二卷，人民出版社 2023 年版，第 13 页。

阻、战胜一切强大敌人的关键和保证。党的二十大报告郑重提出"三个务必"，其中之一就是"务必敢于斗争、善于斗争"①，充分体现了我们党强烈的使命担当、忧患意识和斗争精神。

（一）坚持敢于斗争

习近平总书记总结中国共产党百年奋斗，精辟提出"十个坚持"的历史经验，第八条经验就是"坚持敢于斗争"。习近平总书记指出，敢于斗争是我们党的鲜明品格。我们党依靠斗争走到今天，也必然要依靠斗争赢得未来。在新征程上，必须坚持发扬斗争精神，增强全党全国各族人民的志气、骨气、底气，不信邪、不怕鬼、不怕压，知难而进、迎难而上，全力战胜前进道路上各种困难和挑战。习近平总书记强调，战争是物质的较量，也是精神的比拼，敢于斗争、敢于胜利始终是我军血性胆魄的生动写照。在抗美援朝战争中，面对强敌，中国人民志愿军以"钢少气多"力克"钢多气少"，谱写了惊天地、泣鬼神的雄壮史诗。在前进道路上，人民军队要大力弘扬敢打必胜的精神品质，坚定不畏强敌、敢打必胜、血战到底的信念，逢敌亮剑，遇强更强，敢于战胜一切困难，敢于压倒一切敌人，锻造"钢多气更多、骨头更硬"新优势，以赤胆忠诚和铮铮铁骨坚决履行党和人民赋予的使命任务。

（二）要善于斗争

习近平总书记指出，斗争是一门艺术，要善于斗争。要注重策略方法，讲求斗争艺术。② 习近平总书记强调："在各种重大斗争中，我们要坚持增强忧患意识和保持战略定力相统一、坚持战略判断和战术决断相统一、坚持斗争过程和斗争实效相统一。"③要抓主要矛盾、抓矛盾的主要方面，坚持有理有利有节，合理选择斗争方式、把握斗争火候，在原则问题上寸步不让，在策略问题上灵

① 习近平：《高举中国特色社会主义伟大旗帜 为全面建设社会主义现代化国家而团结奋斗——在中国共产党第二十次全国代表大会上的报告》，人民出版社 2022 年版，第 1 页。
② 《习近平著作选读》第二卷，人民出版社 2023 年版，第 259 页。
③ 《习近平著作选读》第二卷，人民出版社 2023 年版，第 259 页。

活机动。要根据形势需要,把握时、度、效,及时调整斗争策略。要团结一切可以团结的力量,调动一切积极因素,在斗争中争取团结,在斗争中谋求合作,在斗争中争取共赢。当前,世界进入乱世之秋,我国国家安全处于高风险期,战争危险在上升。习近平总书记强调,形势越是复杂严峻,越要用好用活军事斗争这一手。习近平总书记在领导重大军事斗争实践中发展了敢于斗争、善于斗争的胆略艺术,既敢于碰硬、敢于亮剑,又着眼大局、管控风险;既坚持寸土必争、针锋相对,又讲究有理有利有节。这些充满智慧的雄韬伟略、奇正相合的军事指挥艺术,为我军掌握现代战争的"游泳术"、把握军事斗争的"盖然性",提供了科学原则和策略方法。我军坚定灵活开展军事斗争,有效应对外部军事挑衅,震慑"台独"分裂行径,加强边境管控和反蚕食斗争,有效遂行反恐维稳、抢险救灾、抗击疫情、维和护航、人道主义救援和国际军事合作等重大任务,以顽强斗争精神和实际行动捍卫国家主权、安全、发展利益,提振了国威军威。

四、发展人民战争战略战术

毛泽东创造性地提出一整套适合中国特点的人民战争战略战术,成功地解决了以劣胜优、以弱胜强的重大难题,极大地丰富和发展了马克思主义战争指导艺术。进入新时代,习近平总书记反复强调,人民战争仍然是我军克敌制胜的重要法宝。习近平总书记在党的二十大报告中强调,"发展人民战争战略战术"①,为掌握现代战争"游泳术"指明了方向。

(一)人民战争这个法宝永远不能丢

人民战争思想深刻反映了中国革命战争规律,是经过长期战争实践检验的制胜法则,是几千年来中国战争指导理论发展的高峰,集中体现了我们党的军

---

① 习近平:《高举中国特色社会主义伟大旗帜 为全面建设社会主义现代化国家而团结奋斗——在中国共产党第二十次全国代表大会上的报告》,人民出版社 2022 年版,第 56 页。

事斗争智慧。随着时代发展和战争形态演变，有人认为，人民战争过时了、没有用。习近平总书记明确指出，不论形势如何发展，人民战争这个法宝永远不能丢。展望未来，我国可能进行的战争，将是为捍卫国家主权、安全、发展利益而进行的反侵略、反颠覆、反分裂战争，是符合人民根本利益、顺应时代发展潮流的正义之战，必将继续得到最广大人民的支持。在信息化智能化条件下，我军进行正义之战这个战争根本性质没有变，兵民是胜利之本这个战争制胜根本因素没有变，进行人民战争的政治基础、社会基础、物质基础这个战争根本条件没有变。从总体上看，人民战争是我军制胜法宝的地位作用没有变，敌人最害怕的也还是我们威力无穷的人民战争。

（二）把握新的时代条件下人民战争的新特点新要求

习近平总书记对世界之变、时代之变、历史之变高度重视，强调要把握新的时代条件下人民战争的新特点新要求。当前，世界百年未有之大变局加速演进，新一轮科技革命和军事革命进入加速发展期。从近年发生的纳卡军事冲突、叙利亚战争、俄乌战争看，现代战争信息化程度不断提高，智能化特征日益显现，各类无人作战系统大量投入实战，战争制胜观念、制胜要素、制胜方式都在发生重大变化。在信息化智能化条件下，技术密集的精兵对抗更加突出，战争的时空特性发生重大变化，革命战争年代通过诱敌深入、大规模组织人民群众利用广阔国土空间进行持久作战、不断消耗敌人逐步取得力量对比优势的战略战术，局限性日益明显。同时，信息化智能化战争具有平战一体、前后方一体、军民一体的显著特点，为进行人民战争提供了广阔舞台、创造了新的条件，并对重塑新时代人民战争优势带来了重要机遇。筹划指导新时代人民战争，必须研究掌握信息化智能化战争特点规律，深谙陆、海、空、天、电、网多维一体等战争特点，前瞻作战行动自主化、作战平台无人化、作战指挥智能化、作战节奏极速化等发展趋势，透析战争规律和战争指导规律，着力锻造慑打一体、攻防兼备、全域作战的战争力量，提升人民战争的综合作战效能，牢牢掌握未来战争制胜先机。

（三）创新人民战争内容和方式方法

习近平总书记紧盯科技之变、战争之变、对手之变，创新发展了"你打你的、我打我的""灵活、机动、自主""充分发挥人民战争的整体威力"等军事原则，并对创新人民战争内容和方式方法、发展人民战争战略战术提出明确要求。打好新时代人民战争，必须弘扬以改革创新为核心的时代精神，主动识变求变应变，善于在危机中育先机、于变局中开新局。创新人民战争思想教育形式，增强全民国防观念，探究"兵民是胜利之本"的时代内涵，纠正人民战争"过时论""无用论""打仗只是军队专责、与老百姓无关"等错误观点，夯实新时代人民战争的思想基础和群众基础，构建新时代"军民团结如一人，试看天下谁能敌"格局。继承又不拘泥于革命战争年代形成的战略战术，注重体系对抗、全域联动，推动战争动员以人力动员为主向以科技动员为主转变，探索科技支前、智力拥军等适合人民群众参战的新战法，由直接参与向间接支前转变，由依靠人力物力向侧重智力能力转变，由保障单一作战向保障联合作战转变，从根本上提升人民战争的质量层次。加强军地协调联动，从国家层面加强国防战略预制，加强各领域战略布局一体融合、战略资源一体整合、战略力量一体运用，巩固提高一体化国家战略体系和能力，在重塑军民一体优势中锻造新时代"不可战胜的力量"。

五、建立最广泛的统一战线

毛泽东吸收我国传统文化关于纵横捭阖的思想精髓，把统一战线与党的建设、武装斗争一起，发展成为我们党战胜敌人的三大法宝。习近平总书记把"坚持统一战线"作为中国共产党百年奋斗十条历史经验之一，指出"建立最广泛的统一战线，是党克敌制胜的重要法宝，也是党执政兴国的重要法宝"①。

---

① 《中共中央关于党的百年奋斗重大成就和历史经验的决议》，人民出版社 2021 年版，第 70 页。

（一）统一战线的本质要求是大团结大联合

习近平总书记指出，统一战线是党的总路线总政策的重要组成部分，在我国革命、建设、改革不同历史时期发挥了重要作用。[①] 人心向背、力量对比是决定党和人民事业成败的关键，是最大的政治。统战工作解决的就是人心和力量问题。关键是要坚持求同存异，发扬团结—批评—团结的优良传统，在尊重多样性中寻求一致性，找到最大公约数、画出最大同心圆。统一战线是党领导的统一战线，要确保党对统战工作全面领导，构建党委统一领导、统战部门牵头协调、有关方面各负其责的大统战工作格局。

（二）发展壮大新时代爱国统一战线

习近平总书记在中央统战工作会议上指出，要坚持爱国统一战线发展的正确方向，准确把握新时代爱国统一战线的历史方位，深刻理解发展壮大新时代爱国统一战线的重要意义，以高度的使命感和责任感做好工作。要团结一切可以团结的力量，调动一切可以调动的积极因素，促进政党关系、民族关系、宗教关系、阶层关系、海内外同胞关系和谐，不断巩固和发展各民族大团结、全国人民大团结、全体中华儿女大团结，形成海内外全体中华儿女心往一处想、劲往一处使的生动局面，汇聚起实现中华民族伟大复兴的磅礴伟力。

（三）最广泛争取国际社会理解和支持

习近平总书记指出："世界百年未有之大变局加速演进，统一战线在维护国家主权、安全、发展利益上的作用更加重要。"[②] 要用好统一战线这个法宝，团结大多数，搞好大联合，不要四面出击，不搞关门主义。要秉持人类命运共同体理念，摒弃零和博弈思维，善于利用多边机制，更好利用国际体系的力量

[①]　《习近平著作选读》第二卷，人民出版社 2023 年版，第 607 页。

[②]　《习近平著作选读》第二卷，人民出版社 2023 年版，第 609 页。

遏制单边主义、保护主义、霸权主义，占领国际斗争政治和道义制高点。积极建设覆盖全球的伙伴关系网络，推动构建新型国际关系，为变乱交织的世界注入更多稳定性和正能量。弘扬全人类共同价值，推动落实我国提出的全球发展倡议、全球安全倡议、全球文明倡议，共同应对各种全球性挑战，在"西强东弱"的国际环境下主动塑造有利态势，形成"得道多助、失道寡助"的有利局面。

六、提高斗争本领，强化斗争担当

面对新时代艰巨复杂的斗争任务，习近平总书记重申毛泽东提出的"本领恐慌"问题，强调"全党同志特别是各级领导干部，都要有本领不够的危机感，都要努力增强本领，都要一刻不停地增强本领。只有全党本领不断增强了，'两个一百年'的奋斗目标才能实现，中华民族伟大复兴的中国梦才能梦想成真"①。

（一）既要政治过硬，也要本领高强

习近平总书记指出，夺取伟大斗争胜利，我们党既要政治过硬，也要本领高强，全面增强学习本领、政治领导本领、改革创新本领、科学发展本领、依法执政本领、群众工作本领、狠抓落实本领、驾驭风险本领。要加强干部斗争本领养成，着力增强防风险、迎挑战、抗打压能力。特别是要练就草摇叶响知鹿过、松风一起知虎来、一叶易色而知天下秋的见微知著能力，对潜在风险作出科学预判，善于处理各种复杂矛盾，勇于战胜前进道路上的各种艰难险阻。全军各级领导干部特别是高级干部，要集中精力研究军事、研究战争、研究打仗，提高战略素养、联合素养、指挥素养、科技素养，把打仗本领搞过硬，全面提高新时代备战打仗能力。

---

① 《习近平谈治国理政》第一卷，外文出版社 2018 年版，第 403 页。

（二）在复杂严峻的斗争中经风雨、见世面、壮筋骨

"人在事上练，刀在石上磨"。斗争精神、斗争本领不是与生俱来的，只能在斗争实践中历练增强。习近平总书记指出："各级领导班子和领导干部要加强斗争历练，增强斗争本领，永葆斗争精神，以'踏平坎坷成大道，斗罢艰险又出发'的顽强意志，应对好每一场重大风险挑战"①。要坚持在重大斗争中磨砺，越是困难大、矛盾多的地方，越是形势严峻、情况复杂的时候，越能练胆魄、磨意志、长才干。广大干部特别是年轻干部，要经受严格的思想淬炼、政治历练、实践锻炼、专业训练，主动投身到各种斗争中去，多经历"风吹浪打"，多捧"烫手山芋"，当几回"热锅上的蚂蚁"，在斗争历练中真正锻造成为烈火真金。

（三）领导干部要勇于担当、攻坚克难

大时代需要大格局，大格局呼唤大胸怀、大担当。进行伟大斗争，实现伟大梦想，关键靠本领、最终看担当。习近平总书记指出，一代人有一代人的历史担当和责任，领导干部尤其要勇于担当。习近平总书记强调，"领导干部不论在哪个岗位、担任什么职务，都要勇于担当、攻坚克难，既当指挥员、又当战斗员"，"做敢于斗争、善于斗争的战士"②。当严峻形势和斗争任务摆在面前时，要有"逢山开路、遇水搭桥"的精神状态和骨头要硬、敢于出击、敢战能胜的使命担当，决不能碰到一点挫折就畏缩不前，一遇到困难就打退堂鼓，在大是大非、矛盾冲突、危机困难和歪风邪气面前真正冲得上、豁得出、挺得住，靠过硬本领战胜一切可以预见和难以预见的风险挑战，以担当作为创造历史伟业、实现伟大梦想。

---

① 《习近平谈治国理政》第三卷，外文出版社 2020 年版，第 223 页。
② 《习近平谈治国理政》第三卷，外文出版社 2020 年版，第 227—228 页。

参考文献

《马克思恩格斯选集》第 1—4 卷，人民出版社 2012 年版。

《毛泽东选集》第一——四卷，人民出版社 1991 年版。

《毛泽东文集》第一——二卷，人民出版社 1993 年版。

《毛泽东文集》第三——五卷，人民出版社 1996 年版。

《毛泽东文集》第六——八卷，人民出版社 1999 年版。

《毛泽东军事文集》第一——六卷，军事科学出版社、中央文献出版社 1993 年版。

《毛泽东早期文稿（1912—1920）》，湖南人民出版社 2013 年版。

《建国以来毛泽东文稿》第 11 册，中央文献出版社 1996 年版。

《建国以来毛泽东文稿》第 12—13 册，中央文献出版社 1998 年版。

《建国以来毛泽东军事文稿》（上、中、下），军事科学出版社、中央文献出版社 2010 年版。

《毛泽东年谱（一八九三——一九四九）（修订本）》上、中、下册，中央文献出版社 2013 年版。

《毛泽东年谱（一九四九——一九七六）》第一——六卷，中央文献出版社 2013 年版。

《毛泽东思想年编（1921—1975）》，中央文献出版社 2011 年版。

《毛泽东哲学批注集》，中央文献出版社 1988 年版。

《毛泽东书信选集》，人民出版社 1983 年版。

《毛泽东诗词集》，中央文献出版社 1996 年版。

《毛泽东外交文选》，中央文献出版社、世界知识出版社 1994 年版。

《毛泽东　周恩来　刘少奇　朱德　邓小平　陈云思想方法工作方法文选》，中央文献出版社 1990 年版。

金冲及主编：《毛泽东传：1893—1949》，中央文献出版社 2004 年版。

逄先知、金冲及主编：《毛泽东传（1949—1976）》上、下卷，中央文献出版社 2003 年版。

《邓小平文选》第一——二卷，人民出版社 1994 年版。

《邓小平文选》第三卷，人民出版社 1993 年版。

《习近平著作选读》第一卷、第二卷，人民出版社 2023 年版。

习近平：《高举中国特色社会主义伟大旗帜　为全面建设社会主义现代化国家而团结奋斗——在中国共产党第二十次全国代表大会上的报告》，人民出版社 2022 年版。

习近平：《论中国共产党历史》，中央文献出版社 2021 年版。

习近平：《在纪念毛泽东同志诞辰 130 周年座谈会上的讲话》，人民出版社 2023 年版。

习近平：《在党史学习教育动员大会上的讲话》，人民出版社 2021 年版。

《中共中央关于党的百年奋斗重大成就和历史经验的决议》，人民出版社 2021 年版。

《朱德选集》，人民出版社 1983 年版。

《朱德军事文选》，解放军出版社 1997 年版。

《周恩来选集》上卷，人民出版社 1980 年版。

《周恩来军事文选》第一——四卷，人民出版社 1997 年版。

《刘少奇选集》上卷，人民出版社 1981 年版。

《彭德怀自述》，人民出版社 2019 年版。

《建党以来重要文献选编》第 15 册，中央文献出版社 2011 年版。

《建国以来重要文献选编》第 1、2 册，中央文献出版社 1992 年版。

《中共中央文件选集（1949 年 10 月—1966 年 5 月）》第 28 册，人民出版社 2013 年版。

中共中央党史和文献研究院：《中国共产党的一百年》，中共党史出版社 2022 年版。

当代中国研究所：《中华人民共和国史稿》第 2 卷，人民出版社、当代中国出版社 2012 年版。

《中国共产党简史》，人民出版社、中共党史出版社 2021 年版。

中共中央党史研究室：《中国共产党历史》第 1 卷，中共党史出版社 2011 年版。

邓力群主编：《哲学大师毛泽东》，中央民族大学出版社 2014 年版。

李捷：《毛泽东对新中国的历史贡献》，社会科学文献出版社 2013 年版。

宫力：《毛泽东与中美外交风云》，红旗出版社 2014 年版。

逄先知：《伟大旗帜：毛泽东和毛泽东思想》，生活·读书·新知三联书店 2019 年版。

军事科学院军事历史研究部：《中国抗日战争史》（上、中、下卷），解放军出版社 2015 年版。

军事科学院军事历史研究部：《中国人民解放军全国解放战争史》，解放军出版社 1996 年版。

军事科学院军事历史研究所：《抗美援朝战争史》（上、中、下卷），军事科学出版社 2014 年版。

《中国抗日战争史简明读本》编写组编著：《中国抗日战争史简明读本》，人民出版社 2015 年版。

中央档案馆编：《解放战争时期土地改革文件选编》，中共中央党校出版社 1981 年版。

中印边境自卫反击作战史编写组：《中印边境自卫反击作战史》，军事科学出版社 1994

年版。

中共中央党史资料征集委员会、中央档案馆编：《遵义会议文献》，人民出版社 1991 年版。

中共中央宣传部办公厅、中央档案馆编研部编：《中国共产党宣传工作文献选编》，学习出版社 1996 年版。

中共中央文献研究室、中国延安干部学院编：《延安时期党的重要领导人著作选编》（下），中央文献出版社 2014 年版。

胡乔木：《胡乔木回忆毛泽东》（增订本），人民出版社 2014 年版。

宋时轮：《毛泽东军事思想初探》，军事科学出版社 1983 年版。

宋时轮：《毛泽东军事思想的形成及其发展》，军事科学出版社 1984 年版。

刘先廷：《毛泽东军事辩证法论纲》，解放军出版社 2007 年版。

徐焰：《军事家毛泽东》，中央文献出版社 1995 年版。

吴冷西：《十年论战：1956—1966 中苏关系回忆录》，中央文献出版社 2014 年版。

陈冠任编著：《毛泽东是如何克敌制胜的》，红旗出版社 2009 年版。

陈冠任：《毛泽东的斗争艺术》，中央文献出版社 2003 年版。

李雷：《毛泽东军事指挥艺术》，中央文献出版社 2020 年版。

胡永丰、刘卫国主编：《毛泽东军事指挥艺术》，军事科学出版社 1996 年版。

张健等编著：《毛泽东的军事艺术》，山东大学出版社 1991 年版。

郭伟涛、徐焰、范震江、倪齐生：《毛泽东战争指导艺术》，解放军出版社 2007 年版。

王军主编：《毛泽东等老一辈军事家战役指导艺术》，海潮出版社 1997 年版。

韩卫锋：《论毛泽东战争指导思想》，解放军出版社 2014 年版。

张国新主编：《毛泽东军事斗争准备思想及发展》，中央文献出版社 2007 年版。

廖国良、李士顺、徐焰：《毛泽东军事思想发展史》，解放军出版社 1991 年版。

石仲泉：《毛泽东研究述评》，中央文献出版社 1992 年版。

刘先廷主编：《毛泽东军事思想研究》，浙江人民出版社 1993 年版。

王三欣：《毛泽东军事思想研究》，国防大学出版社 1988 年版。

陈继安主编：《毛泽东军事思想新论》，军事科学出版社 1995 年版。

刘继贤、张全启主编：《毛泽东军事思想原理》，解放军出版社 2007 年版。

吴正裕主编：《毛泽东诗词全编鉴赏》，人民文学出版社 2017 年版。

军事科学院战争理论和战略研究部：《毛泽东大战略》，解放军出版社 2009 年版。

黄迎旭主编：《毛泽东的国防之道》，长征出版社 2015 年版。

孙宝义、周军、邹桂兰：《毛泽东兵法战策》，解放军出版社 2013 年版。

谭一青：《毛泽东兵法》，中国青年出版社 2013 年版。

谭一青、袁德金：《军事家毛泽东》，中国青年出版社 2011 年版。

李维汉：《回忆与研究》上、下册，中共党史资料出版社 1986 年版。

杨瑞森、张文儒、冉昌光编著：《毛泽东哲学思想概论》，中国人民大学出版社 1985 年版。

雍涛:《毛泽东哲学的历史发展》,武汉大学出版社 1993 年版。

边学祖编著:《中流击水——毛泽东游泳纪事》,中央文献出版社 2013 年版。

萧心力主编:《毛泽东与共和国重大历史事件》,人民出版社 2001 年版。

裴坚章主编:《毛泽东外交思想研究》,世界知识出版社 1994 年版。

林建公、张全启主编:《毛泽东军事哲学思想初探》,国防大学出版社 1991 年版。

庄福龄主编:《毛泽东思想概论》,中国人民大学出版社 1999 年版。

费虹寰、蒋永青、王俊、张文和:《毛泽东的科学预见》,中央文献出版社 1999 年版。

卢志丹:《毛泽东读〈二十四史〉》,国际文化出版公司 2013 年版。

徐中远:《毛泽东读书十法》,中央文献出版社 2013 年版。

王敏玉:《毛泽东的情感世界》,台海出版社 2016 年版。

刘书林:《毛泽东的民族精神》,中国社会科学出版社 2015 年版。

唐洲雁:《毛泽东的成功之道》,社会科学文献出版社 2014 年版。

谢伟民:《毛泽东的韬略》,浙江人民出版社 1994 年版。

谭一青:《毛泽东决胜之道》,中国青年出版社 2011 年版。

解力夫:《毛泽东面对美国》,中央文献出版社 2013 年版。

庄可亭:《试看天下谁能敌:跟毛泽东学兵法》,中共中央党校出版社 2021 年版。

史一帆:《激扬文字:告诉你一个诗人的毛泽东》,解放军出版社 2007 年版。

夏征难:《毛泽东如何读兵书——毛泽东与中外军事遗产》,解放军出版社 2014 年版。

禹志兰、白文俊:《毛泽东以弱胜强谋略》,中央文献出版社 2004 年版。

张爱民:《毛泽东战略决策思想研究》,北京理工大学出版社 2012 年版。

陈晋:《独领风骚:毛泽东心路解读》,中国人民大学出版社 2013 年版。

邓力群主编:《军事战略家毛泽东》,中央民族大学出版社 2012 年版。

龙剑宇:《毛泽东决胜启示录》,中央文献出版社 2015 年版。

董志新:《毛泽东品〈孙子兵法〉》,万卷出版公司 2015 年版。

周溯源:《毛泽东评点古今人物》,上海人民出版社 2015 年版。

宫力、朱地、陈述:《毛泽东在重大历史关头》,红旗出版社 2013 年版。

袁野:《立于不败之地——毛泽东在历史转折关头的战略运筹》,中央文献出版社 2018 年版。

唐洲雁:《毛泽东的美国观》,陕西人民出版社 2009 年版。

戴立兴:《毛泽东人民观及其当代意义研究》,社会科学文献出版社 2016 年版。

[美] 埃德加·斯诺:《红星照耀中国》,胡愈之、胡仲持等译,人民教育出版社 2018 年版。

[美] 埃德加·斯诺:《漫长的革命》,伍协力译,上海人民出版社 1975 年版。

[美] 弗里德里克·韦克曼:《毛泽东思想的哲学透视》,中共中央文献研究室《国外毛泽东思想资料选辑》编辑组编译,中央文献出版社 1992 年版。

[美] 约翰·布赖恩·斯塔尔:《毛泽东的政治哲学》,中共中央文献研究室《国外毛泽

东思想资料选辑》编辑组编译，中央文献出版社 1992 年版。

　　［美］理查德·尼克松：《领袖们》，施燕华、洪雪因、黄钟青等译，海南出版社 2012 年版。

　　［美］奥马尔·布雷德利、克莱·布莱尔：《将军百战归：布雷德利自传》，廉怡之译，军事译文出版社 1985 年版。

　　［美］R. 特里尔：《毛泽东传》，刘路新、高庆国等译，人民出版社 2010 年版。

　　［日］近藤邦康：《毛泽东革命者与建设者》，宋志勇等译，中国青年出版社 2004 年版。

后 记

　　"推翻历史三千载，自铸雄奇瑰丽词。"柳亚子先生的这句名诗，既是对毛泽东诗词成就的精彩赞誉，也堪称对毛泽东斗争艺术的精当定评。毛泽东不仅以雄奇瑰丽的诗篇传颂于世，更以"导演出许多有声有色威武雄壮的活剧"的斗争艺术享誉世界。毛泽东的斗争艺术，是夺取中国革命斗争胜利的科学指引，也是赢得新时代伟大斗争、实现民族复兴伟大梦想的锐利武器，具有跨越时空的非凡伟力。为深入学习贯彻党的二十大精神，隆重纪念毛泽东同志诞辰130周年，我们军事科学院军队政治工作研究院党的创新理论研究中心推出了《毛泽东的斗争艺术》一书。

　　本书由主编、副主编拟定框架、统改定稿。撰写分工是：前言、第一章、第二章、第三章、结语、后记（张明仓）；第四章（周俊杰）；第五章（王会方）；第六章、第八章（彭洲飞）；第七章（李晓辉）；第九章、第十一章（李明）；第十章（赵卓）；第十二章（夏洪波）；第十三章（胡雨晗）；第十四章（杨威）。田娇艳做了大量协调工作。军事科学院领导和机关、人民出版社领导和编辑给予了大力指导帮助，一并深表谢忱！

　　本书可作为学习贯彻党的二十大精神、党的创新理论武装、党史学习教育、全民国防教育、党校高校军校教学的参考读物。

　　毛泽东的斗争艺术博大精深，本书只是作了初步探讨，疏忽、不妥之处祈望读者批评指正。

编 者